古代美術史研究

二編

第 18 冊

宋代題畫詩集與畫譜研究

傅 怡 靜 著

花木蘭文化出版社

國家圖書館出版品預行編目資料

宋代題畫詩集與畫譜研究／傅怡靜 著 — 初版 — 新北市：花
木蘭文化出版社，2017〔民106〕
目 2+286 面；19×26 公分
（古代美術史研究 二編；第 18 冊）
ISBN 978-986-404-346-0（精裝）
1. 題畫詩 2. 詩評 3. 畫譜 4. 宋代
011.08   104014543

ISBN-978-986-404-346-0

古代美術史研究
二 編 第十八冊   ISBN：978-986-404-346-0

宋代題畫詩集與畫譜研究

作　　者　傅怡靜
總 編 輯　杜潔祥
副總編輯　楊嘉樂
編　　輯　許郁翎、王筑　美術編輯　陳逸婷
出　　版　花木蘭文化出版社
社　　長　高小娟
聯絡地址　235 新北市中和區中安街七二號十三樓
　　　　　電話：02-2923-1455／傳眞：02-2923-1452
網　　址　http://www.huamulan.tw 信箱 hml 810518@gmail.com
印　　刷　普羅文化出版廣告事業
初　　版　2017 年 3 月
全書字數　226741 字
定　　價　二編 28 冊（精裝）新台幣 75,000 元

宋代題畫詩集與畫譜研究

傅怡靜　著

作者簡介

傅怡靜，1981 年生，安徽涇縣人。北京師範大學文學博士，中央美術學院博士後，現任中央美術學院人事處副處長。主要致力於中國古代詩畫關係及近現代美術研究，主持國家社會科學基金藝術學項目《留學生與中國近現代美術》（項目編號：08CF74，結項證書號：2013009），曾獲中國博士後基金面上資助。在《美術研究》、《美術觀察》、《中國文化研究》、《社會科學論壇》、《民族文學研究》、《中國書畫》、《杜甫研究學刊》等刊物上發表論文 20 餘篇。

提　　要

　　中國詩歌與繪畫之間的融合是中華民族所特有的，這種關係自漢魏萌芽始，至唐宋而確立、成熟，元明清則再發展。其過程包孕著辯證的藝術互動與深厚的文化底蘊，呈現出龐大而無體系、綿延卻不緊湊、存在又難具象的特殊形態。這一方面是因詩歌與繪畫不同的藝術領域及發展軌道造成的，各行己路，融合便一直處於無規則、不平衡的發展狀態；另一方面則是由詩畫間相互作用的力度及深度決定的。不同藝術種類的互滲是有難度的，需要打破藝術自身的很多限制，所以融合過程必然是緩慢的、潛移默化的。詩畫關係的發展軌跡常常隱藏在文化現象的背後，不易捕捉。

　　本書圍繞唐宋詩畫關係這一中心論點，以宋代出現的中國第一部題畫詩總集和別集、第一部官方畫譜和私刻畫譜爲主要研究對象。因爲從宋代結集的題畫詩集與畫譜中最能準確捕捉唐宋時期詩畫關係的發展形態。而研究宋後題畫詩集與畫譜的編纂與流傳情況，將有助於梳理流傳脈絡，從中把握詩畫關係的延續，得知唐宋詩畫融合的接受情況。故分上下編，分別以題畫詩集和畫譜爲研究中心。上編重點分析宋代題畫詩總集《聲畫集》和別集《題畫集》，且對宋後題畫詩集的編纂情況略作闡述。下編著力研究宋代官刻畫譜《宣和畫譜》和私刻畫譜《梅花喜神譜》，並對明清詩（詞）畫譜的編刻情況及選詩（詞）原因稍作論析。

　　要之，本書立足於宋代題畫詩集和畫譜全方位、多層面的綜合研究，試圖把握各本體現出的詩畫關係，從而肯定唐宋兩朝在詩畫關係史上的重要地位。並從宋後題畫詩集和畫譜的編纂情況中窺知宋後詩畫關係發展狀況，瞭解唐宋詩畫關係在後世的接受程度，追尋詩畫關係的發展軌跡，再度肯定其重要意義。

目

次

緒　論

一：論詩畫關係的發生與確立〔註1〕

　　繪畫與文學是中國傳統藝術精神的顯著體現，二者超越藝術界限通融協調的過程是一部悠久的歷史，龐大而綿延。詩畫關係自濫觴至成熟是一個漫長的遞進層深的過程，表現在兩個遞進的層面上，一是詩與畫表面內容上的結合，主要體現在題材上的依詩作畫和依畫作詩，並在創作構思、藝術表現、審美功能等方面互有融通。二是詩與畫內面精神上的結合。以作詩的感悟指導繪畫創作，令繪畫詩意化；或用詩歌語言展示美麗圖卷，使詩歌充盈如畫般的曼妙境界，達至「詩中有畫」、「畫中有詩」，意合境冥。〔註2〕

一、宋前：詩畫關係的發生發展時期

（一）依文而繪到依詩作畫

　　據現有可考資料表明，依詩作畫應起源於兩漢時代。漢宣帝甘露三年（公元前51年），曾在麒麟閣上畫《十一功臣像》，「法其形貌，署其官爵姓名」，這是畫上題字的最早記載。此外在石器、鏡子等實物上常於畫像外伴有說明性文字，如孝堂山祠畫像石的「周公輔政」一圖，就在身形未足的成王頭上刻有隸書「成王」二字；西王母鏡中題「西王母」三字亦為指明人物。此期

〔註1〕緒論一文曾發表於《社會科學論壇・學術研究卷》2008年第2期。
〔註2〕此觀點繼承發展了徐復觀和周積寅兩位先生對詩畫融合的理解。徐先生在《中國藝術精神》中概括出詩畫融合的歷程：首先是題畫詩的出現，第二步是把詩來作為畫的題材，第三步便是以作詩的方法來作畫，在精神上將二者融合；周先生在《中國畫論輯要・詩畫論》中提出對詩畫結合的兩種看法：第一種是畫與詩表面的結合（包括依詩作畫和為畫題詩），第二種是詩與畫的內面的結合，即畫的構思、章法、形象、色彩的詩化。一者從詩家的角度出發，一者以畫家的眼光說論，各有千秋。筆者試圖綜合詩家之說與畫家之論，融入自己的理解，以期更全面地詮釋詩畫關係。

繪畫重禮教之功能，題材多關於經、史、賦、詩歌諸類文學，譬如孝經圖，老子黃庭經圖、山海經圖、論語圖、太史公漢書圖、春秋圖、史記列子圖等等，依文而繪者還有著名的《洛神賦圖》、《女史箴圖》（圖 1）、《南都賦圖》，它們是文學與繪畫雙向結合的範例。眞正依詩作畫的最早記載應是後漢劉褒根據《詩經》中的《北風詩》與《雲漢詩》所作的圖畫，「會畫雲漢圖，人見之覺然，又畫北風圖，人見之覺涼」〔註 3〕；晉明帝司馬紹有《毛詩圖》二、《豳詩七月圖》傳於後世〔註 4〕；衛協亦寫《毛詩北風圖》、《毛詩黍離圖》，「巧密於精思」〔註 5〕；顧愷之「重嵇康四言詩，畫爲圖」〔註 6〕，又作《陳思王詩》。另《歷代名畫記》有錄史道碩《嵇中散詩圖》、戴逵《董威輦詩圖》、《嵇阮十九首圖》。至南北朝，宋有陸探微《毛詩新臺圖》、顧景秀《陸機詩圖》、劉斌《詩黍離圖》，「梁有周易新圖一卷，……又有毛詩圖三卷，毛詩孔子經圖十二卷，毛詩古賢圖二卷」〔註 7〕，可見當時依《詩經》作畫是一種較爲普遍的文化現象，並形成一種文化習慣沿襲下來，成爲朝廷文化政策之一。〔註 8〕（圖 2）經濟空前繁榮、文化全面發達的唐王朝，詩歌與繪畫都展現出鼎盛、輝煌的氣象，二者的交融有了突破性進展。最顯著的成就就是唐人自己的詩作進入畫材的範圍。譬如王維同裴迪唱和的《輞川集》絕句二十首，詩人作《輞川圖》附之，「岩岫盤動，雲水飛動」〔註 9〕，與詩歌相得益彰、映照生輝。張志和「常漁釣於洞庭湖。初顏魯公（顏眞卿）宦吳興，知其高節，以《漁歌》贈之。張乃爲卷軸，隨句賦象，人物、舟船、鳥獸、

〔註 3〕〔後魏〕孫暢之《述畫記》、西晉張華《博物志》、唐張彥遠《歷代名畫記》中均有記載。

〔註 4〕〔唐〕張彥遠《歷代名畫記》卷五「晉明帝」條謂「明帝司馬昭，字道幾，（下品上）。元帝長子。……（彥遠）曾見晉帝《毛詩圖》，舊目云羊欣題字，驗其蹟，乃子敬也。《豳詩七月圖》、《毛詩圖》二、……傳於代……」。

〔註 5〕〔東晉〕顧愷之，論畫〔A〕，張彥遠，歷代名畫記〔M〕，吳孟復、郭因編，張勁秋校注，《中國畫論》，合肥：安徽美術出版社，1995。

〔註 6〕〔唐〕房玄齡，顧愷之傳〔A〕，晉書〔M〕，北京：中華書局，2000。

〔註 7〕〔唐〕張彥遠，歷代名畫記〔M〕，吳孟復、郭因編，張勁秋校注，《中國畫論》，合肥：安徽美術出版社，1995。

〔註 8〕如唐代程修己奉詔作《毛詩》圖，集賢院繪《毛詩草木蟲魚圖》；宋孝宗詔工部侍郎馬和之繪三百篇圖。

〔註 9〕〔宋〕郭若虛，圖畫見聞志〔M〕，吳孟復、郭因編，張勁秋校注，《中國畫論》，合肥：安徽美術出版社，1995。

煙波、風月，皆依其文，曲盡其妙，為世之雅律，深得其態」〔註10〕。段贊善採鄭谷《雪詩》景物圖寫之，「曲盡瀟灑之思」〔註11〕。肅宗朝宰相揆之族子李益有《征人歌》、《早行篇》，「好事者盡圖寫為屏障。如『回樂峰前沙似雪，受降城外月如霜』之可是也」〔註12〕。更有絕者，德州刺史王倚家有一筆，「中間刻《從軍行》一鋪，人馬毛髮，亭臺遠水，無不精絕。每一事刻《從軍行》詩兩句，若『庭前琪樹已堪攀，塞外征人殊未還』是也」〔註13〕。於此可見唐代依詩作畫風氣之一斑，雖然它並沒有成為唐人文藝活動的主要內容，但文人雅士們開始學會用這種方式充實自己的生活，這種無意識的個體自發行為，是詩、畫藝術並榮並盛的必然產物，也為下一階段詩畫的全面融合奠定深厚的創作基礎。

女史箴圖卷（局部）

圖 1　晉·顧愷之《女史箴圖》（局部）

〔註10〕　〔唐〕朱景玄，唐朝名畫錄〔M〕，景印文淵閣四庫全書〔M〕，臺北：臺灣商務印書館，1983（812）。

〔註11〕　〔宋〕郭若虛，圖畫見聞志〔M〕，吳孟復、郭因編，張勁秋校注，《中國畫論》，合肥：安徽美術出版社，1995。

〔註12〕　〔宋〕郭若虛，圖畫見聞志〔M〕，吳孟復、郭因編，張勁秋校注，《中國畫論》，合肥：安徽美術出版社，1995。

〔註13〕　〔宋〕郭若虛，圖畫見聞志〔M〕，吳孟復、郭因編，張勁秋校注，《中國畫論》，合肥：安徽美術出版社，1995。

圖 2　北魏屏風漆畫《列女古賢圖》（局部）

（二）題畫詩的起源與勃興

　　依畫作詩，最顯著的表現形式就是題畫詩。有關題畫詩的起源眾說紛紜，今人多有考，更有學者對此問題的研究成果進行了總結，其中孔壽山在《中國題畫詩大觀》第一章《導論》﹝註14﹞中的總結較為全面，現綜合參考孔壽山的總結以及張晨《題畫詩發展的歷史線索》﹝註15﹞、楊北、雲峰《我國題畫詩源於何時》﹝註16﹞等人的總結，歸納為以下十四種說法：

﹝註14﹞孔壽山，中國題畫詩大觀〔M〕，蘭州：敦煌文藝出版社，1997。
﹝註15﹞題畫詩發展的歷史線索〔A〕，中國題畫詩分類鑒賞辭典〔M〕附錄，瀋陽：
　　　　遼寧美術出版社，1992。
﹝註16﹞楊北、雲峰.我國題畫詩源於何時〔J〕，洛陽師專學報.1996（4），該文的總
　　　　結及論述不夠準確，僅備一說。如其言「中國題畫詩應源於西晉張華」，原
　　　　因在於「顧愷之的代表作《女史箴圖》是依西晉張華所作《女史箴》中的
　　　　故事創作而成」，這應該算作顧愷之依文作畫，而非依畫作詩，因此論斷不
　　　　能成立。

一、戰國時代詩人屈原的《天問》〔註17〕；

二、東漢武氏祠石室畫像的贊文〔註18〕；

三、後漢揚雄爲漢成帝甘泉宮所畫趙充國之像作的《頌》〔註19〕；

四、西晉傅咸《畫像賦》〔註20〕；

五、《晉書》卷六十四《隱逸》中記載的楊宣爲宋纖像所作的頌歌〔註21〕；

六、東晉支遁（約314-366年）《詠禪思道人》〔註22〕；

八、東晉陶淵明（365-427年）《讀山海經詩十三首》〔註23〕；

九、南朝齊謝朓《和劉中書〈繪入琵琶峽望積布磯〉詩》〔註24〕；

十、南北朝庾信的詠畫詩〔註25〕；

十一、初唐宋之問等的詠畫詩〔註26〕；

十二、盛唐李白、杜甫的題畫詩〔註27〕；

〔註17〕 溫肇桐，淺談題畫詩〔A〕，陳履生編《明清花鳥畫題畫詩選注》之《序》，成都：四川美術出版社，1988。

〔註18〕 一見《潘天壽美術文集》，北京：人民美術出版社，1983；一見《中國畫題款藝術》，北京：人民美術出版社，1992。

〔註19〕 孔壽山，論中國的題畫詩〔J〕，文藝理論與批評，1994（6），或《中國題畫詩大觀》第一章《導論》，敦煌文藝出版社，1997，16。

〔註20〕 題畫詩發展的歷史線索〔A〕，中國題畫詩分類鑒賞辭典〔M〕附錄，瀋陽：遼寧美術出版社，1992，599；張晨，中國詩畫與中國文化〔M〕，瀋陽：遼寧教育出版社，1993。

〔註21〕 殷傑，中國題畫詩及其始創者〔J〕，美育，1985（4）：16。

〔註22〕 高文、齊文榜.現存最早的一首題畫詩〔J〕，文學遺產.1992（2）；《文史知識》「文史信息」欄曾轉載該文主要內容，1992（9）：77.一根據詩前序文考證並肯定該詩的題畫性質；二根據作者卒年考證王彪之《二疏畫詩》年代晚於支遁詩。

〔註23〕 〔臺〕李棲，兩宋題畫詩論〔M〕，緒論〔A〕，臺北：學生書局，1994，12-13；且注云：「陶詩〔按指《讀山海經》〕爲最早的題畫詩，乃吳宏一先生在本書付梓之前提出的」，可見李棲與吳宏一持見一致。

〔註24〕 楊北 雲峰，我國題畫詩源於何時〔J〕，洛陽師專學報，1996（4）：110。

〔註25〕 見殷傑，中國題畫詩及其始創者〔J〕，美育，1985（4）：16；此外，《古今題畫詩賞析》（天津人民美術出版社，1991）曾收庾信《詠畫屏風詩》，且云其在唐以前題畫詩中佔有重要地位。

〔註26〕 陳華昌，唐代題畫詩的美學意義〔A〕，唐代詩與畫的相關性研究〔M〕，西安：陝西人民美術出版社，1993：230。此外，王伯敏《李白杜甫論畫詩散記》（西泠印社，1983）中言：「就事實而論，在唐人的詠畫詩中，如宋之問的《詠者壁畫鶴》，陳子昂的《詠主人壁上畫鶴》等，都在杜甫生前就問世了，就是比杜甫出生早數十年的李邕，也曾寫出了『醉裏呼童展畫，笑題松竹梅花』的《題畫》詩。」

〔註27〕 見〔清〕沈德潛《說詩晬語》卷下：「唐以前未見題畫詩，開此體者老杜也。」引自《清詩話》，上海：上海古籍出版社，1978，551。

十三、題畫詩是從北宋開始〔註 28〕；

十四、始於元代文人畫興起〔註 29〕。

從戰國到元代，竟然跨越了千年，究竟誰是中國現存最早的題畫詩，難有定論。這種現象的存在是有原因的，客觀上是因爲年代久遠、書籍散佚，無法以實物考證，只能從文字記載中考索；主觀上則由於學者們對題畫詩的界定及其轄管範圍的認識難以統一，如所謂的畫贊、畫頌、畫賦之類算不算題畫詩？至今學術界還未能達至統一。不過可將題畫詩理解爲廣義的和狹義的兩種〔註 30〕，廣義的題畫詩外延很廣，換言之就是一種題畫文學，正如朱光潛先生所說的「所謂詩就包含一切純文學」〔註 31〕，這樣東漢蔡邕的贊文〔註 32〕、揚雄的《頌》、曹植的 29 篇《畫像贊》都可算是題畫詩的濫觴了。若就狹義而言，即文學樣式僅爲詩歌的題畫詩，這樣範圍就被大大縮小了，那麼以上說法中則以第六種較有說服力。無論怎樣去定位題畫詩的創始時間與開山始祖，可以肯定的是兩漢時期就已經存在著繪畫與文學的雙向結合。雖然極不成熟，但筆路藍縷之功不可磨滅，至少證明了中國詩畫融合的可行性，具有潛在而深刻的影響力。六朝題畫詩的發展漸漸明晰起來。譬如東晉桃葉《答王團扇三首》、南齊丘巨源《詠七寶扇詩》、北齊蕭愨《屏風詩》、梁鮑子卿《詠畫扇詩》、蕭綱《賦得白羽扇詩》，這些詩歌僅就畫扇、畫屏而作，是題畫詩的早期形態，比之兩漢時期說明性較濃的插圖文字文學性明顯提高，但

〔註 28〕 見陳兆復，中國畫研究〔M〕，昆明：雲南人民出版社，1982：165；又見李濬之，清畫家詩史，北京：中國書店，1990：3，

〔註 29〕 代琇、莊辛，詩畫相濟〔N〕，《文匯報》，1982-04-20。

〔註 30〕 關於題畫詩定義的廣狹義之分，張晨、孔壽山早已提出，但他們對題畫詩的定義各有不同，張的定義是「廣義的題畫詩，包括所有的畫内和畫外題詩（含詞、曲）；狹義的題畫詩，則單指畫内題詩（含詞、曲）」（《中國詩畫與中國文化》，遼寧教育出版社，1993 年版，第 157 頁）。孔對廣義題畫詩的定義是「觀畫者根據畫面的内容所賦的詩，可以離開畫面而獨立，不一定題在畫面上。嚴格說來，此類屬於贊畫詩。」狹義題畫詩的定義是「指畫家在作品完成之後而抒發畫中之意境所賦的詩，要求以書法爲媒介把詩直接題在畫面上，詩與畫相融合，成爲有機的統一體，構成整體美。」（《中國題畫詩大觀》第一章《導論》，敦煌文藝出版社，1997 年版，第 3-4 頁）。張的劃分依據是詩歌在繪畫作品上的顯現；孔的劃分依據較複雜，乃立足於所題之詩與繪畫之間的關係；筆者的劃分依據則主要立足於文學樣式。

〔註 31〕 朱光潛，詩論〔M〕，上海：上海古籍出版社，2001。

〔註 32〕 〔唐〕張彥遠《歷代名畫記》載「靈帝召蔡邕畫赤泉侯五代將相於省，兼命爲贊及書。書畫與贊皆擅名於代，時稱『三美』。」

與屏、扇上的畫圖內容緊密相關者極少，有時甚至所詠與畫圖毫不相干，如桃葉《答王團扇三首》，作者是託物抒情，「七寶畫團扇，燦爛明月光」形容的是以寶物點飾的畫扇，而非團扇上的圖畫。丘巨源《詠七寶扇詩》雖有「畫作景山樹，圖爲河洛神」一句，但剩下的十八句裏要麼詠扇，要麼引申到玩扇的人，最後則借詠扇抒懷。從性質上而言，這類詩歌是介於詠物與詠畫之間的一種題畫詩。創作最爲突出的是北周的庾信，其題畫組詩《詠畫屏風》25 首是一組審美價值頗高的作品，做法已不同於漢魏以前的人物畫贊，既有客觀的描寫，又有主觀的抒情，每句五言，詩體一如當時盛行的詠物詩，如其三：

> 停車小苑外，下渚長橋前。澀菱迎擁楫，平荷直蓋船。殘絲繞
> 折藕，芰葉映低蓮。遙望芙蓉影，只言水底燃。

此首將畫屏上的長橋、船、荷葉、折藕、蓮花種種靜態景物重新用詩歌語言編排，使得它們活躍起來，燃放起來，將畫面中蘊涵的生機盡情釋放。再看第二十五首：

> 竟日坐春臺，芙蓉承酒杯。水流平澗下，山花滿谷開。行雲數
> 番過，白鶴一雙來。水影搖叢竹，林香動落梅。直上山頭路，羊腸
> 能幾回？

以坐觀爲視點，歷舉動態景觀，遠瞻流水山花、行雲白鶴，近睹叢竹、落梅，景致盎然。最後兩句則是對畫意的生發。這組屏風詩表現了屏風上的山水花鳥以及畫家所使用的技巧，反映出詩歌與繪畫相與映發、互爲依存的特點。在這裏詩歌對繪畫進行了再闡釋、再生發，繪畫成爲詩歌嶄新的表現內容，兩種藝術形式具有了相向、結褵的新形勢。

到了唐代，題畫詩數量增多，據傅璇琮、陳華昌先生統計，《全唐詩》中的題畫詩按題材進行歸類，得人物畫（包括宗教人物）47 首，山水畫 98 首，花鳥畫 58 首〔註 33〕，這個數量僅占現存《全唐詩》的千分之五，但已是一種超越，而且這些詩歌的藝術成就很可觀。尤其是杜甫的題畫詩，「搜奇抉奧，筆補造化」〔註 34〕、「形容佳畫，止於奪眞」，「以畫法爲詩法，……最得畫家三昧」〔註 35〕。其他如李白、王維、劉長卿、劉商等人的題畫詩，或借物詠

〔註 33〕傅璇琮、陳華昌，唐代詩畫藝術的交融〔J〕，文史哲，1989（4）：5。
〔註 34〕〔清〕王士禛，蠶尾集〔M〕，四庫全書存目叢書〔M〕，濟南：齊魯書社，1997
（227）。
〔註 35〕〔明〕王嗣奭，杜臆〔M〕，上海：上海古籍出版社，1983，1362。

懷、或寓情於景，不無佳品。

二、宋代：詩畫關係的完全確立時期

（一）表面上的依詩作畫與依畫作詩

　　首先，宋人繼承並充實前代依詩作畫的行為，並使其成為一種社會性行為，具有了特殊的社會價值。最有力的證明就是畫院出詩題取士。鄧椿《畫繼》中記載，徽宗時期「始建五嶽觀，大集天下名手，應詔者數百人，咸使圖之，多不稱旨。自出之後，益興畫學，教育眾工，如進士科，下題取士，復立博士，考其藝能」。敕令公佈課題於天下，以試畫工。相傳的詩題有「踏花歸去馬蹄香」、「野水無人渡，孤舟盡日橫」、「亂山藏古寺」、「竹鎖橋邊賣酒家」、「嫩綠枝頭紅一點，惱人春色不在多」、「蝴蝶夢中家萬里，杜鵑枝上月三更」，重在詩意的傳達，這說明中國繪畫功能由禮教向審美的一大轉變。這種比試還令院內與院外畫家互起頡頏，使他們在競爭中切磋琢磨、互鑒所長，畫道因以益昌。依詩作畫，追求繪畫詩意化則成為宋人一種獨特的審美標準及風尚。畫家於筆墨之外，重思想，以形象之藝術表詩中之神趣。郭思曾搜集其父郭熙「嘗所誦道古人清篇秀句，有發於佳思而可畫者」，有唐代詩人羊士諤《望女幾山》、長孫佐輔《尋山家》、竇鞏《寄南遊》、杜甫《客至》、王維《終南別業》，有宋代詩人王安石「六月杖藜來石路，午陰多處聽潺湲」、魏野「數聲離岸櫓，幾點別州山」、盧雪「渡水蹇驢雙耳直，避風羸什一肩高」，郭思亦有助記，如老杜「遠水兼天淨，孤城隱霧深」、韋應物「春潮帶雨晚來急，野渡無人舟自橫」、姚合殘句「天遙來雁小，江闊去孤帆」、錢惟演「雪意未成雲著地，秋聲不斷雁連天」，總共有四首七絕，十二聯五七言詩，郭熙父子的總結說明依詩作畫已經是當時普遍的一種取材方式，《宣和畫譜》卷十一即著錄有郭熙的「詩意山水圖二」。總的來說，宋人依詩作畫，於畫中求詩意已是一種自覺行為，再加上皇室的倡導，迅速普遍化、大眾化，成為宋代繪畫藝術最典型的特色。而這正是宋代在中國詩畫關係發展史上的獨特貢獻之一。

　　其次，宋代是題畫詩大發展的時代，清人喬億言「題畫詩三唐間見，入宋寖多」〔註36〕，特別是在北宋中葉以後，由於蘇軾、黃庭堅等人的倡導，

〔註36〕〔清〕喬億，劍溪說詩〔M〕，清詩話續編〔M〕，上海：上海古籍出版社，1983，1102。

風行於詩壇藝苑。歐陽修、梅堯臣、王安石、文同、李公麟、陳師道、晁補之、范成大、陸游等人無不濡染此道。即使是「惡爲詩人」的道學家朱熹有時也不免附庸風雅、涉筆其中。創作的同時宋人開始有意識地編撰題畫詩集，北宋神宗朝劉樹贛有《題畫集》一卷，收錄詩歌 19 首，〔註37〕開啓題畫詩別集編撰的先例。南宋淳熙年間孫紹遠則編次我國第一部題畫詩總集《聲畫集》〔註38〕，蒐集唐宋兩代題畫詩 805 首，編選了十九位唐人 61 首詩歌，本朝選林逋、王禹偁、梅堯臣、歐陽修、蘇洵、邵雍、陶弼、司馬光、王安石、晏幾道、曾鞏、蘇軾、蘇轍、黃庭堅、陳師道、李鷹、張耒、晁補之、黃裳、韓駒、慧洪、陳與義、劉叔贛、林子仁等八十五位詩人，僅蘇軾、蘇轍、黃庭堅的就分別佔了 140 首、86 首、83 首，體現出宋代題畫詩昌盛之貌。〔註39〕而且它是由本朝人蒐集編選的，所以標誌著題畫詩這種藝術形式在宋代的完全成熟，並進入了研究階段。此二集便爲本書研究重點。題畫詩不僅奠定了宋代在詩畫關係發展史上的重要地位，它還是宋代詩歌求新求變的成果之一，表明宋詩正於繪畫的交融互補中突破傳統的題材求新通變。

（二）精神上的「詩中有畫」與「畫中有詩」

詩歌與繪畫在發展中逐漸超越題材的限制，完成了表面內容上的融合。而詩與畫深層次的接觸，主要體現在「意」、「境」的溝通上，追求的是「詩中有畫」、「畫中有詩」的完美結合。眾所週知，「詩中有畫」、「畫中有詩」是蘇軾用來評價王維的詩歌與繪畫，但詩與畫精神上的融合是否始於王維，倒值得商榷。東坡以後，學者們一般公認王維「詩中有畫」、「畫中有詩」，其實細究起來，王維之前實有不少詩歌已經有了畫境。譬如蕭綱的詠物詩，可入畫者比比，《詠芙蓉詩》「圓花一蒂卷，交葉半心開。影前光照耀，香裏蝶徘徊」，映入眼簾的是一幅芙蓉滿園圖，《詠雪》、《詠寒梟》、《詠梔子花》、《秋晚》、《詠斷橋》都可讀出一幅畫來。再如庾信，「澗底百重花，山根一片雨。婉婉藤倒垂，亭亭松直豎」（《遊山詩》），雨中深澗，花重重、松亭亭，還有

〔註37〕〔宋〕劉樹贛，題畫集〔M〕，〔宋〕陳思、〔元〕陳世隆，兩宋名賢小集〔M〕，景印文淵閣四庫全書〔M〕，臺灣：臺灣商務印書館，1983（1362）。

〔註38〕〔宋〕孫紹遠，聲畫集〔M〕，景印文淵閣四庫全書〔M〕，臺灣：臺灣商務印書館，1983（1349）：805～932。

〔註39〕宋代題畫詩總數遠遠不止這些，孫氏之後的范成大、陸游等人題畫詩的創作數量頗豐，根據清·陳邦彥等人奉敕編《御定歷代題畫詩類》（據《景印文淵閣四庫全書》本集部三七四—三七五）粗略統計就有千餘首。

那倒懸著的藤蘿，和《詠畫屏風》中再現的都是絕妙的畫境。讀謝靈運的詩歌會有更強烈的感受，「日華川上動，風光草際浮」(《和徐都曹》)，波瀾蕩漾的江面上麗日高照，微風起處，水波蕩漾，粼粼漣漪，青草碧綠的江畔，清風徐徐，浮蕩起翠色的波濤；「餘霞散成綺，澄江靜如練。喧鳥覆春洲，雜英滿芳甸」(《晚登三山還望京邑》)，澄澈見底的江水，霞光斜照，百花滿甸，意境清麗鮮明。「林壑斂暝色，雲霞收夕霏。芰荷疊映蔚，蒲稗相因依」(《石壁精舍湖中作》)，落日晚照的暮色中，芰荷亭立，蒲稗婆娑，都是大自然的美妙畫卷。這些詩歌產生「詩中有畫」的客觀效果，因為詩人的描畫對象都是靜態的自然景物，如萊辛所言，繪畫適宜於「用線條、顏色去描繪各部分在空間中並列的物體」〔註40〕，詩人以靜景入詩，很自然地令人聯想出生趣盎然的圖畫來。王維詩畫兼工，雖然在事實上將畫與詩融合，但他和前人一樣沒有意識到詩畫藝術已經得到了某種融合，一直到蘇軾才在意識上表現個清楚明白。〔註41〕

在此還值得一題的是徽宗趙佶，他不僅首開以詩意命題作畫之例，而且在畫面上直接題詩，如其《芙蓉錦雞圖》(圖 3)，右上空白處題詩云：「秋勁拒霜盛，峨冠錦羽雞，已知全五德，安逸勝鳧鷖」，題詩的出發點主要是為了保持畫面的均衡，瘦勁秀挺的瘦金書與工細的花鳥畫相得益彰，從而使得詩歌這一文學樣式轉變成為繪畫領域中一種新穎的表現手法。至此，詩畫藝術才算真正完成了從內容到形式的融合過程。

〔註40〕朱光潛，朱光潛全集〔M〕，合肥：安徽教育出版社，1993（10）：244。
〔註41〕徐復觀，中國藝術精神〔M〕，上海：華東師範大學出版社，2001，290：291。

圖3　宋徽宗《芙蓉錦雞圖》

（三）理論上的普遍認知與深刻滲透

立足於豐富的文學創作，宋人進入理論總結的階段。和整個中國古代文論的表現形態一樣，詩畫論呈現為零散的姿態，缺乏嚴密的邏輯性和完整的系統性，散佈在畫論、詩話乃至詩歌當中。綜觀宋人對詩畫關係的認知，基本上具備兩大特點：普遍性與深刻性。

首先從當時「有聲畫」、「無聲詩」、「詩中畫」、「畫中詩」等概念的流行來看，強調詩畫相通是宋代普遍的一種美學思想。在此迻錄相關材料，窺其一斑：

> 宋迪作八景絕妙，人謂之「無聲句」。演上人戲余曰：「道人能作『有聲畫』乎？」因為之各賦一首。（釋德洪覺範《石門文字禪》卷八）

> 「畫」以「有聲」著，「詩」以「無聲」名。「有聲」者，道祖之所已知，「無聲」者，道祖之所欲為而未能者也。（岳珂《寶真齋法書贊》卷十三《薛道祖白石潭詩帖》）

> 終朝誦公有聲畫，卻來看此無聲詩 （錢鍪《次袁尚書巫山詩》）

> 東坡戲作無聲詩，歎息何人為賞音 （周孚《題所畫梅竹》）

> 敢將有聲畫，博君無聲詩 （陳普《以試就葉洞春水蒲萄》）

> 不須作此無聲畫，妙畫自以無聲傳 （王庭珪《題周忘機畫》）

> 何人作此無聲詩，展開如入溪山境 （白玉蟾《題歐陽氏山水後》）

> 筆端更有詩中畫 （王炎《題謝艮齋畫笥》）

> 李侯有句不肯吐，淡墨寫出無聲詩 （黃庭堅《次韻子瞻、子由題憩寂圖》）

「有聲畫」、「無聲詩」、「詩中畫」、「畫中詩」這些字眼是宋代詩壇畫苑的常用語，甚至有不少人要求以此為創作的法度，郭熙《林泉高致・畫意》有云：「前人言：『詩是無形畫，畫是有形詩。』哲人多談此言，吾人所師。」王直方亦有此說，他十分欣賞文忠公《盤車圖》、東坡《韓幹畫馬圖》、《書鄢陵王主薄折枝二首》中有關詩畫同一性的言論，「每誦數過，殆以為法」〔註42〕。

〔註42〕王直方，王直方詩話〔A〕，阮閱，詩話總龜〔M〕，北京：人民文學出版社，1998。

　　就深刻性而言，宋人對詩畫關係的認識主要有三種，其一主張詩畫相通，顯明的旗幟即「詩是無形畫，畫是有形詩」，張舜民在《畫墁集》卷一《跋百工之詩畫》中重複了這種認識；孔武仲《宗伯集》卷一《東坡居士畫怪石賦》亦云：「文者無形之畫。畫者有形之文，二者異迹而同趣。」而孫紹遠之所以將題畫詩集命名爲《聲畫集》也正是「用有聲畫、無聲詩之意」，他所提出的「士大夫因詩而知畫，因畫以知詩」〔註43〕則是對蘇軾「詩畫本一律」的發展，拓寬了人們對詩畫關係的認識，愈加明確詩畫相通性。其次提倡詩畫相異，著名的便是邵雍的《詩畫吟》，「畫筆善狀物，長於運丹青。丹青入巧思，萬物無遁形。詩筆善狀物，長於運丹誠。丹誠入秀句，萬物無遁情」，明確指出詩與畫所長之處。在某些方面二者還是難以超越界限的，所以從不同的著眼點出發宋人得出不同的看法，王安石認爲「意態由來畫不成」（《明妃曲》），「丹青難寫是精神」（《讀史》），「欲寄荒寒無善畫」（《半山即事十首》）；米友仁卻說「古人作語詠不得，我寓無聲縑楮間」（《自題山水》），林子來言「欲言畫師非俗士，小技不妨聊戲耳。欲搜萬象入詩句，未若丹青易盈紙」（《觀劉格非畫》）。由於互有短長，便有了第三種認識：詩畫互補。蔡絛在歐陽修、邵雍等人觀點的基礎上作進一步發揮，「丹青吟詠，妙處相資。昔人謂詩中有畫，畫中有詩者，蓋畫手能狀，詩人能言之。……且畫工意初未必然，而詩人廣大之。乃知作詩者徒言其景，不若盡其情，茲題品之津梁也」〔註44〕。吳龍翰爲宋代遺民楊公遠所撰《野趣有聲畫》作序亦有云：「畫難畫之景，以詩湊成；吟難吟之詩，以畫補足。」

　　其中蘇軾是使詩畫關係顯明化的標誌性人物，他對詩畫關係的闡釋最爲全面、把握最爲清楚，「味摩詰之詩，詩中有畫；觀摩詰之畫，畫中有詩」（《書摩詰藍田煙雨圖》），強調意境的互融；「少陵翰墨無形畫，韓幹畫馬不語詩」（《韓幹馬》），體現精神之相通；「詩畫本一律，天工與清新」（《書鄢陵王主簿折枝二首》），提出詩畫相類的審美標準；「古來畫師非俗士，妙想實與詩同出」（《次韻吳傳正枯木歌》），「古來畫師非俗士，摹寫物象實與詩人同」（《歐陽少師令賦所蓄石屏》），分別找出詩畫在思維方式和描寫物象上的相似性，從藝術創作、審美欣賞、美學批評各個角度肯定了詩畫的一致性，「將詩與畫

〔註43〕　〔宋〕孫紹遠，聲畫集序〔A〕，景印文淵閣四庫全書〔M〕，臺北：臺灣商務印書館，1983（1349）：806。

〔註44〕　〔宋〕蔡絛，西清詩話〔M〕，宋詩話全編〔M〕，南京：江蘇古籍出版社，1998。

的對極性完全打破」〔註45〕，使二者達到了可以互相換位的程度。不僅如此，他對詩畫互補的認識也非常清楚，「詩不能盡，溢而為書，變而為畫」（《與可畫墨竹屏風贊》）、「勝概直應吟不盡，憑君寄與畫圖看」（《寄題潭州徐氏春暉亭》）、「溪光自古無人畫，憑仗新詩與寫成」（《溪光亭》），《書參寥子論杜詩》言之甚明，「參寥子言老杜詩云：『楚江巫峽半雲雨，清覃疏簾看弈棋』，此句可畫，但恐畫不就爾！」蘇軾詩畫論全面而有深度，不僅領導影響同時代人對詩畫關係的理解認識，而且對後世的影響極為深遠。他首次提出的「士人畫」，逐漸成為一股繪畫潮流至元代蔚為大觀，泛濫至明清而不衰，「詩中有畫」、「畫中有詩」則成為一種至高的審美準則與理想。蘇軾通過他的實踐與認知開拓了詩畫關係史上的新局面。

宋人在實踐中深化認識，同時是在商榷與交流中逐漸完善認識的。不少文人超越時代進行對話，或為糾正、或表贊同，求全求深。譬如「東坡先生詩曰：『論畫以形似，見與兒童鄰。賦詩必此詩，定非知詩人。』言畫貴神，詩貴韻也。然其言有偏，非至論也。晁以道和公詩云：『畫寫物外形，要物形不改。詩傳畫外意，貴有畫中態。』其論始為定，蓋欲以補坡公之為備也。」〔註46〕歐陽修主張詩畫結合、形意並重，「古畫畫意不畫形，梅詩詠物無隱情。忘形得意知者寡，不若見詩如見畫」（《盤車圖》），「詩之為巧，猶畫工小筆爾」（《溫庭筠嚴維詩》）。沈括稱其「真為識畫」〔註47〕，在他與歐陽修的默契中，透露出這樣一種消息：繪畫美學的理想觀念就是詩意化。可見宋人是在跨地域、跨時代的對話中逐步推進詩畫論的成熟。

宋人不僅繼承發展了前期詩畫關係發展的成果，自覺地在創作中體現詩情畫意參融之美，而且對前期詩畫關係成果進行整合，總結出綱領性理論，形成詩畫參融的藝術觀，重新指導了詩畫藝術的創作道路。由此可見，詩畫關係發展到宋代已經有了質的飛躍，由自發到自覺，由局部而整體，由實踐到理論，由表層至深層，全面融合，遞進層深。全方位、多層次的演進牢固奠定宋代在詩畫關係史上的特殊地位，詩畫關係史上新的一頁於宋人手中緩緩揭開。

〔註45〕 徐復觀，中國藝術精神〔M〕，上海：華東師範大學出版社，2001，290：291。
〔註46〕 〔明〕楊慎，升菴詩話〔M〕，上海：上海古籍出版社，1987。
〔註47〕 〔宋〕沈括，書畫〔A〕，夢溪筆談校証〔M〕，上海：上海古籍出版社，1987。

二：詩畫關係研究綜述

　　詩畫關係是一個涉面極廣的研究課題，自 20 世紀 80 年代始，就進入了一個緩緩漲起的研究高潮，三十餘年來的相關研究文章與著作高達數百。根據詩畫關係的研究內容及一己之理解，本人對其研究範疇作了一個新的界定與劃分。

　　詩畫關係研究可分爲詩畫結合的載體研究和詩畫關係的理論研究兩大塊，詩畫結合的載體有題畫詩、入畫詩、詩意圖、畫譜四種。題畫詩是詩畫關係在詩歌領域中典型的理想載體，入畫詩是詩歌領域中尚未完全定義的載體。畫譜分兩種，一種是以記載繪畫創作情況爲主的畫史類畫譜，是繪畫領域中詩畫關係的文字載體；另一種則是形式上詩畫並呈的詩畫譜，是詩畫結合最爲顯明的載體。詩意圖是詩畫關係在繪畫領域中圖畫形式的載體。其中題畫詩和畫譜屬於表層形式上可以捕捉、搜集的有形載體，而入畫詩和詩意圖屬於精神層面只可意會的無形載體。

　　關於詩畫關係的理論探討在古代主要體現在三個方面：一是詩家之論，即詩人在詩文集或詩話中涉及到的詩畫論；二是畫家之論，即歷代畫論中的詩畫論；三是批評家之論，三者共同構築了中國古代的詩畫理論體系。現代意義上的理論研究集中在總體觀照、個案研究、斷代研究、中西比較四個方向。總體觀照的理論研究以「詩畫一律」、「詩中有畫」等詩畫融合觀念的探討最爲繁富，個案研究以王維、蘇軾、黃庭堅等人的詩畫觀念爲主要研究對象，斷代研究以唐、宋兩個時期爲主，中西比較則較多引用西方詩畫的相關理論，尤其是萊辛的詩畫異質說。

　　由於內容龐雜、繁多，現在還不能對所有的研究項目作細緻統計，所以

僅對本書研究重點即題畫詩和畫譜的研究狀況作詳細綜述，其餘項目暫且粗略統計下文章數目，以便整體把握詩畫關係的研究情況，利於分析三十餘年研究中的優長與闕漏。

一、題畫詩研究綜述

題畫詩是詩畫關係在詩歌領域最為典型的理想載體，因為它是有形的文字載體，所以在詩畫關係的四大載體中，最容易被關注、被研究。中國古代對題畫詩的研究主要表現在兩個方面：一是輯錄整理，湧現出數量不菲的題畫詩總集與別集；二是零星討論，散見於詩話、詩注、筆記叢談之中。現代題畫詩研究是從域外起步的，1937 年 7 月，日本學者青木正兒在《支那學》第九卷第一號上發表了《題畫文學的發展》一文，提出「題畫文學」這一概念並勾勒出中國題畫文學的發展脈絡。因此青木先生被認為是題畫文學研究的開山始祖，但他的論文並未引發學界的回應。直到上世紀 60 年代，國內題畫文學的研究才蹣跚起步。自 20 世紀 80 年代至本世紀初，題畫文學的研究趨勢增強，成果迭出。題畫詩研究的重點主要放在理論探討與創作分析這兩大塊，理論研究集中於題畫詩的溯源、界定、綜論和斷代研究四個方面，創作研究主要是對題畫詩人及作品的分析。下面對這幾大塊逐一綜述，並對題畫詞這一特殊領域的研究狀況稍作闡述。

（一）題畫詩的理論探討

1、眾說紛紜第一首

關於題畫詩起源問題的探討，是題畫詩研究的重點，但一直眾說紛紜、意見迥異，筆者在緒論一《論詩畫關係的發生與確立》中總結歸納了十四種關於題畫詩起源的說法，在此不再贅述。跨越千年的歷史長河中，如何考證題畫詩的第一首，如何界定題畫詩，迄今為止未有定論，謎一樣的神秘，令學者對該問題的思考與探索一直未曾停歇。

2、題畫詩界定討論

有關題畫詩的界定，日本的青木正兒，大陸的張晨、孔壽山，臺灣的衣若芬、李棲等人都作過比較全面系統的分析。

最早給題畫詩界定範疇的人即青木正兒，早在上世紀 30 年代他就對整個題畫文學的範圍作了劃定。青木正兒說：「中國題畫文學自其演變之過程來

看，大致可分為畫贊、題畫詩、題畫記、畫跋四類。前二類屬於韻文，後二者則為散文。畫贊以題在畫像上面的『像贊』為主，還包括其他形式相類似的文字，以四言的韻文寫成的。題畫詩則為一般畫幅上面所題的五言、七言、古、今各種體裁的詩歌，我們為了方便討論起見，詞賦之類的題畫作品也歸屬放這一類。」〔註1〕他將畫贊與題畫詩區分開來，這與不少學者的意見是相左的，周錫□就曾專門撰文《論「畫贊」即題畫詩》（《文學遺產》2000年第3期），從畫贊的名稱、內涵、體制特點去分析，認為『『畫贊』完全應屬於題畫詩」；隨後又舉了大量實例證明論點，但在學界並沒有得到普遍認同。

張晨將題畫詩界定為廣義與狹義兩種：「廣義的題畫詩，包括所有的畫內與畫外題詩（含詞、曲）；狹義的題畫詩，則單指畫內題詩（含詞、曲）。」〔註2〕孔壽山在此基礎上作了更加細緻的界定，他把題畫詩定義為「詩人或畫家根據繪畫的內容而起興創作的詩歌。簡而言之，即根據繪畫所題的詩」，也從形式上分為廣義和狹義兩大類，廣義題畫詩「即觀畫者根據畫面的內容所賦的詩，可以離開畫面而獨立，一般不題在畫面上。嚴格來說，此類屬於贊畫詩。這類詩作或評論繪畫的藝術價值而抒發審美觀感，或借題畫抒懷而寓家國身世之感，或分析畫風而議論畫理，內容頗為繁富。一般來說，此類詩作多由詩人所作」；狹義題畫詩「一般是畫家在作品完成之後而抒發畫中之意境所賦的詩，要求把所賦之詩直接寫在畫面上，詩與畫相融合，成為有機的統一體，構成整體美。也就是說，詩歌發揮其語言藝術的功能，描繪出繪畫的主旨，即『有聲畫』，而繪畫發揮其線條藝術的特性，表現出詩歌的韻味，即『無聲詩』，使詩與畫通過書法相得益彰，加強繪畫藝術的審美效果。這就是人們通常所說的題畫詩」，而且「從發展來看，廣義的贊畫詩產生在前，狹義的畫面題詩形成在後，兩類題畫詩相互發展，反映著繪畫藝術的面貌」。〔註3〕這種界定方法有一定影響力，後來很多學者的研究沿襲之。

〔註1〕〔日〕青木正兒著，魏仲祐譯，題畫文學及其發展〔J〕，臺灣東海大學主編，中國文化月刊，1980（9）：76，82，81。原著《題畫文學的發展》發表於1937年。《題畫文學之發展》，載《大陸雜誌》三卷十期（1951年11月）。今引文從魏譯。另有馬導源譯本名《題畫文學之發展》，載《大陸雜誌》三卷十期1951年11月）。今引文從魏譯。轉引自周錫□，論「畫贊」即題畫詩〔J〕，文學遺產，2000（3）：19～20。

〔註2〕張晨，中國詩畫與中國文化〔M〕，瀋陽：遼寧教育出版社，1993，157。

〔註3〕孔壽山，論中國的題畫詩〔J〕，文藝理論與批評，1994（6）：105～109。

3、題畫詩特點綜論

從整體上把握、分析題畫詩的總體特徵、藝術特色、審美價值，是題畫詩理論研究的重點。20 世紀 80 年代始，題畫詩研究出現了大量的總論與泛論文章，約 20 篇左右，基本上屬於略談概說，重在題畫詩知識的介紹、發展脈絡的勾勒、基本問題的澄清。如古遠清《談題畫詩》（《延安大學學報》1981年第 2 期）、張春光《略談題畫詩》（《齊齊哈爾師範學院學報》1983 第 3 期）、劉繼才《中國古代題畫詩論略》（《社會科學輯刊》1986 年第 5 期），李儒光《題畫詩簡論》（《湖南師範大學社會科學學報》1990 年第 5 期）、孔壽山《簡論題畫詩》（《文藝研究》1995 年第 4 期），這些論文一般是散談、概論或賞析性的。

專門研究題畫詩藝術特徵、審美價值的文章也有近 20 篇，較早的有李暉《題畫詩的發展及其藝術特色》（《齊魯藝苑（山東藝術學院學報）》1984 年第 3 期）、任秉義《中國畫題畫詩的內蘊》（《美苑（魯迅美術學院學報）》1987年第 2 期）等。到了 90 年代，主要有張福勳、王志民《將空間藝術轉化為時間藝術——題畫詩藝摭談》（《內蒙古師範大學學報（哲學社會科學版）》1992年第 2 期）、文成英《畫意入詩，詩情入畫——論「題畫詩」的藝術特色》（《黔南民族師專學報（哲社版）》1994 年第 3 期）等，上述文章在學術創新上稍嫌不足，不過研究深度有所加深。本世紀十餘年，卻已有數十篇相關論文，如宋生貴《題畫詩的文化底蘊與審美特質》（《廣播電視大學學報（哲學社會科學版）》2000 年第 4 期）、韓曉光《丹青題詠　妙處相資——題畫詩藝術表現手法淺論》（《景德鎮高專學報》2001 年第 1 期）、王五一《淺談題畫詩的藝術神韻》（《河南社會科學》2002 年第 4 期）、周淑芳《題畫詩：詩人對畫境的點醒與延伸》（《長沙電力學院學報（社會科學版）》2003 年第 2 期）、蔣哲倫《題畫詩淺談》（《古典文學知識》2013 年第 3 期），學術上的突破性成果雖然談不上，但至少說明現在學界對題畫詩的藝術價值有了充分的關注與肯定。然概觀這些研究藝術特徵的文章，探討的不外乎外在的藝術手法（包括內容題材、時空表現、表達方式、常用技法等）和內在的主體精神、意境、神韻這兩個層面的問題，缺乏新意。

斯爾螽的《題畫詩話》（四川美術出版社，1987 年版）是較早一部泛談題畫詩的著作，主要探討了怎樣寫好題畫詩、詩與畫的辯證關係等問題。周桂峰的《題畫詩說》（灕江出版社，1993 年版）是一部系統研究題畫詩的專著，全書近 16 萬字，由「詩畫融合的依據」、「題畫詩的功用」、「題畫詩的常用技

法」、「題畫詩的存在方式」等七章組成，重點探討了詩畫融合的外部環境和內在因素，闡述了題畫詩對不同題材的表現手法和題畫詩人的藝術修養，同時對著名題畫詩人的個性特徵和藝術貢獻等給予了精當的評析。張晨《中國詩畫與中國文化》〔註4〕的第四部分也專門探討了題畫詩的問題，認爲題畫詩是借鑒文化的結晶。論者考察了題畫詩的詩學與畫學的雙重價值；並以接受美學的某些理論作指導，嘗試探討了題畫詩的藝術規律，總結出題畫詩是創作與接受循環交流的標記；最後縱向梳理了題畫詩由畫外步入畫內的歷史發展過程。劉繼才《中國題畫詩發展史》（遼寧人民出版社，2010年版）採用史論結合方法論述了中國題畫詩的產生與發展，藝術特徵與審美價值深入探討其社會歷史文化背景。

總體看來，對題畫詩做綜論的文章數量不少，但整體的研究水平還有待提高，很多文章都是在啃一塊骨頭的同一個地方，重複勞動，如題畫詩時空觀念及轉換，這從上世紀80年代末就有了探討，直至今日，還有人在作重複研究。我們需要用新的眼光、新的角度來重新審視、總結題畫詩的特徵與價值。

4、斷代題畫詩研究

對於題畫詩的斷代研究基本上從上世紀80年代末開始的，且主要集中在唐宋元三朝，唐宋題畫詩研究的力度較深，數量也最多，唐代有19篇論文，包括8篇碩士論文。宋代12篇論文，包括1篇碩士論文；1本學術著作，1本博士論文（其中三章）。元代10篇，包括1篇碩士論文；明代2篇。跨代研究有6篇。

上世紀80年代對唐代題畫詩的研究主要有劉繼才《唐代題畫詩》（《遼寧教育學院學報（社科版）》1988年第1期）和陳華昌《唐代題畫詩的美學意義》（《唐代文學研究——中國唐代文學學會第四屆學術討論會論文集》1989年版，後收入陳華昌學術專著《唐代詩與畫的相關性研究》，陝西人民美術出版社，1993年版），陳文從題畫詩是「畫影響詩的產物」和「詩向畫滲透的重要通道」這兩個方面具體探討作爲詩畫結合載體的題畫詩是如何體現詩畫融合關係的，證明了唐代題畫詩的美學意義，對題畫詩的理論探討具備一定的開拓性。90年代後則有臺灣許麗玲的《唐人題畫詩之論畫美學研究》（《中正嶺

〔註4〕張晨，中國詩畫與中國文化〔M〕，瀋陽：遼寧教育出版社，1993：155～189。

學術研究集刊》1997 年 12 月)、施建中《由唐人題畫詩觀唐畫寫眞之論》(《南京師大學報（社會科學版）》2001 年第 3 期)、楊學是《空廊屋漏畫僧盡　梁上猶書天寶年——唐題畫詩研究》(《宜賓學院學報》2002 年第 5 期)、張瀟瓊《論繪畫手法在唐代題畫詩中的運用》(《語文學刊）2015 年第 5 期》以及陶文鵬《唐詩與繪畫》一書中的第一章《詩畫結合的奇葩——唐代題畫詩》(桂林：灘江出版社，1996 年版)。

　　另外 8 篇都是碩士論文。臺灣 2 篇，大陸 6 篇。臺灣東吳大學許麗玲的《唐人題畫詩研究》(1991 年 6 月) 與東海大學廖慧美的《唐代題畫詩研究》(1991 年 4 月)；另即陝西師範大學陳熙熙和廣西師範大學賀文榮於 2004年 4 月寫成的《唐代題畫詩略論》和《唐代題畫詩研究》，南昌大學曾磊《唐代題畫詩研究》(2007 年 11 月)；陝西理工學院殷飛《唐代題畫詩點面觀》(2011 年 4 月)；雲南師範大學楊娜《唐代題畫詩繪畫美學思想研究》(2011年 6 月)；華僑大學趙嬋媛《論唐代題畫詩》(2012 年 3 月)。許麗玲的論文試圖從宏觀把握唐代題畫詩，涉及中國詩畫關係的發展以及唐代題畫詩產生的政治、文化背景的分析，理論探討較多，題畫詩的文本研究少了些。廖慧美的文章則與許文相反，很注重文本研究，按「四唐」分期劃分唐代題畫詩，並從題材內容和形式兩方面逐一論析每個階段的題畫詩，然而缺乏了理論高度的提煉。陳熙熙文主要分析唐代題畫詩的興起原因、題材分類、史料價值、審美價值、社會功能以及對後世詩畫的影響，雖然較爲系統，但缺乏新見。賀文榮的論文較爲翔實，梳理勾勒了唐題畫詩的發展狀況，細緻論析了唐代題畫詩的藝術特點，並結合題畫詩中詩畫融合的歷程，具體分析了唐代題畫詩中詩與畫的關係；最後對唐代題畫詩在題畫詩發展史上的歷史地位和價值作了定位。該文嘗試運用了一些新的理論做指導，比較成功的地方有三點：一、有了從唐代題畫詩去捕捉唐代詩畫關係的想法；二、從詩歌體裁的角度證明了唐代題畫詩對題畫詩體例的開創之功；三、對題畫詩集注的研究，論文附錄了《唐代題畫詩注》的補遺和匡謬，有一定的文獻價值。雖然作者論述的深度還有待進一步挖掘，但對題畫詩研究的切入角度還是有啓發意義的。

　　最早對宋代題畫詩作專門研究的應是祝振玉的《略論宋代題畫詩興盛的幾個原因》(《文學遺產》1988 年第 2 期)，作者認爲宋代題畫詩興盛原因有如下幾點：一、與當時繪畫藝術的地位提高有關；二、宋人關於詩畫同趣的藝

術觀念（對詩與畫都用形象思維、詩與畫的美學旨趣基本一致、詩與畫在社
會功用上殊途同歸三方面的認同）；三、南宋文人畫不唯形似、專重氣韻意致
的審美情趣，開拓了遷想發揮即物寫志的新天地；四、杜甫題畫詩給宋人以
不可否認的影響，在宋代這種崇杜學杜的文化環境下，該詩體順理成章地得
到了繼承和發揚。八年之後，臺灣學者衣若芬在祝文的基礎上《也談宋代題
畫詩興盛的幾個原因》〔註5〕，補充了幾點看法：一、繪畫觀念之轉變；二、
繪畫題材之消長；三、愛畫之風勃興；四、文人與畫家交往，並參與繪畫創
作；五、宋代文學好為議論之辭、無事無意不可入詩文的寫作形態以及愛搞
次韻唱和活動這三大特質的影響。

　　臺灣學者李棲《兩宋題畫詩論》（臺灣學生書局，1994年版）應該說是
迄今為止宋代題畫詩研究較為全面系統的一部學術著作，第一章《緒論》中
主要談題畫詩的意義與演進問題和宋代以前的題畫詩；第二章討論宋代題畫
詩興盛的時代背景；第三章談宋代題畫詩的內容、特色及主要的題畫詩人；
第四、五章提煉了宋代題畫詩所顯示的創作觀與鑒賞觀；第六章重點研究蘇
軾與黃庭堅的題畫詩；第七章就宋代題畫詩專書《聲畫集》與《御定歷代題
畫詩》作版本研究、內容分析、史料價值以及在搜集、編排上的優缺點，主
要是文獻的爬梳工作，沒有對書中所反映的理論思想、藝術價值作進一步的
研究。

　　衣若芬對於北宋題畫詩的研究雖未結集出版，但已有一系列的研究文
章，學術反響甚佳，如《宋代題畫詩的創作現象與書寫特質──以蘇轍〈韓
幹三馬〉及東坡等人之次韻詩為例》〔註6〕，《北宋題人像畫詩析論》〔註7〕，
《北宋題仕女畫詩析論》〔註8〕，《宋代題〈詩意圖〉詩析論──以題〈歸去
來圖〉、〈憩寂圖〉、〈陽關圖〉為例》〔註9〕，《漂流與回歸：宋代題〈瀟湘〉
山水畫詩之抒情底蘊》〔註10〕等，還有兩篇與宋代有關的跨代研究：《「江山

〔註5〕　《宋代文學研究叢刊》〔J〕，1996（2）：55～70。
〔註6〕　此文係四川眉山：中國蘇軾研究學會，眉山三蘇博物館於1997年9月16日
　　　　至18日主辦的第九屆全國蘇軾學術研討會提交論文。
〔註7〕　《中國文哲研究集刊》〔J〕，1998（13）：121～174。
〔註8〕　此文係美國史丹佛大學：中國哲學與文化研究基金會，中央研究院中國文哲
　　　　研究所籌備處，史丹福大學中華語言文化研究中心於1999年8月19日至22
　　　　日主辦的中國哲學與文化的現代詮釋學術研討會提交論文。
〔註9〕　《中國文哲研究集刊》〔J〕，2000（16）：1～64。
〔註10〕　《中國文哲研究集刊》〔J〕，2002（21）：1～42。

如畫」與「畫裏江山」：宋元題〈瀟湘〉山水畫詩之比較》〔註11〕和《寫眞與寫意：從唐至北宋題畫詩的發展論宋人審美意識的形成》〔註12〕，相對於李棲的研究，衣氏對文本的把握更爲精到，藝術分析更爲透徹，研究視野更加開闊。從中我們也看到，臺灣學界對題畫詩的關注程度與研究成果遠甚於大陸，這是大陸學者應該學習借鑒的。

此外，復旦大學趙曉濤的博士論文《游於藝途──宋代詩與畫的相關性研究》（2003 年 5 月）中有關宋代題畫詩的研究也占不少篇幅，他通過具體詩例分析了宋代題畫詩中的唱和與同題共作這兩種集體創作現象，並以元祐蘇門的題畫詩創作爲研究中心，闡發了宋代題畫詩因其大多切近山水畫而追求「隱逸之志」的主題價值取向；最後簡要探討了宋代題畫詩對於宋代士人的獨特意義。論者著重於文本的探討，嘗試理論上的突破，有一定的學術價值。還有中南民族大學葉林艷的碩士論文《宋代題畫詩研究》（2013 年 4 月），肖燕《論宋代的題畫詩》（《大眾文藝（理論）》2009 年第 11 期）、孫春瑩《論宋代題畫詩之尚理新風》（《美術教育研究》2011 年第 12 期）等研究文章。

元代題畫詩的研究比唐宋題畫詩都要早些，上世紀 80 年代初就有了包根弟《論元代題畫詩》（收入《古典文學》第二集，臺灣學生書局，1980 年 12 月）和劉繼才《論元代的題畫詩》（《遼寧師院學報》1982 年第 3 期），90 年代僅有石麟《歷史斷層裂變的低谷回聲──元人題畫詩論略》（《湖北師範學院學報（哲學社會科學版）》1993 年第 2 期）一文，直到本世紀初，復旦大學呂海春寫作了一篇有關元代題畫詩的博士論文，即《從題畫詩與詩意圖看元代詩歌與文人畫之關係》（2001 年 11 月），選取典型、具體的題畫詩、詩意圖創作，做個案研究，從中發掘具備不同表現形式的詩畫關係。此外明代題畫詩有一篇專題內容研究的碩士論文：蘭州大學龐廣雷《元代梅蘭竹菊題畫詩研究》（2010 年 5 月）。論文還有李怡《翰墨描繪無形畫　丹青譜寫有形詩──明代杭州西湖題畫詩意境之美解讀》（《名作欣賞》2005 年第 8 期），王韶華《元代題畫詩的審美追求與題畫模式》（《中國文化研究》2010 年第 1 期），李博文《論元代題畫詩的藝術成就》（《長春理工大學學報（社會科學版）》2011 年第 7 期）等。

〔註11〕 《中國文哲研究集刊》〔J〕，2003（23）：1～38；後收錄於（韓國）祥明大學校韓中文化情報研究所，權錫煥編：《한중팔경구곡과산수문화（韓中八景九曲與山水文化）》（서울：이회문화사，2004 年），頁 185～212。
〔註12〕 《中國文哲研究集刊》〔J〕，2001（18）：41～90。

對題畫詩的跨代研究也是一個值得關注的領域，已有部分學者參與研究，如黃仁生《唐宋題畫詩簡論（一）》（《常德師專學報》1982 年第 1 期）、劉亮《論唐五代題畫詩與同期山水畫審美精神的發展》（《南京藝術學院學報》（美術與設計版）2004 年第 5 期）、孫小力《元明題畫詩文初探——兼及「詩畫合一」形式的現代繼承》（《上海大學學報（社會科學版）》2005 年第 1 期）等。衣若芬有三篇跨代研究文章，《晚唐五代題畫詩的審美特質》〔註13〕概說了晚唐五代題畫詩的創作情況，再以「方寸巧心通萬造」、「緣象生情，象外求象」、「水墨的興味」三大子題論析了晚唐五代題畫詩的審美特質。在《寫眞與寫意：從唐至北宋題畫詩的發展論宋人審美意識的形成》一文中，她分別以「寫眞」與「寫意」涵括唐人與宋人的審美意識，並以「以畫爲眞，感神通靈」、「筆侔造化，心生萬象」、「形意俱足，生意盎然」、「忘形得意，意外之趣」四大子題爲研究中心，梳理出唐宋審美意識由「寫眞」向「寫意」轉變的歷程，發現這是繪畫藝術逐漸趨向文學化的一個過程。她還從三個方面舉例論析了宋人的尚意思想：一是畫家的「意氣」與創作的「立意」；二是作品的「生意」、「意思」與「意象」；三是觀者的「忘形得意」、「意外之趣」，以及由尚意思想開展出的以歐陽修和蘇軾爲代表的「蕭條淡泊」、「清新簡遠」審美風格理想。相對而言，《「江山如畫」與「畫裏江山」：宋元題〈瀟湘〉山水畫詩之比較》一文偏向於個案研究。

（二）題畫詩創作研究

對題畫詩創作的具體研究主要體現在對各朝各代的作家及其作品研究上，粗略統計，約 80 篇文章，其中以杜甫、蘇軾、黃庭堅、鄭板橋等人的題畫詩爲研究重點。

1、李、杜題畫詩研究

在作家作品個案研究方面，唐代題畫詩的研究論文主要集中在杜甫身上，最早研究杜甫題畫詩的論文是臺灣吳仁懋的《杜甫題畫詩之研究》（《詩學集刊》臺灣師範大學國文系，1969 年 5 月），上世紀 80 年代初，相關論文有韓成武《談杜甫詠畫題畫詩》（《河北大學學報》1980 年第 4 期）、季壽榮《從杜甫的題畫詩看唐代幾位畫家的創作風貌》（《美術研究》1981 年第 2 期）、劉

〔註13〕收於《世變與創化——漢唐、唐宋轉換期的文藝現象》〔C〕，中央研究院中國文哲研究所，2000：377～424。

繼才《杜甫不是題畫詩的首創者——兼談題畫詩的產生與發展》(《遼寧大學學報》1982 年第 2 期)、王啓興《論杜甫題畫詩的美學思想》(《武漢大學學報》1984 年第 1 期)、羊敬德《略論杜甫的題畫詩》(《懷化學院學報》1984 年第 2 期)。

　　上世紀 90 年代也有 5 篇論文：李祥林《杜甫對韓幹畫馬的批評之我見》(《杜甫研究學刊》，1994 年第 4 期)、周瑾《杜甫題畫詩的法與意》(《杜甫研究學刊》1996 年第 4 期)、張英《杜甫題畫詩管窺》(《雲南社會科學》1996 年第 6 期)、張晶《杜甫題畫詩的審美標準》(《內蒙古師大學報（哲學社會科學版)》1999 年第 6 期)，側重於理論探討，如楊力《略論杜甫題畫詩的繪畫美學思想》(《中國韻文學刊》1997 年第 2 期)，研究了以《丹青引》爲代表的一系列題畫詩，對繪畫藝術的形似與神似、經營與技巧以及繪畫欣賞中的想像與寄興等美學問題發表了許多精闢的見解。

　　本世紀的杜甫題畫詩研究更加深入，如楊學是《杜甫題畫詩芻論》(《綿陽師範高等專科學校學報》2002 年第 1 期)與《再論杜甫題畫詩》(《西南民族大學學報（人文社科版)》2003 年第 9 期)，《芻論》肯定了杜甫題畫詩在唐代繪畫史上的史料價值、文藝理論價值，認爲杜甫以詩評畫、評畫家的題畫詩開了比較研究之先河，並分析了杜甫題畫詩於沉鬱外又見激昂，頓挫中見出飛動的藝術特色；《再論》則結合史料對杜甫題畫詩中存在的幾個細節問題進行了辨析，如關於曹霸「丹青不知老將至，富貴於我如浮雲」、「即今漂泊干戈際，屢貌尋常行路人」的問題、「肥」與「瘦」、「骨」與「肉」、「好奇古」的問題，還有詠地圖詩及韋偃、王宰的「手快」問題等，針對問題提出自己的見解。此外還有徐明《杜甫題畫詩的傳播學觀照》(《河北大學學報（哲學社會科學版)》2002 年第 4 期)，王秀春《論杜甫的題畫詩對後代題畫詩及文人畫的影響》(《杜甫研究學刊》2002 年第 4 期)，陳冠男《試論杜甫題畫詩之情懷及其重要性》(《杜甫研究學刊》2012 年第 2 期)，陳婧文《杜甫山水題畫詩特色探析》(《名作欣賞》2014 年第 35 期)等。

　　因爲李白創作的題畫詩較少，相對應的研究文章也較少，只有王定璋《論李白題畫詩文》(《西南師範大學學報（哲學社會科學版)》1996 年第 3 期)、楊學是《李白題畫詩管窺——兼與杜甫題山水畫詩之比較》(《綿陽師範高等專科學校學報》2002 年第 4 期)、嚴俊《李白題畫詩作的審美意趣》(《樂山師範學院學報》2004 年第 3 期)幾篇。

總體看來，三十年來關於杜甫題畫詩的學術文章有 24 篇，李白的有 3 篇，當然還有一些論文是專談杜甫《戲題王宰畫山水歌》、《丹青引贈曹將軍霸》諸類題畫詩名作的，如趙維平《古代詠畫詩三題》（《周口師專學報》1998 年第 1 期）。學術論著中談到李、杜題畫詩的則不在少數，如王伯敏《李白杜甫論畫詩散記》（杭州：西泠印社，1983 年版），陶文鵬《唐詩與繪畫》（桂林：灕江出版社，1996 年版）有《李杜題畫詩的傑出成就》一文，李棲《題畫詩散論》（臺北：華正書局，1993 年版）中有《談杜甫的詩學理論：兼論與其繪畫理論的異同》一文。

2、蘇、黃題畫詩研究

宋代題畫詩研究論文主要集中在蘇軾、黃庭堅二人身上，研究蘇軾的文章多些，有 32 篇論文，其中 1 篇碩士論文，1 本學術專著。黃庭堅的有 9 篇論文，包括 1 本碩士論文。

蘇軾題畫詩研究從上世紀 80 年代初就受到關注，相關論文有孫民《依畫翻新意　詩抒畫外情——蘇軾詠畫題畫詩賞析》（《社會科學輯刊》1982 年第 3 期）、周義敢《蘇軾的題畫詩》（《東坡詩論叢》，四川人民出版社，1983 年版）、程伯安《蘇軾題畫詩跋所表現的繪畫理論》（《咸寧學院學報》1984 年第 1 期）、張忠全《蘇軾的題畫詩》（《四川師範大學學報（社會科學版）》1984 年第 4 期）、林從龍、范炯的《略論蘇軾題畫詩》（《江海學刊》1985 年第 1 期）、湯炳能《論蘇軾題畫詩的豐富想像》（《學術論壇》1987 年第 2 期）。

上世紀 90 年代至今的主要研究成果有：王玉梅《得意忘象、形神兼備——淺談蘇軾題畫詩的審美超越》（《遼寧教育學院學報》1996 年第 4 期）、張寶石《論蘇軾的題畫詩》（《北京教育學院學報》1999 年第 4 期）、陶文鵬《論蘇軾的題畫詩》（《蘇軾詩詞藝術論》，上海古籍出版社，2001 年版）、陳才智《蘇軾題畫詩述論》（《樂山師範學院學報》2004 年第 6 期），潘軍《蘇軾題畫詩中的「文人畫」思潮》（《名作欣賞》2008 年第 10 期），湯志剛《從蘇軾的題畫詩看其繪畫美學觀》（《作家》2011 年第 12 期），還有碩士論文福建師範大學廖偉《蘇軾題畫詩考論》（2008 年 4 月）等。其中陶文鵬的文章概括出蘇軾題畫詩的幾個特點：一、在題畫中有所寄託，融入富於社會意義的思想內容；二、把題畫詩當作記述、宣講藝術見解和創作心得的文學園地；三、把畫境和真境結合起來，造成真假莫辨的感覺，使人恍若身臨其境，全

身心浸淫其中；四、突破繪畫表現上的局限，發揮詩歌描寫動態的特長；五、善於根據所題詠的繪畫的不同品種和風格，使用不同的筆墨。陳文總結了蘇軾題畫詩的數量（102題157首），依畫科分爲人物、山水、畜獸、竹石花鳥蟲魚及其它四類，並分四個方面（一、借題發揮，開出議論；二、詠畫寓意，寄情感慨；三、著眼於畫跡，重在再現畫中景物；四、落腳在畫藝，重在闡發畫理）具體闡述了蘇軾題畫詩的理論價值、審美功能及藝術境界，認爲蘇軾創造了中國題畫詩史上的高峰，把題畫詩眞正提高到「以詩賞畫、以詩闡畫、以詩補畫、以詩導畫」的位置上。

衣若芬所著《蘇軾題畫文學研究》（臺灣：文津出版社，1999年版）是一部以蘇軾題畫詩爲專門研究對象的學術專著，該書先回顧題畫文學的演進過程、討論北宋題畫風氣興盛的原因，進而分析蘇軾題畫文學的文化背景，明確蘇軾在題畫文學的歷史地位。然後依據蘇軾與繪畫的關聯和創作題畫文字的環境與機緣劃分其題畫文學，做分期研究。一是鳳翔至杭、密州時期（1061～1076）；二是徐、湖、黃州時期（1077～1085）；三是元祐在朝與二度仕杭時期（1086～1094）；四是嶺海時期（1095～1101），著者分別就各時期的題寫情形以及題畫創作的外緣內因做探討，同時討論其間具有代表性的美學課題，如常形與常理、形似與傳神。著者分析蘇軾早期和繪畫的因緣在於：一、故鄉蜀地繪畫尤其是宗教畫的風行和蓬勃發展；二、父親蘇洵雅好繪畫，勤於收藏的示範作用；三、文同對他的啓發和影響。而蘇軾的繪畫創作觀則隨著他從繪畫的旁觀者變爲親身參與者，也相應地由「天才論」漸趨「工夫論」。其「士人畫」觀念可謂應時應運而生，顯示出自北宋始知識分子參與繪畫藝術的自覺，並且一直保持著追尋高雅文化品位、不盲從時尙流俗的創作意識。

黃庭堅題畫詩研究在上世紀80年代有淩左義《風斜兼雨重　意出筆墨外——論黃庭堅的題畫詩》（《九江師專學報》1986年第4期），祝振玉《發明妙慧　筆補造化：黃庭堅題畫詩略論》（《上海師範大學學報》1988年第1期）、傅秋爽《試論黃庭堅題畫詩的藝術特色》（《河北學刊》1986年第3期）3篇文章。淩文論述了黃庭堅題畫詩的內容與方法，認爲黃氏的題畫詩內容豐富，既有對現實的批判，又有對脫身世網的希望，還表現了他的美學思想與繪畫理論，甚至於某種禪趣；論者進一步概括了黃氏題畫詩的藝術特色：一、形神兼備，氣韻生動；二、側面表現，以畫爲眞；三、頓挫有力，妙於結構；四、善於立意，深以寄託。祝文則認爲黃氏題畫詩的妙處在於其寫意性，引

譬連類，畫中有我；其特點表現在如下三點：一、以畫爲題，申詩人之旨；二、體物言情，因畫見趣；三、借機釋義，指諷世相。上世紀 90 年代至今相關論文有鍾聖生《黃山谷與他的題畫詩》（《江西師範大學學報（哲學社會科學版）》1994 年第 1 期）、吳晟的《黃庭堅〈題竹石牧牛並序〉讀解》（《文史知識》1996 年第 2 期）、吳畏《漫談黃庭堅題畫詩的文藝評論特點》（《貴州工業大學學報（社會科學版）》2004 第 1 期），大多是就黃庭堅的題畫名作作分析，如吳晟的文章歸納了《題竹石牧牛並序》一詩的美學特徵：一、多重時間交織的敘述方式；二、互文本的技巧；三、文本的調侃與解構。此外還有 2 篇碩士論文，即四川大學藝術學院翁曉瑜的《黃庭堅題畫詩研究》（2003 年 4月）、西南大學原軍慧《黃庭堅題畫詩中的美學思想研究》（2008 年 4 月）。翁曉瑜文的第三章著重探討黃庭堅的題畫詩創作及其美術學意義，此部分介紹黃庭堅的生平與交遊，整理黃庭堅題畫詩的數量、內容及創作年代等基本狀況，最後論析了黃庭堅「以禪論畫」、「書畫當觀韻」、「如蟲蝕木偶而成文」等文人畫理論及其對北宋乃至後世的影響。作爲題畫詩人的個案性研究文章，該文側重於宏觀上對題畫詩的美術學意義探討和北宋題畫詩的概述及理論研究，似乎對黃庭堅題畫詩本體的研究著力少了些。

也有學者將蘇軾與黃庭堅放在一起研究，李棲《兩宋題畫詩論》（臺灣學生書局，1994 年版）第六章就是以蘇軾與黃庭堅的題畫詩爲研究對象，先是分別闡述了二人的題畫詩創作特點及其中顯示出來的繪畫理論，再將二人題畫詩進行內容特色與繪畫理論的比較。（美）羅納德·埃根《題畫詩：蘇軾與黃庭堅》（原載於《哈佛亞洲研究學報》第 43 卷第 2 期，中文有藍玉、周裕鍇譯本，收入莫礪鋒編《神女之探尋》一書）的論點較有新意，指出當蘇、黃把那些值得評價的畫景作眞景處理時，他們都愛用一種詞語借用的手段，或者更準確地說，挪借前人關於眞實世界的詩句，用之於繪畫，以表現其博學與才智和對畫家的讚美，也有助於加強詩人對繪畫的反應的文學特徵，把這些詩更徹底地帶進文學傳統的領域。論者還從所題畫作本身的大小差異和蘇、黃等宋代詩人與繪畫的關係兩方面分析了杜甫和蘇、黃題畫詩之間差異的緣由。

3、其餘詩人題畫詩研究

除了對李、杜、蘇、黃這幾位詩壇巨擘的集中研究，還有些零星的對其他題畫詩人詩作的研究。

宋代的有吳企明《論趙佶題畫詩的美學價值和藝術淵源》（《蘇州大學學報》1995年第2期）、王述堯《劉後村題畫詩論略》（《鹽城師範學院（人文社會科學版）》2004年第2期）、薛穎《元祐文人集團汴京題畫詩唱和》（《陰山學刊》2003年第4期）等。吳文認為趙佶自畫、自吟、自書這一富有創造性的「三自」藝術舉措，第一次將詩、書、畫三種不同門類的藝術和諧地融合在一起，構成完美的藝術整體，從而開一代風氣。接著從繼承我國民族文化優秀傳統和汲取域外文化藝術營養這兩個角度審視趙佶題畫詩的藝術淵源，認為我國歷史上畫卷前後和畫面上題寫文字的成果以及書畫結合的主張，還有北宋初年傳入中國的日本屏風畫及其上的題畫詩，是趙佶藝術創作靈感的源泉。王文則認為題畫詩是劉克莊文化個性最集中的體現，對後村山水畫題跋詩、花鳥畫題跋詩、人物畫題跋詩逐一進行論析，從中探尋後村對繪畫藝術的深刻見解。薛文認為「詩畫本一律」的詩畫關係說是元祐文人集團元祐時期汴京題畫詩唱和興盛的內部動因之一，分析了元祐文人集團題畫詩唱和類型：題畫馬詩與題山水畫詩，發現題畫詩唱和與元祐黨爭的密切關係，即元祐文人試圖通過馬和山水來寄託自己的人生理想，藉以排遣黨爭帶來的心靈苦悶。

元明時期的研究文章較少，有王素美《論元人吳澄題畫詩的特點》（《河北師範大學學報（哲學社會科學版）》2000年第4期）、于占德《徐渭題畫詩及其藝術個性表現淺論》（《齊魯藝苑（山東藝術學院學報）》2004年第1期）、葛琦《元朝詩人薩都剌題畫詩的民族特徵》（《文藝評論》2013年第2期）等。王文指出吳澄題畫詩有如下特點：能透視元畫特點，把握元畫的藝術精神；以畫面為依託，諷諭時政、寄旨畫外；借助畫面宣揚其會合朱、陸的理學觀點，將隱逸詩情付於畫卷，使山水畫具有無限深意。於文通過對徐渭的幾首題畫詩進行剖析，發掘其藝術風格的形成脈絡和獨特的藝術觀點。

清代的題畫詩創作本身就是一個高潮，所以研究文章比元明要多些，主要集中在鄭板橋等人身上，如張漢清、方弢《詠竹詠蘭詠石　有節有香有骨——鄭板橋題畫詩思想價值漫評》（《大理學院學報》1988年第2期）、韓曉光《試論鄭板橋的題畫詩》（《濰坊教育學院學報》1989年第1期）、洛少波《詩含畫意　畫寓詩情——鄭板橋題畫詩談片》（《藝術探索》1992年第2期）、江根源（《適性率真　風流千古——淺論鄭板橋題畫之美學價值》（《浙江師大學報（社會科學版）》1995年第2期）、林同《鄭板橋的題畫詩》（《新疆大學學

報》（哲學社會科學版）1996 年第 1 期）等，其中林文論述了鄭氏題畫詩的數量與質量，分析其共性特點為：切畫、切時、切地、切人，寫照傳神，兼備交融；個性特點為：突出自己強項（蘭竹），不斷深化；對題畫詩作了多方面開拓、出新，內容、體載、字體、位置，各盡其妙，突破前人。既鋒芒畢露，又諧趣滿紙。清代的還有欣榮《望斷關山紅樹村——經亨頤的題畫詩》（《瞭望》1988 年第 28 期）、賴元沖《試析華岩（注）的題畫詩》（《龍岩師專學報》1989 年第 1 期）、左啓《蘇六朋〈三教九流圖〉題畫詩析》（《文史雜誌》1998 年第 6 期）吳錦川、韓苗《詩畫本一律天工與清新——淺論南田題畫詩的藝術特徵》（《中國書畫》2009 年第 12 期）等研究文章。近現代的劉海粟、汪曾祺、陳樹人、柳子谷等人的題畫詩也有單篇論文。

（三）題畫詞研究綜述

題畫詩是題畫文學最為重要的一種文體，鑒於詞乃詩之變體的普遍認識，很多學者將題畫詞歸為題畫詩的一個分支，青木正兒持此見，他在《題畫文學及其發展》一文裏界定「題畫文學」範疇：「題畫詩則為一般畫幅上面所題的五言、七言、古、今各種體裁的詩歌，我們為了方便討論起見，詞賦之類的題畫作品也歸於這一類。」張晨在《一橋飛架詩畫間》一書中提及廣義的題畫詩時，也將題畫詞、曲包含在題畫詩裏。冉欲達在為張晨主編的《中國題畫詩分類鑒賞辭典》作序時也依詩體將題畫詩分為「絕句（五絕、六絕、七絕）、律詩（五律、七律）、古風、組詩等，還有詞和曲。」〔註14〕不過還是有學者將題畫詞單獨作為一種文體來研究，雖然與題畫詩的研究相比，題畫詞的研究遲到了很多，而且相當薄弱，既沒有專門論著，也沒有選本流傳，只有零星論文，但還是有些許收穫的。

宏觀上的研究主要涉及詞畫關係的探討、題畫詞的產生與發展等問題，如饒宗頤的《詞與畫——論藝術的換位問題》（饒宗頤《畫□》臺北：時報文化出版企業有限公司 1993 年版），這是比較早探討詞畫結合藝術特色的文章，從「以詞入畫」、「以詞題畫」、「以詞證畫史」、「以畫法喻詞」幾個部分較為全面地論述了題畫詞的產生發展、詞與畫的相互關係等問題，著重於詞法與畫法的借鑒融合。這篇文章關注了題畫詞這一長久以來被忽略的文體，填補了學術研究領域中的空白，但顯然著力點並不在於題畫詞，他主要是以詞畫

〔註14〕張晨，中國題畫詩分類鑒賞辭典〔M〕，瀋陽：遼寧美術出版社，1992，5。

結合的「史」的角度闡發，對於題畫詞的歷史發展及其藝術特色少有分析。專論題畫詞的文章還有馬興榮的《論題畫詞》（《撫州師專學報》1997 年第 4 期），試圖釐清題畫詞的發展過程，認為北宋出現了題畫詞，把俞紫芝的《臨江仙・題清溪圖》定為第一首題畫詞，重點分析了晁補之的《滿庭芳・用東坡韻題自畫蓮社圖》，並認為真正開始大量寫題畫詞的是宋末張炎。其實文中對宋元的論述較為簡略，用力處在題畫詞的極盛時期清代，論述較翔實。論者通過對各朝各代題畫詞的分析充分肯定了題畫詞的藝術成就、抒情功能以及美學意義。

具體的研究主要集中在宋元清時代的題畫詞，清代題畫詞的研究較早，基本上是清代詞人的個案研究，有董淑瑞《顧太清及其詞作的審美特色》（《滿族研究》1990 年第 2 期）、張富華的《淺論清代少數民族詞人改琦的題畫詞》（《新疆大學學報（哲學科學社會版）》1994 年第 2 期）、周絢隆《實用性原則的遵循與背叛——陳維崧題畫詞的文本解讀》（《首都師範大學學報》（社會科學版）2000 年第 6 期）、李亮偉《論姚燮的山水詞》（《寧波大學學報（人文科學版）》2004 年第 1 期）和何尊沛《初論熊璉〈澹仙詞〉》（《攀枝花學院學報》2005 年第 1 期）、魏遠征《詞境・畫境・心境——論顧太清題畫詞》（《民族文學研究》2007 年第 4 期）、龍懷菊《論朱彝尊的題畫詞》（《青春歲月》2014 年第 9 期）等。研究元代題畫詩的論文數量少，目前僅有華東師範大學王煒的碩士論文《元代題畫詞研究》（2007 年 5 月）和張若蘭《元代題畫詞初探》（《中國社會科學院研究生院學報》2009 年第 3 期）。宋代的題畫詞研究起步雖晚，但近年來的研究力度與深度有了顯著的進步。較早的一篇是苗貴松的《宋代題畫詞簡論》（《常州師範專科學校學報》2004 年第 2 期），作者把題畫詞分為自題詞、他題詞、跋畫詞、味畫詞及同題畫相關的唱和詞五種，對宋代題畫詞作家和作品進行了統計，約有題畫詞人 60 餘家，題畫詞作 160 多首，還專門對 16 位著名詞人的代表題畫作品作了列表分析；接著從題材上將宋代題畫詞分為題人物畫詞、題山水畫詞和題花鳥畫詞三大類；進而探討了宋代題畫詞興起的原因。河北大學吳文治的碩士論文《宋代題畫詞論說》（2005 年 6 月）應該是一次較為全面的斷代題畫詞研究嘗試，作者先對「題畫詞」進行界定，然後在史料基礎上劃定第一首嚴格意義上的「題畫詞」是南唐後主李煜的《漁父》詞，考察了題畫詞在宋代的發展脈絡，論述題畫詞在宋代的發展概況和原因。他縱向劃分宋代題畫詞為初步發展期、拓展期、成熟期三大

時段，並橫向分析題畫詞的不同特點，進行分類論述，還以南宋末期吳文英和張炎的題畫詞為個案研究對象。隨後作者探尋了題畫詞與題畫詩的異同。進而發現宋代題畫詞在文學史上的價值。除此之外，宋代題畫詞另有個案研究，即高瑩、張子健合寫的《揚無咎及〈逃禪詞〉考辨》（《石家莊學院學報》2006 年第 1 期），其中涉及「題畫詞與『逃禪三絕』」的討論。

關於題畫詞的研究，還有吳企明、史創新編著的《題畫詞與詞意畫》（雲南人民出版社 2007 年版）。從上述研究中我們看到題畫詞從題畫詩中漸漸獨立出來了，並成為一個特殊的題畫文學研究領域，但顯然，研究的力度與深度並不令人滿意，應該說，這還是一塊可以繼續挖掘的土地，希望有更多的學者關注題畫詞，產生更加深入、具體的研究成果。

小　結

20 世紀 80 年代至今，題畫詩研究的學術論文高達二百餘篇，相關著作有十幾部，而這只是筆者在所能搜集到的資料範圍內作的粗略統計，由此可見大陸、臺灣對題畫詩研究的關注程度與累累碩果，題畫詩的研究範圍從創作到理論，從總體到個體，涉及面很廣；研究方法既有基本的文獻考證、版本梳理，也有對西方文藝理論的借鑒，湧現出一些優秀的研究著作。但從整體上看，普遍存在一些問題：1、大多文章的理論概括泛泛而談，理論分析陳陳相因，缺乏新意，給人以面目雷同的感覺。2、研究內容雖然涉及到不少方面，但有不少是散論、泛論，深度不夠，大多拘泥於研究詩歌本身的藝術特點以及詩中所表現的藝術理論，零敲碎打，難成氣候；3、作家作品研究集中在某些大家身上，對一些小的作家、作品沒有充分重視。題畫詩研究呈現出良莠不齊、耕耘不均的情況，特別是忽略了題畫詩存在的最基本的原因和意義：它既是詩畫融合的直接產物，也是詩畫關係發展的一面鏡子。我們需要用這面鏡子來折射中國詩畫關係發展的歷程，這是題畫詩較為重要的研究意義之一。

二、畫譜研究綜述

畫譜研究的起步較晚，上世紀 80 年代中後期才開始，研究力度也很薄弱，只有零星的十幾篇文章，3 篇碩士論文，尚無研究專著。根據本人論文的研究需要，對《宣和畫譜》、《梅花喜神譜》做重點綜述。

（一）《宣和畫譜》研究

《宣和畫譜》是我國古代存世的三部官修繪畫目錄著述之一，是宋朝宣和年間（1119～1125）由徽宗皇帝敕令，政府組織纂修的，記載宋代宮廷收藏的繪畫作品的專門著錄之書。大陸專論《宣和畫譜》的學術文章較少，有倪根法《〈宣和畫譜〉的成書年代及與米芾的關係》（《華東師範大學學報（哲社版）》1985 年第 3 期）、陳傳席《〈宣和畫譜〉的作者考及其他》（《阜陽師院學報（社科版）》1986 年第 2 期）、頡翰《淺談〈宣和畫譜〉的繪畫美學思想》（《朵雲》1990 年第 2 期）、段玲《〈宣和畫譜〉探微》（《美術研究》1996 年第 4 期）、張完碩《試論〈宣和畫譜〉》的美學思想（《華中科技大學學報（社會科學版）》2004 年第 6 期）、韋賓《〈宣和畫譜〉名出金元說——兼論〈宣和畫譜〉與徽宗繪畫思想無關》（《美術觀察》2006 年第 10 期）、張其鳳《倡新說、覆舊說當慎之又慎——就《宣和畫譜》一文與與韋賓先生商榷》（《美術觀察》2007 年第 4 期）、《宣和畫譜的編撰與徽宗關係考》（《南京藝術學院學報（美術與設計版）》2008 年第 4 期）等。倪文根據《宣和畫譜》卷十二「童貫」條中記載，判斷該書的成書年代上限為宣和元年底或二年初，下限不會遲於宣和三年八月，進而論述了《宣和畫譜》與米芾的關係。陳傳席文章結合歷史，通過《畫譜》內容及用詞等細節考證《畫譜》的作者極有可能是「身居高位又特喜書畫而且靠書法起家的蔡京」。而且書中所反映的美學觀點是迎合宋徽宗的審美思想的。段文嘗試從目錄學的觀點來剖析《宣和畫譜》的歷史背景、編製目的、學術思想，在源遠流長的繪畫著錄史中探求我國繪畫目錄學發展、演變的軌跡。論者認為《宣和畫譜》不僅是一部記錄宋代開國至宣和庚子年的當代繪畫史，也是一部反映唐宋以來繪畫發展的近代史，具有極其珍貴的文獻價值。她還指出《宣和畫譜》的編製目的是要發揮繪畫「善足以觀時，惡足以戒其後」的社會職能作用；闡釋了《宣和畫譜》的目錄結構特點，它排列畫科目錄次序的原則並不是以畫家的多寡、作品的多少，也沒有順應時代的風尚銓別畫科的地位，而是按照統治者正統的思想觀念舉綱列目，強調繪畫的社會功能。接著舉例說明《宣和畫譜》中的大序、小序以及畫家列傳體現出來的敘述學術源流的功能，體現了傳統目錄學術史的色彩；並指出《宣和畫譜》廣泛採擷了前人的論述和著作，從歷代國史、畫史、畫論、奏章、傳記、書簡、筆記和雜錄中廣徵博引，是一部網羅豐富、採錄較全、集前代畫學論述之大成的巨製。最後文章指謫了《宣

和畫譜》在編撰方面有三大不足：一、作品歸類多有不當；二、作品著錄簡單，畫作只載名目和件數；三、大量採摭前人著作，卻沒有引書出處。張文總結了《宣和畫譜》中豐富而複雜的美學思想：一、書畫「同體」思想；二、繪畫「鑒戒賢愚」的政治教育作用不是一種單純的政治說教，而是和藝術特有的感染力不能分離的；三、把儒家藝術觀和道家的藝術觀融合起來，主張「藝」與「道」的統一；四、《畫譜》建立了中國古代繪畫史上最為完善周全的繪畫分類學；五、採取「以世代為先後」，「因門（繪畫門類）而得畫，因畫而得人，因人而論世」的繪畫評論方法，這種方法比其他的評論方法更符合繪畫發展的實際，便於具體評論畫家作品的高下。章文則比較徹底地否定《宣和畫譜》的官方出身和學術水平。認為《宣和畫譜》原本可能是徽宗禁內御府（內庫）收藏書畫的賬目（畫目）。因此在對畫家的介紹上，並無嚴格的學術要求，紕繆百出。連抄襲都不嚴肅，其畫學思想亦無過人之處，且與徽宗的繪畫思想不同，只是體現了一個業餘好事者的普通看法。「宣和畫譜」這一名字也是在靖康之亂擄至金國之後因某種原因而被冠此名，而後才在元大德年間左右參照《聖濟總錄纂要》體例而重新修訂，加入了序言與敘論，甚至有可能重新分門類。而所謂宣和二年無名氏序，乃至每門類的《敘論》，可能都是這一時期造出來的。章說雖有一些論據，然有以偏概全之嫌，只能作為一家之言存之，筆者對其持保守態度。張其鳳商榷一文中從三方面反駁了章文論點，亦認為「誠有令人不堪者」。

此後論文還有周高宇《〈宣和畫譜〉所載畫中鳥類題材的選擇》（《中國花鳥畫》2007 年第 5 期）、陳谷香《〈宣和畫譜〉折射出的畫學思想》（《南京藝術學院學報（美術與設計版）》2008 年第 2 期）、《〈宣和畫譜〉之作者考辨》（《美術研究》2008 年第 4 期）、薛蘊《〈宣和畫譜・山水門〉史料探微》（《蘭臺世界》2014 年第 26 期）、《〈宣和畫譜・人物門〉史料探徵》（《遼寧工業大學學報（社會科學版）》2014 年第 3 期）、于廣杰等《蘇軾文人集團對〈宣和畫譜〉的影響》（《內蒙古民族大學學報（社會科學版）》2014 年第 5 期）等。

以《宣和畫譜》為研究對象的三篇碩士論文：上海師範大學吳新榮《〈宣和畫譜〉繪畫美學思想研究》（2009 年 4 月）、曲阜師範大學劉科軍《解讀〈宣和畫譜〉——北宋繪畫的演變》（2012 年 4 月）、華東師範大學薛帥《〈宣和畫譜〉政宣功能研究》（2014 年 5 月），從其繪畫美學思想、政宣功能等方面入手研究，其中薛文較為深入，總結出《宣和畫譜》實現政宣教化的四條路徑。

　　臺灣相關的研究有衣若芬《〈宣和畫譜〉與蘇軾繪畫思想》〔註15〕，該文細緻探討了《宣和畫譜》與蘇軾繪畫思想之間的關係，慧心獨具地指出《宣和畫譜》雖然礙於黨禁形勢，未明言蘇軾及其文人畫觀，卻於字裏行間在在體現其影響。本人以爲論者所論蘇軾繪畫思想對《宣和畫譜》的影響，似有誇大之嫌。畢竟，《宣和畫譜》反映的是當時社會的整體繪畫美學觀念，蘇軾是其中舉足輕重的一份子。另有蕭百芳《〈宣和畫譜〉研究——宋徽宗御藏書目的史學精神、道教背景與繪畫美學》（臺南成功大學歷史語言研究所碩士論文，1992 年）、王元軍《關於〈宣和畫譜〉的幾個問題》（《書目季刊》第 29 卷第 2 期，1995 年）。

　　這幾篇文章重點考察了《宣和畫譜》的作者出身、文獻價值、編製特點、繪畫思想、美學思想，或褒或貶。但尚未有人明確指出《宣和畫譜》中體現出來的詩畫觀及其意義。而且就這樣一部官方畫譜巨製而言，其學術價值不可斗量，有待於進一步開掘。

（二）《梅花喜神譜》研究

　　雖然《梅花喜神譜》是目前我國僅見的最早的木刻版畫圖籍，但學術界對其關注卻較少。僅有十餘篇文章，如譚英林《宋雪巖〈梅花喜神譜〉的研究》（《齊魯藝苑》1992 年第 2 期）和朱仲岳《宋刊孤本〈梅花喜神譜〉》（《中國歷史文物》2002 年第 5 期）。譚文探討了《梅花喜神譜》的三個問題，首先研究的是其藝術特點，總結兩點：一是「寫實」，來源於豐富的生活，來源於對客觀物象細緻的、深入的、長期的、系統的觀察。而且畫家對梅花從開放到凋謝的整個過程步驟都做了「題名」，富有理趣的「題名」在歷代畫譜中是個首創。二是它實現了詩與畫的融合，形成了「題名」與詩、畫相溶合富有理趣的文人畫的藝術特點。這種把詩歌與繪畫溶合起來的形式，在歷代畫譜中又是一個首創，體現了宋代繪畫「借物詠情」的顯著特點。這點很重要，點明該書對於詩畫融合的重大意義，可惜論述過於簡單，不夠全面。其次研究的是《梅花喜神譜》產生的時代背景，概括了宋代繪畫求理寫實的特徵，而宋雪巖把梅花開放的全過程精細地分爲蓓蕾、小蕊、大蕊、欲開、爛漫、欲謝等八個階段，就是當時那種求精求微畫風的體現。《梅花喜神譜》重寫實、

〔註15〕赤壁漫遊與西園雅集——蘇軾研究論集〔C〕，北京：線裝書局，2001：116～156。

重「理趣」，又重詩與畫的融洽，也是宋代繪畫思想和審美觀念影響下的產物。最後探討的是《梅花喜神譜》與畫梅藝術的發展，回溯了北宋僧人仲仁、南宋揚無咎的畫梅藝術成就，認爲《梅花喜神譜》沒有離開宋代繪畫的軌跡，是對揚補之白描圈線法的發展，它充實和豐富了白描梅花的形象，使白描法能更好地表達梅花的清韻和風神。朱文細緻介紹了《梅花喜神譜》的具體內容，接著介紹作者，並總結了作者的創作意圖：一、酷愛梅花；二、南宋偏安一隅，引發復國思潮，作者希冀憑藉梅花堅貞剛潔的本性，喚起時人追慕學習，對於時政有所裨益。三、供博雅君子鑒賞悅情之用。最後是對《梅花喜神譜》收藏情況的考證以及版本考證，論述較爲詳盡。

　　另有周放《〈梅花喜神譜〉中詩、畫與開花物候之初探》（《北京林業大學學報》2003 年第 2 期）、朱雲岳《一枝一葉總關情——談〈梅花喜神譜〉之審美意趣》（《園林》2004 年第 2 期）、華蕾《古倪園本〈梅花喜神譜〉刊印考》（《圖書館雜誌》2010 年第 6 期）、龐瑾《〈梅花喜神譜〉：書籍之爲藝術》（《南京藝術學院學報（美術與設計版）》2010 年第 5 期）、張卿等《〈梅花喜神譜〉題跋研究》（《泉州師範學院學報》2012 年第 3 期）、邵曉峰《中國畫譜出版的發端——〈梅花喜神譜〉的圖像傳播意義》（《中國出版》2014 年第 16 期）數篇相關論文，在版本研究上有所推進。還有 1 篇博士論文、1 篇碩士論文，中國美術學院張東華《格致與花鳥畫——以南宋宋伯仁〈梅花喜神譜〉爲例》（2012 年 6 月）認爲該譜是一部記錄格梅的圖譜，以此來解讀花鳥畫譜的起源，論證宋代理學的格致思想對花鳥畫發展的影響；並想糾正視其爲教人學畫的技法畫譜的成見。該文附錄還將《梅花喜神譜》原文進行了注釋，總結了相關研究調查表，詩畫觀點一覽表等，在資料搜集、思辨論證上頗有見地。復旦大學華蕾專門就《梅花喜神譜》版本寫了一篇碩士論文，對其所有傳世刻本及主要影印本的基本面貌、版本源流和刊印原委進行了全面考察。

三、其他相關研究

　　除了宋代畫譜的研究，學界對明清時期的畫譜較爲關注，相關研究有洪再新《明清畫譜所示繪畫教學關係的若干類型》（《新美術》1995 年第 4 期）、李永林《明代版刻與畫譜》（《美術觀察》2000 年第 9 期）〔註16〕以及中國

〔註16〕 按：本文爲中國藝術研究院美術學博士研究生李永林博士學位論文《中國古代美術教育史綱》第七章《明代美術教育》之四。

藝術研究院周進生的碩士論文《明清畫譜畫訣初步研究》（2004 年 5 月），這三篇論文都圍繞著明清畫譜的教育功能展開，洪文探討了畫譜教材的功用特徵、「底樣」與畫行的藝徒制、粉本與職業畫家的教學法、畫稿圖樣與業餘畫家的授受關係四個問題；李文先是簡要地對明代刊刻的各本畫譜的情況作了全面考察，進而總結出從這些畫譜中所反映出來的明代畫譜教育的四大特點。周進生的碩士論文更為系統詳細，其中涉及《畫譜》的獨立研究，作者首先也是就明清畫譜與畫訣的流通狀況作初步考察，對畫譜與畫訣的作者、編輯體例、樣式特徵等相關因素作了基本分析，明代畫譜主要介紹了顧炳《顧氏畫譜》、胡正言《十竹齋書畫譜》、《十竹齋箋譜》、高松《高松畫譜》以及汪氏刊行《詩餘畫譜》、黃鳳池《集雅齋畫譜》等詩畫譜，清代則研究了《芥子園畫傳》、宮廷畫譜和人物畫譜。在此基礎上，作者梳理了畫譜與畫訣的類別，比較了不同時期的畫譜與畫訣的主要特徵，揭示出明清時期主要畫譜的藝術特徵與藝術功能，總結了畫訣對民間畫師及工匠所起的作用。同時，本文就畫譜與畫訣在繪畫、建築裝飾、陶瓷裝飾及其他工藝美術中的廣泛應用與影響作了初步論述，以明清畫譜與畫訣在以上諸領域中所表現出的具體現象為線索，分析了畫譜與畫訣在相關領域內的藝術作用及其現實意義。

還有幾篇重要的個案研究論文，關於石濤《畫譜》的研究較多，有姜澄清《〈石濤畫譜〉疑偽》（《美術研究》1997 年第 1 期）、周汝昌《說「一畫」——石濤〈畫譜〉解義》（《文匯報》2000-05-23.11）、朱良志《〈畫譜〉證偽》（《北京大學學報（哲學社會科學版）》2004 年第 5 期），其中朱文的學術價值較高，推翻了《畫譜》本為石濤晚年手定的說法，認為《畫譜》本是偽本，《畫譜》是由作序者胡琪篡改而刊刻的，《畫譜》的書寫者可能為石濤弟子、代筆者石乾。並由此推翻了學術界因《畫譜》而出現的對晚年石濤思想趨於保守的判斷。其他有徐小蠻《集詩、書、畫、刻四美於一輯：評黃鳳池輯〈唐詩畫譜〉》（《世界圖書》1984 年第 3 期）、王達弗《胡正言和他的「三譜」：印譜、畫譜、箋譜》（《東南文化》1993 年第 6 期）、章叔標、丘挺《倪麟〈畫譜〉評介》（《新美術》2000 年第 4 期）。此外還有幾篇泛論文章，張爾賓《中國畫譜與繪畫》（《東南文化》1999 年第 1 期），李桂金《漫談畫譜》（《美術觀察》2003年第 4 期），縱向考察了版刻畫譜的興起、明代畫譜的繁盛與清代畫譜的集成與木版刊行的嬗變。

表1：詩畫關係研究統計略表

近三十年來研究成果／內容分類			1979～1989 學術論文	1979～1989 學術專著	1990～2000 學術論文	1990～2000 學術專著	2000年至今 學術論文	2000年至今 學術專著
詩畫結合的載體研究	題畫詩	理論探討	20	3	31	8	約50	1
		創作研究	20		16		約80	
		題畫詞	0	0	4	0	約10	1
	入畫詩		0	0	0	0	1	0
	詩意圖		4	0	6	1	約14	0
	畫譜	宣和畫譜	2	0	4	0	約20	0
		梅花喜神譜	0	0	1	0	約10	0
		其他	1	0	4	0	約10	0
詩畫關係的理論研究	總體觀照		約有100篇學術論文				專門研究詩畫理論的著作尚無，多有文章散落於各種論集、著作中。	
	個案研究	王維	約有70篇學術論文				專門研究個人詩畫論的著作尚無，多有文章散落於各種論集、著作中。	
		杜甫	約有20篇學術論文					
		蘇軾	約有30篇學術論文					
		黃庭堅等	約有20篇學術論文					
	斷代研究	唐代研究	約有10篇學術論文				3部：陳華昌《唐代詩與畫的相關性研究》、陶文鵬《唐宋詩美學與藝術論》、〔日〕淺見洋二《距離與想像——中國詩學的唐宋轉型》（此類論著並非全部以詩畫理論為研究對象）。	
		宋代研究	約有8篇學術論文					
	中西比較		約有20篇學術論文				無學術著作	

注：1、本表學術文章數量乃據《中國知網》、《人大複印資料》作粗略統計；

　　2、關於詩畫關係的理論研究文章的數目較多，恐有遺漏，故為概數。

縱觀三十餘年，研究成果是令人欣慰的，總體上看，還是存在一些問題：其一，研究力度不均衡。譬如在詩畫結合的載體研究中，題畫詩用力較勤，畫譜、詩意畫、入畫詩的研究則非常薄弱；其次，研究角度不新穎。對很多問題的探討了無新意，如題畫詩藝術特徵、詩畫一律論、詩畫異質說等問題的研究，多是陳陳相因，沒有新的切入點；其三，研究深度不夠。有不少文

章做的是泛論概說，經常在同一問題上重複研究，文章芸芸，卻很難深入下去，難有質的突破，有些問題至今也沒能得到解決。當然，這也是學術研究中常常出現的現象，任何一個學術問題都是在不斷的探索與討論中慢慢摸清的，看清缺漏、空白，盡量彌補，這就是研究者努力的方向。

從三十餘年來詩畫關係研究狀況來看，相關的學術文章與學術專著雖談不上汗牛充棟，但顯然是被充分耕耘了的，尤其在題畫詩、詩畫理論這些領域。但還存在一些荒地亟待開墾，譬如詩畫關係的有形載體：題畫詩集和畫譜，其編纂情況、編者思想、所錄詩畫的形式內容、美學思想等方面，均未得到充分總結、歸納，而以此為切入口，考察、論證唐宋詩畫關係，將是一個新穎的研究視角。筆者即從題畫詩和畫譜的編集和流傳這個角度來考察唐宋詩畫關係，以期從中發見新的材料、得出新的結論。

上　編

第一章　中國首部題畫詩總集──
宋代孫紹遠《聲畫集》研究
〔註1〕

　　孫紹遠所編《聲畫集》（圖 1-1）是我國第一部題畫詩總集〔註2〕，儲存了豐富的唐宋題畫詩資料，具有重要的研究價值。本章著力把握《聲畫集》中所能發掘的詩畫關係，在研究該集編者與編排特點的基礎上進一步探討集中題畫詩與唐宋繪畫的關係，證實孫紹遠「因詩而知畫」的美學理念，進而發現詩畫關係在唐宋時期發展的基本狀態。

〔註1〕本章部分内容發表於《美術學報》2009 年第 2 期。
〔註2〕關於《聲畫集》的編集性質，後人觀點不一：宋人尤袤所編《遂初堂書目》和《四庫全書》將其歸爲「總集類」，余紹宋《書畫書錄解題》將其歸爲「類書類」。筆者以爲該集既是總集也是類書，首先，孫紹遠是第一個將題畫詩作爲一門詩歌體裁專門進行編輯的人，並盡其力量，搜羅了其世以前絕大多數詩人的題畫詩，他抱著總結、歸納題畫詩這一特殊體裁的編撰目的，將眾多詩人的題畫詩編爲一集。雖非全集，僅是選集，然亦屬總集。其次，集中又將題畫詩劃分爲二十六門，所以又是類書。鑒於此，《聲畫集》兼具總集和類書的特徵。

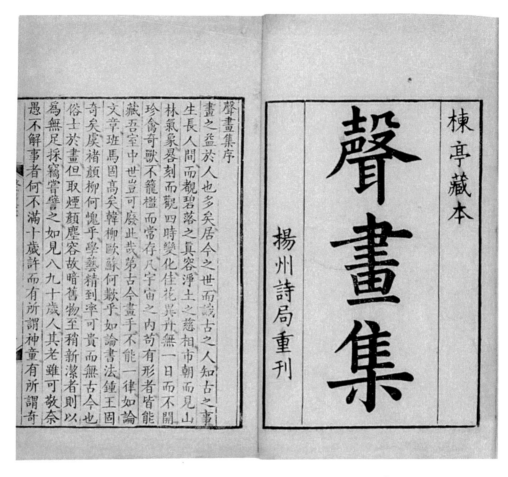

圖 1-1　孫紹遠《聲畫集》（清揚州書局重刊本）

第一節　孫紹遠及其美學觀念

　　孫紹遠，「字稽仲，其自署曰谷橋，未知谷橋何地也」（《四庫全書總目提要》卷一百八十七），《中國文學家大辭典·宋代卷》中將孫紹遠的爵里定為吳縣（今江蘇蘇州）〔註3〕，生卒年不詳。淳熙七年（1180），知興化軍（《弘治興化府志》卷二）。淳熙十三年（1186），供職廣南西路（《粵西金石略》卷

〔註3〕此處應根據朱熹《晦庵集》卷七十六《孫稽仲文集序》中所言「蘇臺孫侯稽仲」推斷而來，蘇臺即姑蘇臺，乃春秋時吳王夫差遊樂之所，故址在今江蘇省蘇州市。

九）。陳振孫曾稱其爲「朝散大夫」〔註4〕。淳熙十四年（1187），擇前賢題畫
詩「及借之同官擇其爲畫而作者」，編就《聲畫集》。又有文集《谷橋愚稿》
十卷（《宋史・藝文志》卷二百八），《大衍方》十二卷（《直齋書錄解題》卷
一三醫書類），均佚。朱熹又言其有「兵要之書」（《晦庵集》卷七十六《孫稽
仲文集序》），可見孫紹遠涉獵極廣，文學、繪畫、醫學、兵法，諸法皆通。
且與朱熹、詹體仁〔註5〕等人過從甚密。

　　任何一種文化現象都是多種因素綜合作用而生成的。第一部題畫詩總
集的誕生絕非偶然，從社會文化背景而言，是唐宋時期題畫文化的一種積
澱。唐前題畫詩的發展很不成熟，常介於詠物與詠畫之間，且數量極少。
至唐，題畫詩數量大幅度增加，據傅璇琮、陳華昌統計，《全唐詩》中的題
畫詩按題材進行歸類，得人物畫（包括宗教人物）47首，山水畫98首，花
鳥畫58首〔註6〕，這個數量雖僅占現存《全唐詩》的千分之五，但已是一
種超越。而且這些詩歌的藝術成就頗高，尤其是杜甫的題畫詩，「搜奇抉奧，
筆補造化」〔註7〕、「形容佳畫，止於奪眞」，「以畫法爲詩法，……最得畫
家三昧」〔註8〕。宋代在唐代題畫詩的基礎上有了更大的發展，清人喬億即
言「題畫詩三唐間見，入宋寖多」〔註9〕，特別是北宋中葉以後，由於蘇軾、
黃庭堅等人的倡導，風行於詩壇藝苑。歐陽修、梅堯臣、王安石、文同、
李公麟、陳師道、晁補之、范成大、陸游等人無不濡染此道。即使是「惡
爲詩人」的道學家朱熹有時也不免附庸風雅、涉筆其中。數量上的突飛猛
進、質量上的高度成熟，使題畫詩成爲唐宋詩歌的重要一支。南宋王十朋

〔註4〕　宋陳振孫《直齋書錄解題》卷十三醫書類載《大衍方》十二卷：「朝散大夫孫
　　　紹遠稽仲撰。凡藥當預備者四十九種，故名大衍，所在易得者不與焉，諸方
　　　附於後。」朝散大夫乃文散官名，隋始置，唐爲從五品下，文官第十三階。
　　　宋從五品上，文官第十二階。（《中國歷代職官詞典》〔M〕，上海辭書出版社，
　　　1992，333。）

〔註5〕　詹體仁（1143～1206），字符善。福建浦城人。少從朱熹學，隆興元年（1163）
　　　進士。博極群書，爲當世名士。著作有《詹元善先生遺集》。（參看宋史〔Z〕，
　　　卷三百九十三，北京：中華書局，1985。）

〔註6〕　傅璇琮、陳華昌，唐代詩畫藝術的交融〔J〕，文史哲，1989（4）：5。

〔註7〕　〔清〕王士禎，蠶尾集〔M〕，四庫全書存目叢書〔Z〕，濟南：齊魯書社，1997
　　　（227）。

〔註8〕　〔明〕王嗣奭，杜臆〔M〕，上海：上海古籍出版社，1983，1362。

〔註9〕　〔清〕喬億，劍溪說詩〔M〕，清詩話續編〔Z〕，上海：上海古籍出版社，1983，
　　　1102。

編《東坡詩分類集注》，將蘇軾的題書畫詩專門列入第二十七卷「書畫類」。題畫詩不僅是文人雅士之間交流的一種方式，而且成為獨立的詩歌體裁之一。以上都是題畫詩集產生所必需的客觀條件。歷史把重任交給孫紹遠來完成是一個偶然，然而偶然中也存在著必然，因為孫紹遠具備了編選題畫詩總集的幾個重要條件。

其一、內蘊深厚的文學修養

　　孫紹遠有文集《谷橋愚稿》十卷，已散佚。朱熹曾為其作序，於中可探知其文學功底。「蘇臺孫侯稽仲示予以其所為文曰《谷橋愚稿》者十巨編，曰：『予之用力於此深矣。子其為我評之。』熹不能文，不知所以贊也。然嘗讀稽仲兵要之書矣，觀其述作之體，不為文字之空言，而必要於實用，此其志，豈獨求以文鳴於世而已哉？今得此編而讀之。則其律令之嚴、關鍵之密又若未能無意於文者。然其不為空言，而必求有以發於物色，事情之實，則猶兵要也。『意翻空而易奇，文徵實而難工』。昔之用力於文者，蓋已病之。是以谷橋之篇，驟而讀之，初若艱深嚴苦而不諧於俚耳。至其合處，則又從容閒暇、流暢發越，若律呂之相和、雌雄之相應。此其用力之淺深。世當有能識之者，不待予言而後信也。至於談經之趣，足以見其文之所以為本；論事之章，足以見其學之所以為用；又皆明白磊落，聞見層出於其間。嗚呼！是亦富矣。異時有志之士蓋必將有考焉，又不當專以文章利病而言也。紹熙癸丑七月既望新安朱熹書」〔註 10〕。朱熹認為孫紹遠的文章在思想內容上與其「兵要之書」一樣，必是有所發而發，求其實用、不作空言，談經論事、明白磊落，由此推知孫文必然具有較強的實用價值，與社會現象及問題關聯密切。詩歌藝術上，朱子稱讚孫文「嚴律令」、「密關鍵」之際又能達至雕琢無痕的境界。而且風格獨異，初讀有艱深嚴苦、晦澀難懂的感覺，然「至其合處，則又從容閒暇、流暢發越」，和諧自然。為人作序，難免有溢美之辭，但孫紹遠深厚的文學修養還是能從朱子的字裏行間得到肯定。

　　《全宋詩》卷 2518 存其詩一首，《題妙庭觀》：「爐鼎丹飛又未還，不

〔註10〕朱熹，晦庵集先生朱文公文集〔M〕，卷七十六，孫稽仲文集序，朱傑人、嚴佐之等編，朱子全書〔Z〕，第 24 冊，上海古籍出版社、安徽教育出版社，2002，3679。

應忘卻舊家山。玉笙餘韻君須聽，只在環流松竹間。」〔註11〕平實自然，音韻和諧，無雕琢感。《全宋文》卷5825錄其文四篇，包括《賀施參政啓》、《賀錢參政啓》、《新城縣創造溪橋記》以及《聲畫集》自序。以其記事散文《新城縣創造溪橋記》〔註12〕爲例，敘事有條不紊，文辭簡潔明白，有的放矢，無空言贅語，與朱子所評甚合。

其二、頗通水墨的繪畫素養

孫紹遠並非專業畫師，宋代畫史上無其一席之地，然其善畫，頗通水墨，曾別出心裁畫過《墦間圖》，「墦」即冢，墳墓。這種題材無人問津，很難想像如何入畫材，孫紹遠卻偏偏圖寫之。孫紹遠作文取意深刻，其作畫亦如此。《墦間圖》不是無謂而作，而是取材於孟子「墦間乞食」的故事〔註13〕，諷刺那些求富貴者，人前不可一世、飛揚跋扈，人後卻奴顏婢膝，乞哀求利，毫無廉恥、喪失人格。此圖已佚，無法得知其原貌。樓鑰、韓淲二人爲其畫題詩各二首：「墦間不足又之他，猶自施施驕室家。齊國一人如許爾，寧知後日事如麻」、「因知義利本殊途，莫笑墦間乞祭徒。正使往來多顯者，此中尤要著工夫」（樓鑰《攻

〔註11〕 全宋詩〔M〕，據明吳堂正統《富春志》卷五錄，北京：北京大學出版社，第47冊，1991，29091。

〔註12〕《新城縣創造溪橋記》：「新城縣西有大溪，自於潛南新諸山水合流而下。其兩旁東之富陽，西之桐廬爲通道，常時編筏以濟，霖潦既降，湍勢奔潰，筏或浮出大江，其斷裂可葺則幸也。當此之時，有十日不得濟者。姑蘇楊才叔爲之宰，議建橋□安之策。人樂□□謂功難就。才叔斷其心，而付諸一僧。僧募施捨者，先立兩旁之基，以石爲之，一年而始成，糜錢二百萬。……北望泉流，滾滾不斷，水石相交，有珠玉聲。南對群山，堆藍疊翠，煙靄微度，色若有喜。東安居民甍棟參差於山水清幽之中，而見井邑之繁夥。自橋欲就，一縣之民，扶攜老稚遙觀登望疑仙。或於月夜相與遊樂，至於忘歸。紹遠爲之言曰：此橋之餘也。予平生苦奔走，率是舟行礙灘磧，而陸塗沮洳墊，若故相反。新城九達之遠，馬跡車轍不間朝夕，使斯橋不建，寧不爲大溪所厄？……」淳熙二年十一月作。見《全宋文》〔M〕，上海辭書出版社、安徽教育出版社，第259冊，2006：123～124。

〔註13〕《孟子注疏》卷八下載：齊人有一妻一妾而處室者。其良人出，則必饜酒肉而後反。其妻問所與飲食者，則盡富貴也。其妻告其妾曰：「良人出，則必饜酒肉而後反，問其與飲食者，盡富貴也，而未嘗有顯者來。吾將瞷良人之所之也。」早起，施從良人之所之。遍國中無與立談者。卒之東郭墦間之祭者，乞其餘；不足，又顧而之他，此其爲饜足之道也。其妻歸，告其妾曰：「良人者，所仰望而終身也，今若此！」與其妾訕其良人，而相泣於中庭。而良人未之知也，施施從外來，驕其妻妾。

媿集》卷十一《題孫谷橋墦間圖》）；「妻妾能羞亦可嘉，而今那有此人家。買臣見棄蘇秦逐，卻悔施施向爾誇」、「戰國縱橫得幾年，當時情態已如然。滔滔天下平常慣，要底丹青入畫傳」（韓淲《澗泉集》卷十八《題墦間圖，孫季仲丈創意為之，殊可玩也》），這四首題畫詩均未對畫面及畫法作相關描述，但都明確點出畫作要旨：「墦間乞食」之類的事已是「天下平常慣」，孫紹遠卻能「創意為之」，將這種社會現象呈現於畫面之上，令人玩味不已。可見孫紹遠的畫具有強烈的文人色彩，將詩文抒情言志的特質嫁接在繪畫創作上，體現了「士人畫」的典型特徵。因此，孫紹遠雖非專業畫匠，但稱得上是一位文人畫家。

其三、詩畫相通的美學思想

孫紹遠的美學思想集中體現在《聲畫集》自序之中：

> 畫之益於人也多矣。居今之世而識古之人、知古之事，生長人間而睹碧落之真容、淨土之慈相。市朝而見山林氣象、晷刻而觀四時變化。佳花異卉無一日而不開，珍禽奇獸不籠檻而常存。凡宇宙之內苟有形者皆能藏吾室中。世豈可廢此哉？第古今畫手不能一律，如論文章，班馬固高矣，韓柳歐蘇何歉乎？如論書法，鍾王固奇矣，虞褚顏柳何愧乎？學藝精到率可貴而無古今也。俗士於畫，但取煙顏塵容故暗舊物，至稍新潔者則以為無足採。竊嘗譬之如見八九十歲人，其老雖可敬，奈愚不解事者？何不滿十歲許而有所謂神童、有所謂奇童者，其可不敬愛乎？此新舊畫之別也。夫玩物喪志，先聖格言，誰敢不知警而假書畫以銷憂。昔嘗有德於紹遠，今雖不暇留意，未能與之絕也。入廣之明年，因以所攜行前賢詩及借之同官，擇其為畫而作者編成一集，分二十六門，為八卷，名之曰「聲畫」，用「有聲畫」、「無聲詩」之意也。惟畫有久近，詩有先後，其它參差不齊甚多，故不得而次第之。然士大夫因詩而知畫，因畫以知詩，此集有力焉。淳熙丁未十月谷橋孫紹遠稽仲序。

首先，孫紹遠肯定了繪畫的社會功能、審美功能以及抒情功能。繪畫可「識古之人、知古之事」，攝錄山林氣象、四時變化、佳花異卉等美麗卻易逝的精彩瞬間，可圖寫宇宙內一切有形之物，藏於室內。他還認識到繪畫、文學、書法都能跨越時空，成為流傳久遠的藝術，並無古今優劣之分。不過由於孫紹遠過於講求實用價值，與藝術的審美本質有些相悖，所以他始終認為書畫乃「玩物」，只能開暇

為之，借之消愁解憂。《墻間圖》即因其不滿當時某些權貴，卻又無力改變社會醜惡現狀，遂發不平之鳴，消解心中塊壘。孫紹遠認為自己雖無暇專心於繪畫創作，但和繪畫的緣分仍無法隔斷，因而把前人時賢的題畫詩整理成集。

　　亟需注意的是，孫紹遠充分肯定了詩畫之間相互融合、相互補充的密切關係。他使用了宋代「有聲畫」、「無聲詩」的普遍概念〔註14〕，將題畫詩集取名為《聲畫集》，認為繪畫可以有詩歌的抒情性，詩歌可以有繪畫的形象性，這意味著他對詩畫相通原則的默認。接著，孫紹遠又在詩畫相通的基礎上提出「因詩而知畫，因畫以知詩」的著名論點，可通過題畫詩再現畫面、體悟畫境，亦可通過繪畫作品的外在形象和內在意蘊推知題畫詩的內容。進一步言，詩歌與繪畫描寫同一客體對象，無論具體物象還是抽象情感，都能突破自身限制，相互補充，使讀者見詩知畫、見畫知詩。這實際上是詩畫互補的理論總結。但和蔡絛「丹青吟詠，妙處相資」（《西清詩話》卷上第三三條）、吳龍翰「畫難畫之景，以詩湊成；吟難吟之詩，以畫補足」（《野趣有聲畫》序）的互補觀念又有所不同，蔡、吳二人認為詩歌、繪畫可幫助對方做到無法完成的創作。孫紹遠之說主要立足於題畫詩與所題之畫，因此不存在創作上的互補，而是作品內涵、意境的互見。短短幾百字的自序中，孫紹遠以發展、辯證的觀點看待詩歌、繪畫以及二者之間相通相融的關係。這正是他編撰《聲畫集》的思想基礎。

其四、積極主動的編集意識

　　眾所周知，宋代是中國雕版印刷史上的第一個黃金時代。在「崇文輕武」基本國策的指導下，文化事業空前發展。政府很重視圖書的收集、整理、校印，除國子監承刻之外，其它政府部門和地方官署均參與刻書、印書，私家和坊間刻書也隨之快速發展，形成了官、私、坊三大刻書系統的龐大網絡。

〔註14〕「有聲畫」、「無聲詩」、「無形畫」、「有形詩」等概念乃宋代詩壇畫苑常用語，如「宋迪作八景絕妙，人謂之『無聲句』。演上人戲余曰：『道人能作「有聲畫」乎？』因為之各賦一首」（釋德洪、覺範《石門文字禪》卷八）、「前人言：『詩是無形畫，畫是有形詩。』哲人多談此言，吾人所師」（郭熙《林泉高致‧畫意》）、「李侯有句不肯吐，淡墨寫出無聲詩」（黃庭堅《次韻子瞻、子由題憩寂圖》）、「終朝誦公有聲畫，卻來看此無聲詩」（錢鍪《次袁尚書巫山詩》）。這四個詞實際上是從詩畫互融的角度生成出來的兩對概念。前一對側重於詩歌的可歌性，詩歌是「有聲畫」，繪畫是「無聲詩」。後一對側重於繪畫的可觀性，詩歌就成了「無形畫」，繪畫就成了「有形詩」。詩歌與繪畫相對卻相生，由此可知詩畫相通是宋代普遍的一種美學思想。

特別是活字印刷術發明之後，舉國上下全面展開了編書、刻書、出版事業，編刻內容十分廣泛龐雜，儒經、正史、醫書、諸子、算書、字書、類書和名家詩文等等，無所不包。私人刻書則以詩文集最多。由此宋代形成為一個編集成風、藏書成風的文化繁榮時期。

宋代文人早已認識到編書、出版對於傳承、傳播文化的重要意義，他們積極參與到編書、藏書的隊伍中來，由於他們具備高水平的學養和豐富的經驗，私人編纂書籍和藏書書目均堪與政府編書、藏書相媲美，甚至在編纂書籍、書目的理論方法上，對分類、著錄、修訂等方面都有建設性的意見。〔註15〕南宋時期，雕版印刷業的發達帶動編輯出版業的愈發繁榮，宋人更加主動地去編撰書籍，以期流傳今朝後世。孫紹遠就生活在這樣一個時代，受社會文化氛圍的薰染，他也就具有了積極主動的編集意識，具有傳播藝術文化的長遠計劃，這成為他編纂《聲畫集》的客觀條件和重要動力之一。

綜上所述，生活在詩畫融合大背景下的孫紹遠，以文學、繪畫方面深厚的個人修養為基礎，以其詩畫相通的美學思想為指導，並在積極主動的編集意識促使下，開始了《聲畫集》的構想和編撰工作，成就了他在題畫詩這一特殊詩歌門類編集上的篳路藍縷之功。

第二節　《聲畫集》的編排特點

關於《聲畫集》，學界已經認識到它作為第一部題畫詩集的重要價值，但系統、細緻的研究甚少，臺灣李棲專門研究過它的版本、內容等問題〔註16〕，可惜存在些許闕漏、誤析之處，特別是在《聲畫集》的內容分析上，因詩歌眾多、數據繁雜，出現錯誤較多。〔註17〕為此，製《聲畫集》收錄詩歌概覽

〔註15〕如尤袤所編《遂初堂書目》，第一次記錄圖書的不同版本，開創了著錄版本事項之先例，也是第一部反映圖書有了印刷版本之後的藏書記錄，從中可以瞭解到初期圖書刻印的主要類型、印書地區等。此書目即將《聲畫集》列入總集類，這是《聲畫集》最早的收錄之書，惜無編者姓名及卷數。

〔註16〕關於《聲畫集》版本的問題，臺灣學者李棲已作過詳細研究，可資參看，本文不作贅述。參看李棲，兩宋題畫詩論〔M〕，臺北：學生書局，1994：322～328。

〔註17〕李棲在古賢、四時、山水、竹、梅、花卉、屏扇、觀畫題畫這幾類中的統計數字均有誤，卷一、卷二、卷八這幾卷的總數亦出現錯誤。其統計唐代詩人題畫詩數量為45題47首，將白居易（樂天）1首和張籍（文昌）1首漏算。隨之，全集的統計數字不應為609題818首，而是608題825首。參看李棲，兩宋題畫詩論〔M〕，臺北：學生書局，1994，329～332。

一表，作分析用。

表 2：《聲畫集》題畫詩收錄概況一覽表

題畫分科	卷　數	分　類	唐　代	宋　代	各類詩歌總　數
人物畫	卷一 86 題 99 首	古賢	5 題 5 首	26 題 29 首	31 題 34 首
		故事	3 題 3 首	52 題 62 首	55 題 65 首
	卷二 71 題 90 首	佛像	0	25 題 33 首	25 題 33 首
		神仙	0	6 題 11 首	6 題 11 首
		仙女	0	5 題 5 首	5 題 5 首
		鬼神	0	4 題 5 首	4 題 5 首
		人物 （僧道爲主）	0	11 題 12 首	11 題 12 首
		美人	1 題 1 首	13 題 16 首	14 題 17 首
		蠻夷	0	6 題 7 首	6 題 7 首
	卷三 65 題 118 首	贈寫眞者	1 題 1 首	8 題 10 首	9 題 11 首
人物畫總數		十類	10 題 10 首	156 題 190 首	166 題 200 首
山水畫		風雲雪月	1 題 1 首	6 題 6 首	7 題 7 首
		州郡山川	5 題 5 首	28 題 61 首	33 題 66 首
		四時	0	16 題 34 首	16 題 34 首
	卷四 68 題 82 首	山水	10 題 12 首	58 題 70 首	68 題 82 首
山水畫總數		四類	16 題 18 首	108 題 171 首	124 題 189 首
花鳥畫 〔含屋舍器用〕	卷五 77 題 97 首	林木	5 題 5 首	18 題 19 首	23 題 24 首
		竹	1 題 1 首	28 題 35 首	29 題 36 首
		梅	0	25 題 37 首	25 題 37 首
	卷六 68 題 116 首 （本含屏扇類，因歸類需要，擱置於其他類。卷六總數含屏扇）	窠石	0	15 題 20 首	15 題 20 首
		花卉	0	25 題 42 首	25 題 42 首
		屋舍器用	0	12 題 34 首	12 題 34 首
	卷七 69 題 72 首	畜獸	7 首 7 篇	62 題 65 首	69 題 72 首
	卷八 104 題 151 首	翎毛	5 題 5 首	36 題 48 首	41 題 53 首
		蟲魚	0	10 題 18 首	10 題 18 首

花鳥畫總數	十類	18題18首	231題318首	249題336首
其他	屏扇	1題1首	15題19首	16題20首
	觀畫題畫	1題1首	38題57首	39題58首
	畫壁雜畫	1題1首	13首21首	14題22首
其他類總數	二類	3題3首	66題97首	69題100首
全集總數	二十六類	47題49首	561題776首	608題825首

注：編者孫紹遠並沒有按人物、山水、花鳥劃分題畫詩，筆者此處歸類，乃爲下文研
究之用。

結合這張表格，先探討孫紹遠的編排特點，編者曾在《自序》中對題畫
詩的題材來源及編排問題作此解釋：「因以所攜行前賢詩及借之同官，擇其爲
畫而作者編成一集，分二十六門，爲八卷，名之曰『聲畫』。……惟畫有久近，
詩有先後，其它參差不齊甚多，故不得而次第之。」通過題畫詩收錄表格和
自序所傳遞出來的信息總結其編排特色如下：

一、以畫科門類劃分詩歌、依繪畫史線安排順序

孫紹遠根據題畫詩的特點，別出心裁地以所題之畫的畫科門類來劃分詩
歌，而不是一般詩集按詩歌體裁或題材來分。他把同一類畫科甚至擁有同一
個繪畫題材的詩歌集合在一起，這方便研究者進行不同時代不同題材、不同
時代同類題材、同一時代同一題材的題畫詩研究，在參照對比中發現唐宋兩
代詩畫在創作、審美等多方面的聯繫與不同。此外，由上表中亦可看出，孫
紹遠基本上是按照人物畫→山水畫→花鳥畫這樣的順序編排詩歌的，即使是
小的門類也基本上按照繪畫發展的史線來安排。關於這點，余紹宋早已有論：
「其以古賢、故事冠篇，自有深意，即以畫學發展程途而論，亦應如是。」〔註
18〕不過孫紹遠的編排方式有利亦有弊，依繪畫題材分了二十多種，類分過細，
重合較多。《四庫全書總目提要》卷一百八十七指陳該病：「編次頗爲瑣屑，
如卷五梅爲一門，卷六花卉門中又有早梅、墨梅諸詩，殊少倫緒。」余紹宋
對此亦有補充：「其他各類排比稍嫌繁瑣，亦有涉於重複者，既有神仙，更析
仙女，既列人物，又析美人之類，惟既屬創格，亦弗容深論耳」〔註 19〕。除
此之外，《聲畫集》尚有一處不妥，屏扇乃繪畫所用工具，而非繪畫題材。集

〔註18〕余紹宋編撰，書畫書錄解題〔M〕，北京：北京圖書館出版社，2003，526。
〔註19〕余紹宋編撰，書畫書錄解題〔M〕，北京：北京圖書館出版社，2003，526。

子既然是按繪畫題材分的，就不應該出現「屏扇」一類，而應依舊根據題材
歸入其他門類之下，譬如僧慧洪《蒲元亨畫四時扇圖》可歸入四時類，劉攽
（叔贛）《畫雪扇子》可歸入風雲雪月類、蘇軾《吳子野將出家贈扇山枕屏》
可歸入山水類。即使不做歸類，也應該與觀畫題畫、畫壁雜畫一樣歸入其他
類，放置最後。上表中即將「屏扇」類從花鳥畫諸類中拈出歸入其他。而且
畫科分類與卷數也沒有完全配合好，二者有交叉之處，譬如人物畫，完全可
以將卷三「贈寫真者」歸到前二卷，使前二卷全部爲人物畫一科，或許編者
是爲平衡各門數目而如此安排。具體詩歌的歸類亦有不盡善處，如蘇軾與蘇
轍都有《王維吳道子畫》，卻將此二首分別置於卷二佛像類和卷八畫壁雜畫
類，根據孫紹遠同題材詩歌集合一處的編排原則，此處顯見不妥。

二、靈活多變的編排方式

　　孫紹遠之前無人做過題畫詩的編集，因爲這種特殊詩歌體裁涉及到詩
歌、繪畫兩大藝術領域，如何編排是一個難題。孫紹遠雖然使用了以畫科門
類劃分的方式，但在具體的門類之中如何安排仍然很難處理，故編者有云「畫
有久近，詩有先後，其它參差不齊甚多」，「不得而次第之」，根據不同的門類
變化編排方式。前三卷人物畫中的十類基本上是按照所題畫中人物的生活年
代來排序，如卷一古賢類前列即依次爲老子、列子、華山隱者、司馬相如、
陶淵明、杜甫的畫像。然若逢同一種題材，則按詩人時代先後次序歸集一處。
如故事類中有關《歸去來圖》、《陽關圖》的題詩就大體按照詩人先後年代排
序，題《陽關圖》的詩人依次爲王維、李公麟（伯時）、蘇軾、蘇轍、黃庭堅、
謝薖（幼槃）、夏倪（均父）、韓駒（子蒼），由唐至北宋，再到南宋，次序井
然。而到了山水畫中，繪畫題材沒有先後，大體按照詩人時代先後排序，如
風雲雪月，前 1 首爲柳宗元作，後 6 首分別爲潘大臨（邠老）、崔鷗（德符）、
王安石（介甫）、蔡確（持正）、陳克（子高）。在花鳥畫中，松、竹、梅等植
物類因數量眾多而被分別單獨列爲一門，而龍、虎、馬、牛、羊、犬、鹿、
猿等動物品種被歸置到畜獸、翎毛、蟲魚三類，針對花鳥的品種多樣，孫紹
遠又適當改變排序，獨立成門的依舊按詩人時代先後排，而卷七、卷八中則
先按龍、虎、馬、牛等依類排之，一類中的先後再按詩人時代排。如題畫鶴，
詩人排序爲杜甫、蘇軾、黃庭堅、劉攽（叔贛）、呂本中（居仁）。由此可見，
孫紹遠能夠依據詩歌題材靈活分類、排序，這種編排方式爲後人接受並沿用，

《御定歷代題畫詩類》就基本上沿襲了《聲畫集》的編排方式。當然，孫紹遠的排序也存在雜亂之處，特別是同一時代的詩人，尚無具體細緻的時間先後，所以清代四庫館臣對其編排頗有微詞，認為所謂的「次第」不過是「紹遠已自言之」（《四庫全書總目提要》卷一百八十七）。

三、均衡選擇詩人詩歌，兼顧大家小家

孫紹遠選擇詩人基本上本著兼顧典型性與普遍性的原則，既選了杜甫、李白、白居易、蘇軾、蘇轍、黃庭堅這些代表唐宋詩歌巔峰創作的詩人，也選擇了很多名不見經傳的小詩人，如折中古、夏倪（均父）、王當（子思）、僧士珪、劉延世（王孟）、林敏修（子來）、李元應、喻汝礪（迪孺）、李師中（誠之）、潘大臨（邠老）、王昌輔（佐才）、曾肇（子開）、崔正言、林敏功（子仁）、吳元中、張子文、王承可、曹士安（元象）、僧善權、僧祖可、聞人武丁、韓絳（子華）、蔡肇（天啓）、程叔易、李成年、趙暘（乂若）、謝舉廉（民師）、李膺仲、倪巨濟、華叔深、歐陽辟等人，「其集皆不傳，且有不知其名字者，頗賴是書存其一二」（《四庫全書總目提要》卷一百八十七）。可見孫紹遠在選詩上講求平衡，兼顧大家小家，綜合、全面地反映唐宋題畫詩總貌。雖然《聲畫集》編選的題畫詩無法賅備唐宋兩代所有的題畫詩，但因選擇的詩人詩歌兼具典型性和普遍性，為題畫詩研究工作提供了集中而翔實的重要資料。

四、所選詩人用字不用名

詩集中詩人一概用字，不用名，這在編集中較為少見。不過這種方式給後人研究帶來諸多不便，經常使後人有誤解詩人之處，下一章中要談到的劉叔贛即長久被誤讀了的詩人之一。

由《聲畫集》編排特點來看，孫紹遠雖然在題畫詩編集上有首創之功，但在編排上利弊並呈、良莠並生，談不上是位經驗豐富、凡例清晰的編撰者，不過這本集子的主要價值不在於此，它對於唐宋題畫詩乃至整個詩歌史都有重要的史料價值〔註20〕，而對於唐宋繪畫與文學間交流的歷史研究更具不可小覷的文獻價值。

〔註20〕可參看李棲《兩宋題畫詩論》中第七章中有關「《聲畫集》的優點與價值」，詳細羅列了《聲畫集》的史料價值，此不贅述。臺北：學生書局，1994，333～345。

第三節　「因詩而知畫」——《聲畫集》與唐宋繪畫

孫紹遠《自序》中言「因詩而知畫」，那麼從《聲畫集》收錄的題畫詩中能否窺知繪畫面貌？答案是肯定的。所謂「因詩而知畫」，包含四層涵義：第一層是相對簡單、具體的，即從題畫詩的題目、序言、內容等具體細緻的地方入手，瞭解畫家生活，補充畫史疏漏，再現舊畫原貌，闡明目的、畫法，發現唐宋繪畫的諸多細節；第二層是從同一時代不同人題一幅畫的詩歌中看出他們對這幅畫的諸多理解與詮釋；第三層是從不同時代題同類畫作的眾多題畫詩中看出時代審美趨向的不同來；第四層是從不同時代題不同畫科的題畫詩中宏觀概括繪畫發展的脈絡。下文即從這四個層面逐步解析《聲畫集》中的題畫詩「知畫」的價值意義。

一、題畫詩基本文獻材料中透露出的繪畫信息

《聲畫集》「因詩而知畫」的第一層價值是通過集中所收唐宋題畫詩的題目、內容等具體細緻的方面體現出來的。《聲畫集》收入的八百多首題畫詩中提供了關於繪畫的大量信息。這些信息主要集中在以下三個方面：

（一）提供稽考唐宋畫家的文獻資料

唐宋兩朝是中國古代繪畫史上的輝煌時期，畫家芸芸，但歷史記載總會遺漏部分的畫家和資料，《聲畫集》中的題畫詩所積累的材料信息既對畫史已有記載的畫家資料作補充，又對畫史無記載的畫家及其資料作了一些補闕。

1. 對畫史已有記載的畫家資料作補充

以唐朝畫家韋偃為例，《聲畫集》中題其畫者有五，杜甫有兩首，蘇軾、黃庭堅、晁說之三人各一首。韋偃在唐代繪畫史著作中的記載有兩處：一是張彥遠《歷代名畫記》，作「韋鷗」。「（韋）鑒子鷗，工山水、高僧、奇士、老松、異石，筆力勁健，風格高舉。善小馬牛羊山原。俗人空知鷗善馬，不知松石更佳也。咫尺千尋，駢柯攢影，煙霞翳薄，風雨颼飀，輪囷盡偃蓋之形，宛轉極盤龍之狀。（《天竺胡僧圖》、《渡水僧圖》、《小馬放牧圖》並傳於代）」〔註21〕。一是朱景玄《唐朝名畫錄》，歸其為妙品上，「韋偃，京兆人，寓居於蜀。以善畫山水、竹樹、人物等，思高格逸。居閒，嘗以越筆點簇鞍

〔註21〕〔唐〕張彥遠，歷代名畫記〔M〕，卷十，吳孟復、郭因編，張勁秋校注，中國畫論〔Z〕，卷一，合肥：安徽美術出版社，1995，164。

馬人物、山水雲煙，千變萬態，或騰或倚，或齕或飲，或驚或止，或走或起，
或翹或跂，其小者或頭一點，或尾一抹，山以墨幹，水以手擦，曲盡其妙，
宛然如眞。亦有圖騏驎之良、畫銜勒之飾，巧妙精奇，韓幹之匹也。畫高僧、
松石、鞍馬、人物，可居妙上品，山水、人物等居能品。」〔註22〕（圖 1-2）
對其畫法、畫風及藝術成就都作了說明，可惜對其生平事跡言之寥寥。而從
《聲畫集》所收錄的五首題畫詩中卻可以大略推斷出畫家韋偃的生活年代及
交友情況。由於杜甫與畫家同時代，其題畫詩所傳遞的信息尤爲重要。

圖 1-2　宋·李公麟《臨韋偃放牧圖》（局部）

〔註22〕〔唐〕朱景玄，唐朝名畫錄〔M〕，吳孟復、郭因編，張勁秋校注，中國畫論
〔Z〕，卷一，合肥：安徽美術出版社，1995，61。

　　　　天下幾人畫古松，畢宏已老韋偃少。絕筆長風起纖末，滿堂
　　　動色嗟神妙。兩株慘裂苔蘚皮，屈鐵交錯回高枝。白摧朽骨龍虎
　　　死，黑入太陰雷雨垂。松根胡僧憩寂寞，龐眉皓首無住著。偏袒
　　　右肩露雙腳，葉裏松子僧前落。韋侯韋侯數相見，我有一匹好東
　　　絹。重之不減錦繡段。已令拂拭光淩亂，請公放筆爲直幹。(《戲
　　　爲雙松圖歌（韋偃畫）》)

　　　　韋侯別我有所適，知我憐君畫無敵。戲拈禿筆掃驊騮，欻見
　　　騏驎出東壁。一匹齕草一匹嘶，坐看千里當霜蹄。時危安得眞致
　　　此？與人同生亦同死。(《題壁上韋偃畫馬歌》)

這兩首題畫詩提供了如下幾種信息：一、唐代善畫古松的人很少。《歷代名
畫記》中記載畫松石的畫家主要有張璪、畢宏、韋鑒之弟韋鑾及其子韋偃，
還有「雖乏高奇、流俗亦好」〔註23〕的王默。可見在唐代善畫古松的畫家
正如杜甫所言寥寥幾人。二、韋偃與杜甫交往甚密。這由「韋侯韋侯數相
見」可知。這兩首詩是杜甫第一次流寓成都，上元元年 （760）於草堂作。
而韋偃曾「寓居於蜀」，這使得杜甫、韋偃的交往有了地理上的便利條件。
杜甫喜歡韋偃畫，所以送「好東絹」給韋偃，求之作畫並作詩歌詠。韋偃
離開成都時還專程到杜甫家辭別，並題畫馬於壁上，作爲留念。杜甫爲此
畫題詩作詠，寫畫外之深意，抒發出「時危安得眞致此，與人同生亦同死」
這樣的感時共憤憂國之語。可見二人關係非同一般，陳貽焮先生認爲他們
「可能在長安時早就認識了」〔註24〕。三、韋偃大致的生活年代。杜甫寫
此二首詩時 49 歲，他稱「畢宏已老韋偃少」，畢宏是唐代著名的松石畫家，
「畢宏，天寶中（742～756）御史，善畫古松，後見張璪，於是閣筆」(《御
定佩文齋書畫譜》卷四十七引《封氏聞見記》)；張彥遠撰曰：「畢宏大曆二
年（767）爲給事中，畫松石於左省廳壁，好事者皆詩詠之。改京兆少尹，
爲左庶子。樹石擅名於代，樹木改步變古，自宏始也。」〔註25〕杜甫稱「畢
宏已老」，說明畢宏此時年紀不可能小於杜甫，但也不算老，只是相對韋偃
而言。稱「韋偃少」說明韋偃的年紀必然小於畢宏、杜甫，而且年齡差距

〔註23〕　〔唐〕張彥遠，歷代名畫記〔M〕，卷十，吳孟復、郭因編，張勁秋校注，中
　　　　　國畫論〔Z〕，卷一，合肥：安徽美術出版社，1995，167。
〔註24〕　陳貽焮，杜甫評傳〔M〕，中卷，北京大學出版社，2003，580。
〔註25〕　〔唐〕張彥遠，歷代名畫記〔M〕，卷十，吳孟復、郭因編，張勁秋校注，中
　　　　　國畫論〔Z〕，卷一，合肥：安徽美術出版社，1995，164。

較大，那麼韋偃的年紀肯定不大〔註26〕。再看其他人的題畫詩，晁說之言：「兩松鬱蒼蒼，夭矯出奇峭。翛然龍蛇姿，勢欲排岩嶠。老禪獨會心，默坐觀萬竅。我亦發深省，倚檻一長嘯。此興含千古，孰謂韋偃少。」（《題韋偃雙松老僧圖》）認爲此畫意思深遠，含千古之思，怎麼能說畫家韋偃年少呢？這是對畫家的褒譽，雖年青而能爲懷思之作。而黃庭堅卻認爲韋偃馬比李公麟晚年馬稍遜一籌，「至今似覺韋偃少」（《題韋偃馬》），還是因年輕少了些許韻味。綜合幾首題畫詩的信息，可以肯定韋偃當時尚在青年，進而推斷出韋偃大致生活在玄宗後期、肅宗、代宗三朝。這爲畫家的研究提供了必要的時代背景。

2. 補闕畫史無記載的畫家及其資料

唐宋兩朝的畫家很多，被畫史記載的專職畫家占大多數，但還有一些文人士大夫雖不以畫爲本職，但畫技也很高超，這些人常被畫史遺漏。《聲畫集》中的題畫詩涉獵極廣，其中有很多題的是畫史無名之輩，對繪畫史有所補闕。譬如唐代的劉單，畫史無載，只有杜甫《奉先劉少府新畫山水障歌》一詩，以詩的語言保留了劉單山水畫的基本面貌和藝術成就。

> 堂上不合生楓樹，怪底江山起煙霧。聞君掃卻赤縣圖，乘興遣畫滄洲趣。畫師亦無數，好手不可遇。對此融心神。知君重毫素。豈但祁岳與鄭虔，筆跡遠過楊契丹。得非懸圃裂，無乃瀟湘翻。悄然坐我天姥下，耳邊已似聞清猿。反思前夜風雨急，乃是蒲城鬼神入。元氣淋漓障猶濕，眞宰上訴天應泣。野亭春還雜花遠，漁翁暝蹋孤舟立。滄浪水深青溟闊，欹岸側島秋毫末。不見湘妃鼓瑟時，至今斑竹臨江活。劉侯天機精，愛畫入骨髓。自有兩兒郎，揮灑亦莫比。大兒聰明到，能添老樹巓崖裏。小兒心孔開，貌得山僧及童子。若耶溪，雲門寺。吾獨胡爲在泥滓，青鞋布襪從此始。

此詩是杜甫離京赴奉先縣探家時作，約作於756年，《文苑英華》注此詩爲「奉先尉劉單宅作」，劉單此時即爲奉先縣尉，「少府」係縣尉尊稱。杜甫在詩中高度讚揚了劉單的超凡畫藝，不僅高出了時人祁岳與鄭虔，還遠遠超過隋朝畫家楊契丹。鄭虔是當時的名士，曾進獻詩篇及書畫給玄宗，御筆題曰「鄭

〔註26〕陳貽焮先生亦認爲杜甫作此詩時的韋偃「年紀實在不大」。（參見陳貽焮，杜甫評傳〔M〕，中卷，北京大學出版社，2003，580。）

虔三絕」，該畫家在《歷代名畫記》、《唐朝名畫錄》等重要畫史著作中均有記載。楊契丹是隋朝的名畫家，「六法頗該，殊丰骨氣」〔註27〕，《貞觀公私畫史》、《歷代名畫記》、《圖畫見聞志》等均載。祁岳則與劉單一樣，畫史闕載。杜甫以此三人作比，充分肯定劉單的藝術成就和地位。詩中還兼誇劉單二子亦擅丹青。也正是根據杜甫的這首詩歌，《御定佩文齋書畫譜》卷四十七、四十八錄入了劉單及其二子，並據《唐書》注劉單為「肅宗時人，官奉先尉。代宗時為禮部侍郎」。

又如宋代畫家胡潛，畫史亦無載。《聲畫集》中收入洪朋（龜父）《題胡潛風雨山水圖》一詩：「胡生好山水，煙雨山更好。鴻雁書遠空，馬牛風塞草。」這首詩說明胡潛好畫山水，煙雨山畫得尤其好。其《風雨山水圖》上端的「遠空」中畫有鴻雁翩翩飛舞，下端則有風吹草地，數匹牛馬行走於上。這裡呈現的是美麗的畫面景象。題畫詩不僅讓後人知道了胡潛這個畫家，還再現了其畫基本內容和意境。宋人劉弇也有一首題胡潛畫的詩，即《次韻和毛正仲胡潛畫鶴歌》（見劉弇《龍雲集》卷四），這首詩則證明了胡潛除山水外亦畫花鳥，「薛公鶴手高唐世，其人已逐東波逝。倘得胡生肖似歸，古人未必今人非」，將其畫鶴的藝術造詣與唐代畫鶴高手薛少保相媲美。這兩首題畫詩共同證明胡潛是一位擅山水、仙鶴的畫家。《聲畫集》中保存了很多這樣的無名畫家，完善了唐宋兩朝的畫家資料，從而充實了中國繪畫史的記載。

不僅如此，題畫詩中的一些詩句還被後代的畫學編撰者錄入書中，譬如畫家韋偃，杜詩的說法曾被宋代黃休復《益州名畫錄》、《宣和畫譜》、元代湯垕《畫鑒》等畫學著作轉引，此類例子舉不勝數。這是因為題畫詩提供了畫家資料、再現了舊畫風貌，恰如黃庭堅詩所云：「杜陵詩中如見畫。」（《題韋偃馬》）題畫詩反被畫學著作錄用的這種現象，不能不說是「因詩而知畫」的又一典型例證。畫亦因詩而傳，題畫詩成為瞭解當時畫家及創作的一條重要渠道。

（二）再現舊畫原貌，闡明創作目的，佐證古畫真跡

很多題畫詩都對題詠之畫進行過描述，以詩的語言來再現畫面內容和意境，並記述畫作的產生與流傳。這些內容既有助於再現舊畫原貌，幫今

〔註27〕〔唐〕彥悰，後畫錄〔M〕，吳孟復、郭因編，張勁秋校注，中國畫論〔Z〕，
　　　　卷一，合肥：安徽美術出版社，1995，28。

人更好地參照研究至今尚存的作品，並瞭解佚失作品的風貌。又能闡明創作目的及收藏過程，進而有助於佐證古畫真跡，鑒定真偽，便於美術史研究。先以蘇軾《書王定國所藏煙江疊嶂圖》為例：

> 江上愁心千疊山，浮空積翠如雲煙。山耶雲耶遠莫知，煙空雲散山依然。但見兩崖蒼蒼暗絕谷，中有百道飛來泉。縈林絡石隱復見，下赴谷口為奔川。川平山開林麓斷，小橋野店依山前。行人稍度喬木外，漁舟一葉吞江天。使君何從得此本，點綴毫末分清妍。不知人間何處有此境，徑欲往買二頃田。君不見武昌樊口幽絕處，東坡先生留五年。春山搖江天漠漠，暮雲卷雨山娟娟。丹楓翻鴉伴水宿，長松落雪驚畫眠。桃花流水在人世，武陵豈必皆神仙？江山清空我塵土，雖有去路尋無緣，還君此畫三歎息，山中故人應有招我歸來篇。

此詩作於元祐三年（1088），所題《煙江疊嶂圖》（圖 1-3）尚存，現藏於上海博物館。卷後有東坡十四韻長詩墨跡，復有王晉卿和詩墨跡。隨後有東坡又和、晉卿再和，四詩五十六韻，間以序跋，筆走龍蛇，氣韻生動。蘇詩準確再現了畫面景物和意境，首四句寫圖畫之總貌，傳達出色彩的朦朧感、景物的虛實感，再現遠山疊嶂翠色浮空之狀。接下來，詩人的視線由高而低、由遠及近，拉到了蒼蒼兩崖、百道飛泉，進而由泉水牽引到縈林絡石、平川山麓，這是畫面上的中景。「林麓斷」處，小橋、野店、行人、喬木、漁舟歷歷在目，這則是近景。接著，「漁舟一葉」將詩人的視線牽向一望無際的煙江，雲岫隱約，煙水迷蒙，這是遠景。隨著這一望無際、朦朦朧朧的煙江，詩人的思緒被牽出了畫外，餘下詩文中詩人由驚羨山林之美到凝神深思，再到頓悟超脫，生歸隱之思，延伸了畫意，超越了畫境。此類題畫詩對於繪畫研究的意義即在於通過詩歌描述來對照作品，以鑒定其真假。

圖 1-3　宋・王洗《煙江疊嶂圖》（局部）

　　題畫詩對於已佚畫作的意義更加重要，一方面以文字形式保存了畫家畫
跡，另一方面將這些繪畫作品的畫面內容、意境以及畫法技巧等等保留了下來，
對於美術研究起到一定的輔助作用。如蘇軾《韓幹馬十四匹》：

　　　　二馬並驅攢八蹄，二馬宛頸鬃尾齊。一馬任前雙舉後，一馬卻避
　　長鳴嘶。老髯奚官騎且顧，前身作馬通馬語。後有八匹飲且行，微流
　　赴吻若有聲。前者既濟出林鶴，後者欲涉鶴俯啄。最後一匹馬中龍，
　　不嘶不動尾搖風。韓生畫馬真是馬，蘇子作詩如見畫。世無伯樂亦無
　　韓，此詩此畫誰當看。

此詩中蘇軾僅十句詩就生動再現了十四匹馬的各自形態，它們在畫面上各據位
置、奔騰跳躍，或跑或立，或鳴或靜，或飲或語，或行或停，動作各異，姿態
紛呈。畫家韓幹匠心獨運，塑造出形象各異的群馬形象，出神入化。現在詩人
蘇軾要將這些紙上精靈活靈活現地寫入詩中，更顯艱難。蘇軾深入體會畫意，
細心琢磨畫境，透視畫家匠心，融入一己觀念，進行藝術再創造，不但準確摹
寫了十四匹馬各自的動作特徵，使讀者如睹原畫；而且讓讀者似乎聽到馬飲潺
潺流水的聲音和老髯奚官趕馬的「籲」、「駕」聲。可見蘇軾自謂「韓生畫馬真
是馬，蘇子作詩如見畫」絕非浮誇。洪邁曾言「誦坡公之語，蓋不待見畫也」，
亦言中肯綮。現如今雖有韓幹馬傳世，如《牧馬圖》和《照夜白圖》，但像詩中
這樣的群馬巨製已無法再見，後人只能依靠蘇軾的題畫詩想像經典畫作的真實
面貌。（圖 1-4）

圖1-4　唐（傳）佚名《百馬圖卷》（局部）

　　此外，有不少題畫詩涉及到作品的創作背景、動機以及收藏、流傳情況，這對於繪畫研究來說也具有相當重要的意義。譬如蘇轍《憩寂圖》，序曰：「蘇子瞻、李伯時爲柳仲遠作《松石圖》，仲遠取杜子美詩云『松根胡僧憩寂寞，龐眉皓首無住著。偏袒右肩露雙腳，葉裏松子僧前落』之語，復求伯時畫此四句，目爲《憩寂圖》。」交代了創作緣由和取材問題。詩曰：「東坡自作蒼蒼石，留取長松待伯時。只有兩人嫌未足，兼收前世杜陵詩。」蘇軾畫石，李伯時畫松，共作《松石圖》，再取杜甫詩意圖之，展示了當時文人士大夫合作作畫、依詩作畫的風韻雅事。又如梅堯臣《觀楊之美盤車圖》：「谷口長松葉老瘦，澗畔古樹身枯高。土山慘淡遠復遠，坡路曲折盤車勞。二車回正轅接軫，繼下三車來嶔嶬。過橋已有一乘歇，解牛離軛童可哂。黃衫烏巾驅舉鞭，經險就易將及前。轂輪旁側輻可數，蹄角攙錯行相聯。古絲昏昧三尺絹，畫此當是展子虔。坐中識別有公子，意思往往疑魏賢。子虔與賢皆妙筆，觀玩磨滅窮歲年。塗丹抹青尙欺俗，旱龍雨日猶賣錢。是亦可以祕，疑亦不可捐。爲君題卷尾，願君世世傳。」

詩人詳細描繪了畫面內容，介紹了畫面整體的布局及表現手法，並通過畫作所用材料等方面的細緻考察，鑒定楊之美所藏《盤車圖》乃隋畫家展子虔之作。詩人在題畫詩中就將畫作真偽鑒定的結果和作者考察結果寫下，說明這幅作品的珍貴，希望收藏者好好保護，世世相傳。詩歌告訴我們兩個重要信息：一、《盤車圖》的作者是展子虔；二、此圖曾被楊美之收藏過。因此，這類題畫詩對於後人瞭解作品真偽、收藏、流傳等情況均有所幫助。

（三）補充唐宋畫跡著錄存量

唐宋兩朝著錄畫跡的書籍主要有張彥遠《歷代名畫記》、朱景玄《唐朝名畫錄》、裴孝源《貞觀公私畫史》；《宣和畫譜》、郭若虛《圖畫見聞志》、黃休復《益州名畫錄》、劉道醇《宋朝名畫評》、米芾《畫史》、鄧椿《畫繼》等。但無論編者如何搜羅賅備，也有無緣得見那些不見載錄的畫跡，難免有疏漏之處。還有很多客觀原因導致收錄畫跡的缺失，譬如《宣和畫譜》，宋代最為著名的官方畫史，收錄了當時宮中藏品 1500 件，但受政治影響，《宣和畫譜》「不錄元祐諸人之跡」，有意忽略了一些極其重要的畫家作品。所以要將已見著錄的畫跡做完全統計，這是幾乎不可能的事情，只能說隨著發現，在數量上有所增加。《聲畫集》中八百餘首題畫詩中涉及到的繪畫作品對現有畫跡著錄存量則有所補充。譬如宋代大畫家李公麟，其畫跡著錄在冊的已有不少，但黃庭堅《題伯時畫嚴子陵釣灘》、《題伯時畫觀魚僧》、《題伯時畫揩癢虎》、蘇軾《李伯時畫其弟亮功舊隱宅圖》、王安中（履道）《題李伯時畫船子和尚》、韓駒（子蒼）《題王內翰家李伯時畫太一姑射圖二首》、僧祖可《書性之所藏伯時木石屏》，這些題畫詩中所題的畫作都沒被《宣和畫譜》著錄過。正因題畫詩中的存錄，鄧椿又在《畫繼》中作了補充：「（李公麟）有《孝經圖》、《九歌圖》、《歸去來圖》、《陽關圖》、《琴鶴圖》、《憩寂圖》、《嚴子陵釣灘圖》、《山莊圖》、《卜居圖》，又有《虎脊天馬》、《天育驃騎》、《好頭赤》、《沐猴馬》、《欲馬》、《象龍馬》及《揩癢虎》等圖。一時名賢，俱留紀詠也。」〔註28〕因此《聲畫集》中收錄的題畫詩補充了唐宋畫跡著錄的存量。

上述三點都是從具體、個別的題畫詩中擷取的有用的繪畫信息，體現「因詩而知畫」的第一層價值，接下來的三層價值涵義是從題畫詩之間的對照、比較中捕捉的。

〔註28〕〔宋〕鄧椿，畫繼〔M〕，卷三，軒晃才賢，吳孟復、郭因編，張勁秋校注，中國畫論〔Z〕，卷一，合肥：安徽美術出版社，1995，788。

二、同一時代同一題材比較所傳遞的繪畫信息

　　題畫詩中存在一部分詩歌，圍繞同一題材的繪畫而作，尤其是一些名家名畫，常有眾多文人為之題畫。《聲畫集》中收錄了不少諸如此類的題畫詩，而且孫紹遠還將這些詩歌專門編輯在一處，以便讀者對比閱讀，於參照中再現畫作意象及意境，揣摩不同文人從畫作中品味出來的「意外聲」，亦可得知當時的繪畫美學趨尚。

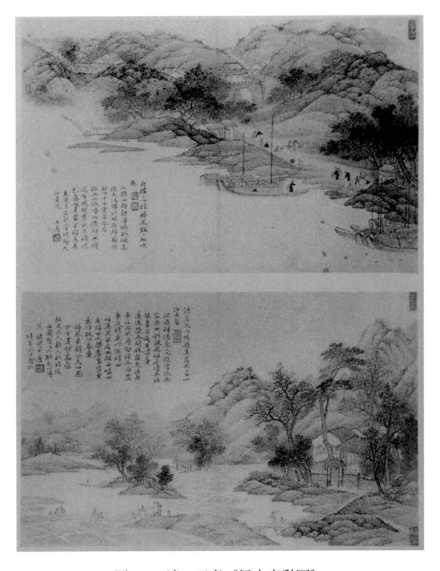

圖 1-5　　清・王耆《歸去來辭圖》

圖 1-6　明人繪陶淵明像及歸去來辭

　　《聲畫集》中題《歸去來圖》和《陽關圖》的詩歌較多，這是兩個常見的繪
畫題材，有不少畫家依陶淵明《歸去來辭》和王維《陽關圖》而作。不論詩人畫
家，中國古代文人士大夫都十分關注這兩個題材所包蘊的精神涵義。畫家繪製《歸
去來圖》（圖 1-5，1-6）和《陽關圖》時就注重畫外精神的傳達，題畫詩人在讀
畫、評畫之際也著重捕捉畫中深意，甚至多有闡發。畫這兩類題材的畫家中以李
公麟創作居多，因此題公麟畫的詩歌也偏多。在此羅列《聲畫集》中題其《歸去
來圖》諸詩：

　　　　日月言歸真得歸，迎門兒女笑牽衣。宅邊猶是舊時柳，漫向世人
　　　　言昨非。入門處處猶崔子，豈忍更令三徑荒。誰與老翁同避世，桃花
　　　　源裏捕魚郎。（黃庭堅《題歸去來圖》二首）

　　　　東房攜捲繞幕行，西房卷作墮地聲。紙山間出筆陣橫，李侯畫若
　　　　禪眼透。觀魚元沙骨疏瘦，舟中淵明細若豆。歸心只愛玉花驄，不須

棘針學癡翁。惱渠愁作眉斗紅。（晁無咎《次韻魯直試院贈奉議李伯時畫詩》）

兩本新圖寶墨香，尊前獨唱小秦王。爲君翻作歸來引，不學陽關空斷腸。（蘇軾《書林次中所得李伯時歸去來、陽關二圖後》二首其一）

坐上柴桑墟落煙，眼中百里舊山川。候門稚子似無恙，三徑巾車人絕憐。尚友當須今逸少，丹青寧復老龍眠。流傳匪獨遺怡玩，端使懦夫懷凜然。（僧祖可《李伯時作淵明歸去來圖，王性之刻於琢玉坊，病僧祖可見而賦詩》）

王郎玉女妙天下，眉宇清揚聚風雅。道山延閣歸有時，吐霧珠絹已無價。乃翁勳業誰與儔，惠愛宛同陳太邱。胡床夜據興不淺，江波漲月明江樓。鄴侯牙籤三萬軸，玉川五千貯枯腹。掌上雙珠照庭戶，人間爽氣侵眉目。愛君義獻來仍昆，草聖眞行事逼眞。是家此僻古不少，奇書異畫原通神。龍眠解說無聲句，時向煙雲一傾吐。戲拈禿筆臨冰紈，寫出淵明賦歸去。林端飛鳥倦知還，陌上征夫識前路。因君勒石柴桑裏，便覺九原人可起。廬山未是長寂寥，挽著高風自君始。（僧善權《王性之得李伯時所作歸去來圖，並自書淵明詞刻石於琢玉坊，爲賦長句》）

堦亭午景圓槐陰，空齋初罷戲五禽。沔州太守致音問，啓讀乃有歸來吟。先生抱道肯乞憐，凜凜有面方如田。何能爲此五斗粟，折腰鄉里小兒前。顧視銅章等涕唾，賦歸吐詞如湧泉。龍眠居士歎豪逸，想像明窗戲拈筆。翕忽英姿來筆下，如恐超超將羽化。吁嗟能事詎可傳，一見公詩如見畫。惜哉道遠莫可致，強欲賡酬抽鄙思。韻絕難追神易倦，使我空然汗顏面。他日從公會借觀，錦囊捧出春筍寒。（夏倪《再次韻題歸去來圖》）

從這些題畫詩中首先得知公麟《歸去來圖》曾被王性之、林次中收藏。其次，該圖眞跡無傳，可從詩歌中揣摩繪畫意象和意境。從「東房攜捲繞幕行，西房卷作墮地聲」一句獲知畫乃長卷。「觀魚元沙骨疏瘦，舟中淵明細若豆」畫的是《歸去來辭》中「舟遙遙以輕揚，風飄飄而吹衣」這一具體情景；「林端飛鳥倦知還，陌上征夫識前路」畫的是辭中「問征夫以前路」之情景；「坐上柴桑墟落煙，眼中百里舊山川。候門稚子似無恙，三徑巾車人絕憐」、「迎門兒女笑牽衣」畫的則

是辭中「童僕歡迎，稚子候門。三徑就荒，松菊尤存」，即陶淵明回到家門時的
情景。從這些情景中不難發現圖畫所表現的並不是單獨的一幅畫面，而是連續性
的、敘事性的。陶淵明出現在每一個相對獨立卻又相互聯繫的場景中，這在時空
順序上說不通，唯一的解釋就是畫家打破時空間的限制，將不同時空活動中的陶
淵明盡納筆端。那麼李公麟的這幅長卷應是幾個段落的組合，依《歸去來辭》的
文意，描繪陶淵明回歸田園的大致過程，主角陶淵明在不同的情節中反覆出現。
這採取的是魏晉六朝以來形成的敘事畫的構圖方式，學習的是顧愷之《洛神賦
圖》、《女史箴圖》等畫的構圖思維。而畫家這種打破時空的敘事性思維原是從文
學創作中學習借鑒的。題畫詩人不僅描述了畫中景象，也把握住了繪畫傳達出來
的人物情感與風神，如黃庭堅《題歸去來圖》「入門處處猶崔子，豈忍更令三徑
荒」，用了《論語·公冶長》的典故：「崔子弒齊君，陳文子有馬十乘，棄而違之。
至於他邦，則曰：『猶吾大夫崔子也。』」黃庭堅以崔子喻劉裕篡晉，世道紛亂，
人心叵測，不如歸去。本來是「日日言歸」，今日「眞得歸」，物是人非的感覺頓
時湧上心頭，「漫向世人言昨非」。這些心境完全符合《歸去來辭》中的描寫：「歸
去來兮！田園將蕪胡不歸？既自以心爲形役，奚惆悵而獨悲？悟已往之不諫，知
來者之可追；實迷途其未遠，覺今是而昨非。」再看「先生抱道肯乞憐，凜凜有
面方如田。何能爲此五斗粟，折腰鄉里小兒前。顧視銅章等涕唾，賦歸吐詞如湧
泉」，則是對陶淵明高風亮節的體認，推崇其超逸的人生境界。

　　除此之外，不同的題畫詩人都會結合自己的理解闡發不同的畫外之意，他們
的表現各不相同。如山谷詩以「誰與老翁同避世，桃花源裏捕魚郎」一句營造畫
外之意。《桃花源記》是陶淵明另一名篇，黃庭堅藉此文故事充實繪畫的涵義，
將不復得桃花源途徑的「捕魚郎」與其塑造者陶淵明擱置同一時空中，共歸故里，
避世遁隱。這裡隱指陶淵明返回的是桃源勝境，而桃源並非眞實存在，乃陶淵明
精神棲息地的代稱。精神是沒有時間、地域限制的，那麼閱讀有關陶淵明的詩和
畫就可從中獲得精神上的溝通。夏倪《再次韻題歸去來圖》則借助陶淵明「不爲
五斗米折腰」的精神闡發畫外之音，《歸去來辭》中並沒有抒發此種心志，這裡
顯然也是詩人結合陶淵明的著名事跡發散繪畫表現的空間。詩人也自然將自己或
本朝人的行爲和精神境界與陶淵明作比，自覺高不可攀，所以他們常在詩中表現
出種種追慕、汗顏的情態，如「惜哉道遠莫可致，強欲賡酬抽鄙思。韻絕難追神
易倦，使我空然汗顏面」、「流傳匪獨遺怡玩，端使儒夫懷凜然」。諸如此類皆詩
人所抒發的畫外之音。

　　除李公麟作《歸去來圖》外，《聲畫集》還記載了另外一位畫家，即公麟之兄李亮功，也是北宋畫壇泰斗。他與李公麟、李元中合稱「龍眠三李」。集中有黃庭堅詩《追和東坡題李亮功歸來圖》：「今人常恨古人少，今得見之誰謂無。欲學淵明歸作賦，先煩摩詰畫成圖。小池已築魚千里，隙地仍栽芋百區。朝市山林俱有累，不居京洛不江湖。」該詩雖沒有涉及具體的繪畫內容，但也十分鮮明地傳達出了人物精神。還有一些題《歸去來圖》的詩歌，《聲畫集》未錄，如周紫芝《題李伯時畫歸去來圖》、葛勝仲《跋陶淵明歸去來圖》、趙蕃《題歸去來圖》、錢選《題歸去來圖》、潘從大《疏齋以舊作題淵明歸來圖詩見贈依韻奉和》、方回《題淵明歸來圖》。《聲畫集》還收錄了一些題陶淵明寫真圖之類的詩歌，如蘇軾《題李伯時淵明東籬圖》、謝薖《陶淵明寫真圖》、黃庭堅《松下淵明》、僧善權《奉題性之所藏李伯時畫淵明》三首、王子思《德清宰俞居安自畫淵明圖》。

　　眾所周知，李公麟《陽關圖》畫的是王維《送元二使安西》：「渭城朝雨浥輕塵，客舍青青柳色新。勸君更盡一杯酒，西出陽關無故人。」這幅圖本來是公麟送給安汾叟，公麟有《小詩並畫卷奉送汾叟同年機宜奉議赴熙河幕府》：「畫出離筵已愴神，那堪真別渭城春。渭城柳色休相惱，西出陽關有故人。」顯然是勸慰友人的。但該圖和《歸去來圖》一樣，早已無傳，甚至連仿作也沒有。因此只能憑藉題畫詩去再現畫面：

　　　　古人送行贈以言，李君送人兼以畫。自寫陽關萬里情，奉送安西從辟者。澄心古紙白如銀，筆墨輕清意蕭灑。短亭離筵列歌舞，亭亭詣詣簇車馬。溪邊一叟靜垂綸，橋畔俄逢兩負薪。掣臂蒼鷹隨獵犬，聳耳駆驢扶只輪。長安陌上多豪俠，正值春風二三月。分明朝雨浥輕塵，客舍青青柳色新。主人舉杯苦勸客，道是西征無故人。殷勤一曲歌者闋，歌者背淚沾羅巾。酒闌童僕各辭親，結束韜縢意氣振。稚子牽衣老人哭，道上行客皆酸辛。惟有溪邊釣魚叟，寂寞投竿如不聞。（張舜民《京兆安汾叟赴辟臨洮幕府，南舒李君自畫陽關圖並詩以送行，浮休居士為繼其後》）

　　　　君不見季子敝盡黑貂裘，一生車轍環九州。使之負郭有二頃，未必肯相六國侯。此郎亦復何為者，浪自出入不肯休。東風夾道羅供帳，倚馬欲行那得上。綠尊翠勺浩縱橫，四坐哀歌互酬唱。陰雲漠漠天四垂，行子多著短後衣。金羈滴瀝鳴翠弭，負屬蹶倒從盧兒。漁舟微茫出浦漵，遠山無數迎修眉。傾曦馱醉出關去，縱有離愁渠得知。長安

春色濃如酒，乃向斯時別親友。可憐兒女浪苦辛，奔走功名逮華首。

濁醪百榼胸崔嵬，暮色慘慘羈鴻哀。（夏倪《次韻漢陽蔡守題陽關圖》）

詩歌提供了不少畫面意象，有為離筵而設的歌舞場景，「哀歌互酬唱」；有短亭下簇擁的車馬，「倚馬欲行」、蓄勢待發，似乎在催促著行人上路；有勸酒的主人和將行的客人，有牽著行人衣角不讓離去的小孩和哭泣的老人，還有身穿「短後衣」正要遠行的人，每一個人臉上都掛著酸辛與傷心。雖然是春天，但陰雲漠漠，與離別的傷感情緒相配合。背景是遠山無數，意境高遠。估計畫面橫向視野中還有江浦，遠遠地見漁舟泛於其上。畫家還特別安排了溪邊垂釣的老翁和橋上負薪的樵夫，他們似乎不為空氣中蔓延著的離情別緒所感染，或許在此見慣了離別的人群，故而不以為意。通過題畫詩提供的意象拼接想像出來的這幅畫面也完全符合《宣和畫譜》中的記載：「公麟作《陽關圖》，以離別慘恨為人之常情，而設釣者於水濱，忘形塊坐，哀樂不關其意。」這種繪畫方法也是從詩歌中學來的，「深得杜甫作詩體制，而移於畫」。

蘇軾《書林次中所得李伯時〈歸去來〉、〈陽關〉二圖後》云：「龍眠獨識殷勤處，畫出陽關意外聲。」試看題畫詩人從《陽關圖》中讀出怎樣的「意外聲」。蘇軾說「為君翻作歸來引，不學陽關空斷腸」，他認為李公麟的畫外音是不要沉溺於離愁別緒而不可自拔，應學習陶淵明的超脫精神。張舜民對此也有類似感悟：「李君此畫何容易，畫出漁樵有深意。為道世間離別人，若個不因名與利。紅蓮幕府盡奇才，家近南山紫翠堆。烜赫朱門當巷陌，潺湲流水繞亭臺。當軒怪石人希見，夾道長鬆手自栽。靜鎖園林鶯對語，密穿堂戶燕驚回。試問主翁在何所，近向安西幕府開。歌舞教成頭已白，功名未立老相催。西山東國不我與，造父王良安在哉？已卜買田箕嶺下，更看築室潁阿隈。憑君傳語王摩詰，畫個陶潛歸去來。」（《京兆安汾叟赴辟臨洮幕府，南舒李君自畫陽關圖並詩以送行，浮休居士為繼其後》）為追逐名利而離開親人、朋友，但很可能白髮蒼蒼卻功名未立，與其如此，不如學畫中漁翁、樵夫，自給自足，自得其樂，也就沒了離別之苦。詩人認為畫面傳達的深意和《歸去來圖》是一致的，倡導陶淵明的精神境界。韓駒直接把這種感悟聯繫到自我遭際：「風煙錯漠路崎嶇，倦客羈臣淚滿襟。何事道人常把玩，只應無復去來心。」（《題修師陽關圖》）夏倪說「羊腸鳥道天尺五，爾獨胡為來此哉？水有蛟鼉獰口眼，陸有兕虎潛岩隈。嗟爾游子不顧返，富貴有時終自來」（《次韻漢陽蔡守題陽關圖》），提倡的是一種隨遇而安的平靜心態。蘇轍題云：「百年摩詰陽關語，三疊嘉榮意外聲。誰遣伯時開縞素，蕭條邊思坐中

生。」「西出陽關萬里行，彎弓走馬自忘生。不堪未別一杯酒，長聽佳人泣渭城。」（《李公麟陽關二絕》）因陽關處於邊疆的特殊地理位置，乃兵家常犯之地，故而蘇轍詩中似乎在離情之外，尚有對國家邊防的憂慮和建功邊疆的期望。黃庭堅甚至想到了陽關外的邊塞風光：「斷腸聲裏無形影，畫出無聲亦斷腸。想得陽關更西路，北風低草見牛羊。」（《題陽關圖二首》其一）

　　像《歸去來圖》和《陽關圖》這類繪畫及其題畫詩都較爲特殊，先依詩歌作畫，再由畫作詩，完成了詩→畫→詩的循環再生過程，前一個詩歌完全是詩人的創作，繪畫則力求抓住詩歌中的畫意和畫境，成功的繪畫作品又引起詩人的題詠，而第一首詩歌的精神生命就借助繪畫這種藝術形式一直延續到題畫詩中，但這種轉化不是等量的，而是能夠精神再生的，因爲題畫詩人又將自己對於繪畫對象的感悟融入詩中，正所謂「詩傳畫外意」。這種現象是詩畫互融互通最具代表性的創作實踐。而且，從上述兩種同一題材的題畫詩分析中，也發現了當時繪畫創作的兩個趨勢：一是突破時空限制；二是以詩法作畫，這兩種創作趨勢都是繪畫文學化的突出體現。因此，從題畫詩的角度，亦可探知宋代繪畫文學化的發展趨勢。

三、不同時代同類題材比較所傳遞的繪畫信息

　　進一步，將題畫詩「知畫」的價值涵義置於不同時代同類題材的比較當中去挖掘，會發現繪畫發展的部分演變軌跡，尤其是山水畫發展的某些重要特徵。這在《聲畫集》所收的題畫詩中得到了較多的反映。現將詩歌中捕捉到的山水畫由唐至宋發生的重要變化歸納爲以下四點：

（一）四時畫的大量出現

　　從《聲畫集》收錄的題山水畫詩中，可以發現一個耐人尋味的現象：唐代題四時畫的詩歌數量爲零，而宋代題四時畫的詩歌卻有 16 題 34 首（參看表 2），形成鮮明的反差。數據說明唐朝以四時爲繪畫題材的畫作很少，但在宋代卻大爲盛行。這一發展變化可在唐宋兩朝的畫史著作中得到印證。唐代張彥遠《歷代名畫記》中找不到關於四時畫的記載，而宋代郭若虛《圖畫見聞志》中收入不少畫四時山水的畫家，如關仝、黃筌、周昉、李成、范寬、劉永、王端，唐末僅荊浩一人，云其「博雅好古，善畫山水，自撰《山水訣》一卷。……語人曰：『吳道子畫山水有筆而無墨，項容有墨而無筆，吾當採二子之所長，成一家之體。故關仝

北面事之，有《四時山水》、《三峰》、《桃源》、《天台》等圖傳於世。』」〔註29〕
荊浩雖然生卒年不詳，但一般認爲他是五代後梁畫家，在山水畫創作及理論上厥
功甚偉，具有轉折性的歷史意義。從現有史料看，荊浩很可能是第一個畫四時山
水的人。五代關仝、黃筌，宋代李成、范寬、劉永、王端、李宗成等人，都曾創
作過四時山水圖。「北宋三大家」盡在其中，據此推斷，四時山水畫起源於五代，
在宋代得到了進一步的發展。正是在四時山水畫繁盛的創作基礎上，郭熙總結出
四時山水創作的理論經驗：「眞山水之雲氣，四時不同，春融冶，夏蓊鬱，秋疏
薄，冬黯淡。畫見其大象而不爲斬刻之形，則云氣之態度活矣。眞山水之煙嵐，
四時不同。春山澹冶而如笑，夏山蒼翠而如滴，秋山明淨而如妝，冬山慘淡而如
睡。……山春夏看如此，秋冬看又如此，所謂四時之景不同也。山朝看如此，暮
看又如此，陰晴看又如此，所謂朝暮之變態不同也，如此，是一山而兼數十百山
之意態，可得不究乎？」〔註30〕

　　眾所周知，王維作畫是「坐變寒暑」、「不問四時」的，畫《袁安臥雪圖》，
有「雪中芭蕉」；畫花，往往以桃、杏、芙蓉、蓮花同作一景。〔註31〕在此不論
王維如何借鑒詩法突破時空限制開創新畫法，至少可以得知王維對四時的概念是
相對淡漠的，這也側面說明唐代專門創作四時山水畫的想法還不成熟。不過《聲
畫集》卷四山水類卻收有宋人謝薖《王摩詰四時山水圖》一詩，「小幅短短作四
時，山平水遠含變態」，「何人乞與輞川圖，裝成小軸四時俱」。查閱畫史和題畫
詩資料，並無記載王維《四時山水圖》，也無他人作題。而且王維喜畫雪景，據
《宣和畫譜》藏其雪圖 20 幅，幾占其山水畫之半數。這難免讓人懷疑作品的眞
僞，疑爲北宋人僞作，恐詩人不查，誤題。

　　不僅四時山水，四時花鳥也經歷著同樣的發展過程，從五代的刁光、胡擢、
滕昌祐發展到宋代的黃居寀、丘慶餘、徐熙、傅文用、易元吉、崔白、崔愨、趙
裔等，出現了一大批四時花鳥畫家，蔚爲大觀。這在《聲畫集》中亦有所體現，
在此不再拓展論證。因此，從題詩這一新穎的角度看繪畫發展史，可以有新的發
現。

〔註29〕　〔宋〕郭若虛，圖畫見聞志〔M〕，卷二，故事拾遺，吳孟復、郭因編，張勁
　　　　　秋校注，中國畫論〔Z〕，卷一，合肥：安徽美術出版社，1995，325。
〔註30〕　〔宋〕郭熙著，郭思編，林泉高致〔M〕，山水訓，吳孟復、郭因編，張勁秋
　　　　　校注，中國畫論〔Z〕，卷一，合肥：安徽美術出版社，1995，463。
〔註31〕　〔宋〕沈括著，胡道靜校證，夢溪筆談校證〔M〕，卷十七，書畫，上海：上
　　　　　海古籍出版社，1987，542。

（二）組圖和小景山水的出現

比較題唐山水畫和題宋山水畫的詩歌，可以發現宋代詩人題了一些組圖和「小景山水」，如僧慧洪《宋迪作八景絕妙，人謂之「無聲句」。演上人戲余曰：「道人能作『有聲畫』乎？」因爲之各賦一首》，分別題瀟湘夜雨、洞庭秋月、平沙落雁、遠浦歸帆、山市清嵐、江天暮雪、煙寺晚鐘、漁村落照這八景組圖；還有蘇軾的《虔州八境圖》、王安中（履道）《題顏持約畫四小景》等題組圖的組詩。《題顏持約畫四小景》題的既是組圖，也是「小景山水」，還有晁補之（無咎）《酬李唐臣贈山水短軸》、陳師道（無已）《晁無咎畫山水扇》、汪彥章《題大年小景》等等，題的都是小景山水。組圖和小景山水在唐代題山水畫詩中不曾見，唐代的山水畫形式較爲單一，如杜甫《奉觀嚴鄭公廳事岷山沲江畫圖》、《戲題王宰畫山水圖歌》、《觀李固請司馬弟山水圖》、李白《當塗趙炎少府粉圖山水歌》、《同族弟金城尉叔卿燭照山水壁畫歌》、劉長卿《王處士草堂壁畫衡霍諸山》、郎士元《題劉相公三湘圖》等詩中所題之畫均爲單幅單作。這說明與唐代山水畫相比，宋代山水畫形式開始走向多樣化。其一是組圖的出現，其二，「小景山水」的出現和繁榮。其實北宋流行的還是「全景山水」，因爲畫家採取的是「以大觀小」和「三遠」透視法，視野寬廣，盡收眼底的是群峰屏立、山勢嵯峨，所以畫家多取「群山遙列幾千重」的中景或「層巒疊翠遙相望」的遠景，用形象的漸層重複和延續來形成畫面的統一，自然形成了開闊浩渺、完整性布局的全景圖。所以北宋期間全景構圖被視爲描摹大自然的最佳途徑。這種章法環境特徵明顯，境界舒展，丘壑來龍去脈變化多，而且可以通過丘壑的豐富變化傳達「景外意」，使繪畫兼具「可望、可行、可遊、可居」之妙，如王詵《煙江疊嶂圖》、《漁村小雪圖》，都是收攝萬象、變幻萬千的堂幅巨製，是全景山水畫的代表作品。組圖的產生也是「全景山水」創作發展的必然趨勢。所以北宋的小景圖並不發達，但隨著審美意識的發展，南宋畫家的審美追求從「氣勢」轉向「情韻」，山水畫的構圖就發生明顯變化，「以小顯大」的小景山水風騷獨領，以「去其繁華、采其大要」截取式的特寫鏡頭布局，突出刻畫某一主體形象構成視覺中心，以簡潔空靈、能合能空加強畫面的藝術衝擊力。橫跨兩宋的李唐畫風的轉變正是「全景山水」向「小景山水」轉變的典型。承李唐衣缽並發揚光大者，馬遠、夏珪也。他們取「邊角式」構圖，「畫不滿幅」、「金邊銀角」，秀麗而優美，空靈而俊逸，極富情韻。（圖 1-7）不過，《聲畫集》所收題小景山水的畫並不多，這和該書的編撰年代有關。《聲畫集》成書於南宋淳熙十四年（1187），而馬遠主要活動在南宋

光宗、寧宗朝（1190～1224）、夏珪主要活動在寧宗、理宗朝（1195～1264），所以書中沒有題馬、夏的小景圖詩。總體看來，在唐宋題山水畫詩的對比中，已能捕捉到山水畫形式發展變化的軌跡。

圖 1-7　宋・馬遠《水圖》組圖四幅之一

圖 1-7　宋・馬遠《水圖》組圖四幅之二

（三）高遠、深遠到平遠山水

在《聲畫集》卷四山水類中，還有一個值得注意的現象，所題的宋代山水畫中頻繁出現了「平遠」二字，蘇軾題郭熙《秋山平遠》圖，共 2 題 6 首，蘇轍和絕句 1 題 2 首，黃庭堅和 1 題 4 首。晁補之（無咎）亦有《題工部文侍郎周翰郭熙平遠二首》，這 5 題 14 首詩歌均題郭熙的平遠山水畫。此外，潘大臨（邠老）有《題趙承遠所藏大年畫平遠一首》，乃趙大年之畫。還有一些在詩歌內容中提及「平遠」的，如「平遠還堪助詩思」（謝薖〈幼槃〉《蔡師直畫山水研屏二首》）、「萬里江山入平遠」（王當〈子思〉《表兄丁行之俾予作山水一軸》）。「平遠」二字在題唐代山水畫的詩歌中從未出現過，它和一般的山水畫有何不同？詩集中以題郭熙平遠圖者居多，先看畫家郭熙對「平遠」的理解：

> 山有三遠。自山下而仰山巔，謂之高遠。自山前而窺山後，謂之深遠。自近山而望遠山，謂之平遠。高遠之色清明，深遠之色重晦，平遠之色有明有晦。高遠之勢突兀，深遠之意重疊，平遠之意沖融而縹縹緲緲。其人物之在三遠也：高遠者明瞭，深遠者細碎，平遠者沖淡。明瞭者不短，細碎者不長，沖淡者不大，此三遠也。（《林泉高致・山水訓》）

「三遠」是郭熙在前人山水畫成熟創作的基礎上所作的總結，乃山水畫創作的三種審美觀照方式。高遠採用仰視法，以小觀大，用以表現山勢的突兀、樓閣的高聳，產生雄偉磅礡的藝術效果，如范寬的《溪山行旅圖》；深遠是在山前或山上遠眺，望見遠處的高山重重疊疊、無窮無盡，表現出幽深的境界，如荊浩《匡廬圖軸》、巨然《秋山問道圖》，高遠和深遠這兩種觀照山水的方式一直在山水畫中佔有相當的優勢，包括郭熙自己也創作不少此類山水，如《關山春雪圖》、《幽谷圖》等。郭熙到晚年才偏向平遠山水的創作，原因即在於他發現「平遠」所追求的「沖淡」意境更符合文人士大夫的審美理想。「平遠」即平視景象，視點不高，對象也不高，最宜表現低巒遠渚、平林藪澤，其「意沖融而縹縹緲緲」。以郭熙現存的兩幅平遠圖作例。《窠石平遠圖》（圖 1-8），絹本，淡設色，是郭熙晚年巨製，寫北方深秋田野清幽空闊之景。畫家以「平遠」觀景，畫高兀窠石、溪水清淺，秋樹枯偃，枝幹蟠曲虯勁，爲近景；畫寒煙蒼翠，荒原莽莽，群峰列峙，依稀可見，爲遠景。畫面上方留白甚多，清曠雲淡，給人清潤秀雅、沖融遠曠之感。《樹色平遠圖》，絹本墨筆，畫的是河流兩岸樹木之景。水渚沙洲，沿河之岸，坡堤起伏、秀石隆起，石上生古樹，其幹蟠曲勁峭、枯

藤纏繞，垂蔓點水。其後孤亭隱現，遠山透迤於茫茫天際。二圖均以宿墨鋪染
地面山石，展示原野之曠渺、山石之蒼雄；以淡墨暈染天空、流水，使得天空
遼闊、溪水清澈；施焦墨寫如爪樹枝，枯瘦奇崛、搖落蕭索。用筆硬勁而秀俊，
情景交融，畫家郭熙借平遠山水營造了荒遠沖淡境界，寄寓其內心的蕭散閒愁。
而畫家寄寓的這種情感又顯然影響到了讀者，蘇軾說「木落騷人已怨秋，不堪
平遠發詩愁」，「離離短幅開平遠，漠漠疏林寄秋晚」，黃庭堅說「玉堂臥對郭熙
畫，發興已在青林間」，「郭熙官畫但荒遠，短紙曲折開秋晚」，蘇轍說「斷雲斜
日不勝秋，付與騷人滿目愁」，晁補之說「洞庭木落萬波秋，說與南人亦自愁」，
正所謂畫中寄興、畫外發興，令讀者若入蕭索之境，似有出塵之姿，沖融平淡。

圖 1-8　宋‧郭熙《窠石平遠圖》（局部）

　　郭熙的平遠實取法於李成，李成畫跡雖不傳，但《宣和畫譜》中記載其平遠圖有 8 幅之多：《曉嵐平遠圖》二、《晴巒平遠圖》三、《平遠窠石圖》一、《長山平遠圖》二。郭若虛曾稱：「煙林平遠之妙，始自營丘，畫松葉謂之攢針，筆不染淡，自有榮茂之色」，「夫氣象蕭疏，煙林清曠，毫峰穎脫，墨法精微者，營丘之制也」〔註32〕。梅堯臣在題畫詩中也稱「李成但得平遠工」（《觀王原叔山水圖》），這說明平遠山水乃李成所創，郭熙承其衣鉢，亦取平遠之法，於高堂素壁攄發胸臆，布置則愈造妙處。而自郭熙之後，山水畫家逐漸轉向平遠，寄寓一己之思，求淡遠之高境，至元明清文人山水畫已成清一色的「平遠」、「淡遠」了。

　　由此可見，與唐相比，宋代山水畫一個重要的發展就是由高遠、深遠逐漸轉向平遠的審美觀照方式，這顯然在《聲畫集》中也得到了體現。

（四）青綠到水墨，寫實到寫意，北宗到南宗

　　在《聲畫集》題山水畫詩中，還可以發現唐代是「青綠山水」的天下。翻檢所有題唐代山水畫的詩歌，除了少數幾首沒有涉及畫面色彩描述的詩歌之外，其他詩歌都有紅、綠、青、黛等顏色的描述，如杜甫所題的岷山沱江圖：「白波吹粉壁，青嶂插雕梁」、「霏紅洲蕊亂，拂黛石蘿長。暗谷非關雨，丹楓不爲霜」（《奉觀嚴鄭公廳事岷山沱江畫圖十韻》）；所題山水圖：「紅浸珊瑚短，青懸薜荔長。」（《觀李固請司馬弟山水圖》）柳宗元題《慶雲圖》：「設色初成象」、「舒華瑞色敷」。劉長卿所題的草堂壁畫則寫出山水「青翠千萬狀」（《王處士草堂壁畫衡霍諸山》）。蕭冀所題山水障也是「青松郁郁鎮含煙」、「萬仞千涔注碧泉」、「三冬紅蕊色長鮮」、「白鶴灘頭勢欲飛」（《題山水障歌》）。李白所題「五色粉圖」山水，「名工繹思揮彩筆，驅山走海置眼前。滿堂空翠如可掃，赤城霞氣蒼梧煙」（《當塗趙炎少府粉圖山水歌》）；又有《同族弟金城尉叔卿燭照山水壁畫歌》：「高堂粉壁圖蓬瀛，燭前一見滄洲清。洪波洶湧山崢嶸，皎若丹丘隔海望赤城。」宋人所題的唐代山水畫也是青綠山水，如曾肇（子開）《題王晉卿所藏鄭虔著色山水圖》：「紅泉碧澗春風裏」，點明唐畫家鄭虔所畫即是「著色山水」。蘇軾題王晉卿所藏李思訓《著色山》：「宿雲解駁晨光漏，獨見山紅澗碧時。」以上題畫詩中的唐代山水畫均爲青綠山水。

〔註32〕　〔宋〕郭若虛，圖畫見聞志〔M〕，卷一，敘論，論三家山水，吳孟復、郭因編，張勁秋校注，中國畫論〔Z〕，卷一，合肥：安徽美術出版社，1995，319。

　　眾所周知，王維被奉為南宗畫之祖，新創「破墨」之法，運水墨之濃淡
鋪染山水，打破青綠重色和線條勾勒之束縛，變「鉤斫之法」為水墨「渲淡」
〔註33〕；並學習詩歌將個人情感融入繪畫，啟繪畫寫意之新趨向：「畫中有
詩」。從而初步奠定了水墨山水的基礎。王維最初也隨大流學過李思訓「金
碧輝煌」之青綠山水，但後因習禪，深得「色即是空，空即是色」之禪理，
在繪畫中也開始追求空寂清靜的禪境，而水墨正是最佳的表現方式，適宜於
營造出淡泊空靈的畫境。雖然水墨山水始於王維，但其行於世的水墨山水作
品甚少。王維曾自言「當世謬詞客，前身應畫師。不能捨餘習，偶被時人知」
〔註34〕，恰如其言，王維喜作畫，畫作數量不少，據《宣和畫譜》載，御府
所藏其畫一百二十有六，其中山水畫五十有三。另據清代趙殿成《王右丞集
箋注》附錄歷代王維畫評，王維還作有《菩薩、普賢、孔雀明王雪霽曉行圖》、
《驪山宮圖》、《春溪捕魚圖》、《秋林晚岫圖》、《袁安臥雪圖》、《江山雪霽圖》、
《雪溪圖》、《輞川圖》等 8 幅山水。數量眾多，但王維自稱其畫「偶被時人
知」，不可否認有自謙成分，但在當時王維畫師之名的傳播遠不如其詩名。
即使在聲譽漸隆的宋代，見其真跡的人都很少，這從題畫詩的情況也能看
出，《聲畫集》中題王維畫共有 12 首：蘇軾《王維畫》、《王維吳道子畫》，
蘇轍《王維吳道子畫》、梅堯臣《王維畫阮步兵醉圖》、黃庭堅《摩詰畫》、
呂本中（居仁）《題孫子紹所藏摩詰渡水羅漢》、蔡確（持正）《題王維江行
初雪畫》、周紫芝（少隱）《題王維畫臥雪圖》、李薦（方叔）《王摩詰曲江春
遊圖》、王安中（履道）《題陳去非王摩詰嘉陵圖》、《王摩詰釣魚圖》、謝薖
（幼槃）《王摩詰四時山水圖》，其中山水畫的僅有 5 首。宋人的推崇和題畫
詩數量的反差印證了王維畫的流傳情況。

　　繪畫發展到唐代，百花齊放，人物絕妙，山水漸盛。但唐代山水畫的主流
還是寫實的，青綠風行，水墨初興。「一日畫畢嘉陵江三百里」的吳道子和「金
碧輝煌」的李思訓頗受推崇，而王維繪畫的聲譽遠次於二人，朱景玄僅將其列
於妙品上，吳、李二人則分列於神品上和神品下。只是到了五代、宋、元之後，
隨著審美意識的轉變，王維的畫壇地位才被拔高。如荊浩《筆法記》側重於水

〔註33〕〔明〕董其昌著，屠友祥校注，畫禪室隨筆〔M〕，卷二，南京：江蘇教育出
　　　　版社，2005，158。
〔註34〕〔唐〕張彥遠，歷代名畫記〔M〕，卷十，吳孟復、郭因編，張勁秋校注，中
　　　　國畫論〔Z〕，卷一，合肥：安徽美術出版社，1995，162。

墨，即評王維「筆墨宛麗，氣韻高清，巧寫象成，亦動眞思」。〔註35〕

到了宋代，特別是蘇軾提倡寫意的「士人畫」以來，水墨渲染成爲抒情言志的最佳途徑，宋人的水墨山水興盛起來，與著色山水平分秋色。明代書畫家董其昌亦根據禪家的南北宗之分將李思訓的著色山水和王維的水墨山水分爲南北二宗：「禪家有南北二宗，唐時始分；畫之南北二宗，亦唐時分也，但其人非南北耳。北宗則李思訓父子著色山水，流傳而爲宋之趙幹、趙伯駒、（趙）伯驌，以至馬（遠）、夏（圭）輩；南宗則王摩詰始用渲淡，一變鉤斫之法，其傳爲張璪、荊（浩）、關（仝）、郭忠恕、董（源）、巨（然）、米家父子（芾、友仁），以至元之四大家（黃公望、吳鎮、倪瓚、王蒙），亦如六祖（慧能）之後，有馬駒、雲門、臨濟兒孫之盛，而北宗（神秀爲代表）微矣。」〔註36〕「文人之畫自王右丞（維）始，其後董源、僧巨然、李成、范寬爲嫡子，李龍眠、王晉卿、米南宮及虎兒皆從董、巨得來。……若馬、夏及李唐、劉松年，又是大李將軍之派，非吾曹當學也。」〔註37〕雖有崇「南」貶「北」之意，但足以說明南宗的水墨山水在宋後畫壇的影響遠遠超過了北宗的著色山水。

山水畫發展的這種典型特徵在《聲畫集》中也體現了出來。前已述唐代題山水畫詩以青綠山水爲主，接下來再審視宋代題山水畫詩的情況。集中題王詵（晉卿）的山水畫居多，共9題15首詩歌，其中蘇軾題6題10首、蘇轍題3題5首。王詵〔註38〕善畫山水，青綠、水墨兼擅，「學李成山水，清潤可愛，又作著色山水，師唐李將軍，不古不今，自成一家」〔註39〕，青綠山水師法李思訓，但最著名的還是他師法李成、郭熙的水墨山水，善寫「煙

〔註35〕 〔五代梁〕荊浩，筆法記〔M〕，吳孟復、郭因編，張勁秋校注，中國畫論〔Z〕，卷一，合肥：安徽美術出版社，1995，196。

〔註36〕 〔明〕董其昌著，屠友祥校注，畫禪室隨筆〔M〕，卷二，南京：江蘇教育出版社，2005，158。

〔註37〕 〔明〕董其昌著，屠友祥校注，畫禪室隨筆〔M〕，卷二，南京：江蘇教育出版社，2005，151。

〔註38〕 王詵（1048～1104），字晉卿，祖籍山西太原，居開封，爲宋開國勳臣王全斌之後，娶英宗之女蜀國公主，爲駙馬都尉，官至定州觀察使。王詵「幼喜讀書，長能屬文，諸子百家，無不貫穿，視青紫可拾芥以取……詵博雅該洽，以至奕棋圖畫無不造妙……又精於書」（《宣和畫譜》卷十二）。喜交文士，與蘇軾、蘇轍、黃庭堅、米芾、秦觀、李公麟等名士關係密切。築「寶繪堂」廣收法書名畫。

〔註39〕 〔元〕夏文彥纂，圖繪寶鑒〔M〕，叢書集成初編，北京：中華書局，1985（1654）。

江遠壑、柳溪漁浦、晴嵐絕澗、寒林幽谷、桃溪葦村」等「詞人墨卿難狀之景」，「落筆」而有「思致」（《宣和畫譜》卷十二《山水三》）。現存作品有《煙江疊嶂圖》（圖1-3）和《漁村小雪圖》（現藏上海博物館）。宋代《雲煙過眼錄》、明代《味水軒日記》、清代《式古堂書畫彙考》均有著錄。《煙江疊嶂圖》乃王詵得意之作，有青綠絹本、水墨絹本。王詵與蘇軾兄弟過從甚密，蘇軾對他交口稱頌，爲之題二首：《書王定國所藏王晉卿畫煙江疊嶂圖》和《王晉卿作煙江疊嶂圖，僕賦詩十四韻，晉卿和之，語特奇麗，因復次韻，不獨紀其詩畫之美，亦爲道其出處契闊之故，而終之以不忘在莒之戒，亦朋友忠愛之義也》。前一首詩是題青綠絹本的，詩歌開頭首句「江上愁心千疊山，浮空積翠如雲煙」即已點明，峰巒重疊，積翠浮空，顯然是青綠山水。後一首題的才是水墨絹本，從「風流文采磨不盡，水墨自與詩爭妍」一句即可看出，這幅畫顯然受李成畫風的影響，畫出了煙江遠壑的清潤秀麗，韻致高遠。題畫詩反映的情況完全符合畫家的創作情況，從畫家王詵身上，我們也看到了宋代水墨山水與青綠山水平分天下的整體狀況，看到了唐宋兩朝山水畫發展的基本脈絡。

　　宋代山水畫有一個非常重要的發展特徵，即水墨山水的寫意性。李成是「北宋三大家」之一，堪稱水墨山水的代表畫家。（圖1-9）以其爲例，說明題畫詩對山水畫寫意性的體現。試看《聲畫集》所收王安中（履道）《李成山水》：

　　　　五日十日一水石，此言雖工蓋其跡。請看天地開辟初，豈鑄日魂鎔月魄。忽然而成隨所遇，衲護風雲元滿肚。吐爲千偈口瀾翻，遊戲法中同一趣。李侯落筆風煙起，妙處欲回眞宰意。扁舟不動水黏天，落日孤明山若倚。斷猿吟掛青楓林，澗松倒臥長十尋。白鷗似作終老計，浮雲知自何年陰。由來神品完天力，一抹江流吞萬跡。寸量尺度但形摹，畫史如山爾何得。貴人費盡千黃金，寶盒玉軸誰敢爭。一聲常賣落公手，世間得喪誰虧盈。我生懶率便踈放，只有幼輿岩石相。它時眞作畫中人，倘辱書來問無恙。

從詩中我們看到了李成的畫中景致，扁舟靜停、水天一色，落日孤明、倚山而落，猿掛楓林、似有哀吟，枯松倒臥、橫於澗中，這幅山水讓詩人體察出畫家的一番深意：「白鷗似作終老計，浮雲知自何年陰」，翩翩白鷗、朵朵浮雲本是毫無情感的動植物，但在作品中卻被畫家賦予一己之感，世事變化多端，恰如這浮雲，或許應該學習白鷗，選擇這處山水作爲終老之處。詩人讀

出了畫家的深意，但詩人自己又何嘗不作此想，所以有了末四句的感慨。李
成山水多有寫意，鄧椿曾談及該問題：「李營丘（成），多才足學之士也，少
有大志，屢試不第，竟無所成。故放意於畫，其所作寒林多在岩穴中，栽箚
俱露，以興君子之在野也。」〔註40〕董逌讀其《營邱山水圖》，亦云：「至營
邱之寓於畫者，余獨知之，他人恐不能盡識也。敢問主者：長河萬里，應無
斷處。願借竹葉，浮之上游，當泛而下，無所疑阻，吾從此去矣。」〔註41〕
王安石在題畫詩中也說「李成寒林樹半枯」（《五月二十四日江鄰幾邀觀三館
書畫》），這應該是李成蕭條淡泊心境的反映。

圖 1-9　宋・李成（傳）《茂林遠岫圖》（局部）

〔註40〕〔宋〕鄧椿，畫繼〔M〕，卷九，雜說，論遠，吳孟復、郭因編，張勁秋校注，
　　　　中國畫論〔Z〕，卷一，合肥：安徽美術出版社，1995，824。
〔註41〕〔宋〕董逌，廣川畫跋〔M〕，《景印文淵閣四庫全書》本，子部八，藝術類
　　　　一，台北：臺灣商務印書館，1983。

　　山水自古以來是文人士大夫的精神休息場所,「凡士之蘊其所以而不得施
於世者,多喜自放於山巔水涯之外」〔註42〕,「君子之所以愛夫山水者,其旨
安在?丘園養素,所常處也;泉石嘯傲,所常樂也;漁樵隱逸,所常適也;
猿鶴飛鳴,所常親也;塵囂韁鎖,此人情所常厭也;煙霞仙聖,此人情所常
願而不得見也」〔註43〕。遠離塵囂、置身於山水也就成了文人士大夫的喜好,
而歸隱山林也就成了美好的夢想。宋人的林泉之志比之唐人愈發強烈,這和
宋朝常處於內憂外患的社會大環境有關。拿李白和蘇軾的題畫詩作比較,李
白認為「五色粉圖安足珍,真山可以全吾身。若待功成拂衣去,武陵桃花笑
殺人」(《當塗趙炎少府粉圖山水歌》),理想是功成身退。蘇軾云「人間何處
有此境,徑欲往置二頃田」(《書王定國所藏王晉卿畫煙江疊嶂圖》),「此境眼
前聊妄想,幾人林下是真休。我今心似一潭月,君已身如萬斛舟。看畫題詩
雙鶴鬢,歸田送老一羊裘。明年兼與士龍去,萬頃蒼波沒兩鷗」(《次韻子由
書王晉卿畫山水》),行動性很強,即使暫時實現不了,也定在「明年」。二人
歸隱山林的心理需求完全不同。這也表現在繪畫當中,宋山水畫家常將林泉
之思寫入畫中,畫中若隱若現於渺遠天際的山嵐、歸鳥、流雲、歸帆都可能
成為畫家思想情感的載體。宋代繪畫理論家也都主張在畫作中寄寓這種情
感,並認為寫林泉意是決定畫格高低的關鍵。郭熙云「林泉之志,煙霞之侶,
夢寐在焉。耳目斷絕,今得妙手,鬱然出之。不下堂筵,坐窮泉壑。猿聲鳥啼,
依約在耳;山光水色,混漾奪目;此不快人意,實獲我心哉!此世之所以貴夫
畫山水之本意也」,認為畫家成功關鍵即在於是否擁有「林泉之心」,「以林泉
之心臨之則價高,以驕侈之目臨之則價低」。〔註44〕郭若虛亦云:「竊觀自古奇
跡,多是軒冕才賢,巖穴上士,依仁遊藝,探跡鈎深,高雅之情,一寄於畫。
人品既已高矣,氣韻不得不高。氣韻既已高矣,生動不得不至。」〔註45〕這種
思想必然在宋人題山水畫詩中得到反映,如「野水參差落漲痕,疏林欹倒出
霜根。扁舟一棹歸何處?家在江南黃葉村」(蘇軾《書李世南所畫秋景》)、「還

〔註42〕〔宋〕歐陽修,六一詩話〔M〕,〔清〕何文煥輯,歷代詩話〔Z〕,上冊,北
　　　　京:中華書局,1981,269。
〔註43〕〔宋〕郭熙著,郭思編,林泉高致〔M〕,山水訓,吳孟復、郭因編,張勁秋
　　　　校注,中國畫論〔Z〕,卷一,合肥:安徽美術出版社,1995,461。
〔註44〕同上。
〔註45〕〔宋〕郭若虛,圖畫見聞志〔M〕,敘論,論氣韻非師,吳孟復、郭因編,張
　　　　勁秋校注,中國畫論〔Z〕,卷一,合肥:安徽美術出版社,1995,316。

君橫卷空長歎，問我何年便退休。欲借岩阿著茅屋，還當溪口泊漁舟。經心
蜀道雲生足，上馬胡天雪滿裘。萬里還朝徑歸去，江湖浩蕩一輕鷗」（蘇轍《題
王詵都尉設色山卷後》）、「花光寺下對雲沙，欲把輕舟小釣車。更看道人煙雨
筆，亂峰深處是吾家」（黃庭堅《題花光畫山水》）、「萬壑分煙高復低，人家
隨處有柴扉。此中只欠陳居士，千仞岡頭一振衣」（陳與義《題余秀才所藏江
參山水橫軸二首》其二）。

　　分析比較《聲畫集》中的唐宋兩朝題山水畫詩，即可見山水畫發展的兩
大脈絡：北宗青綠山水向南宗水墨山水的發展、寫實向寫意的發展，其實這
兩大發展脈絡是一個問題的兩面，是擰成一股繩的兩縷絲，相輔相成。水墨
山水外在形式的變化最終是爲了作品思想內容的寫意。而這些變化和山水畫
審美觀照方式由高遠、深遠漸向平遠的轉變都指向繪畫發展的一個大趨勢：
繪畫的文學化。正如鄭午昌先生對宋畫的總結：「凡有製作，往往與詩文爲緣，
蓋已入文學化時期矣。」〔註46〕於此可見，較之唐代，宋代詩畫關係的密切
程度已更深一層。

四、不同時代不同題材比較所傳遞的繪畫信息

　　《聲畫集》「因詩而知畫」的最後一層涵義是從宏觀意義來看題畫詩對於
繪畫及詩畫關係研究的價值。從表 2「《聲畫集》題畫詩收錄概況一覽表」來
看，唐宋兩代題人物畫、山水畫、花鳥畫的詩歌總數分別爲 166 題 200 首、
124 題 189 首、249 題 336 首。花鳥畫這一畫科是筆者以廣義的標準計算的，
包含屋舍器用等靜物，故數量稍多。大體而言，三門畫科的題詩情況基本持
平，這說明唐宋兩代繪畫藝術都是全面發展的，人物、山水、花鳥三者不廢，
俱得繁榮。但在不同的時代各門畫科之內的具體類別的發達情況又各不相
同，接下來再從繪畫的題詩情況看看畫科內各類別的具體發展狀態。

　　以人物畫爲例，唐宋兩代題古賢、故事類畫的詩歌大體相當，值得注意
的是，宋代題佛像、人物（僧道爲主）畫的詩歌遠遠多於唐代，分別爲 25 題
33 首、11 題 12 首，唐人題此類的卻沒有。眾所周知，唐代道釋人物畫盛極一
時，「雖當時山水繪畫之風起雲湧，花鳥繪畫之由萌芽而蓬勃滋長，以及貴族
仕女遊宴戲樂之圖寫，均爲有唐繪畫上，不可一世之新趨向，開始蹈入文學

〔註46〕鄭午昌，中國畫學全史〔M〕，上海：上海書畫出版社，1985，208。

化之新境地。然其勢力，終不及道釋繪畫之盛強。」〔註47〕毫不誇張地說，
道釋繪畫是唐代繪畫的主流。如果單純從題畫詩數量上看，不免深感疑惑，
唐代如此發達的宗教美術爲何無人作題？其實仔細分析題畫詩內容，即可解
其困惑。

　　《聲畫集》中卷二佛像類和人物類中雖無唐人題畫詩，但宋人所題大多
爲唐畫，如蘇軾《記所見開元寺吳道子畫佛滅度以答子由》、《僕嘗於長安陳
漢卿家見吳道子畫佛，碎爛可惜。其後十餘年，復見之於鮮于子駿家，則已
裝背完好，子駿以見遺，作詩謝之》、《維摩像唐楊惠之塑在天柱寺》、《過廣
愛寺見三學演師觀楊惠之塑寶山朱瑤畫文殊普賢三首》、《惠州靈惠院壁間畫
一仰面向天醉僧，云是蜀僧隱巒，所作題詩於其下》，蘇轍《天柱寺楊惠之塑
維摩像》、《將出洛城過廣愛寺，見三學演師，引觀楊惠之塑寶山、朱瑤畫文
殊普賢，爲賦三首》，劉攽（叔贛）《過柏林院贈吉長老有古殿吳道子畫維摩
居士，又有斷碑。是寶曆中記義岑禪住佛院事》，呂本中（居仁）《觀甯子儀
所藏維摩寒山拾得唐畫歌》，晁說之（以道）《題韋偃雙松老僧圖》、林敏修（子
來）《閻立本畫醉道士圖》，宋代題唐人道釋繪畫作品的詩歌共有 12 題 16 首，
其中以吳道子、楊惠之作品居多。吳、楊二人原本都是張僧繇的徒弟，「號爲
畫友，巧藝並著，而道子聲光獨顯。惠之遂焚筆硯，毅然發忿，專肆塑作，
能奪僧繇畫相，乃與道子爭衡。時人語曰：『道子畫，惠之塑，奪得僧繇神筆
路。』」〔註48〕吳道子的作品數量很大，據說一生曾創作佛、道題材的壁畫 300
餘幅，因壁畫難以保存，作品在北宋初年已較罕見。《宣和畫譜》一書著錄皇
家收藏品中存有他畫的佛、菩薩、天王像以及道教的神像 92 幅。楊惠之以塑
像名天下，作品更不易保存，且不可隨意修補，反毀其眞精神。如「崑山慧
聚寺昆沙門天王像，形模如生，其傍二侍女尤佳，徐林嘗記其像謂『得塑工
三昧』，戒後人不可妄加修飾。後果爲俗工修治，遂失初意」（明・王鏊《姑
蘇志》卷五十六）。宋代可見其塑者不多，故而後人見之必爲之題。除了這兩
位，還有閻立本、韋偃等著名畫家的作品。通過這些題畫詩，不僅可知唐代
宗教美術的發達以及所取得的輝煌成就，而且可以看到宋人對唐人道釋繪畫
藝術成就和地位的認可。

〔註47〕潘天壽，中國繪畫史〔M〕，上海：上海人民美術出版社，1983，60～61。
〔註48〕〔宋〕劉道醇，五代名畫補遺〔M〕，塑作門第六，吳孟復、郭因編，張勁秋
　　　　校注，中國畫論〔Z〕，卷一，合肥：安徽美術出版社，1995，300。

　　相對而言，宋人題宋代道釋畫反而少了些，有呂本中（居仁）《題李伯時維摩畫像圖》、《題晁恭道善境界圖》、僧士珪《觀行上座所作維摩問疾圖》、徐俯（師川）《饒守董尚書令畫史繪釋迦出山相及維摩居士，使靈山香火之因不斷，復惠臘藥數種，皆病夫所欲也，作此寄之》、折中古《觀汪丞相所藏崔白畫羅漢》、韓駒（子蒼）《令人生日以畫十六大阿羅漢爲壽仍作三頌以祝長年》、蘇轍《武宗元比部畫文殊玄奘》、《問蔡肇求李公麟畫觀音德雲》，黃庭堅《題伯時畫觀魚僧》，王安中（履道）《題李伯時畫船子和尚》，共有 10 題 12 首，其中以李公麟（伯時）的畫居多。李公麟擅人物和馬，據說他能夠把握住「廊廟館閣、山林草野、閭閻臧獲、臺輿皁隸」等社會各個階層人物特點。其畫多來源於現實生活，即使畫佛像亦如此，敢於突破前人的定式，如畫觀音，或畫飄帶長過一身有半，或作石上臥觀音，觀音造型千變萬化。而且他還能夠深入把握佛像的內在精神，他畫「觀自在觀音」，並非畫一般流行的坐相，而是深刻領悟了「自在在心不在相」的精髓，不拘泥於某一固定的坐相，另創出一種坐相，傳遞觀音的心情自在。正因公麟畫觀音不同世俗，蘇轍才會代人求其圖。

　　和前面所題的唐代道釋繪畫相比，宋人題本朝道釋繪畫的詩歌反而比唐代作品要少，這說明與唐代道釋繪畫創作比較，宋代道釋畫不甚盛行。潘天壽曾就這個問題作過如下分析：「一爲唐代禪宗興盛，其宗旨清靜簡直，主直指頓悟，重精神而輕形式；致一切佛畫儀像及變相等，不爲傳教者與信教者所重視，漸見廢棄。二爲道釋繪畫，經魏、晉、南北朝及隋、唐長期間之努力與發展，非有新題材之增加，不易有新境地之發見，以饜努力繪畫者之期求；故有向其他畫材發展之必要。三爲吾國繪畫，至宋代已全蹈入文學化之領域中，故當時繪畫情勢，全傾向於多詩題之山水花卉之發展，成特殊之狂熱，不復注意道釋畫之努力。」〔註 49〕深入探討了道釋繪畫從唐到宋由盛而衰的漸變因由。而且，從《聲畫集》收錄道釋題畫詩的情況中還能發現另一個繪畫創作的發展趨向，即宋代道釋繪畫創作的世俗化傾向。從題畫詩創作目的來看，宋人畫佛像主要是爲了祝壽、應酬等生活需要，顯然已從精神上的頂禮膜拜走向日常的普通生活。從題畫詩內容來看，宋畫中的道釋人物更加具有人情味，更加具備生活氣息。如王安中（履道）《題李伯時畫船子和尚》二首：「等個魚兒久未逢，滿船明月一絲風。離鈎三寸誰開口，打落掀天白浪

<hr>

〔註49〕潘天壽，中國繪畫史〔M〕，上海：上海人民美術出版社，1983，124～125。

中」；「一橈打省猶回首，露布須收人與船。不著釣絲牽老會，卻留戽斗付龍眠」，詩歌再現了畫面內容，從詩中可體會到畫上船子和尚的形象生動、真實可感，生活情趣極其濃厚。因此，宋代道釋繪畫無論在社會功能還是繪畫表現內容上都更趨向於世俗化，生活氣息愈發濃厚，宗教嚴肅色彩漸退。宗教美術世俗化的發展趨勢由唐至宋越來越明顯，這是繪畫藝術的進步現象，說明繪畫藝術漸漸擺脫了宗教的羈絆，開始獨立的發展，進一步走向現實生活。

　　從題畫詩中，我們看到唐宋兩代人物、山水、花鳥三門畫科全面而相對均衡的發展，也看到了唐宋兩代人物畫題材選擇上的不同以及宗教美術的發展趨向。所以說，《聲畫集》這一題畫詩總集不僅提供了具體題畫詩研究的材料，還有助於分析整個唐宋繪畫的發展狀態，其「因詩而知畫」的宏觀層面上的重大意義於此得到了實現。

　　本節從個體到整體、從微觀到宏觀逐層考察分析了《聲畫集》「因詩而知畫」的價值，《聲畫集》中的題畫詩傳遞的繪畫信息非常豐富，有多重層面研究價值，既能提供畫家資料、再現舊畫原貌、補充畫跡著錄存量；也可以通過對照同一時代題同一題材的詩人詩歌瞭解到畫作意象及意境，並知曉當時文人的繪畫審美理想；也可以在唐、宋題山水畫的詩歌比較中發現山水畫創作形式、內容及風格的重大變化。此外，尚能從題詩的總體情況得知唐宋繪畫各畫科間相對均衡的發展狀況及其他變化。孫紹遠在編輯《聲畫集》的時候，雖然有「因詩而知畫」的美學觀念，但還是局限於由詩歌內容知曉畫面景物的淺層次含義，筆者在此擴展、延伸了「因詩而知畫」的價值涵義，目的就是讓題畫詩自身去證明唐宋詩歌和繪畫之間互相生發、密不可分的關係，使詩畫關係的存在更加明確、具體。

第二章　中國首部題畫詩別集——
宋代劉叔贛《題畫集》考論

〔註1〕

　　宋人孫紹遠的《聲畫集》是第一部題畫詩總集，那麼第一部題畫詩別集出現在何時？臺灣學者李棲曾將明代李日華自編《竹嬾畫賸》一卷作爲「最早成集的題畫詩別集」〔註2〕，其實，早在宋代，就已經出現了第一部題畫詩別集，即劉叔贛的《題畫集》。該集存於宋人陳思所編《兩宋名賢小集》，雖然只收了 18 首詩歌，卻開了題畫詩別集之先河。迄今爲止，尚未有人對《題畫集》進行系統研究。

第一節　作者劉叔贛考

　　《兩宋名賢小集》有關作者劉叔贛的記載很簡略，僅「神宗朝中書舍人」一句話。查找其它資料，字面上直接以「劉叔贛」爲作者名錄入詩集的僅有宋代的《聲畫集》、《兩宋名賢小集》和清代的《御定歷代題畫詩類》、《宋詩紀事》，其中僅厲鶚在《宋詩紀事》裏下了如此一則按語：「鶚按：贛，《廣韻》貢同，劉敞有仲邍父之稱，疑此即劉攽貢父，不敢臆斷，姑附於此。」提出一個很重要的疑問：劉叔贛是不是劉攽？全祖望在《鮚埼亭集外編》卷四十七云：「仲原父者，公是也。叔贛父者，公非也。二公皆以三言爲字，晚年人止呼原父、贛父，叔贛即贛父耳。」（《答屬樊榭宋詩人問目‧問劉叔贛者何

〔註 1〕本章部分内容由筆者與谷曙光合作，發表於《中國文化研究》2009 年第 2 期，題爲《中國古代第一部題畫詩別集——《題畫集》作者及成書考略》。
〔註 2〕李棲，兩宋題畫詩論〔M〕，臺北：學生書局，1994，322。

名有與坡谷倡和詩〉）明確指出劉叔贛就是劉贛父，即劉攽，但言劉攽、劉敞均「以三言爲字」，恐不妥。翁方綱則從詩歌藝術上加以評斷：「厲樊榭疑《聲畫集》劉叔贛即貢父。今觀所載題畫諸作，氣格亦不凡，當是貢父詩也。」〔註3〕也認爲劉叔贛即劉攽。錢鍾書在《宋詩紀事補正》中也肯定「厲氏所疑是也」〔註4〕，並舉了《彭城集》、《聲畫集》中一些相同的詩歌作證。在此，筆者就這一問題再補充幾則材料，進行分析推測。

其一，宋陳振孫所撰《直齋書錄解題》卷十七別集類中對劉攽詩集《彭城集》作了如下注釋：「《彭城集》六十卷，中書舍人劉攽叔贛父撰，號公非先生，敞兄弟。俊敏博洽，同登慶曆六年進士第……攽歷州縣二十年，晚乃遊館學。元祐中，始掌外制。」全祖望可能因此認爲「叔贛父」乃劉攽字。實際上，在宋人的記載中可以發現，「贛父」、「貢父」、「叔贛」都是當時用來稱呼劉攽的字。「貢父」用的最爲頻繁，蘇軾等人的和詩中常見；王明清《揮塵前錄》、王應麟《困學紀聞》、阮閱《詩話總龜》等書裏用了「贛父」；而其兄劉敞《公是集》中則多稱「貢甫」，《公是弟子記》〔註5〕中又稱「叔贛」。可見劉攽的稱呼很多，而「叔贛」最不常見，孫紹遠《聲畫集》偏偏用了此字，所以導致後人大多不知劉叔贛何許人，清代四庫館臣甚至以爲是一無名小卒。

其二，從劉叔贛《題畫集》中所收詩歌來看，《華山隱者圖》、《陝西圖》、《畫鶴》、《畫龍》、《和原父同江鄰幾過淨土院觀古殿吳道子畫、楊惠之塑像》五首詩歌在劉攽《彭城集》中均可找到，唯二首題目稍異，《陝西圖》和《和原父同江鄰幾過淨土院觀古殿吳道子畫、楊惠之塑像》在劉攽《彭城集》中分別爲《題陝西圖三首》、《和原父同江鄰幾過淨土院觀古殿吳道子畫、楊惠

〔註3〕〔宋〕翁方綱著，石洲詩話〔M〕，郭紹虞編選，富壽蓀校點，清詩話續編，上海：上海古籍出版社，1983，1407。

〔註4〕錢鍾書，宋詩記事補正〔M〕，瀋陽：遼寧人民出版社、遼海出版社，第4冊，2003，1942。

〔註5〕《欽定四庫全書總目》卷九十二《公是弟子記》：「臣等謹案《公是弟子記》四卷，宋劉敞撰。……是編題曰弟子記者，蓋託言弟子之所記，而文格古雅，與敞所注春秋詞氣如出一手，似非其弟子所能故，晁公武《讀書志》以爲敞自記其問答之言，當必有據也。」可見此書爲劉敞本人記，卷一載：「叔贛問曰：『《尚書》記人之功，忘人之過；《春秋》收毫毛之善，貶纖芥之惡。二者無異乎？』曰：『無異。』『何謂「無異」也？』曰：『忘其過，不忘其惡，貶其惡，無貶其過。』」「叔贛」即稱呼其弟。

之塑像及顯僧傳當世貴人形骨、仁僧鼓琴作》，詩歌內容是一致的。由此可見，
劉叔贛詩即劉攽詩，二者爲一。

　　由上述材料進一步肯定了劉叔贛即劉攽這一結論。再看《兩宋名賢小集》
與《宋詩紀事》的注解，這兩個集子都把劉叔贛注爲「神宗朝中書舍人」，而
劉攽生平的歷史記載〔註6〕，他明明是到了哲宗朝才做的中書舍人。究竟孰是
孰非？若劉叔贛真乃神宗朝中書舍人，前述考證則被一概推翻。在此不妨考
察一下《兩宋名賢小集》和《宋詩紀事》的可靠性。特別是二書對劉攽、劉
叔贛詩的編入情況，需作進一步分析。

　　《兩宋名賢小集》，宋陳思編，元陳世隆補。此集既著錄了劉叔贛的《題
畫集》，也著錄了劉攽的《公非集》，《公非集》收 17 首詩歌，但其中卻有 7
首詩是其兄劉敞《公是集》中的，如《春草》、《今古路》、《芍藥》、《萱花》、
《逐伯強詞》、《桃花》、《松》（《芍藥》一詩下補注：「又見《公是集》」，應是
陳世隆補注）；另有《鳳仙》一首，乃《公是集》中《題所種金鳳花自淮北攜
子種之云》，但只錄入了中間六句，丟了前四句和後六句〔註7〕；《絕句》、《五
色菊》這兩首則難以確考，有些集子歸爲劉攽，有些集子歸爲劉敞〔註8〕；只
有《上書行》、《詠史》、《送劉長官桂州府掌機宜》、《題館中壁》四首可以確
定爲劉攽的詩。剩下的《葵花》、《詠荼蘼二首》、《送潤州裴如晦》三首僅見
《兩宋名賢小集》，有補闕之功。由此可見，編者在劉攽詩歌的著錄上錯誤百
出，不僅把劉攽和劉叔贛詩歌分別錄入，甚至將劉敞的詩編爲劉攽的詩。爲
何會出現這種紕漏百出的情況？這和編者陳思有很大關係。陳思乃「臨安鬻
書人」（《書苑菁華》魏了翁序），「所著《小字錄》，前有結銜稱成忠郎，緝熙
殿、國史實錄院、秘書省蒐訪，又有《海棠譜》自序，題開慶元年，則理宗

〔註6〕本文本節末有根據眾多歷史資料總結的劉攽生平詳細介紹，可參看。
〔註7〕《公是集》中《題所種金鳳花自淮北攜子種之云》：愛此名字佳，攜之不憚遠。
　　　　豈惟江淮闊，兼恐歲月晚。手植中庭地，分破紫蘭畹。綠葉紛映階，紅芳爛
　　　　盈眼。輝輝丹穴禽，矯矯翅翎展。卑飛何在此，寂寞難自顯。按圖感形似，
　　　　覽物意繾綣。三復接輿歌，悲風動湘沅。《兩宋名賢小集》中《鳳仙》僅錄「手
　　　　植中庭地……矯矯翅翎展」六句。
〔註8〕《絕句》「青苔滿地初晴後，綠樹無人晝夢餘。唯有南風舊相熟，徑開門戶又
　　　　翻書」：《彭城集》、《宋詩紀事》、《兩宋名賢小集》、《宋藝圃集》、《後村集》、
　　　　《石倉歷代詩選》認爲是劉攽詩，有些題爲《新晴》名；《御選宋金元明四朝
　　　　詩：御選宋詩》、《宋百家詩存》認爲是劉敞的詩。《五色菊》「屢聞白雪題詩
　　　　句，飽見黃花泛酒杯。豈是一枝能五色，相隨次第雪中開」：《百菊集譜》卷
　　　　四錄爲劉敞詩。

時人也」(《四庫全書總目提要》卷八十六《寶刻叢編》)，據此，陳思就是南宋末年的殿院採書人、杭州書商，其編著甚眾，現存有《寶刻叢編》、《書苑菁華》、《書小史》、《海棠譜》、《小字錄》、《兩宋名賢小集》。〔註 9〕雖然魏了翁於序中盛讚其書「珠玉琳琅，粲然在目，嗚呼！賈人窺書於世而善其事，若此可以爲士而不如乎」，但畢竟是在「屢卻而請不已」的情況下寫的，難免有溢美的成分。陳思是書商，和今天的出版商一樣，請名人作序是爲了書的暢銷，而且爲了贏利，不惜作假，移花接木，將《寶刻叢編》序移植到《兩宋名賢小集》上。由於書商趨利而求速，編集的質量自不容樂觀，《欽定四庫全書》子部九《海棠譜》提要即評其自序「文頗淺陋，蓋思本書賈，終與文士異也」。再結合上述《兩宋名賢小集》中的多處紕漏，推知《兩宋名賢小集》雖搜羅頗富，但可信度不高，使用材料時須得小心分辨。而在上文中，已在翔實材料、有力論據的基礎上論證出劉叔贛即劉攽這一結論，而陳思又在劉攽、劉叔贛其人其詩問題上不加詳考，以致頻頻誤收，那麼《兩宋名賢小集》中「神宗朝中書舍人」的注解也就不可信了。〔註 10〕但現在也無法查考陳思斷言的依據。錯誤產生的原因有可能是劉攽一生經歷了仁宗、英宗、神宗、哲宗四個朝代，其活動頻繁的時期多在神宗，哲宗時已年邁，後人就可能誤將其歸爲神宗朝的中書舍人，陳思則在不查的情況下引爲注釋。此處僅爲合理推測，尚待進一步細緻考訂。

〔註 9〕關於陳思生平、著作，清末葉德輝《書林清話》(卷二《南宋臨安陳氏刻書之一》，北京：中華書局，1999：52～53) 已詳述，在此錄入，以供參看：「按思所著《寶刻叢編》，前有紹定二年鶴山翁、紹定辛卯 (四年) 陳伯玉二序。鶴山稱爲鬻書人陳思，陳伯玉則云都人陳思賣書於都市。又有殘缺無撰人序，中存文數行，稱思曰陳道人思。又著《書苑菁華》二十卷，亦鶴山翁序，仍稱鬻書人陳思。思又著《書小史》十卷，前有謝愈修序，稱爲中都陳道人。思又著《海棠譜》三卷 (百川學海本)，題錢唐陳思。又著《小字錄》一卷 (明萬曆己未沈弘正刻本)，題銜云「成忠郎緝熙殿國史實錄院秘書搜訪」。則思曾爲殿院採書人，所著《寶刻叢編》前鶴山序在紹定二年，《海棠譜》自序在開慶改元，鶴山翁即魏了翁。《四庫全書總目提要》載《兩宋名賢小集》爲陳思編者，前有魏了翁敘。此敘即以《書苑菁華》之鶴山翁僞改，知鶴山翁即了翁。」(注：《兩宋名賢小集》敘乃依《寶刻叢編》序改，《四庫全書總目》有載「所載了翁序與《寶刻叢編》之序字句不易，惟更書名數字，其爲僞託無疑」，因此葉說有誤。)

〔註 10〕李之亮，宋代京朝官通考〔M〕，第二冊，成都：巴蜀書社，2003。該書記載了中書舍人的相關材料，蘇軾、蘇轍和劉攽都是在哲宗元祐年間同時任中書舍人一職的，神宗朝中書舍人裏沒有劉叔贛的記載。

　　《宋詩紀事》則可能參考過《兩宋名賢小集》，因爲厲鶚繼承了陳思的錯誤觀點，錄劉叔贛爲神宗朝中書舍人，並把劉叔贛和劉攽的詩分開錄入。因此厲鶚是以訛傳訛，不過厲鶚開始對劉叔贛和劉攽的關係產生了疑問，可惜沒有展開進一步的考證。

　　《聲畫集》、《兩宋名賢小集》、《御定歷代題畫詩類》、《宋詩紀事》等重要典籍都將「劉叔贛」直接作爲詩人名，這種誤傳也有其客觀原因。最早使用「劉叔贛」的是《聲畫集》，孫紹遠將詩人名一概用字，這給後來的傳播者、研究者帶來不少困惑。劉攽是一個特殊的例子，孫紹遠編集是淳熙年間（約1178 年），距離劉攽（1023～1089）生活年代最近，百年左右，《聲畫集》是這四個集子中唯一沒有將劉叔贛、劉攽並列於集的，且收入了劉叔贛 20 題 24 首題畫詩，數量上僅次於蘇軾、黃庭堅、蘇轍、陳與義、韓駒這幾位詩人，比王安石、梅堯臣、晁補之等人的詩都多，其詩中還多有唱和蘇軾、王安石、劉敞的詩歌，這說明劉叔贛在宋代詩壇上絕不是等閒之輩，並非如《四庫全書總目提要》卷一百八十七中所言「其所錄如……劉叔贛……諸人，其集皆不傳，且有不知其名字者，頗賴是書存其一二」。因此很可能，孫紹遠在編集時錄入的就是劉攽的詩，只不過用了文士交往中的常用稱謂而已。幾十年後的陳思編集時又不加詳考，把劉叔贛與劉攽明確視爲兩人，這就成了錯誤的源頭。發展到後來，由於史書記載劉攽字僅爲「貢父」，便使研究者失去了聯想，引起了後人的誤解、誤傳。厲鶚雖然沿襲了這個錯誤，但畢竟提出了疑問，這很難得。今之《宋詩話全編》（江蘇古籍出版社，1998 年版）仍把劉叔贛和劉攽誤作二人，李棲《兩宋題畫詩》在研究《聲畫集》時，也沒有發現劉叔贛的眞實身份。

　　《題畫集》作者劉叔贛的生平因此得到了證實，這個詩人在研究者眼中變得清晰、立體起來；對其詩歌的研究也得到了充實的材料，這將有助於下一步的研究。在此詳細介紹一下劉（攽）叔贛的生平及著作。

　　劉攽（1023～1089），臨江新喩（今江西新餘）人。與兄劉敞同登仁宗慶曆六年（1064）進士第，仕州縣二十年，始爲國子監直講。神宗熙寧中判尙書考功、同知太常禮院。因考試開封舉人時與同院官爭執，爲御史所劾，又因致書王安石反對青苗法，貶泰州通判，知曹州，爲開封府判官，復出爲京東轉運使，徙知兗、亳二州。吳居厚代京東轉運使，奉行新法，追咎劉攽在職廢弛，貶監衡州鹽倉。哲宗即位，起居襄州，入爲秘書少監，

以疾求去，加直龍圖閣，知蔡州。在蔡數月，召拜中書舍人。元祐四年卒，
年六十七。劉攽精邃經學、史學，《宋史》本傳稱著書百卷（《宋史·藝文
志》。《文獻通考》作六十卷），司馬光聘其同修《資治通鑑》，另有史學著
作《東漢刊誤》4 卷、《漢宮儀》3 卷、《經史新義》7 卷，《五代春秋》15
卷、《內傳國語》20 卷等，並與兄劉敞、姪劉奉世合著《漢書標注》，然所
著多佚。劉攽也是當時著名詩人和文章大家，詞藝典雅、擅長運用故實，
因其「平生好諧謔」〔註 11〕，其詩風格亦較生動。時人盛讚其文，歐陽修
贊其「辭學優贍，履行修謹，記問該博」（《舉劉攽呂惠卿充館職箚子》）；
王安石稱其「筆下能當萬人敵，腹中嘗記五車書」（《送劉貢父赴秦州清
水》），「才高意大方用世」（《和貢父燕集之作》），「能言奇字世已少」（《過
劉貢甫》）；曾鞏舉薦劉攽，亦言其「廣覽載籍，強記洽聞，求之輩流，罕
有倫比」，「至於文辭，亦足觀採」（《授中書舍人舉劉攽自代狀》）；朱熹言
其詩文「工於摹仿，學《公羊》、《儀禮》」（《朱子語類》卷一三九）。劉攽
原有《彭城集》六十卷，然散佚，清四庫館臣據《永樂大典》所載，輯為
《彭城集》四十卷（其中詩十六卷）。〔註 12〕由此可知劉叔贛是宋代文壇上
的重要人物。而作為題畫詩別集編撰導夫先路的一個代表，《題畫集》折射
出詩畫融合的新境界。對《題畫集》內容、價值的研究將填補題畫詩研究
領域乃至整個詩畫關係史上的一處空白。

第二節　《聲畫集》與《題畫集》關係論

劉攽題畫詩主要收在《題畫集》、《聲畫集》和清四庫館臣據《永樂大典》
重輯的《彭城集》之中，互有出入，下面對劉攽題畫詩的收錄情況及其他作
列表分析：

〔註 11〕〔宋〕晁公武《郡齋讀書志》卷五下附志別集類二有云：「貢父平生亦好諧謔，
　　　　與荊公素厚，坐是，亦相失。」
〔註 12〕參看《宋史》卷三百十九、《東都事略》卷七六、《續資治通鑑長編》卷四二
　　　　三，並參看《中國文學家大辭典·宋代卷》（北京：中華書局，2004：206），
　　　　然其中云劉攽為「仁宗嘉祐六年進士第」，應是「慶曆六年」，特此糾正。

表3：劉攽題畫詩索引

詩　題 （按《兩宋名賢小集》中《題畫集》收錄順序）	《題畫集》	《聲畫集》	《彭城集》	其它集子	備　注
1. 華山隱者圖	《兩宋名賢小集》卷八十四	卷一	卷四	《公是集》卷七	
2. 過柏林院贈吉長老，有古殿吳道子畫維摩居士，又有斷碑等古物	同上	卷二	卷十三	《宋詩紀事》卷二十六	《聲畫集》、《宋詩紀事》題曰《過柏林院贈吉長老，有古殿吳道子畫維摩居士，又有斷碑。是寶曆中記義岑禪住佛院事》，《彭城集》題曰：《過柏林院僧吉長老有古殿吳道子畫維摩居士，又有斷碑。是寶曆年中記義岑禪師住院事》
3. 陝西圖三首	同上	卷三	卷十一	／	
4. 山水屏	同上	卷四	／	／	
5. 蘇子瞻家畫松圖歌	同上	卷五	卷七	／	
6. 和李公擇題相國寺壞壁山水歌	同上	卷四	卷七	《宋詩紀事》卷二十六	《題畫集》誤將「題」錄爲「顯」。
7. 題古畫山水障子	同上	卷四	／	／	
8. 畫雪扇子	同上	卷六	卷十	／	
9. 畫鶴	同上	卷六	卷十	／	
10. 於秘校示郊園棠木連理圖偶題長句	同上	卷五	／	《御定歷代題畫詩類》卷七十三	
11. 壁畫古槎歌	同上	卷五	／	《宋詩紀事》卷二十六	

詩 題 （按《兩宋名賢小集》中 《題畫集》收錄順序）	《題畫集》	《聲畫集》	《彭城集》	其它集子	備 注
12. 次韻酬盛秘 丞墨桃二首	同上	卷六	卷十二	／	《聲畫集》作「墨桃」，《題畫集》、《彭城集》作「黑桃」。
13. 同原甫詠秘 閣藏古器圖	同上	卷六	／	／	
14. 畫龍	同上	卷七	卷七	《御定歷代題畫詩類》卷一百八	
15. 次韻蘇子瞻 韓幹馬贈李 伯時	同上	卷七	卷七	《宋詩紀事》卷二十六	
16. 和江鄰幾梅 聖俞同蔡學 士觀宋家書 畫	同上	卷八	／	／	
17. 楊寺丞書畫	同上	卷八	／	／	
18. 和原父同江 鄰幾過淨土 院觀古殿吳 道子畫、楊 惠之塑像	同上	卷八	卷十六	／	《聲畫集》題曰《和原父同江鄰幾過淨土院觀古殿吳道子畫、楊惠之塑像及顯生傳當世貴人形骨、仁僧鼓琴作》。
19. 幽州圖	／	卷三	卷七	／	
20. 和王平甫韓 幹畫馬行	／	卷七	卷七	／	
21. 題湛上人院 畫松	／	／	卷十八	／	此首乃爲唐代劉商的詩，《彭城集》誤收。

注：《題畫集》、《聲畫集》、《彭城集》均以《景印文淵閣四庫全書》本爲參照底本，
　　臺灣商務印書館，1983 年版

由上表來看，《題畫集》中並沒有將劉攽的題畫詩全部收錄，還有幾首收在《彭城集》、《聲畫集》，而《聲畫集》中收錄的詩歌《題畫集》全部收錄，並基本上按照《聲畫集》的收錄順序，因此在這兩個集子中或許存在一種直接繼承關係。爲進一步肯定二書之間關係，有必要參看《兩宋名賢小集》中其他集子和《聲畫集》之間的關係。

表4：《兩宋名賢小集》與《聲畫集》所收詩人詩歌對照表

《兩宋名賢小集》中部分詩人	《兩宋名賢小集》詩題（按集子收詩順序）	《聲畫集》	備　註
王履道（王安中） （《兩宋名賢小集》收其15題19首詩，編云：「《初僚小集》（王安中，字履道。陽曲人，第進士。政和中自大名主簿累擢中書舍人、翰林學士承旨。出鎮燕山府，召除檢校太保大名府尹兼北京留守司公事。靖康初，貶象州。有《初寮集》。	1. 許道寧松	卷五	
	2. 戒壇院東坡枯木張嘉夫妙墨童子告以僧不在不可見作此示	卷五	
	3. 王摩詰釣魚圖	卷八	
	4. 次秦夷行觀老杜畫像韻	卷一	《初寮集》卷二亦錄
	5. 題席大光所藏謝安石眞	卷一	
	6. 新畫八賢閣像	卷一	
注：《聲畫集》與《兩宋名賢小集》收錄之詩稍有差異：《聲畫集》中收王履道詩15題22首，少《觀僧舍山茶》一詩，多《題惠崇畫四首》1題4首詩，然《雞肋集》卷十收此詩，以爲晁補之作。	7. 顏特約爲范師厚作《孔明坐嘯圖》、《十大比丘像》，顏者以爲聲，訛，不可不下一句。	卷二	《初寮集》卷二錄此詩，然「顏者」爲「觀者」，「聲（聲）」爲「聲」，應從《初寮集》。《題畫集》沿《聲畫集》之訛。
	8. 題李伯時畫船子和尚（2首）	卷二	
	9. 題顏持約畫四小景（4首）	卷三	
	10. 題陽華岩圖	卷三	
	11. 題陳去非王摩詰嘉陵圖	卷三	
王履道	12. 祁陽成逸畫浯溪圖相示爲作長句	卷三	

《兩宋名賢小集》中部分詩人	《兩宋名賢小集》詩題（按集子收詩順序）	《聲畫集》	備　註
	13. 李成山水	卷四	初寮集卷二亦錄，題目稍異，爲《題李成山水》。
	14. 題趙大年金碧山水圖	卷四	
	15. 觀僧舍山茶	無（非題畫詩）	元方回《瀛奎律髓》卷二十七注曰：「此山茶詩亦全用東坡句翻出，不可不令學者知之。」
陳子高（陳克）（《兩宋名賢小集》收其19題38首詩，編云：「《陳子高遺稿》（陳克，字子高，臨海人。紹興中爲敕令所刪定官，自號赤城居士，僑居金陵。有《天台集》。）」注：《聲畫集》與《兩宋名賢小集》收錄之詩稍有差異：《聲畫集》中收陳子高詩爲19題39首，《與叔易過石佛看宋大夫畫山水》題爲崔正言作，然《代王正平從諫掾乞畫憑肩美人扇子二首》（卷二）是《兩宋名賢小集》中沒有收入的詩。	1. 寧王進史圖	卷一	
	2. 善財參自在天	卷二	
	3. 題趙次張所藏賊頭子（2首）	卷二	
	4. 畫梅花	卷五	
	5. 跋趙朝議江行初雪圖	卷三	
	6. 雪岸圖	卷三	
	7. 江南山色	卷三	
	8. 謝曹中甫惠著色山水抹胸	卷四	
	9. 題趙宜興萬里江山圖	卷四	
	10. 與叔易過石佛看宋大夫畫山水	卷四	《聲畫集》中本詩作者是崔正言，但緊隨陳子高《題趙宜興萬里江山圖》之後，恐爲誤抄。
	11. 大年流水繞孤村圖	卷四	
	12. 唐人畫牡丹圖（2首）	卷六	
	13. 伯時四騎	卷七	
	14. 曹夫人牧羊圖	卷七	
	15. 觀錢德嘗書畫	卷八	
	16. 奉題董端明漁父醉鄉燒香圖（16首）	卷八	包括《漁父》7首、《醉鄉》7首、《燒香》2首

《兩宋名賢小集》中部分詩人	《兩宋名賢小集》詩題（按集子收詩順序）	《聲畫集》	備　註
陳子高	17. 題葉碩父畫卷（2首）	卷八	
	18. 題張文潛畫帖（2首）	卷八	
	19. 何伯言畫	卷八	

　　參考王安中和陳克的詩歌收錄情況，可以更加明顯地看到《兩宋名賢小集》與《聲畫集》之間密切的關係。其一，《兩宋名賢小集》中的編詩順序和《聲畫集》大同小異，甚至大多是按照《聲畫集》卷次的順序收錄詩人詩歌。陳子高詩中尤為明顯，基本上是從卷一到卷五依次錄入，僅卷五《畫梅花》提前錄入了。其二，《聲畫集》中存在的錯誤繼續在《兩宋名賢小集》中出現，如王安中《顏特約為范師厚作〈孔明坐嘯圖〉、〈十大比丘像〉，觀者以為聲，訛，不可不下一句》，《聲畫集》中就已把「觀者」錯錄為「顏者」，把「聲」寫成「聲」，《兩宋名賢小集》以訛傳訛。其三，很重要的一點，王履道《初寮集》和《陳子高遺稿》中收入的題畫詩只是詩集中的一小部分，但陳思所錄入的絕大部分都是題畫詩，這種情況在《兩宋名賢小集》中屢見不鮮，劉攽（叔贛）、周少隱（紫芝）、徐俯（師川）、潘大臨（邠老）等人的詩歌大都直接從《聲畫集》中而來。從所編詩歌的內容、順序等方面均可看出《兩宋名賢小集》和《聲畫集》之間的直接繼承關係，編者陳思顯然以《聲畫集》為主要參考書目之一，《聲畫集》成為《兩宋名賢小集》編集時的一個極其重要的資料依據。

　　由此可見，編者陳思是不夠嚴謹的，他的編集原則其實很簡單，就是在數本詩集的基礎上纂抄而成，就《聲畫集》而言，他不過是從孫紹遠的類分中找出同一個詩人的詩，然後稍作整理，加上個詩集名稱和作者生平，王安中的詩集雖名為《初寮集》，但並非直接參考《初寮集》，而基本上是從《聲畫集》中取來，有時還抄錯了，陳子高詩中就把王子思的 5 首詩、崔正言的 1 首詩誤收，原因就在於孫紹遠的編撰習慣，他編排同一門類同一詩人的詩歌時只在第一首上注明作者，後幾首省略，而《聲畫集》中王子思、崔正言的詩緊跟在陳子高詩後，陳思沒看清楚就誤收了。可見陳思此編之粗製濫造。

　　劉叔贛《題畫集》的編入也是如法炮製，由於陳思不知劉叔贛乃劉攽，所參考的資料僅有《聲畫集》中的 20 首詩，所以詩集的名稱就不能像王履道那樣用已有名稱，因都是題畫詩，遂生《題畫集》這一名稱。而《聲畫集》

中《和王平甫韓幹畫馬行》、《幽州圖》二詩之所以未被《題畫集》收錄，也是因爲這兩首詩歌的詩題之下都沒有標注作者，編者陳思在披覽、揀選劉叔贛詩歌的時候漏掉了這兩首。

雖然編者陳思粗心大意、缺乏嚴謹，但他畢竟將劉叔贛的詩綜合起來，題爲《題畫集》，從體例上有別於孫紹遠的類分，所以成就了第一部題畫詩別集，篳路藍縷之功估計連陳思自己也沒想到。

第三節　劉攽（叔贛）題畫詩內容分析

劉攽的題畫詩在宋代詩人中並不是數量最多的，蘇軾、黃庭堅的題畫詩無論創作數量還是理論價值都遠遠超過了劉攽，但由於《兩宋名賢小集》將其題畫詩歸集並題曰《題畫集》，第一部題畫詩別集的開啓之功便偶然性地落在了劉攽身上。目前對劉攽題畫詩的研究在題畫詩乃至宋詩領域都是一個空白，其題畫詩歌內容、理論價值亟需進一步發掘。

劉攽《題畫集》中有 18 題 21 首題畫詩，題人物畫的有 3 題 3 首，題山水畫的有 5 題 7 首，題花鳥畫的有 8 題 9 首，題書法的有 2 題 2 首。〔註 13〕另有《幽州圖》、《和王平甫韓幹畫馬行》兩首《題畫集》未錄，《聲畫集》、《彭城集》收。下文即以畫類三科及書法一門對劉攽題畫詩作分類研究。

一、劉攽題人物畫詩歌研究

劉攽題人物畫的詩歌僅三首，即《題畫集》排序中的第一、二首和最後一首：《華山隱者圖》、《過柏林院贈吉長老，有古殿吳道子畫維摩居士，又有斷碑等古物》、《和原父同江鄰幾過淨土院觀古殿吳道子畫、楊惠之塑像》。

《過柏林院贈吉長老，有古殿吳道子畫維摩居士，又有斷碑等古物》與《和原父同江鄰幾過淨土院觀古殿吳道子畫、楊惠之塑像》兩首題材類似，均爲寺院中的古壁吳道子畫，前者是維摩居士圖，後者是吳道子畫、楊惠之塑像。先看前一首詩：

> 靈光歲久獨巋然，峴首遺碑亦未遷。曾向三生記前佛，暫從方
> 丈謝諸天。篆香徐刻黃金印，梵宇時開貝葉篇。門外風霜正搖落，

〔註 13〕《題畫集》中《次韻酬盛秘丞黑桃二首》經考證並非題畫詩（見劉攽題花鳥畫詩歌研究一小節論），那麼劉攽題畫詩的總數目應爲 19 題 21 首。

庭前翠柏自安禪。

由表 3（劉攽題畫詩索引）可知，這首詩歌在《聲畫集》卷二佛像類、《彭城集》卷十三均有錄，名稱稍異，《聲畫集》中爲《過柏林院贈吉長老，有古殿吳道子畫維摩居士，又有斷碑。是寶曆中記義岑禪住佛院事》，《題畫集》是從《聲畫集》中輯錄而來的，少了一句紀事的話，恐嫌冗長，刻印不便，簡化爲「等古物」。《宋詩紀事》亦承《聲畫集》而來。《彭城集》卻題云《過柏林院僧吉長老有古殿吳道子畫維摩居士，又有斷碑。是寶曆年中記義岑禪師住院事》，與《聲畫集》有兩處出入：「贈吉長老」爲「僧吉長老」，「記義岑禪住佛院事」爲「記義岑禪師住院事」，從字面上理解，「贈吉長老」與「僧吉長老」均可通，但就詩文內容來說，並沒有一般贈詩中與所贈之人的關係描述，所以此處理解爲「僧吉長老」更爲恰當，意指吉長老這有古畫、斷碑等古物，詩人爲此而作。而後面的也應從《彭城集》，意指古碑上記載的是唐寶曆年間（825～827）禪師義岑在柏林院居住時的事情。

這首詩歌題詠的是吳道子畫維摩居士和記載義岑禪師事跡的斷碑，第一句說的是維摩居士，「靈光歲久獨巋然」，第二句說的是斷碑。「峴首遺碑」用典，據《晉書‧羊祜傳》：「（羊）祜樂山水，每風景，必造峴山，置酒言詠，終日不倦。嘗慨然歎息，顧謂從事中郎鄒湛等曰：『自有宇宙，便有此山，由來賢達勝士，登此遠望，如我與卿者多矣！皆湮滅無聞，使人悲傷！如百歲後有知，魂魄猶應登此也。』」羊祜死後，襄陽百姓便在峴山「建碑立廟，歲時饗祭焉。望其碑者，莫不流涕，杜預因名爲墮淚碑。」〔註14〕詩人常借用此典〔註15〕。柏林院的斷碑是記禪師義岑的，這裡化用了峴首碑這一典故，有稱頌之意。下面四句是由畫與碑生發出的感慨，詩人想起了維摩居士和義岑禪師這些「前佛」，並在方丈的帶領下拜神。「諸天」是佛教用語，乃諸位天尊之簡稱，是梵文中 Deva 的意譯，《金光明經疏》中解釋「外國呼神名爲天」。「梵宇」即爲佛院，「貝葉」是抄寫佛經用的紙，「貝葉篇」即指佛經。「黃金印」一般是官職權力的象徵，「印，信也，所以封物以爲驗也。亦言因也，封物相因付也」（《釋名》）。黃金印在漢代已是列侯、丞相、將軍

〔註14〕〔唐〕房玄齡等撰，晉書〔Z〕，第四冊，卷三十四，北京：中華書局，1974，1020。

〔註15〕譬如「羊祜在漢南，空留峴首碑」（白居易《裴侍中晉公以集賢林亭即事詩三十六韻見贈，猥蒙徵和，才拙詞繁，輒廣爲五百言以伸酬獻》）、「峴首碑前灑幾多」（李商隱《淚》）、「峴首碑前事懶言」（羅隱《江南寄所知周僕射》）。

等權貴的權力憑證〔註16〕。詩人常用此來代替權高貴顯之職，劉攽《詠史》詩即云：「自古邊功緣底事，多因嬖幸欲封侯。不如直與黃金印，惜取沙場萬髑髏。」但在這裡，根據上下文，「黃金印」和「貝葉篇」對應，應屬佛教事，詩人以此借指佛教法印。最後一句則是由畫像、斷碑帶給詩人的禪的聯想與意境，借景抒懷，儘管門外風霜大作，但詩人的心就如同這庭前翠柏禪定安閒，情景兼融，詩人沉浸在風雪禪院、維摩居士、斷碑所營造的禪意中。此詩早已超越了畫面、斷碑等所詠之物，是對詩人內心世界的一種再現，不再是畫面筆墨技法的評論、歌詠，而是畫意的延伸，注重闡發筆墨之外的意境。

再看《和原父同江鄰幾過淨土院觀古殿吳道子畫、楊惠之塑像》：

> 真賞非俗嗜，雅遊知勝緣。百身化前佛，方丈納諸天。工以智自表，名由高益傳。吳生擅粉跡，楊氏妙鈞埏。能事古未盡，希聲今亦然。伻圖觀肖像，啟戶置鳴弦。理會均聞見，神交遺後先。衣冠若對面，山水欲忘年。釋氏臺中秘，仙翁柱下賢。新詩俱絕唱，塵土更餘妍。〔註17〕

詩題和上首一樣，從《聲畫集》抄錄時省掉了後面「及顯生傳當世貴人形骨、仁僧鼓琴作」，《彭城集》中題「顯生」為「顯僧」。這首詩和的是其兄劉敞（字原父）的詩歌，劉敞原詩已佚，梅堯臣亦有和詩兩首，可參照分析。

> 青槐夾馳道，方轡下麒麟。朅來遊紺宇，歷玩同逡巡。吳畫與楊塑，在昔稱絕倫。深殿留舊跡，鮮逢真賞人。一見如宿遇，舉袂自拂塵。金碧發光彩，物象生精神。歲月雖已深，奇妙不愧新。驚嗟豈無意，振播還有因。乃知至精手，安得久晦堙。二僧感識別，請以己藝陳。或彈中散曲，或出丞相真。覽古仍獲今，未枉停車輪。
>
> （梅堯臣《和原甫同鄰幾過相國寺淨土院因觀楊惠之塑、吳道子畫，聽越僧琴、閩僧寫宋賈二公真》）

〔註16〕 宋陳祥道撰《禮書》卷五十七引《漢舊儀》曰：「諸侯王印，黃金橐駝鈕，文曰璽；列侯，黃金印龜鈕，文曰印；丞相、將軍，黃金印龜鈕，文曰章；中二千石，銀印龜鈕，文曰章；千石、六百石、四百石，銅印鼻鈕，文曰印。」

〔註17〕 本詩與《聲畫集》、《彭城集》出入頗多：「吳生擅粉跡」（《彭》作「繪」，《聲》作「續」）。「伻圖觀肖像」，《題畫集》原誤為「省」，應從《聲》、《彭》，作「肖」。「啟戶置鳴弦」（《彭》、《聲》作「撫勺置鳴弦」）。「釋氏臺中秘，仙翁柱下賢」（《彭》作「子墨臺中妙，仙翁樹下賢」；《聲》作「子墨臺中妙，仙翁柱下賢」）。

　　吾儕來都下，將逾三十春。不聞此畫塑，想子得亦新。茲寺臨
大道，常多車馬塵。設如前日手，晦昧已惑人。曷分今與古，曷辯
偽與眞。閩緇圖鳳姿，越釋彈龍唇。但知五彩爛，徒謂五音淳。孰
識商聲高，孰驚眸子神。不能評譜品，索玉翻得璠。二君才調高，
言若羽翮振。將令尋常工，千歲傳不泯。（梅堯臣《劉原甫觀相國寺
淨土楊惠之塑像、吳道子畫，又越僧鼓琴、閩僧寫眞，予解其詫》）

與梅詩聯繫起來，可知劉敞原詩是觀賞楊惠之塑像、吳道子畫作、聽越僧鼓
琴、看閩僧畫宋、賈二公肖像時的創作。那麼劉攽的詩題意思也就清楚了，「顯
生」應改爲「顯僧」，即梅詩所言「閩僧」，「仁僧」即「越僧」，「當世貴人」
即指「宋賈二公」﹝註18﹞。吳道子和楊惠之各爲唐朝繪畫界和塑作門的高手，
「時人語曰：『道子畫，惠之塑，奪得僧繇神筆路。』其爲人稱歎也如此……
淨土院大殿內佛像，及枝條千佛東經藏院殿後三門二神、當殿維摩居士像……
皆惠之塑也」。﹝註19﹞顯僧和仁僧應是淨土院裏的高僧。詩題中還出現了江鄰
幾這個人物，何許人也？《宋史》卷四百四十三有載：「江休復，字鄰幾，開
封陳留人。少強學博覽，爲文淳雅。尤善於詩，喜琴弈飲酒，不以聲利爲意。……
休復外簡曠而內行甚飾，事孀姑如母，所與遊皆一時豪俊。爲政簡易。……
著《唐宜鑒》十五卷、《春秋世論》三十卷、文集二十卷。」劉攽在《中山詩
話》中說他「天質淳雅」，「商度風韻」，可比淵明，不減嵇阮。﹝註20﹞且善爲
詩，清淡有古風。可見江休復與劉敞、劉攽、梅堯臣等人關係交好，都是文

﹝註18﹞　梅堯臣詩稱「或出丞相眞」，說明「當時貴人」「宋賈二公」中至少有一人官
　　　　　至丞相。查閱劉攽生活時代的高級官員，推測與劉攽等人同行的人可能是宋
　　　　　庠、賈黯，無可確考。
﹝註19﹞　〔宋〕劉道醇，五代名畫補遺〔M〕，塑作門第六，吳孟復、郭因編，張勁秋
　　　　　校注，中國畫論〔Z〕，卷一，合肥：安徽美術出版社，1995：300～301。
﹝註20﹞　劉攽《中山詩話》：「江鄰幾善爲詩，清淡有古風。蘇子美坐進奏院事謫官，
　　　　　後死吳中。江作詩云：『郡邸獄冤誰與辯？皋橋客死世同悲。』用事甚精當。
　　　　　嘗有古詩云：『五十踐衰境，加我在明年。』論者謂莫不用事，能令事如己出，
　　　　　天然渾厚，乃可言詩，江得之矣。江天質淳雅，喜飲酒、鼓琴、圍棋。人以
　　　　　酒召之，未嘗不往，飲未嘗不醉，已醉眠，人強起飲之，亦不辭也。或不能
　　　　　歸，即留宿人家，商度風韻，陶靖節之比。江嘗通判廬州，有酒官善琴，以
　　　　　坐局不得出，江日就之，郡中沙門、羽士及里氓能棋者數人，呼與同往。郡
　　　　　人見之習熟，因畫爲圖：前列騶導，有一人騎馬青蓋，其後沙門、羽士、褐
　　　　　衣數人，葛巾芒屩累累相尋，意思蕭散。惜時無名手，此畫不足傳後，何必
　　　　　減嵇、阮也。」（劉攽，中山詩話〔M〕，〔清〕何文煥輯，歷代詩話〔Z〕，北
　　　　　京：中華書局，1981，298～299。

苑中人，相互間和詩甚多，劉攽還有《和江鄰幾、梅聖俞同蔡學士觀宋家書畫》、《寄梅聖俞、江鄰幾、韓持國》等詩。《和原父同江鄰幾過淨土院觀古殿吳道子畫、楊惠之塑像及顯僧傳當世貴人形骨、仁僧鼓琴作》的創作起因，是劉敞等文人雅遊之際經過淨土院時看到吳道子畫和楊惠之塑，深為歡賞，寺院裏的兩個高僧也是深諳藝道之人，感諸文人識別之意，遂發創作之興，一為宋賈二公畫肖像，一鼓琴作樂，劉敞因此作詩，他人唱和。賞古畫、古塑，且作詩、寫畫、彈琴，眾藝並作，真可謂文人雅事，反映出宋代文人雅遊的典型特徵，詩畫並作、同賞、共論，可見宋代詩歌與繪畫是文人雅士間最常接觸、最常使用的藝術形式。

劉攽與梅堯臣和詩圍繞的問題主要有四點：一、對此次雅遊經歷的簡單介紹，「雅遊知勝緣」、「青槐夾馳道，方轡下麒麟。竭來遊紺宇，歷玩同逡巡」。二、讚揚吳道子畫和楊惠之塑像的精妙絕倫，「吳生擅粉跡，楊氏妙鈞埏」，盛讚二人藝術造詣。三、稱賞顯僧的寫真圖畫和仁僧的高妙琴藝，「能事古未盡，希聲今亦然」，承上啓下，前承古代的吳畫、楊塑，下轉今日二僧的藝術，說明是當世少見的精品，給人「衣冠若對面，山水欲忘年」的審美感受，肖像畫十分逼真，以為對面的畫布上就是對象本人，彈出的優美琴聲令人有高山流水之思，幾乎忘記了時間、空間。這些都是對二僧的稱譽。梅詩中從「闍緇圖鳳姿，越釋彈龍唇」開始也是稱讚二僧語。可見和詩較側重於對二僧的讚美，這也是對淨土院主人的一種尊敬。四、提出創作與鑒賞藝術作品的審美標準。關於創作，劉詩只談到這樣一點：「衣冠若對面」，因此他所認同的創作原則即真實再現，讓創作對象栩栩如生地立於觀者面前。可惜劉攽沒有進一步說明這種真實感是從形似的角度還是從神似的層面來要求的，儘管宋代有關形神問題的討論十分激烈。對於鑒賞，劉攽提出了「真賞非俗嗜」，「俗嗜」即凡庸、庸俗的愛好，人云亦云，沒有自己獨到的審美見解。他認為真正的鑒賞不是隨波逐流，而是憑欣賞者自己的藝術修養、審美感受來鑒定藝術品的優劣。梅堯臣亦有同感：「不能評譜品，索玉翻得瑉」，欣賞者如果不能分辨出藝術品的品級、好壞，那本想找玉的人找到的反而是似玉的美石，不是真玉，喻指發現不了真正的藝術精品。正因如此，藝術修養深厚的劉敞等人，才會在寺廟中發現並欣賞到真正的精品。劉攽接著對鑒賞過程作了進一步的探討，「理會均聞見，神交遣後先」，這句話說的是主體與客體之間的交流方式，即「理會」與「神交」，「理」與「神」是宋代文藝理論中的重要

範疇，是詩論、畫論中總結出來的詩畫共同本質。宋畫「要以一『理』字爲主」〔註21〕，如范寬畫「理通神會，奇能絕世」〔註22〕，作品「絕世」是因爲畫家把握並傳達了描繪對象的「理」與「神」。梅詩中的「眸子神」便是在讚揚仁僧人物畫之傳神。可以說「理通」與「神會」是宋畫最高的創作與鑒賞原則。劉攽詩說的是鑒賞原則，「理會」與「神交」指客體作品與欣賞主體內在精神的交匯，「理會」即欣賞主體對客體作品包蘊的內涵意境的透徹把握，「神交」即由客體作品的豐富內涵引起欣賞主體的精神共鳴，二者是精神層面交融的兩個層次。

《華山隱者圖》和上面兩首詩歌體裁有所不同，依《御定歷代題畫詩類》所分：「人物名家往往有摹古人記傳所載之事者則爲故實類；至其圖古人之像流傳人間者則爲古像類；若就當時之人寫當時之像傳神阿堵則又列寫眞類。」上兩首詩題的是古像，而《華山隱者圖》則屬於故實類。試看：「六王昔崩蕩，秦帝按劍興。虎爭四十年，方隅爲之平。豪氣竟未已，用民如不勝。因河既爲池，起洮復堅城。嘉哉諸老翁，攜手西山行。避世往不返，逍遙塵外情。明星備灑掃，巨靈爲友朋。饑食玉井蓮，手攜三秀英。世事一朝變，龍蛇復縱橫。烈火咸陽燼（《彭城集》作「石火咸陽焚」），蟻聚成皁爭。置身青雲上（《彭城集》作「外」），顧視不爲驚。萬菁乃須臾，安知谷爲陵。」詩歌的前大半部分都是在描述華山隱者這一歷史人物的經歷、功績。「爾來見圖畫，眞氣猶冥冥」，這才轉入對繪畫作品的評論，提出了人物畫創作的第一個原則：「眞氣」，並用「冥冥」二字來形容「眞氣」。「冥冥」二字有玄遠之意。〔註23〕劉攽認爲畫家把華山隱士的高風亮節、神氣逼眞地再現出來，使畫面中傳達出人物內在精神，玄遠厚重，帶給觀者精神上的崇敬與懷念。他因此產生了一些個人感慨：「世人但蓬蒿，安知鴻鵠征。桃源迷去路，蓬萊浪知名。異時三峰遊，會當慰平生。」其兄劉敞也寫了一首《華山隱者圖》，也是以講述、討論歷史故實爲主要內容，最後一句「觀君此圖意，有以和天倪」同樣說明了此圖意韻的深厚玄遠。（圖 2-1）

〔註21〕鄭午昌，中國畫學全史〔M〕，上海：上海書畫出版社，1985，269。

〔註22〕〔宋〕郭若虛，圖畫見聞志〔M〕，卷四，吳孟復、郭因編，張勁秋校注，中國畫論〔Z〕，卷一，合肥：安徽美術出版社，1995，347。

〔註23〕《辭源》解「冥冥」條：《素問》二三《徵四失論》：「窈窈冥冥，孰知其道。」注：「冥冥，言玄遠也。」

圖 2-1 　初盛唐敦煌絹畫《淨土變》

　　總的來說，劉攽人物題畫詩雖然數量較少，評畫之語亦甚少，但其中提出了一些有價值的觀點，有助於劉攽題畫詩中詩畫創作觀、鑒賞觀的整體研究。

二、劉攽題山水畫詩歌研究

　　劉攽的山水題畫詩在《題畫集》中有 5 題 7 首，《聲畫集》中多存了《幽州圖》一首。先來看《和李公擇題相國寺壞壁山水歌》：

　　　　蒼山本是千萬丈，怪爾斷落盈尺中。枯松掛崖正矯矯，白雲出谷方溶溶。昨憶高秋十日雨，百川湧溢騰蛟龍。丹青壞刓不可駐，金碧拂地都成空。人間流落萬餘一，掇拾補綴幾無從。當時畫手合眾妙，得此誠是第一工。松陰行人何草草，禿幀小蓋馬色驄。長途未竟不得息，嘯歌正爾來悲風。巨靈擘華疏黃河，仙娥移山開漢東。海波芥子互出沒，大雄遊戲神與通。我今與君未嘗覺，指視壁畫將無同。新詩飄飄脫俗格，得閒會復來從容。

這首詩題相國寺中的壁畫山水，與李公擇的題畫詩唱和。李公擇即李常，乃黃庭堅舅父。蘇軾曾盛讚其人其文：「草書妙絕吾所兄，真書小低猶抗行。論文作詩俱不敵，看君談笑收降旄。」(《次韻舒教授寄李公擇》) 李常原詩已佚，末句「新詩飄飄脫俗格，得閒會復來從容」即誇讚李常詩歌的超凡脫俗、品格超逸。「蒼山本是千萬丈，怪爾斷落盈尺中」，開篇寫來生動有趣，萬丈蒼山卻斷落在區區盈尺畫面之中，充分體現了劉攽「平生好諧謔」的個性，具備宋詩閒趣特點。「枯松掛崕正矯矯，白雲出谷方溶溶」，寫的是直觀畫面時看到的第一印象景物，以詩寫畫，化畫境為詩境。「松陰行人何草草」後四句中，詩人進一步根據畫面發揮想像，深入挖掘畫境中人物的精神狀態、闡發山水畫的整體意境。晁補之云「詩傳畫外意，貴有畫中態」，劉攽的山水題畫詩既能寫出「畫中態」，又能傳出「畫外意」。他並沒有刻板、呆滯地羅列畫中景物，而是突破繪畫藝術的局限，充分發揮詩歌打破時、空間限制的特點，馳騁想像，把握持續著的思想動作，描寫複雜微妙的情調氛圍，使詩中有畫。

　　《幽州圖》和《陝西圖》兩首題畫詩屬於地理類，「具山海形勢之大觀」(《御定歷代題畫詩類・凡例》)。清沈德潛曾言杜甫題畫詩「其法全在不黏畫上發論，……如題畫山水，有地名可按者，必寫出登臨憑弔之意；題畫人物，有事實可黏者，必發出知人論世之意。本老杜法推廣之，才是作手」。〔註24〕劉攽的人物、山水題畫詩正是發揚了杜甫題畫詩借題發揮、抒情言志的特點，在《幽州圖》和《陝西圖》中表現得更加突出。

　　　　鄙夫平居常歎息，薊門幽都皆絕域。安得猛士守北方，力排胡人
　　　　復禹跡。田生手攜朔漠圖，丹青萬里之強胡。掛圖高堂素壁上，壯哉
　　　　陰山來坐隅。長安迢迢屬滄海，古塞歷歷生黃榆。縱橫指顧皆舊物，
　　　　撫事慷慨時驚呼。太平壯士多虛死，念君避胡來萬里。九關沉深虎豹
　　　　惡，布衣何由說天子。卷圖還君意黯然，咄嗟世事非餘恥。(《幽州圖》)

詩歌開篇即談憂國之慮，所寫與畫無關。第五句才轉到畫上來，「掛圖高堂素壁上，壯哉陰山來坐隅」化用杜甫「壯哉崑崙方壺圖，掛君高堂之素壁」(《戲題王宰畫山水圖歌》)。劉攽觀「朔漠圖」觸發了胡人入侵的悲憤之感，為之憤憤然，卻也無能為力，只有黯然神傷，並抒發了早日收復祖國領土的強烈願望。正因這首詩蘊藏著深厚的家國之思，充滿了對國家、民族命運的關切之情，所以和上面

〔註24〕　〔清〕沈德潛，說詩晬語〔M〕，卷下四八條，〔清〕王夫之等編，清詩話〔Z〕，
　　　　上海：上海古籍出版社，1978，551。

那首《和李公擇題相國寺壞壁山水歌》的詩歌意境和氛圍迥然不同，題古跡壁畫詩輕鬆閒趣，而此作則有沉重的歷史感。《陝西圖》三首亦如此：

> 干戈今日事，關塞此圖看。白日長安近，蒼山隴阪寒。由來名百二，自古有艱難。指以安西道，凝情意據鞍。

> 萬里靈州地，他年漢朔方。山河從割棄，關輔急堤防。轉益豺狼窟，□嗟禮義鄉。拔髯鬚壯士，看畫意蒼茫。

> 河源來積石，天馬涉流沙。耳目成千古，丹青在一涯。荒涼都護府，斷絕使臣槎。安得山河將，收功似漢家。

這三首詩依舊是豪氣干雲，詩人「看畫意蒼茫」，借圖而論天下之事，希望有「壯士」、「山河將」出現，抵擋胡人侵略。劉攽借題發揮、詠畫寓意，發抒愛國之情。其兄劉敞也有《觀陝西圖二首》〔註25〕，所論相類。地理類的題畫詩很容易使詩人產生家國之思，因為畫面上展現的是祖國壯麗山河，不是山水遣興、陶冶性情的畫作，所以讀者共鳴的情感因素不同，詩人在觀畫時也自然生出不同的思想感情，寫出情志迥異的作品來。杜甫《戲題王宰畫山水圖歌》、《奉先劉少府新畫山水障歌》等詩所題之畫多是文人雅士遣興娛情之作，故所發議論多著眼於畫。劉攽與之不同，多借畫中事發議論。

劉攽《山水屏》一詩風格就和《幽州圖》、《陝西圖》不同，乃文人雅趣之作，閒適淡泊。所詠乃畫屏，「吾家古屏來江南，白畫水墨漬煙嵐。我行北方未嘗見，眾道巫峽兼湘潭」，介紹了古山水屏的來源，並概述畫屏的整體形態，水墨山水，有巫峽、湘潭之神貌。「山頭老樹長參天，水上猿公撐釣船。青蓑擁身稚子眠，得魚不賣心悠然。久嫌時勢趨向狹，頗思種藥依林泉」，劉攽借詩歌傳達出畫面意境，並受畫屏意境感染，生出林泉之思、歸隱之念。和杜詩「舟人漁子入浦漵，山木盡亞洪濤風」（《戲題土宰畫山水圖歌》）的情趣、意境相類。「桃源仙家不可到，但願屏上山水置眼前」，可惜現實中詩人歸隱的念頭難以實現，只能希望「屏上山水置眼前」，心懷林泉之思了。

《題古畫山水障子》，《聲畫集》、《題畫集》都在題下注「時年六歲」，據字面意，是劉攽六歲時所作。「應是塵外境，不隨陵谷遷。江山猶舊日，松柏又千

〔註25〕劉敞《觀陝西圖二首》其一：險固非天意，承平怪主憂。三年勞將帥，萬里問游袞。尚記安西道，空悲定遠侯。大河知所向，日夜正東流。其二：憶昨傳消息，羌來渭水旁。信知秦地險，未覺漢兵強。青海通西域，長城起朔方。分明見地裏，悵望隔要荒。

年」。如果這首詩確是六歲孩童所作，不得不令人驚歎。劉攽作品中並沒有再現畫境，只直接由畫境內涵申發開去，古畫障子傳遞出來的「塵外境」，脫卻人間煙火，障子及其中意境並不會隨時間變遷而改變。最難得的是詩人所營造的詩歌意境超脫，不像六歲童子所爲。

《畫雪扇子》一詩題的是扇面，畫的是雪。比較而言，把這首詩放在山水類，較爲恰當。「灑落瑤花溥，蒼茫殺氣深。因風驚拂面，濯熱幸開襟。夜色非關月，朝雲不待陰。秋風未應起，好在郢中吟」，劉攽沒有正面去描述畫上之雪，而是抓住畫境，寫出了一個白茫茫、風蕭蕭的雪的世界，捕捉到觀者賞雪扇時瞬間所產生的涼意感受，以此說明畫技之高。這讓人想到漢末桓帝時劉褒的《雲漢圖》，「人見之覺熱，又畫《北風圖》，人見之覺涼」。通過畫中風雲雨雪帶給人眞實的天氣感受，烘托畫藝之妙。

由上所論，劉攽的山水題畫詩可以歸納爲兩類：一類是寓家國之思的題畫詩，如《幽州圖》、《陝西圖》；一類是遣閒逸淡泊之情的題畫詩，如《山水屛》等。這主要受所題之畫題材內容限制。與杜甫題山水畫詩比較而言，劉攽借畫境發時論、抒己情的成分較多，而就畫理、詩理的探討偏少，五首題畫詩中幾乎沒有談到山水詩畫的創作、鑒賞觀念，或借詩境闡發畫境，或由畫境生發情境，同樣是「不黏畫上發論」，但議論的方向、走勢是不同的。這一方面是畫作題材限制的原因，另一方面也和兩位詩人的創作思想及方法有關，此問題將在下文討論題畫馬詩中有進一步闡述。

三、劉攽題花鳥畫詩歌研究

《題畫集》收劉攽花鳥題畫詩8題9首，份量最重，其中包括題松、棠木連理、古槎、黑桃等植物類的4題5首，題馬、鶴、龍等動物類的3題3首，題古器者1首。另有《聲畫集》、《彭城集》所收《和王平甫韓幹畫馬行》1首。〔註26〕

劉攽有兩首題畫馬詩，《次韻蘇子瞻韓幹馬贈李伯時》和《和王平甫韓幹畫馬行》，兩首詩談的都是唐代畫家韓幹的馬。自杜甫始即有韓幹馬的評論，到了宋代，更是一個研究熱點，蘇軾、蘇轍、王安國、劉攽等人對其畫法、氣韻等方面的討論越來越多。劉攽的兩首題畫馬詩也突出地體現了劉攽的繪畫創作觀念，他對杜甫畫馬詩中的繪畫思想有自己的理解和認識。那麼在此集中比較研究者之

〔註26〕　《次韻酬盛秘丞黑桃二首》經證非題畫詩，因此劉攽花鳥題畫詩總數爲8題8首。

間的觀點看法，將有助於對劉放題畫詩的深入研究，也有助於把握唐宋兩代藝術思想觀念的變化趨向。

> 韓幹畫馬出曹霸，得名不在陳閎下。詔令師許辭不可，苑中萬馬師在我。王侯讀書愛此言，由來能事須天然。看圖作詩寄慷慨，錦文織字珠聯篇（《彭城集》作「聯聯」）。乘黃騕褒久埋沒，安西大宛路超忽。丹青能令千萬年，不比燕人空市骨。霜蹄踏鐵精權奇，耳戟筒竹稍垂絲。超前抉後三十尺，一日千里御者誰。舐筆和鉛人所同，爾曹（《彭城集》作「今」）獨成第一工。神凝意合（《彭城集》作「會」）不可料，天駟降精來此中。少陵作詩識畫肉，惋惜驊騮氣凋縮。未知良工嘗苦心，空使時人爭賤目。九阜相目觀天機，神雋不辨黃與驪。君知畫手貴自我，何若相法非有師。拙工俗手紛紛是，畏避權豪如畏死。生棟濕塗多覆屋，巧書掣肘眞難使。吾知公詩主（《彭城集》作「正」）於此，丈夫特立嗟已矣。（《聲畫集》所錄《和王平甫韓幹畫馬行》）

> 韓幹畫馬名獨垂，冰紈素幅對客披（《聲畫集》、《彭城集》作「橫素絲」）。諸公賦詩邀我和，我如鈍錐逢利錐。區中才容三萬里，正可騕褒一日馳。朝燕暮吳亦其亞，幸得夷路無縶羈。此間三馬皆國馬，瑰姿逸態成崛奇。有如秋空見霜鶻，下睨眾禽皆伏雌。良工苦心爲遠到，天機杳渺（《聲畫集》、《彭城集》作「要眇」）潛得之。區區駑駘浪自負，直教畫骨不畫皮（《聲畫集》、《彭城集》作「豈有醜骨包妍皮」）。李侯灑筆定超詣，尚有天驥君未知。迄今四海皆屬國（《聲畫集》、《彭城集》作「宛王母寡今授首」），汗血不敢勞（《聲畫集》、《彭城集》作「藏」）貳師。（《題畫集》所錄《次韻蘇子瞻韓幹馬贈李伯時》）

第一首詩和王平甫的《畫馬行》，王平甫即王安國，王安石之弟。「幼敏悟，未嘗從學，而文詞天成。年十二，出所爲詩、銘、論、賦數十篇示人，語皆警拔，遂以文章聞於世」（《宋史》卷三百二十七），曾鞏謂其「於書無所不通，其明於是非得失之理爲尤詳，其文閎富典重，其詩博而深」（《王平甫文集序》）。安國47歲逝，家人彙集其詩文編爲文集100卷，詩文大多已佚，只有《兩宋名賢小集》存《王校理集》一卷。王安國曾作《畫馬行》、《畫馬跋》，然已佚，僅曾季貍《艇齋詩話》存《畫馬跋》部分，在此迻錄，以推知其詩歌內容及審美思想。

> 王平甫在三館曝書，見韓幹所畫馬，作《畫馬行》，又作《畫馬跋》云：「明皇召干上南薰殿，問曰：『汝奚不師陳閎？』是時閎擅名天下。

幹奏曰：『臣不願也。』明皇曰：『然則汝以何爲師？』幹曰：『飛龍廄
數萬匹，皆臣師也。』余於是知幹眞善畫者。蓋以筆墨之跡，口耳之
傳，而臻神妙之品者，古今未之有也。又以爲彼一畫史耳，且能不怵
於形勢，而信其所知如此，學士大夫其可愧於幹哉！」又云：「所見畫
病馬甚腯，疑少陵所謂畫肉不畫骨者，殆於此有遺恨焉。然少陵爲幹
贊，則又愛其駿健清新，疑其論曹韓二人之詞，不能無抑揚耳。善論
文者，當知昔人所謂言豈一端而已，因此可以求著書之意。」又云：「幹
自言不願師陳閎，而少陵以幹爲曹霸弟子，無乃一時傳者失其指歟？
惟『丹青不知老將至，富貴於我如浮雲』則爲知言。蓋中心無蔽於外
物，然後有見於理，此不易之論，而莊生所謂槃礴贏者是已。此可以
爲學者之法，平甫於此蓋三致意焉。」予讀之，犂然有當於心，其論
幹不願師陳閎，蓋以自況也。平甫在熙寧間，不與其兄雷同，是亦幹
不師陳閎之比，故平甫言之重、詞之復，有深意存焉。〔註27〕

王安國在《畫馬跋》中首先談到的是韓幹作畫以何爲師，非師當時名家陳閎，而
是以眞實馬匹爲師，即師於自然。六朝姚最云：「學窮性表，心師造化。」〔註28〕
唐朝張璪云：「外師造化，中得心源」〔註29〕，北宋范寬亦云：「前人之法未嘗不
近取諸物，吾與其師於人者，未若師諸物也，吾與其師於物者，未若師諸心。」
（《宣和畫譜》卷十一《山水二》）前朝著名畫家、理論家都已總結出繪畫創作須
師於造化即師於自然的重要藝術規律。韓幹不以陳閎爲師，乃以「飛龍廄數萬匹」
爲師，即合此畫理，所以王安國認爲韓幹善畫。緣此，劉攽和詩開篇即談「韓幹
畫馬出曹霸，得名不在陳閎下。詔令師閎辭不可，苑中萬馬師在我。王侯讀書愛
此言，由來能事須天然。」顯然贊同王安國之論。王安國談的第二個重點是對杜
甫評韓幹馬的認識與批評。對杜甫之論產生了幾點疑問：一、杜甫既在《丹青引
贈曹將軍霸》中稱韓幹「畫肉不畫骨」，卻又在《畫馬贊》中稱讚「韓幹畫馬，
筆端有神、驊騮老大，驌驦清新」。孰褒孰貶？王安國的解釋是二者兼有，非「一
端而已」，而且在韓幹和其師曹霸之間是傾向於曹霸馬的。劉攽亦如是觀，認爲

〔註27〕　〔清〕曾季貍，艇齋詩話〔M〕，丁福保編，歷代詩話續編〔Z〕，北京：中華
　　　　　書局，1983，320。
〔註28〕　姚最，續畫品〔M〕，吳孟復、郭因編，張勁秋校注，中國畫論〔Z〕，卷一，
　　　　　合肥：安徽美術出版社，1995，16。
〔註29〕　〔唐〕張彥遠，歷代名畫記〔M〕，卷十，吳孟復、郭因編，張勁秋校注，中
　　　　　國畫論〔Z〕，卷一，合肥：安徽美術出版社，1995，164。

杜甫說韓幹「畫肉不畫骨」的看法是不全面的,「少陵作詩譏畫肉,惋惜驊騮氣凋縮。未知良工嘗苦心,空使時人爭賤目」,一個「譏」字很明顯地傳達了劉攽對杜甫「畫肉不畫骨」的認識。在他眼裏,杜甫不贊同韓幹畫馬的創新,是因為「畫肉」令氣韻「凋縮」。而他覺得「畫肉」的變化正是韓幹苦心經營之處。二、韓幹以自然為師而不以前人為師,杜甫卻以為韓幹是曹霸的弟子。所以王安國懷疑曹霸為韓幹師乃誤傳,如此杜甫的說法也就錯了。但他認為杜甫所言「丹青不知老將至,富貴於我如浮雲」乃知藝之言。藝術創作不受富貴等外物的影響,只要專心於藝術本質的探索,就能得創作之真理。王安國認為這是「不易之論」,淡泊求藝,達到解衣盤礴的境界。劉攽對這個問題也作了針對性闡述,「君知畫手貴自我,何若相法非有師。拙工俗手紛紛是,畏避權豪如畏死」,藝術貴在自我的創作追求,並不一定非要師承名家,更不能畏避權豪、趨炎附勢。只有視富貴如浮雲,堅持追求藝術的真諦,方能脫於凡俗,否則,拙工俗手而已。總之,王安國持辯證的態度看待杜甫的繪畫創作理念和審美思想,認為杜論有得有失。而劉攽和詩中的繪畫思想與其保持一致,「生棟濕塗多覆屋,巧書掣肘真難使。吾知公詩主於此,丈夫特立嗟已矣」,劉攽創作目的亦證明了此點。

　　第二首詩是宋代幾位文人有關韓幹畫馬的一次集中而激烈的討論。當朝著名畫家李公麟〔註30〕家藏有韓幹畫馬圖,畫上有三馬。蘇轍乃題此畫的第一人,其詩《韓幹三馬》非常具體地再現了畫面:「老馬側立鬃尾垂,御者高拱持青絲。心知後馬有爭意,兩耳微起如立錐。中馬直視翹右足,眼光已動心先馳。僕夫旋作奔佚想,右手正控黃金羈。雄姿駿發最後馬,回身奮鬣真權奇。圉人頓轡屹山立,未聽決驟爭雄雌。」分別描寫了畫中老馬、中馬、後馬的不同形態以及御者、僕夫、圉人的儀態神貌。進而稱讚韓幹「畫師韓幹豈知道,畫馬不獨畫馬皮。畫出三馬腹中事,似欲譏世人莫知」,「畫馬皮」即「畫肉」,乃為形似,畫出「腹中事」則指畫出了三匹馬各自的神情意態,即為「神似」,因此蘇轍是在讚美韓幹馬的形神兼備。李公麟卻不贊成蘇轍之論,「伯時一見笑不語,告我韓幹非畫師」,李公麟和蘇轍、劉攽等人的身份不同,他本人就是得道畫家,「心通意微,

---

〔註30〕《宋史》卷四百四十四:「李公麟,字伯時,舒州人。……好古博學,長於詩,多識奇字,自夏、商以來鍾、鼎、尊、彝,皆能考定世次,辨測款識,聞一妙品,雖捐千金不惜。……雅善畫,自作《山莊圖》,為世寶。傳寫人物尤精,識者以為顧愷之、張僧繇之亞。襟度超軼,名士交譽之,黃庭堅謂其風流不減古人,然因畫為累,故世但以藝傳云。」號龍眠居士,存世作品有《五馬圖》、《臨韋偃牧放圖》等。

眞造玄妙。蓋其天才軼舉，皆過人也。士大夫以謂鞍馬愈於韓幹，佛像可近吳道子，山水似李思訓，人物似韓滉，非過論也」。〔註31〕公麟從專業角度得出「韓幹非畫師」的結論，令人費解。因爲就李公麟現存《五馬圖》（圖 2-2）〔註32〕與韓幹現存《照夜白圖》（圖 2-3）〔註33〕比較而言，公麟馬顯然是韓幹馬的繼承與發展，畫法相似，均以遒勁秀雅的線描勾成，再施以淡彩暈染，只不過各自表現的毛色、狀貌不同。韓幹馬更加肥厚圓潤些。問題即在於此。李公麟繼承了杜甫「畫肉不畫骨」的認識，覺得韓幹馬缺少了藝術最要緊的「骨氣」，故「非畫師」。蘇軾在《次韻子由書李伯時所藏韓幹馬》一詩中也不贊同蘇轍的意見，他和公麟觀點一致，繼承了杜甫的認識，「幹惟畫肉不畫骨，而況失實空留皮」，認爲蘇轍所謂「腹中事」乃「巧說」：「煩君巧說腹中事，妙語欲遣黃泉知。君不見韓生自言無所學，廐馬萬匹皆吾師。」他反而大加讚賞公麟：「潭潭古屋雲幕垂，省中文書如亂絲。忽見伯時畫天馬，朔風胡沙生落錐。天馬西來從西極，勢與落日爭分馳。龍脣豹股頭八尺，奮迅不受人間羈。元狩虎脊聊可友，開元玉花何足奇。伯時有道眞吏隱，飲啄不羨山梁雌。丹青弄筆聊爾耳，意在萬里誰知之。」既讚賞了伯時筆下神采煥發、顧盼驚人的天馬，又誇讚了伯時的藝術修養與境界，如其筆下天馬一樣，不受俗世羈絆、意在萬里。所以在韓幹馬的問題上，蘇軾、蘇轍兄弟意見相左，但二人的評畫標準實際上卻又是一致的，不論是蘇轍所贊許的「畫出腹中事」，還是蘇軾所贊成的「骨」、所反對的「失實空留皮」，都

〔註31〕　〔宋〕李廌，德隅齋畫品〔M〕，吳孟復、郭因編，張勁秋校注，中國畫論〔Z〕，卷一，合肥：安徽美術出版社，1995：452。

〔註32〕　此畫卷分五段，分藏於日本東京、臺北故宮博物院。描繪北宋元祐初年西域邊地進獻給皇帝的五匹矯健的名馬，前四匹爲「鳳頭驄」、「好頭赤」、「錦膊驄」、「照夜白」，第五匹佚名（應是「滿川花」）。每匹馬前面均有一牽馬人。前四幅上有宋代著名文學家和大書法家黃庭堅題簽記寫馬名、尺寸及產地，卷後有黃庭堅讚譽李公麟品德的跋語。此畫中的馬及牽馬人，均據眞實對象寫生創作而成。

〔註33〕　《照夜白圖》卷，紙本，設色，縱 30.8 釐米，橫 33.5 釐米。美國大都會博物館藏。圖中所畫照夜白，乃唐玄宗所愛之御馬，繫於一木椿，鬃毛飛起，鼻孔張大，眼睛轉視，昂首嘶鳴；四啼騰驤，似欲掙脫羈絆。圖左上有南唐後主李煜題「韓幹畫照夜白」六字；左邊上方有「彥遠」二字，似爲唐代美術史家張彥遠的題名；左下有北宋術帶題名並針「平生眞賞」印；尚有南宋賈似道的「秋壑珍玩」、「似道」等印及明項子京等收藏印；卷前有向子湮、吳說題首；卷後有元危素及清沈德潛等 11 人題跋和乾隆弘曆詩跋。《畫史》、《畫鑒》、《南陽名畫表》、《大觀錄》卷十一、《墨綠彙觀》卷六、《石渠寶笈》續編等書著錄。

指向一種審美標準，即畫貴神似、畫貴寫意，繪畫創作不僅要眞實再現客體對象的外在形態，而且還要揭示出客體對象的內在本質精神。

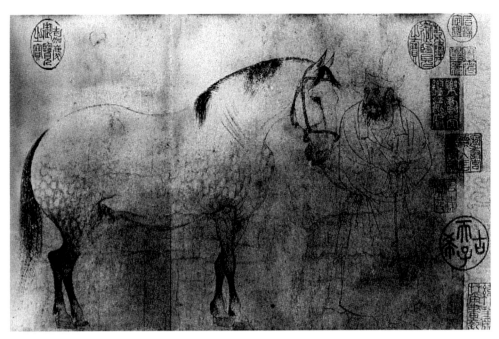

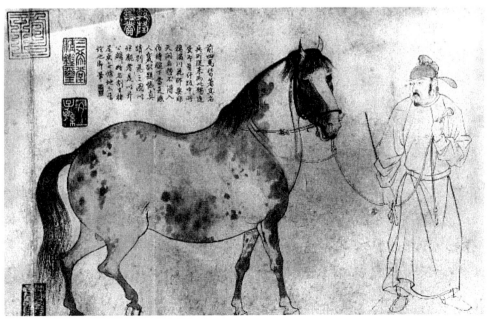

圖 2-2　宋・李公麟《五馬圖》（其中二幅）

圖 2-3　唐・韓幹《照夜白圖》（局部）

　　劉攽的和詩繼續討論韓幹畫肉和畫骨的問題。詩歌首四句敘述了二蘇邀
其和詩的緣頭。接著闡述了他對韓幹三馬的審美印象:「瑰姿逸態成崛奇。」
他並沒有像蘇軾那樣強調杜甫的「畫肉不畫骨」,而是肯定了韓幹的成就:「良
工苦心爲遠到,天機要眇潛得之」。而且委婉、巧妙地轉化了二蘇間「畫肉」
與「畫骨」的衝突,意思反說,用擬人化手法把責任推到描寫對象的身上:「區
區駑駘浪自負,直教畫骨不畫皮」,「駑駘」即劣馬,意思是怪馬兒不夠健壯,
卻自負地讓人只畫其骨,不畫其壞皮囊。《聲畫集》、《彭城集》作「豈有醜骨
包妍皮」,意即皮、骨乃相輔相生,醜骨不會有好皮囊,壞皮囊也不會有好骨。
既然如此,畫肉、畫骨的矛盾也就不復存在,韓幹畫出了馬匹清新的姣好形

態，必然也形成了良好的內在品質。與其《和王平甫韓幹畫馬行》的審美思想一致，辯證看待杜論，讚賞幹馬。這意味著劉攽沒有一味接受杜論、附和東坡和公麟的觀點。

　　顯然，劉攽、蘇轍等人的看法與杜甫、蘇軾、李公麟三人的審美觀念相左，問題關捩點在於「骨」與「肉」之間的關係。「骨」實質上是對神似的追求，「肉」是對形似的要求，二者既是相互對立的，也是相互依存的。杜甫、蘇軾、李公麟三人看到的是二者相互對立的一面，而劉攽、蘇轍看重的是二者相互依存的一面。這兩種看法並沒有對錯之分，均於各自創作經驗的基礎上、從不同的審美角度總結出來的。杜甫、蘇軾、李公麟三人更加注重客體對象神明的傳達，形似必須服務於神似，為神似甚至可以犧牲形似，但絕不可只有形似、沒有神似，故而極力追求「骨」的體現。這和他們「尚意」的追求是一致的。劉攽、蘇轍看到的是二者形神相生的一面，所以認為韓幹能畫出形貌如此逼真的馬，就已經傳達出馬的精神氣「骨」，不然不可能畫出高水平的「肉」來。不論何種觀點，各有道理，但他們都保持著對「神似」的美學追求。因此詩歌最後劉攽讚賞了公麟畫技：「李侯灑筆定超詣，尚有天驥君未知。迄今四海皆屬國，汗血不敢勞貳師。」其中有將公麟與韓幹之馬並舉之意。

　　以上結合了杜甫、王安國、蘇軾、李公麟、蘇轍等人的審美思想來討論劉攽的題畫馬詩，於中可知杜甫美學思想的生命在宋代的延續，有附和，也有質疑。在此總結一下劉攽與杜甫題畫馬詩之間承繼與變化的關係：一、從詩歌意象看，杜詩中出現的「乘黃」、「真龍」、「驊騮」、「騕褭」、「駑駘」等意象在劉詩中多有使用，這些意象有助於生動傳達馬的具體形象。二者之間存在一種繼承關係。二、從詩中的審美思想看，既存在繼承，也存在反駁。劉攽繼承了杜甫對畫家蕭散淡泊、視富貴如浮雲之藝術修養的要求，認為畫家不能畏權貴、趨功利。但他不贊同杜甫評韓幹「畫肉不畫骨」，而是認為韓幹馬骨肉兼具、形神兼備。這種審美思想的變化反映出唐宋兩朝審美取向的變遷。韓幹馬肥碩豐滿，這是唐代典型的審美趣賞。在韓幹之前，展子虔、鄭法士等人所畫之馬，重畫骨，「瘦如蟠螭龍形」。韓幹畫馬，重畫肉，此為一種變法。《宣和畫譜》卷十三《畜獸一》故云「所謂幹唯畫肉不畫骨者，正以脫落展、鄭之外，自成一家之妙也」。「畫肉不畫骨」並非有肉無骨，而是

肉中藏骨，「得骨肉停勻法」〔註34〕。現存韓幹《照夜白圖》（圖2-3）就在畫出駿馬膘肥肌健的外形之際表現出它桀驁不馴的雄駿神采，極具視覺衝擊力和藝術感染力。到了宋代，繪畫風格趨向平淡瘦硬，公麟馬體現的就是此種趨向，所以李公麟不欣賞韓幹馬。劉攽的美學思想比較開放，對這兩種審美趨向都持接受態度，所以他充分肯定了韓幹馬。

　　劉攽除了畫馬詩，還有一首《畫龍》、一首《畫鶴》，唐宋兩朝題畫龍者甚少（圖2-4），唐代有李白《觀佽飛斬蛟龍圖贊》、釋貫休《賦題成都玉局觀孫位畫龍》、王佐才（即王祐）《贈徐微中畫龍》，宋代有樓鑰《題家藏二畫·一龍》等。劉攽詩云：

　　　　南人謁雨爭圖龍，畫師放筆爲老雄。煙雲滿壁奪畫色，雷電應
　　手生狂風。觀者皆驚爪牙（《彭城集》作「牙爪」）動，攫挐意似翻
　　長空。吾疑奮迅出戶牖，何事經時留此中。共言葉公初好畫，當時
　　亦有神龍下。天意爲霖非爾能，世俗慕眞聊事假。

首四句從畫家的創作切入，稱其筆力「老雄」，如「雷電」應手，筆下生風，寫出畫家凝神靜慮、一氣呵成的創作狀態。次四句著重從作品給觀者帶來的心理感覺和審美感受入手，畫中龍逼眞再現，爪牙似動、身翻長空，讓詩人以爲龍會破窗而去。這是以畫面眞實感來稱讚創作者的畫技高超。尾四句乃議論，借用葉公好龍的典故，逼眞顯現畫家筆下之龍，爲世俗所喜愛。《畫鶴》一詩爲五律：「凤抱煙霞性，三年故不飛。軒居（《彭城集》作「車」）寧假寵，野客會忘機。燕雀那相笑，鳧鷖直自肥。蓬萊千萬里，正想玉爲衣。」主要詠鶴清高離塵之性，無涉畫之語。

〔註34〕〔元〕夏文彥纂，圖繪寶鑒〔M〕，卷二，叢書集成初編，北京：中華書局，1985（1654）。

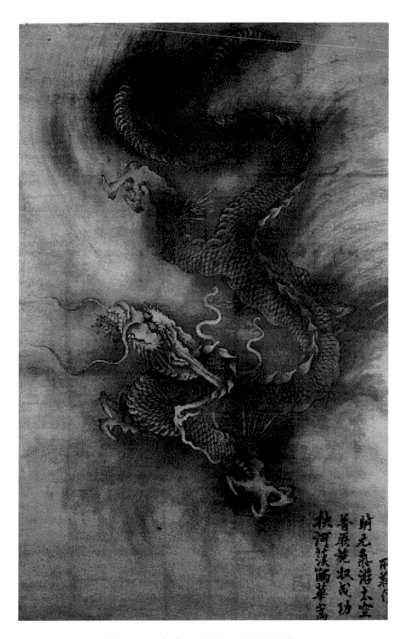

圖 2-4　南宋‧陳容《雲龍圖》

　　《同原甫詠秘閣藏古器圖》一詩題材比較特別，並不屬於動植物類，而屬靜物類。爲方便分析，故置題花鳥畫詩一類。「黃占金寶氣，天瑞告成功。續事今時絕，書文自古同。問年記巫錦，按刻異桓公。塵世無由睹，崑山策府中」，此詩以歌詠古器爲主要目的，沒有體現出作者的繪畫創作觀念和美學

思想。

　　劉攽的題松詩倒值得進一步分析、探討，其中蘊涵了作者的創作觀：

　　　　君家圖書皆所見，近得此松尤可羨。根蟠平石蹙蛟螭，幹出青
　　冥超（《聲畫集》作「起」）雷電。樛枝橫斜復幾尺，綠華茸茸鋪繡
　　線。空堂深沉白日寒，肅肅似有風吹面。此圖剪裂人不知，塵土分
　　張數流轉。能令神物還相從，非君苦心誰與辨。更惜良工名不傳，
　　可憐世俗多誇衒。為君作歌君志之，後千百年無復賤。（《蘇子瞻家
　　畫松圖歌》）

這幅松圖是蘇軾新近收藏的一幅古畫。劉攽在詩歌中曾再三表達古畫保存的
艱難，「此圖剪裂人不知，塵土分張數流轉」，「丹青壞劀不可駐，金碧拂地都
成空。人間流落萬餘一，掇拾補綴幾無從」（《和李公擇題相國寺壞壁山水
歌》），正因如此，蘇軾能夠保存古畫，可謂費盡苦心，劉攽創作此詩的目的
之一即歌頌東坡存畫之功。劉攽在詩中真實傳遞了畫面內容，「根蟠平石蹙蛟
螭，幹出青冥超雷電。樛枝橫斜復幾尺，綠華茸茸鋪繡線」，抓住畫中松的神
態、色彩等細節，把虯勁的松枝比作衝出青天的蛟龍，把蔥綠的松針葉比作
繡著綠色絨線的布，非常生動地再現了松之風姿。「空堂深沉白日寒，肅肅似
有風吹面」，這句話和《畫雪扇子》「因風驚拂面，濯熱幸開襟」的用法一致，
烘托渲染畫面的真實感，以證畫技高超。杜甫也有題松圖詩，如《戲韋偃為
雙松圖歌》「兩株慘裂苔蘚皮，屈鐵交錯回高枝。白摧朽骨龍虎死，黑入太陰
雷雨垂」、《題李尊師松樹障子歌》「陰崖卻承霜雪幹，偃蓋反走虯龍形」，都
用了譬喻的方法生動再現畫面，在意象的選用上也有相似之處，但因創作目
的不一樣使得詩歌整體意境的營造上各有千秋。劉詩寫松圖的目的在於歌詠
蘇軾保存古畫的良苦用心，而杜詩則給畫圖注入人文因素，前一首注入的是
禪定的空間和意境：「松根胡僧憩寂寞，龐眉皓首無住著。偏袒右肩露雙腳，
葉裏松子僧前落。」這四句話後來還成為蘇軾、李伯時共畫《憩寂圖》的題
詞。後一首注入的是歸隱的淡泊情懷，「松下丈人巾屨同，偶坐似是商山翁。
悵望聊歌紫芝曲，時危慘淡來悲風」。比較杜詩和劉詩，並非是要分高下、比
伯仲，而是要從中看出唐宋兩代題畫詩的繼承與發展以及對繪畫創作的影響。

　　《壁畫古槎歌》一詩則學習杜甫給古畫注入了人文情懷。「槎」即斜斫之
木，壁畫以枯萎了的斷木為描寫對象，「南山大樹楓與槠，百年不到生理枯」。
劉攽先借詩歌傳達畫面意象，「老枝錯落戄奮角，病根螻結龍垂鬐。風霜不知

春不改，古苔懸蔓相縈帶」，接著又不露痕跡地過渡到圖畫上來，「豈知高堂素壁上，畫圖能令觀者愛」，本來是病根殘樹，寫入畫中卻贏得了觀者的喜愛。本以為詩人會因此轉入畫中，卻偏偏走向了畫外，巧妙地借典故發抒了作者的人文情懷：「野夫晨興坐樹邊，偶說此樹來上天。暫乘西風犯牛斗，卻看東海成桑田。」用了「犯牛斗」和「東海成桑田」兩個典故。《博物志》載：「近世人居海上，每年八月，見海槎來，不違時，齎一年糧，乘之到天河。見婦人織，丈夫飲牛，問之不答。遣歸，問嚴君平，某年某月日，客星犯牛斗，即此人也。」因題為「古槎」，故用此典，用典貼切而有情趣。《神仙傳》又曰：「麻姑謂王方平曰：『自接待以來，見東海三為桑田，向到蓬萊，水乃淺於往者略半也，豈復為陵乎。』」〔註35〕此典歷來為詩人常用，常喻人世變化頻仍，如白居易詩「呼作散仙應有以，曾看東海變桑田」（《雪夜小飲贈夢得》）、「暮去朝來淘不住，遂令東海變桑田」（《浪淘沙詞》）。劉敞卻借野夫之口戲說，妙用典故，將古槎擬人化，使其成為見證時世變遷的上天之物，同時也寓含了壁畫的歷盡滄桑。

《於秘校示郊園棠木連理圖，偶題長句》所題繪畫作品的題材較為少見，連理樹在宋人眼中乃瑞木，地方州縣常獻於朝，並刻字於上，歌功頌德。朝廷則召百官觀賞、作詩歌頌，劉敞曾應命作頌。歐陽修曾諫「毋獻祥瑞」，但到神宗元豐年間又重興此風。〔註36〕這首詩題的便是這種瑞木的圖畫：

　　　　偶對名圖欲賦詩，野棠並幹上交枝。始疑和氣偏回覆，可是常
　　情悅附離。愛樹去思吾豈敢，高門陰德子應知。濟南固有終軍辯，
　　傳佈仍煩老畫師。

首句《聲畫集》作「昨得伻圖與賦詩」，「伻」乃「使者」意，這句話意謂詩人得到了使者送來的連理圖和賦詩，與《題畫集》稍有差異。次句描述了畫

〔註35〕〔宋〕祝穆撰，新編古今事文類聚〔M〕，第一冊，前集卷十五，日本京都：中文出版社，1989。

〔註36〕〔宋〕王應麟《玉海》卷一百九十七：「開寶五年三月眉州木連理畫圖來獻；六月癸丑和州木連理畫圖來獻；……二年五月丙寅召近臣崇政殿觀瑞物百餘種，凡瑞木十有三：三年八月甲寅，召近臣觀瑞木於龍圖閣；……慶曆三年十二月，澧州獻瑞木有文曰太平之道，詔送史館劉敞作頌曰：『上天之載兮無臭無聲。畬我聖德兮告以太平。非筆非墨兮自然而成。』諫官歐陽修請詔天下毋獻祥瑞，從之。元豐三年唐州甘棠木連理。紹興十四年四月六日虔州言木柱內有天下太平五字，詔送史館。」編者按曰：「木，仁也。所以明天子之仁，河圖洛書與今之瑞木，皆文字顯明者也。」

面內容，接著發抒觀畫後的感受。這裡值得注意的是最後一聯，用了終軍的
典故，「終軍字子雲，濟南人也。少好學，以辯博能屬文聞於郡中」，曾先後
出使匈奴、南越〔註37〕。劉攽說即使有辯才卓越的終軍，也無法將連理木的
形象傳播久遠，這「傳佈」之事還得依賴老畫師筆下的圖畫。於中揭示了流
傳中言語的局限性和繪畫跨越空間的優越性，和蘇軾「勝慨直應吟不盡，憑
君寄與畫圖看」（《寄題潭州徐氏春暉亭》）的內涵相近。

　　《次韻酬盛秘丞黑桃二首》這兩首五律並非題畫詩，而是詠物詩，《聲畫
集》之所以收錄，恐為「墨桃」二字所誤。墨桃是一種果實名，「皮黑肉脂曰
墨桃」〔註38〕，外皮漆黑而肉如胭脂，所以劉攽寫「悴貌從黎黑，丹心固實
膚」。孫紹遠將此詩收入「花卉」一類，顯然是把「墨桃」誤解為水墨桃花或
果實。其實在宋代，水墨畫雖然興起，但不成熟，且多在山水，花卉果實類
中純用黑墨的較少見，直到元明二朝才出現了題詠墨桃圖的詩歌。再看詩歌
內容：

　　　　度索眞（《聲畫集》作「方」）殊域，崑崙豈（《彭城集》作「起」）
　　　素封。幾人曾白眼，吾子幸先容。晦跡煤炱暗，含滋沆瀣濃。上林
　　　求異木，詔使□尋蹤。

　　　　春華各自媚，秋實頓能殊。悴貌從黳黑，丹心固實膚。榴花隨
　　　使者，荔子賜匈奴。寄語元都客，相疑失味腴。

「度索」和「崑崙」均為山名，相傳產桃。《海外經》曰：「東海中有山焉，
名曰度索。上有大桃樹，屈蟠三千里。」（《史記集解》引）楊衒之《洛陽伽
藍記》卷一曰：「仙人桃，其色赤，表裏照徹，得霜即熟。亦出崑崙山，一曰
王母桃也。」「白眼」非貶義，而是用阮籍「青白眼」之典，杜甫有「宗之瀟
灑美少年，舉觴白眼望青天，皎如玉樹臨風前」（《飲中八仙歌》）之語，此處
亦取人傲岸之姿。「晦跡煤炱暗，含滋沆瀣濃」亦寫果實形狀、味道。因墨桃
這種奇異果實來自於西域，所以「詔使尋蹤」。第二首談的也僅僅是果實墨桃
的形狀、味道。可見二詩所寫內容均與繪畫毫無關聯，據此斷定這首詩不是

〔註37〕　《漢書・終軍傳》：「南越與漢和親，乃遣軍使南越說其王，欲令入朝，比內
　　　　諸侯。軍自請：『願受長纓，必羈南越王而致之闕下。』軍遂往說越王，越王
　　　　聽許，請舉國內屬。……軍死時年二十餘，故世謂之『終童』。」（〔漢〕班固
　　　　撰，〔唐〕顏師古注，漢書〔Z〕，卷六十四，終軍傳，瀋陽：遼海出版社，2000。）
〔註38〕　〔明〕方以智，物理小識〔M〕，卷九，《景印文淵閣四庫全書》本，子部十，
　　　　雜家類三，臺灣商務印書館，1983。

題畫詩，但《聲畫集》、《題畫集》均誤收。

四、劉攽題書法詩歌研究

　　劉攽《題畫集》中有兩首詩是書畫並題的，《和江鄰幾、梅聖俞同蔡學士觀宋家書》和《楊寺丞書畫》談的都是朋友家所藏古書畫。第一首詩歌是劉攽和江休復、梅堯臣、蔡襄共同欣賞宋家所藏書畫時相互之間的和詩：

> 中郎石經天下傳，江翁說詩當世賢。南昌子眞亦祿仕，讀書養性希神仙。雄豪相遇古莫及，所至衣冠爭願焉。貴公子孫誰是勝，廣平家書盈萬千。當時交友皆父行，賈生論議欺老先。開門迎客車結轍，而此三士相周旋。牙籤插架塵土絕，寶軸出囊瑤玉聯。前秦篆籀頗磨滅，中世粉墨仍新鮮。咨嗟古人不可見，但覺能者心意專。知音自昔貴一遇，千歲相望猶比肩。況有清詩紀實事，豪壯入耳如哀弦。鄙夫觀書識難字，目迷五色心茫然（《聲畫集》作「古文愈野心謂然」）。要當乘興過君所，刮膜一洗頭風痊。

理解劉攽此詩可參照梅堯臣《同蔡君謨、江鄰幾觀宋中道書畫》〔註 39〕和蔡襄《觀宋中道家藏書畫》〔註 40〕二詩。宋家即宋綬（諡號宣獻）家，宋綬是當時著名的藏書家，喜藏異書，且精於校勘。「宋中道」即宋綬之子。關於宋

〔註39〕　梅堯臣《同蔡君謨、江鄰幾觀宋中道書畫》：「君謨善書能別書，宣獻家藏天下無。宣獻既歿二子立，漆匣甲乙收盈廚。鍾王眞跡尚可睹，歐褚遺墨非因模。開元大曆名流夥，一一手澤存有餘。行草楷正大小異，點畫勁宛精神殊。坐中鄰幾素近視，最辨纖悉時驚籲。遂巡蔡侯得所得，索研鋪紙才須臾。一掃一幅太快健，檀溪躍過瘦的顱。觀書已畢復觀畫，數軸江吳種稻圖。稻苗秧秧水拍拍，群鷺矯翼人荷鋤。陂塍高下石籠密，竹樹參倚荊籬疏。大車立輪轉流急，小犢欺顧穉子驅。令人頻有故鄉念，春事況及蠶桑初。虎頭將軍畫列女，二十餘子拖裙裾。許穆夫人尤窈窕，因誦載馳誠起予。余無書性無田區，美人雖見身老膚。舉頭事事不稱意，不如倒盡君酒壺。」

〔註40〕　蔡襄《觀宋中道家藏書畫》：「宣獻業文學，嘗作調羹鹽。藏書百千帙，傳世惟清廉。東堂得春和，花卉晨露沾。之君延賓從，當晝褰珠簾。朱函青錦囊，寶軸紅牙籤。大令至歐褚，屈玉聯鉤鈐。草行戰騎合，楷正中軍嚴。水墨固昏淡，骨氣猶深潛。江田亦名手，農野興鋤鐮。桑麻歸女喜，餂餇兒童覘。列女自幽閒，明眸咽頸纖。昔人何遙遙，意會相披瞻。南曹古貌醒，博士新詩炎。持杯屢屬我，謂我毫錐銛。媒嫗浮醉細，研流泣秋蟾。放灑雲雷起，取餘風浪恬。鄙藝豈足多，詫語誰能兼。因思左宣獻，載橄陪車襜。辱公知遇厚，表裏曾無嫌。間復請筆法，指病如投砭。今朝觀故物，惜已悲慚兼。層丘恩德重，素髮年華添。不能枉尺尋，況乃事飛箝。壯心久已衰，奇尚顧未厭。幸公有令子，辭源橫江灩。劇飲以自慰，後慶其人占。」

中道，劉攽《中山詩話》中有這樣一則：「蘇子美魁偉，與宋中道並立，下視之，笑曰：『交不著（京師市井語也）。』號爲『錐宋』，爲其穎利而麼麼云，贈詩曰：『譬如利錐末，所到物已破。』後倅洺州，洺本趙地，有毛遂冢。聖俞遂舉處囊事爲送行詩戲之。」〔註41〕可見蘇舜欽、梅堯臣、劉攽與宋中道均爲友人，常諧謔。

「中郎」應指蔡襄，江翁即江休復，「南昌子眞」即西漢人梅福〔註42〕，這裡代指梅堯臣。「三士相周旋」說的就是他們三人。「廣平家書盈萬千」即指宋家。「前秦篆籀」談的是古書，梅詩中云其「行草楷正大小異，點畫勁宛精神殊」。蔡詩言「大令至歐褚，屈玉聯鉤鈴。草行戰騎合，楷正中軍嚴」，贊古書筆力之勁健、骨氣之超拔。蔡襄本人的書法造詣極高，被蘇軾稱「爲近世第一」，「獨蔡君謨天資既高，積學深至，心手相應，變態無窮，遂爲本朝第一」（《東坡題跋》卷四）。他能讚賞古書，足見該書珍貴。「中世粉墨」說的是古畫，梅詩中說是「江吳種稻圖」，並具體描述了畫面內容，「稻苗秧秧水拍拍，群鷺矯翼人荷鋤。陂塍高下石籠密，竹樹參倚荊籬疏。大車立輪轉流急，小犢欺顧穉子驅」，且「令人頻有故鄉念」。比較劉攽和梅堯臣、蔡襄的題書畫詩，得知劉攽在詩中很少談書藝，亦多題外之語。雖然「鄙夫觀書識難字，目迷五色心茫然」是劉攽的自謙之辭，但與梅、蔡相比，在書法的創作、鑒賞方面確實要稍遜一籌，爲避班門弄斧之嫌，故於書藝處欠論，有意避而略談。

《楊寺丞書畫》亦如此：「楊侯古書數十軸，草隸缺殘猶可讀。古書流傳動千歲，書可仿摹古容僞。愛君苦心能辨之，捐棄千金不爲費。世嘗售名不售眞，物可見形難見神。重令志士一惆悵，念有遺寶隨埃塵。東牆西牆畫滿屋，琵琶小兒理新曲。鄙夫長安交遊少，騎馬能來與君熟。萬事好惡我自知，不肯浮沉易耳目。」這首詩同樣沒有像梅堯臣、蔡襄等人的題畫詩那樣專門論述書法作品，主要談楊寺丞辨別藝術品眞假的能力及其存畫之功。

〔註41〕〔宋〕劉攽，中山詩話〔M〕，〔清〕何文煥輯，歷代詩話〔Z〕，北京：中華書局，1981，291。

〔註42〕梅福，字子眞，九江郡壽春（今安徽壽縣）人。西漢南昌縣尉。因憂國憂民，以一縣尉之微官上書朝廷，指陳政事，諷刺王風，但被朝廷斥爲「邊部小吏，妄議朝政」，險遭殺身之禍，因此掛冠而去。曾先後隱居於南昌城郊南、西郊飛鴻山，後人贊其高風亮節，稱其垂釣之處及飛鴻山爲梅湖、梅嶺，並立梅仙觀、梅仙壇、梅尉宅以祀之。

第四節　劉攽《題畫集》價值概述

　　以上三節分別對《題畫集》的作者、編集、內容諸方面作了較爲詳細的分析，在此基礎上，本節試圖揭櫫、總結劉攽《題畫集》的重要價值，論其優長與不足。

一、《題畫集》的重要價值

（一）開題畫詩別集編撰之先河

　　孫紹遠《聲畫集》之功在於將題畫詩這種特殊題材的詩歌歸納整理並分門別類，它直接促成了劉攽《題畫集》的誕生。雖然《題畫集》裏的詩歌是從《聲畫集》中擷取出來的，但陳思將劉攽題畫詩歸集一處，並題曰《題畫集》，就已成爲編撰題畫詩別集的第一人。《題畫集》也就成爲詩畫關係成熟的又一重大標誌。

（二）提供互見材料

　　劉攽的題畫詩主要收錄在《聲畫集》、《題畫集》和清四庫館臣據《永樂大典》重輯的《彭城集》之中，三個集子中的詩歌題目、內容互有出入，那麼研究劉攽詩歌時，三者之間即可互爲參照、考察，上文的研究工作便充分利用了這一價值。而且詩集中有一部分與當世著名文人、官員的和詩，這些詩歌有助於瞭解當時社會狀態和再現文人生活狀況。

（三）題畫詩創作上的延承與發展

　　劉攽在題畫詩歌創作方面有繼承、發展，他對前人題畫詩尤其是杜甫題畫詩創作方法、詩歌意象等方面都有所繼承，借詩境傳畫境、由畫境生情境、「不黏畫上發論」等創作方法均爲劉攽所用。但劉攽針對不同的題詠對象有自己不同的感受、體驗，所以他所傳達的畫境是不同的、所議論的走向也是有差異的。如其《幽州圖》、《陝西圖》，寓強烈的家國之思於內，與杜甫所寫山水題畫詩迥然不同。

（四）題畫詩審美思想的重要意義

　　劉攽題畫詩集中體現了如下兩種審美思想：一、「眞」，這是劉攽對繪畫創作和鑒賞的共同要求。劉攽認爲逼眞再現是繪畫最基本、最重要的創作原則；而在鑒賞方面的原則是「眞賞」，在個人藝術修養的基礎上發掘眞正的藝

術精品，而非人云亦云，必須達到「理會」、「神交」的審美境界。二、形神
兼備。劉攽一反杜甫對韓幹馬「畫肉不畫骨」的評論，認爲「骨」與「肉」
是不可分離、相輔相生的兩個方面，韓幹馬在「畫肉」的形貌描寫中準確把
握住了「骨」，以形見神。由此可見劉攽本人的鑑賞基本做到了「眞賞」，不
盲目跟隨古人、名家之說，不隨和眾人、從大流，對藝術有自己的審美體驗
和見解。《題畫集》中關於詩歌、繪畫的審美思想既反映出唐宋兩代審美趨向
的不同，也說明了宋代題畫詩對於詩畫關係發展的積極意義。

二、《題畫集》的不足之處

（一）不加詳考，搜羅不備

此乃《兩宋名賢小集》通病，編者爲省時省力，從《聲畫集》等多部參
考書中直接摘錄，且不加詳考，錯誤百出。不僅將劉叔贛與劉攽視爲二人，
引起後人長時間的誤解。而且有時竟爲便於刻版，省略題目，並只限於《聲
畫集》等幾部主要參考書提供的材料，沒有進一步去充實、完備，《題畫集》
就沒有收錄劉攽的全部題畫詩，王履道、陳子高的詩集不是題畫詩集，所收
詩歌卻有絕大部分是題畫詩，這些都足以說明編者陳思存在搜羅不備的問題。

（二）影響力小，無人問津

《兩宋名賢小集》雖然傳播久遠，以致「當時藝流遊客多挾此以干謁時
貴」〔註43〕，但後人沒有認識到《題畫集》作爲題畫詩別集的價值和意義。
而且因陳思將《題畫集》的作者署名爲「劉叔贛」，後人多不知劉叔贛即劉攽，
以爲一無名小卒，這些都削弱了《題畫集》的影響力度。所以《題畫集》在
題畫詩領域沒有引起多少波瀾，幾乎無人問津，影響力遠不及《聲畫集》。筆
者此番研究，以期恢復《題畫集》應有的地位，希望引起研究者的注意。

〔註43〕見《兩宋名賢小集》原序中朱彝尊按語。然《四庫全書總目提要》對此有疑：
「此跋當由近人依託爲之，未必眞出彝尊手」。

第三章　宋後題畫詩集的編纂與流傳

　　宋朝出現了《聲畫集》和《題畫集》這兩部編撰唐宋人題畫詩的總集和別集，開題畫詩集編撰風氣之先。宋後至清，畫上題詩之風盛行，題畫詩數量愈來愈多，幾乎發展到每畫必題的地步。這股強勁的創作態勢必然促進題畫詩集的編撰，有關題畫詩的類書、選集、總集、別集紛紛刊行於世。尤其清代，題畫詩集的編撰、發行出現了一個高潮，既有規模宏大、體制完備的類書《御定歷代題畫詩類》，又有眾多文人的題畫詩別集。近現代以來，在西畫東漸和提倡白話文的大形勢下，中國本土的文人畫受到一定衝擊，古代詩歌的藝術形式也逐漸消逝。題畫詩隨之衰頹，但這種特殊的詩歌體裁是藝術百花叢中的一團錦簇，不久便在新的時代裏散發芬香。題畫詩這塊中國歷史文化瑰寶又得到了傳播和研究，20世紀80年代左右就出現了題畫詩集編撰出版的一次回潮。

第一節　宋後題畫詩集編纂情況

一、明代：題畫詩別集編撰的漸盛期

　　宋代多數題畫詩題於畫卷後尾或前面，自宋徽宗趙佶起，才始創畫上題詩這種形式，但在宋代並不流行。直到元代，畫上題詩才真正興起並成熟起

來，如錢選、趙孟頫、黃公望、王冕、柯九思、倪瓚、王蒙等人，均於畫作
上題詩，並將詩歌作爲畫卷的一部分，使詩與畫和諧統一。明代題畫詩依舊
盛行，沈周、文徵明、唐寅、陳淳、徐渭、董其昌等人，非常重視畫面題詩，
詩、畫的藝術水平更加精進，畫趣叢生。因題畫詩數量的大幅度增加，便在
明代出現了一次總結。第一部自編題畫詩別集應運而生，並有其他數部題畫
詩別集出版，形成題畫詩別集編撰的第一次高潮。

1. 元・倪瓚撰、明・毛晉輯《題畫詩》一卷

宋後出現的第一部編輯前人題畫詩的別集應是明代毛晉編元代倪瓚的
《題畫詩》，共一卷，明末毛氏綠君亭刻本。

毛晉（1599～1659），明末著名的藏書家、出版家、文學家，原名鳳苞，
字子九；後易名晉，字子晉。別號潛在、隱湖等，室名綠君亭、汲古閣、目
耕樓等，江蘇常熟人。毛晉是當時著名的大出版家，早年屢試不就，便家居
讀書、藏書、刻書。《欽定四庫全書》總目卷十五《毛詩陸疏廣要》提要云
其「家富圖籍，世傳影宋本多所藏收。又喜傳刻古書，汲古閣板至今流佈天
下。故在明季以博雅好事名一時」，生平「於書無所不窺，聞一奇書，旁搜
冥探，不限近遠，期必得之爲快」。所以他不惜高價搜購善本秘籍遺書，以
致門庭若市，邑中爲之諺曰：「三百六十行生意，不如鬻書於毛氏。」聚書
達八萬四千餘冊。對於宋版元槧，則雇高手以佳紙優墨影抄，保留原作風貌，
以致「毛抄」書聞名當時後世，有「毛氏之書走天下」之稱。葉德輝《書林
清話》云：「明季藏書家，以常熟之毛晉汲古閣爲最著。當時遍刻《十三經》、
《十七史》、《津逮秘書》、《唐宋元人別集》，以至道藏、詞曲，無不搜刻傳
之。」〔註1〕可見毛晉刊刻圖書範圍極其廣泛，《題畫詩》一卷即其編選的倪
瓚題畫詩，相對於毛晉所編刻的宏文巨製，這是一部題材單一的詩歌別集。
倪瓚（1306～1374）是元代著名畫家，「元四家」之一。江蘇無錫人。因生
於民族矛盾極其尖銳的元代末年，統治者歧視漢人，且不重科舉，像倪瓚這
樣的漢族文人被阻斷晉身之階，不得已放情詩畫、獨善其身。倪瓚五十歲時
變賣田產，攜卷出遊，隱遁太湖。毛晉選擇倪瓚，其一可能因爲他們都是江
蘇人，同郡前朝著名藝術家當然值得關注、宣傳，其二恐怕有對倪瓚人格精
神上的讚賞與推崇。倪瓚山水畫師南宗一脈，蕭疏平淡，超逸脫塵，「逸筆

〔註1〕〔清〕葉德輝，書林清話〔M〕，卷七，北京：中華書局，1999，188。

草草，不求形似，聊以自娛耳」，是典型的文人畫風格，因此常爲失意文人所追慕。毛晉雖談不上失意，但畢竟也是屢試不舉才選擇的圖書行業，這或許有些惺惺相惜的味道。

2. 明‧李日華《竹嬾畫賸》、《續畫賸》等

明代李日華《竹嬾畫賸》、《續畫賸》應是現存最早的自編題畫詩集，各一卷。現有明刻本、清光緒八年（1882）仁和高邕刊本、《四庫全書存目叢書》本、《天蓋樓書畫眼》本、《美術叢書》本。

李日華（1565～1635）乃明朝名士，字君實，號九疑，又號竹嬾，浙江嘉興人。萬曆壬辰進士，官至太僕寺少卿，能書畫，尤工山水、墨竹，用筆矜貴，格韻兼勝，自成一家；善作文，著作甚豐，除上述二種，還有《紫桃軒雜綴》等多部筆記散文；且精於鑒賞，號稱「博物君子」。

關於《竹嬾畫賸》，《欽定四庫全書總目》卷一百十四藝術類存目中有評：「是書皆裒錄其題畫之作。謂之賸者，作畫而附以詩文，如送女而賸以娣姪也。所載諸詩有云：『霜落蒹葭水國寒，浪花雲影上漁竿。畫成未擬人將去，茶熟香溫且自看。』又云：『夢壓春寒睡起遲，一林疏雨褪臙脂。詩翁艇子無人見，只有飛來白鷺鷥。』又云：『江鄉風物正秋初，山影沉沉樹影疏。野老慣遊渾不覺，有人天上憶鱸魚。』又云：『樹影苔痕濕不分，栗留聲隔幾重雲。沙彌詩夢渾無定，又在滄江野水濱。』如此之類，雖風骨未高，而亦瀟灑有韻。惟數首以外，語意略同，七律尤頹唐傷格。且有以偶題五字，亦登梨棗，如『晚山無限好』句，恐未足當『楓落吳江冷』矣。」此二卷詩集爲作者題自畫之詩。李日華作畫必自題詩其上，或一首，或一聯，甚或一句，間或綴以題跋，日後輯錄成帙。名曰「畫賸」，意即以畫爲主，而詩文爲從。所題之詩各體俱備，而近體居多，其中以七絕較好。

另有《墨君題語》二卷，收李日華及其子題詠墨竹之詩文，但並非李日華自編，乃明人江元祚、項聖謨編。江元祚，字邦玉，錢塘（今杭州）人，「（項）聖謨字孔彰，秀水人。是編皆題詠墨竹之文。上卷爲李肇亨作，下卷爲李日華作。肇亨字會嘉，嘉興人，日華之子也。」（《欽定四庫全書總目》卷一百十四藝術類存目）此二卷所題之畫不僅有自畫作，也有題同時代人魯孔孫之畫。第一卷乃江元祚輯，均爲李日華題畫詩文，幾近百篇。雖以墨君標名，但不限於寫竹之作，間雜題畫松、畫蘭之作，且均爲魯得之的畫作題。

第二卷爲項聖謨編，多爲李日華父子題畫詩文，共 38 篇，亦多題魯得之畫。此書雖詩文並存，然詩多於文。現有明刊本、《六研齋筆記》本、《四庫全書存目叢書》本、《竹嬾說部》本、《美術叢書》本。

此外，魯得之自編其畫上題詩爲《魯氏墨君題語》一卷，明崇禎間原刻本。魯得之（1585～？），明畫家，乃李日華入室弟子。初名參，字魯山，後更字孔孫，號千岩，錢塘人，僑居嘉興。工歐、顏書法，善畫墨竹、蘭，瀟灑自如。晚患臂疾，改用左手寫竹，風韻尤佳。順治十七年（1660），年七十六尚爲人畫《竹軸》。著《墨君題語》、《竹史》、《細香居集》。《墨君題語》中韻語、絕句居多，然佳者甚少。因與上述江、項所編李日華父子《墨君題語》同名，故加「魯氏」。此編一卷，收入《畫法要錄》、《式古堂書畫彙考》。

3. 明·張丑《鑒古百一詩》一卷

《鑒古百一詩》收於張丑《清河書畫舫》卷十二下。張丑（1577～1643），原名謙德，字叔益，後改今名，字青父，號米庵〔註2〕，江蘇崑山人。《四庫全書總目提要》卷一百九十九中《清河書畫舫》一則云：「越歲丙辰（1616年），是書乃成。其以《書畫舫》爲名，亦即取黃庭堅詩『米家書畫船』句也。明代賞鑒之家，考證多疏，是編獨多所訂正。……惟是所取書畫題跋，不盡出於手跡，多從諸家文集錄入，且亦有未見其物，但據傳聞編入者。……然丑家四世收藏，於前代卷軸，所見特廣，其書用張彥遠《法書要錄》例，於題識印記，所載亦詳，故百餘年來收藏之家，多資以辨驗眞僞。末一卷曰《鑒古百一詩》，則丑所自爲。米庵詩二十首，銘心小集八十一首，以類相從，附於集後。」張丑所藏書畫甚眾，且精於鑒賞。《清河書畫舫》即書畫著錄之書。《鑒古百一詩》乃附錄，亦鑒賞歷代著名書、畫、碑、帖後題詠而作，然詩中所言書畫碑帖並非全部自藏。此卷收米庵《題壁絕句》20 首、《銘心籍》81 首，共 101 首，故稱「鑒古百一詩」。

4. 明·文徵明《文徵明題畫詩》

文徵明（1470～1559），初名壁，或作璧，以字行，更字徵仲，號衡山居士，長洲（今江蘇蘇州）人。工書善畫，其書法擅篆、隸、楷、行、草等

〔註 2〕因張丑「於萬曆乙卯得米芾《寶章待訪錄》墨跡，名其書室曰寶米軒，故以自號」（《四庫總目提要》）。

書體，尤精行、楷，取法晉唐宋諸名家，筆致遒勁，書風清俊秀逸；其畫景致平和恬靜，構圖層疊而上，筆墨清秀含蓄，蒼勁秀潤，天眞生拙，富有書卷氣，反映了文人的審美情趣。人物師法李公麟，筆致細秀，風格清雅高古。花鳥蘭竹，筆墨勁健而秀逸。與沈周、唐寅、仇英並稱「明四家」，創吳門畫派。《文徵明題畫詩》，後附有書畫題跋、集外詩詞。收於《學海文史叢書》，臺北縣學海出版社，1998 影印本。

5. 明・范迁《題畫詩》

除了以上幾部題畫詩別集之外，據《御定歷代題畫詩類總目》所載，明代還有一部題畫詩集即范迁《題畫詩》，「聖人之心鉅細一貫，雖瀏覽藝詠而志存觀省，固非和鉛染翰之末所得仰窺矣。向來纂集繪事題詠者，若孫紹遠之《聲畫集》、范迁之《題畫詩》、李日華之《竹嬾畫賸》、《墨君題語》等書，多或數帙，少不過一二卷，擬於是書奚啻爝火之於曜靈哉。」顯然在《御定歷代題畫詩類》之前還有范迁《題畫詩》的存在，可惜現已佚，無從得見。范迁，字曼翁，與李日華的生活時代相近，萬曆、天啓（1573～1627）時嘉興（今浙江嘉興）諸生。「工詩，善書，素不習畫，年逾不惑，始託好焉。畫輒題詩其上。胡正言輯《十竹齋梅譜》中黃惹蜂腰圖爲其所題。」（《張嘉孺題畫詩序》）。

現有史料中記載的明代題畫詩集即上述幾種，既有自編題自畫詩的，也有編前代畫家題畫詩的，還有編同時代人題畫詩的。但這些別集存詩數量較少。在此有必要提一下明代郁逢慶所編的《書畫題跋記》及《續題跋記》，各十二卷，彙編了編者所見法書名畫之題跋，這二十四卷中也收入不少題畫詩，但沒有和跋、贊等題畫文分開，雜於其間。前集末有崇禎七年（1634）自跋；後集無跋，則不知書成於何年。所錄書碑帖不分類，亦無時代前後次序，書畫種類及印章則有記有不記。專重著錄，「不以辨別眞贗爲事」（《四庫全書總目提要》卷一百十三）。然採集較富，可資考證。有《四庫全書》本和宣統三年（1911）順德鄧氏風雨樓活字排印本十二卷，後者無續記。民國間上海神州國光社再版。這些集子對於題畫詩的保存和流傳來說，都做出了不可磨滅的貢獻。

二、清代：題畫集編撰的全盛期

清代是文學藝術集大成的時代，題畫詩的創作和編撰也出現了前所未有

的繁榮盛世。原濟、金農、鄭板橋、趙之謙等人，幾乎是每畫必題，信手拈來，出神入化，詩歌與繪畫的構圖、意境之間愈加契合，相得益彰。而在題畫詩集的編撰上，既出現了巨製類書，也湧現出大批的題畫詩別集，蔚為大觀。

（一）題畫詩類書：《御定歷代題畫詩類》

自孫紹遠《聲畫集》之後，元明兩代都沒有出現過題畫詩總集或類書，清代康熙四十六年（1707），翰林陳邦彥裒輯彙鈔唐宋元明題畫詩，得 8962 首，分為 30 類，編次 120 卷，繕本呈覽於清聖祖。聖祖「嘉其用意之勤，命授工鋟梓茲刊」（《皇朝文獻通考》卷二百三十七），收入《四庫全書》。

陳邦彥（1678～1752），字世南，亦作思南，號匏廬，一號春暉，又作春暉老人，浙江海寧人。康熙四十二年（1703）進士，授翰林院編修，入直南書房，後升侍讀學士，乾隆初官至禮部侍郎。善書法，尤工小楷，行草出入二王而深得董其昌筆意，晚年所作幾可亂真。任侍直內廷之際，常奉命校讀御製碑版文，並奉敕繕寫。《康熙字典》御製序、《御製圓明園十景詩》，均其手筆。因此「侯門相第，必得其書以為快；夷酋土司，咸以得其尺幅作為傳家之寶」。有《春暉堂書課》傳世。亦善畫，寬展秀發。詩文並佳，典雅有致。著有《墨莊小稿》、《春駒小譜》、《春暉堂集》，輯有《全唐文》、《宋詩補遺》，並奉敕編成題畫詩類書巨製《御定歷代題畫詩類》。

《御定歷代題畫詩類》（圖 3-1）是迄今為止收錄詩歌最多、分類最細的一部題畫詩類書。全書 120 卷，各以類從，共分 30 類：天文 2 卷、地理 4 卷、山水 20 卷、名勝 4 卷、古跡 2 卷、故實 12 卷、閒適 8 卷、古像 1 卷、寫真 1 卷、行旅 2 卷、羽獵 1 卷、仕女 3 卷、仙佛 5 卷、鬼神 1 卷、漁樵 2 卷、耕織 1 卷、牧養 1 卷、樹石 4 卷、蘭竹 8 卷、花卉 8 卷、禾麥蔬果 2 卷、禽 7 卷、獸 8 卷、鱗介 2 卷、花鳥合景 2 卷、草蟲 1 卷、宮室 3 卷、器用 1 卷、人事 2 卷，另有雜題一類，「詩無專屬，或義取賞鑒，或意在應酬，故別為一類」，共 2 卷。該書雖然在分門別類上比《聲畫集》精細詳盡得多，但其編排方式與《聲畫集》大致相同，人物類的按照畫中人物的時代先後及身份排列，山水、花鳥等類基本按詩歌作者時代先後排列，同一主題的題畫詩集於一處。

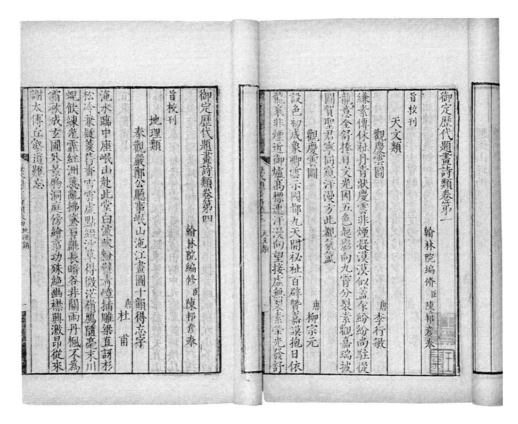

圖 3-1　《御定歷代題畫詩類》（清康熙寫刻本，線裝 4 函 32 冊）

　　《御定歷代題畫詩類》的版本有清康熙四十六年武英殿刊本、清嘉慶二
十二年（1817）刊本，臺灣商務印書館 1986 年重印《景印文淵閣四庫全書》
（總集類第 1435～1436 冊，集部 374～375）。臺北的世界書局 1988 年重印《景
印摛藻堂四庫全書薈要》（第 456～457 冊，集部 109～110）。1993 年上海古籍
出版社出版《歷代題畫詩類》，北京人民美術出版社 1995 年又將此書單獨出
版，2 冊，共 4164 頁。該書影響極其深遠，後代編著題畫詩集多參看此本，
甚至流傳海外。日本文化 9 年（1812）西島長孫曾從此書中輯得《歷代題畫
詩類絕句抄》，東京寶翰堂出版。

（二）別集編撰的高潮

　　明代出現了幾部題畫詩別集，而到了清代，題畫詩別集在數量上更上一
層高樓，出現了幾十部別集，這是一個驚人的數量，足以體現題畫詩集編撰
在清代的流行。在此大致按時代順序對各個別集的編撰者及版本情況略作介

紹。〔註3〕

1. 清‧惲格撰《題畫詩》

惲格（1633～1690），字壽平，又字正叔，別號南天，一號白雲外史、雲溪外史、東園客、巢楓客、草衣生、橫山樵者。江蘇武進人。惲壽平乃「清初六大家」之一。他原畫山水，取黃公望筆法，於荒率中見秀潤。因不恥於王翬之下，遂由山水改畫花鳥，成為清初最享盛名的花鳥畫家，創造「仿北宋徐崇嗣」的沒骨花卉畫法，水墨淡彩，用筆含蓄，清潤明麗。且工詩書，題句清麗流暢，詩格脫俗超逸，為「毗陵六逸之冠」。兼善書法，學褚遂良，稱為「惲體」。因其畫筆生動、詩詞清新、書法俊秀，時稱「三絕」。四海之內爭學南田畫風、詩意和書藝，影響深遠，有「常州派」之譽。著有《南田詩草》、《甌香館集》、《南田畫眞本》、《南田集》等。

惲格《題畫詩》一卷，最早收於清人張海鵬所編《借月山房彙鈔》。《借月山房彙鈔》，135種，283卷，分為16集，《題畫詩》為第12集，第73冊。此鈔專收明清著述。嘉慶（1796～1820）即有虞山張氏刻本，民國九年、十年上海博古齋嘗影印二種。道光四年（1824），陳璜從中選編一部分，用《借月山房彙鈔》舊版補刻而成《澤古齋重鈔》，110種，239卷，分為12集出版，《題畫詩》為第10集。《澤古齋重鈔》殘版後為錢熙祚所得，錢氏重加校補，編成《式古居彙鈔》和《指海》兩部叢書，內容較《借月山房彙鈔》和《澤古齋重鈔》增加甚多。清道光三十年（1850）葉鍾進編輯《甌香館畫語》四卷，遼海秀琨怡雲館出版。卷一至卷三為《惲南田畫跋》，卷四為《題畫詩》，此卷據《借月山房彙鈔》而成。《叢書集成》初編「藝術類」亦收錄了惲格《題畫詩》。

2. 清‧釋原濟石濤撰、清‧汪繹辰輯《大滌子題畫詩跋》

《大滌子題畫詩跋》的撰者石濤 （約1641－約1724年），清初四畫僧之一。本姓朱，名若極，後為僧，更名原濟、元濟，又名超濟，小字阿長，又號清湘老人、清湘陳人、清湘遺人、粵山人、湘源山僧、零丁老人、一枝叟，晚號瞎尊者，自稱苦瓜和尚，廣西全州（今全縣）人。他善畫山水、人物、花果、蘭竹、梅花，且能鎔鑄千古，獨出心裁。每畫必題，題詩亦超逸不群、不落窠臼。王原祁贊曰：「海內丹青家不能盡識，而大江以南，當推石濤為第一。」擅

〔註3〕 參考周積寅、史金城《中國歷代題畫詩選注》附錄《題畫詩著述要目》，杭州西泠印社，1985年出版。筆者加以修正、增補。

詩文，著有《畫語錄》，精闢卓絕，詞義奧衍。

　　編者汪繹辰，字陳也，新安（今安徽歙縣）人，居住錢塘（今杭州）。「泰來子，庠生。能世家學，工畫花卉。有《即是深山館詩集》」(《國朝畫徵續錄》)。余紹宋《書畫書錄解題》云：「是編爲繹辰所輯，謂家藏大滌畫甚多，因錄題畫諸作並搜其散見他處者附抄《畫語錄》後。今本《畫語錄》後無此編，蓋未經附刊者。《美術叢書》始爲刊行，凡四十六題，每題十數首乃至一、二百首不等，中惟《與人夜飲》一首、《古墩種樹歌》一首、《宿天隆古院》兩首、《跋閣帖》一則，非題畫之作，亦廁其中，蓋不欲遺棄之也。大滌每畫必題，其詩與文率有奇古清高之氣；若廣事搜輯必有可觀，此編不過其一鱗半爪耳。」〔註4〕

　　此編錄題畫詩四卷，卷一爲山水，收詩 55 首；卷二爲梅蘭竹松，收詩 28首；卷三爲花卉人物，收詩 26 首；卷四爲合作雜題，收詩 10 首。末有汪繹辰跋。《美術叢書》本之後，上海美術出版社 1987 年單獨出版該書。

　　此外，近人程霖生輯石濤題畫詩爲《題畫錄》，民國 14 年聚珍鉛印本，該編均繫石濤題自畫之作。

3. 清・查士標撰《種書堂題畫詩》二卷

　　查士標（1615～1698），字二瞻，一號梅壑散人，懶老。安徽休寧人，明末秀才，入清後不應舉，鑽研書畫。其山水畫，筆墨疏簡，風神懶散，氣韻荒寒，晚年畫益越邁，直窺元人之奧。書出米、董，上追顏眞卿，頗得精要。時稱米、董再生，名重天下。行筆俊逸豪放、神韻深邃。且精鑒賞，家藏甚富，鼎彝及宋、元眞跡皆有。詩文亦善，著有《種書堂遺稿》等。《種書堂題畫詩》二卷即收於《種書堂遺稿》，清康熙四十三年（1704）查氏種書堂刻本，三卷，分爲 4冊。

　　在此，有必要提及《查畫王題合璧》一書，乃詩畫合璧之著作。查士標圖繪、王文治題詩。王文治（1730～1802），清代書家。字禹卿，號夢樓。江蘇丹徒（今鎮江）人。乾隆進士，殿試第三人。工書法，得董其昌神髓，與梁同書齊名。善詩文，詩宗唐、宋，自成一家，並精音律之學，著有《淡樓詩集》、《論書絕句三十首》等。亦善畫，喜用淡墨，表現瀟疏秀逸之神韻，時人稱之爲「淡墨探花」，「淡墨翰林」。尤喜畫梅，韻致卓絕。與查士標趣味相投，聯袂出書。是書收於鄧實所輯錄《神州國光集》增刊之二十九，清宣統元年（1909）上海

〔註4〕余紹宋編撰，書畫書錄解題〔M〕，北京：北京圖書館出版社，2003，357。

神州國光社影印本，亞士玻璃版。該書並非詩歌畫譜，卻以詩畫結合這種藝術形式出版，這足以說明詩畫融合的深入人心。

4. 清・王原祁撰《麓臺題畫稿》

王原祁（1642～1715），字茂京，號麓臺、石師道人。婁東（今江蘇太倉）人。王時敏孫，「四王」之一。康熙九年進士，擢翰林供奉內廷，為宮廷作畫，並鑒定古畫，為《佩文齋書畫譜》纂輯官，人稱「王司農」。擅畫山水，秀逸蒼渾。能詩文，時稱「藝林三絕」。著《雨窗漫筆》、《麓臺題畫稿》、《罨畫樓集》等。

是編題畫凡五十三首，所畫皆倣古之作，「其中仿大癡者多至二十五幅，尚有仿倪黃合作者，知其畫全得力於大癡，有云『余心思學識不逮古人，然落筆時不肯苟且從事，或者子久腳汗氣於此，稍有發現乎。』其傾倒於大癡而願學之情。亦云切矣。」〔註5〕

5. 清・華嵒撰《新羅山人題畫詩集》

華嵒（1682～1756），清代著名畫家。字秋嶽，一字空塵，號新羅山人，又號白沙道人、離垢居士、東園生、布衣生，福建上杭人，初寓杭州，後客揚州，晚年復歸杭州。工詩善畫，山水、花鳥、人物皆精，縱逸駘宕，標新領異，著處無痕，機趣天然。兼工詩書，時稱「三絕」。著有《離垢集》、《解弢館詩集》。《新羅山人題畫詩集》五卷，民國間古今圖書館刊本，石印本，分為4冊。卷端有題新羅山人集。

6. 清・金農撰《論畫雜詩》等

金農（1687～1764），揚州八怪之一。原名司農，字壽門，又字吉金，號冬心先生，別號稽留山民、曲江外史、昔耶居士、龍梭仙客、百二硯田富翁、心出家庵粥飯僧、三朝老民、荊蠻民、金二十六郎、之江釣師等。嗜奇好古，收金石文字千卷。精鑒賞，工書，創扁筆書體，兼有楷、隸體勢，時稱「漆書」。年五十始從事於畫，涉筆即古，脫盡畫家之習。寫竹、梅、鞍馬、佛像、人物、山水等，筆墨拙厚淳樸，造型奇古，別出心裁。喜為詩歌、銘贊、雜文，出語不同流俗。著述有《冬心詩鈔》、《冬心隨筆》、《冬心畫梅題記》、《冬心畫馬題記》、《冬心雜著》等書。

〔註5〕余紹宋編撰，書畫書錄解題〔M〕，北京：北京圖書館出版社，2003，360。

　　《論畫雜詩》收詩 24 首，均七絕。無自注，故有數句不知爲何畫而題。
此集收於鄧實編、黃賓虹續編《美術叢書》，民國 17 年上海神州國光社出版，
共四集三十四輯，分爲 136 冊，《論畫雜詩》收於第三集第 90 冊。後於民國
25 年，神州國光社再版《美術叢書》，增爲四集四十輯，160 冊。《論畫雜詩》
亦見第三集，第 90 冊。1998 年北京古籍出版社據 1947 年神州國光社本影印
《中華美術叢書》，是書見第三集第三輯，叢書第十二冊。

　　《冬心先生雜畫題記》一卷補遺一卷，凡 132 首，皆其題自畫之作，其
中跋多詩少，詩多七絕，別有風致。《補遺》凡 34 首，爲近人鄧實所輯。《冬
心自寫眞題記》一卷，凡 8 首，《冬心畫佛題記》一卷，凡三十七首，《冬心
畫馬題記》一卷，凡十二首，《冬心畫竹題記》，凡 50 首，「每幅題語輒數百
言，又多雜清滑稽之說，殆亦一時風尚，不善學之。」〔註6〕

7. 清‧鄭燮撰《板橋題畫》一卷

　　鄭燮（1693～1765），字克柔，號板橋，江蘇興化人。曾任山東范縣、濰
縣知縣，有政聲。去官後居揚州，以書畫爲生，爲「揚州八怪」之一。擅花
卉松石，尤以蘭、竹著稱。筆墨瀟灑縱逸，蒼勁豪邁。其題畫詩文，寓民間
疾苦與憤世嫉俗之高潔情懷，頗具新意。其書法在行、隸之間，以畫法作書，
結體、行款縱橫錯落，整整斜斜，人稱亂石鋪街，自稱「六分半書」。兼善詩
文，眞率自然，著有《鄭板橋集》。

　　板橋每畫必題，生平題畫之作甚富，「此編寥寥，並詩詞不過六十首，必
非全稿，當是後人由其畫幅中抄存者」〔註7〕。編者題蘭竹之作最多，題菊、
石只一、二首。

　　《板橋題畫》最早收入清乾隆間延陵茶坨子清暉書屋所刻《板橋集》，共
六編，分 6 冊，該集內容爲《板橋詩鈔》、《板橋詩鈔（范縣作）》、《板橋詩鈔
（濰縣刻)》、《板橋詞鈔》、《板橋題畫》、《板橋家書》。又有清乾隆間華韻軒
《巾箱小品》本。後收入《翠琅玕館叢書》第四集，清光緒間刻本。清光緒
十八年（1892）上海積山書局影印《板橋全集》。民國 2 年，收入《古今文藝
叢書》第一集，上海廣益書局鉛印本。民國 5 年，黃任恒重輯《翠琅玕館叢
書》七十四種，《板橋題畫》爲第 44 冊。同年，收入保粹堂編《藝術叢書》

〔註 6〕余紹宋編撰，書畫書錄解題〔M〕，北京：北京圖書館出版社，2003：360～361。
〔註 7〕余紹宋編撰，書畫書錄解題〔M〕，北京：北京圖書館出版社，2003，363。

四十五種，第 20 冊。次年，上海掃葉山房石印《鄭板橋全集》，民國 13 年該社影印該集。又收於鄧實編、黃賓虹續編《美術叢書》，民國 17 年上海神州國光社出版，《板橋題畫》見四集三十四輯，第 126 冊。1936 年神州國光社再版。1998 年北京古籍出版社據 1947 年神州國光社本影印《中華美術叢書》，是集收於叢書第十六冊。版本另有民國 24 年大眾書局影印本，《叢書集成續編》（「藝術類」）本，重慶出版社和北京華夏出版社 1986 年出版《板橋家書、板橋題畫》。

8. 清・王愫撰《題畫詩鈔》

王愫，生卒年不詳，活動於乾隆年間。字存素，號林屋，江蘇太倉諸生，僑居蘇州。王時敏曾孫，王原祁之侄。山水得元人簡淡法，筆墨秀潔妍雅，極有豐致，間作青綠設色，綽有原祁秀韻，絳筆竹石尤妙。與王昱、王宸、王玖合稱「小四王」。工詩詞，與諸名士往來唱和，每作畫必自題詩。著有《林屋詩餘》等。

《題畫詩鈔》為王愫自題之作。有民國 29 年太倉嚴瀛抄本，朱絲欄，1 冊，《樸齋遺稿》之一，附《論畫正則》。另編入《崑山叢書》第二集，民國間吳東彭治抄本和吳辟疆所輯《畫苑秘笈》二編，民國間蘇州吳縣吳氏畫山樓鉛印本。

9. 清・朱方藹撰《畫梅題記》

朱方藹（1721～1786），字吉人，號春橋，浙江桐鄉人。彝尊族孫。貢生，宿學能文，文質相宣，有大家風範。兼工花卉，乾隆二十七年（1762）進畫南巡行在，蒙予褒賜。晚年尤喜畫梅。其甥金鄂岩彙輯所作題畫梅的詩歌為《畫梅題記》，凡四十題，有詩有跋，詩較多。另有《小長蘆漁唱》、《春橋草堂集》。

《畫梅題記》最早收於清人鮑廷博所輯《知不足齋叢書》，該叢書共 207 種 781 卷，30 集（函），每集 8 冊。收漢至清朝著作，尤以宋人著作為多。包括經史考訂、算書、地理、金石、書畫、詩文集、書目等。乾隆四十一年（1776）始刊，嘉慶中刊至 27 集，廷博卒。其子志祖於道光三年（1823）續刊至 30 集。後來有光緒八年嶺南雲林仙館修補印本，上海古書流通處 1921 年影印鮑本，民國間蘇州振新書社再版，《畫梅題記》收入第三十集。《叢書集成初編》據知不足齋叢書本排印《畫梅題記》一卷，上海商務印書館 1936 年出版，北京中華書局 1985 年再版。

10. 清・童珏撰《童二樹先生題畫詩》

童珏（1721～1782），字璞岩，一字樹，又字二如、二樹，別號借庵、二樹
山人、樹道人、梅道人、梅癡、越樹、檪樹、樹樹居士、太平詞客、白馬山長，
浙江紹興人。善山水，以草隸法寫蘭、竹、木石，尤善畫梅，宗法揚無咎，無
日不畫梅，每畫必題詩，生平畫梅不下萬幅，故有「萬幅梅花萬首詩」印和「不
知是我是梅花」印。畫梅蒼老古樸，墨氣雄厚。惟千篇一律，苦無超逸。兼工
草隸，愛蓄古銅印章，精篆刻。通經史，好爲古文詞。工詩，亦以詠梅爲勝。
著有《春秋祕旨》8 卷，《二樹山人集》、《香雪齋餘稿》。

《童二樹先生題畫詩》一卷，清道光十四年（1834）抄本。清人蔡名衡曾
輯其題畫梅詩爲《童二樹先生畫梅詩鈔》。

11. 清・奚岡撰《冬花庵題畫絕句》、《奚鐵生先生題畫詩》

奚岡（1746～1803），初名鋼，字鐵生，一字純章，號蘿龕，別署鶴渚生、
蒙泉外史、蒙道士、奚道士、野蝶子、散木居士，錢塘（今杭州）布衣。工書
善畫。書法四體均能。繪畫尤精，山水清雅秀潤、瀟灑自得，花卉有惲壽平氣
韻，蘭竹極超脫。刻印宗秦、漢，推崇丁敬，爲浙派西泠八家之一。印作多求
變化，方中求圓，拙中求放，風貌古樸多韻致。詩詞超雋，著有《冬花庵燼餘
稿》。

《冬花庵題畫絕句》收詩 91 首，「皆題自作山水之詩。詩格清穩，惜無序
跋」，〔註 8〕不知是自編，還是他人所輯。《冬花庵題畫絕句》收於黃賓虹續編
《美術叢書》後集，民國 5 年上海神州國光社鉛印本，是編見第五集。1998 年
北京古籍出版社據 1947 年神州國光社本影印《中華美術叢書》再版，《冬花庵
題畫絕句》見第三集第五輯，叢書第十三冊。

《奚鐵生先生題畫詩》一卷，清道光 14 年（1834）管庭芬抄本。

12. 清・錢杜撰《松壺畫贅》二卷

錢杜（1763～1844），清畫家。初名榆，字叔枚，後更名杜，字叔美，號松
壺。錢塘（今浙江杭州）人。性閒曠瀟灑拔俗，好遊，足跡幾遍天下。擅畫山
水，學文徵明工細一路，參以宋元人筆意，筆法細膩，意境幽深；其金碧山水，
描繪精工，風格妍雅。兼精墨梅，並能畫人物、仕女、花卉。亦工詩文，宗岑

〔註 8〕余紹宋編撰，書畫書錄解題〔M〕，北京：北京圖書館出版社，2003，364。

參、韋應物，著有《松壺畫贅》、《松壺畫憶》、《松壺詩存》、《畫訣》等。

《松壺畫贅》二卷，前有陳文述、沈景修兩序，「俱松壺題畫之詩，詩序中時亦論及畫理。」〔註9〕上卷收題畫詩 102 首，下卷收 120 首，附 7 首。最早收於（清）袁枚輯《隨園著述》，共三十一種，分為 95 冊，清乾隆嘉慶間刻本，《松壺畫贅》收於第 84 冊。後有嘉慶十七年（1812）刻本。光緒六年（1880），收入錢杜《松壺先生集》，該集共四卷，分為 3 冊，吳縣潘祖蔭八喜齋刻本，《松壺畫贅》見第 1 冊。清光緒十四年（1888），收入許增輯《榆園叢刻》十六種，仁和許增榆園刻本，《松壺畫贅》見第 10 冊；民國 9 年補刻。後收入《美術叢書》後集，上海神州國光社，民國 5 年鉛印本，《松壺畫贅》收入第五集，第 7～8 冊。民國 17 年增編後再版，見第 99～100 冊，民國 25 年三版。1998 年北京古籍出版社據 1947 年神州國光社本影印《中華美術叢書》，是編收於叢書第十三冊。另收入《叢書集成》初編，據榆園叢刻本排印，上海商務印書館，1936 年版，北京中華書局 1985 再版。

13. 清・吳修撰《青霞館論畫絕句》一卷

吳修（1764～1827），字子修，號思亭，浙江海鹽人，流寓嘉興，諸生。善畫，山水得王洽潑墨法，惜不多作，兼善寫生。好古精鑒，喜集古今字畫金石。陸續刊刻《湖山吟中嘯集》、《思亭近稿》、《居易小草》、《吉祥居存稿》。另有《青霞館論畫詩》、《續疑年錄》、《曝書亭詩集箋注》、《紀元甲子表》及《居易居文集》。

《青霞館論畫絕句》收詩 100 首，道光四年（1824）自序成書，皆評論平生所見名跡，始自王維，終於宋芝山人，每人各一首或兩三首。評語中肯。後有葛元煦跋。光緒二年（1876）上海錢江葛元煦重印。後收入鄧實編、黃賓虹續編《美術叢書》續集第六集，上海神州國光社民國 2 年鉛印本，民國 17 年上海神州國光社再版，民國 25 年，上海神州國光社三版，《青霞館論畫絕句》均見第 64 冊。1998 年北京古籍出版社據 1947 年神州國光社本影印《中華美術叢書》，是書見第二集第五輯，叢書第八冊。

14. 清・瞿應紹撰《月壺題畫詩》

瞿應紹（1780～1849），字子冶，一字陛春，號月壺，晚自號瞿甫，又署老冶，室名毓秀堂，上海人。道光間貢生，工詩詞尺牘、書法繪畫、篆刻鑒賞，

〔註 9〕余紹宋編撰，書畫書錄解題〔M〕，北京：北京圖書館出版社，2003，363。

最善畫竹，濃淡疏密，錯落有致，蘭、柳亦工。尤愛宜興紫砂壺，常聘當時的
壺藝名家爲其制壺，並自刻銘文或繪刻竹梅，時稱「壺絕、書絕、畫絕」三絕
壺。喜收藏古彝尊鍾鼎圖史及古今名人墨跡，且善鑒別金石文字。其子瞿小春
搜集其題畫之詩，輯成此編。道光三十年張淡、劉樞二人爲此編作序，後有徐
渭仁跋。該詩集有清道光三十年（1850）瞿氏原刊本，後收入《喜詠軒叢書》，
民國 17 年（1928）武進陶氏涉園石印本。叢書有 5 編 34 種，分爲 42 冊，《月
壺題畫詩》乃第 7 冊。臺北的新文豐出版公司 1989 年版《叢書集成》續編「藝
術類」亦收此詩集。

15. 清・葉以照撰《梅影草堂題畫詩》

葉以照，字青煥，杭州人。工六法，性好遊，遇佳山水輒爲圖詠。祖籍新
安，熟聞黃山之勝，欲遊而經費不足，其妻變賣釵鉺，以供遊資，遂諧夙願。
著有《黃山遊草》。《梅影草堂題畫詩》一卷，收於葉以照《論畫脞說》，清嘉慶
五年（1800）刻本。

16. 清・張朝桂撰《題畫詩跋》

張朝桂，字問秋，號榍生，上海寶山人。嘉慶二十一年（1816）舉人。工
詩古文，入手即佳。亦善繪事，寫意花鳥有陳淳、惲壽平逸趣。尤善梅、菊，
以意趣勝。著有《養拙居集》等。《題畫詩跋》一冊。

17. 清・戴熙撰《賜硯齋題畫偶錄》

戴熙（1801～1860），清代畫家。字醇士，號鹿床、榆庵、井東居士等，浙
江錢塘（今杭州）人。道光十二年（1832）進士，官至兵部右侍郎。辭官歸里
後主持崇文書院。詩、書、畫三方面均有造詣，被後代的評論家譽爲「四王後
勁」，擅畫山水，學王惲筆墨，兼師宋元諸家，善花卉及竹石小品，停勻妥貼。
著有《習苦齋畫絮》、《題畫偶錄》等。

此編刊於光緒二年丁丑，先於《習苦齋畫絮》十八年，今較其文，多見於
《畫絮》，《畫絮》所無的，只有「一株梧葉」、「繞翠圍嵐出薊州」、「瑟瑟煙波
闊」、「腰肢瘦小髮鬖鬖」、「幾日秋風起」、「千里長江浪影抛」等六首，均題自
畫之作。〔註10〕最早收入徐渭仁輯《春暉堂叢書》十二種，上海徐氏寒木春華
館，清道光二十四年（1844）刻本。有清咸豐八年（1858）銕沙沈氏刻本，清

〔註10〕余紹宋編撰，書畫書錄解題〔M〕，北京：北京圖書館出版社，2003，366。

人沈樹鏞點校。清同治九年（1870），上海徐氏寒木春華館據清道光咸豐間刻版
補刻，《題畫偶錄》見第 16 冊。清光緒三年（1877）錢塘葛元煦刻本，並有葛
元煦刻書跋，光緒九年（1883）收入《嘯園叢書》，清仁和葛元煦嘯園刻本，《題
畫偶錄》見第 29 冊。清宣統三年（1911），收入風雨樓鄧實編《美術叢書》，十
集一百三種，40 冊，《題畫偶錄》見初集第一輯，第 2 冊，1928 年與 1936 年兩
次再版。同年，收入《古今說部叢書》第七集，上海國學扶輪社，民國 4 年再
版。民國 17 年出版夏定域校點本。王德毅主編、李淑貞等編輯《叢書集成》三
編「藝術類」亦收，臺北新文豐出版公司 1997 年版。

18. 清・潘遵祁撰《西圃題畫詩》

潘遵祁（1808～1892），字覺夫、順之，號西圃、簡緣退士，吳縣（今江蘇
蘇州）人，奕雋孫。道光二十五年（1845）進士，二十七年（1847）翰林，年
甫四十即乞假歸里，居於吳縣西之鄧尉山，築香雪草堂，種蔬蒔竹，盡享山居
之樂。因得揚補之《四梅圖》卷，故名其閣「四梅閣」，戴熙為其繪《四梅閣圖》。
工花卉，得承家學，娟潔明淨，清新可喜。著有《西圃集》。《西圃題畫詩》初
刻於清道光二十三年（1846），收於《西圃集》。《西圃集》收文四卷、詩十卷、
續集四卷、補遺一卷、詞續一卷、詞三續一卷、題畫詩一卷，分為六冊。《題畫
詩》卷中收五絕、七絕各一百首，俱題花卉之作，又續五絕十五首，俱題山水
之畫，前有其弟曾瑩題詞。同治十一年（1872）、光緒二十三年（1886）先後覆
刻，後有民國間蘇州文學山房鉛印本，二卷，共一冊。

19. 清・潘曾瑩撰《小鷗波館題畫詩》

潘曾瑩（1808～1878），字星齋，號申甫，吳縣（今江蘇蘇州）人。道光二
十一年（1841）進士，官至工部左侍郎。工書畫，初寫花卉，以徐渭、陳淳為
宗，冶澹有致；後專攻山水，秀逸曠遠，每作扇頭小景，頗有古意。書則初學
趙孟頫，晚學米芾，尤得其精髓。學有根柢，尤長於史學。著《小鷗波館文鈔》。
《小鷗波館題畫詩》，共四卷，清光緒間刻本。《小鷗波館畫寄》為其自畫題識，
凡九十八篇。

20. 清・謝承烈撰《芙仙館題畫詩》一卷

謝承烈，清畫家，字芙仙，江蘇儀徵人。工畫，尤長梅竹。此編所錄有
題自畫的，有題他人畫的，共 81 首。前有車元春、郭奎驤、晏端書三人序。

道光戊申年（1848）原刊本。

21. 清・邢泰撰《香光論畫詩》

邢泰，清畫家。字遇清，號香光，江蘇太倉人，諸生。工詩文，尤善繪事。山水師王昱，寫生仿陳淳，其題畫尤多佳句。

此編仿元遺山論詩，作論畫詩五十首。所論繪畫，上自唐宋名家，下至清初王、惲諸公，評論中肯，可與宋犖、朱彝尊《論畫絕句》（見於後文）並傳。

22. 清・王志熙撰《論畫百首》

王志熙，清畫家。字維清，號修竹，浙江嘉善人，貢生。以行草書擅名，兼工山水，精鑒別，著有《論畫百首》。

23. 清・居巢撰《今夕盦論畫絕句》、《今夕庵題畫詩》。

居巢（1811～1865），清末畫家。字梅生，號梅巢、今夕盦主。祖籍江蘇寶應，其先世任官嶺南，遂定居番禺隔山鄉。能詩詞，善書法，工國畫。善作山水、花鳥，尤精草蟲。所作之畫，澹逸清華，雅致有趣，工中兼寫、趨於自然。畫面上的自題詩句亦令意境增色不少，乃嶺南派先驅。因作畫嚴謹，落筆慎重，故存畫數量不多。著有《首邪室詩》、《煙語詞》等。

《今夕盦論畫絕句》凡七絕 34 首，其中石濤、八大山人等為明遺民，其餘均為清代畫家。人各一絕，論尚平允。《今夕盦題畫詩》皆題自畫之詩，與《論畫絕句》皆自其詩鈔輯出，凡七十八首，絕句居其大半，多題花鳥草蟲之作，題山者數章而已。〔註 11〕二編均據鄧實抄寫本，收於鄧實編、黃賓虹續編《美術叢書》，民國 17 年上海神州國光社出版，《今夕盦論畫絕句》和《今夕盦題畫詩》均見第二集第 50 冊。後於民國 25 年上海神州國光社再版。1998年北京古籍出版社據 1947 年神州國光社本影印《中華美術叢書》，二編收於叢書第七冊。

24. 清・鄭績撰《夢幻居題畫詩》

鄭績（1813～1874），字紀常，號憨士，別署夢香園叟、幾嘗戀績，廣東新會人。自少攻讀四書五經，多才善辨，能書工詩，擅繪畫兼習醫術。長期寓居廣州越秀山麓，在其寓所設置夢香園畫室，善畫人物、山水。著有《夢

〔註 11〕 余紹宋編撰，書畫書錄解題〔M〕，北京：北京圖書館出版社，2003。367。

幻居畫學簡明》、《論畫》2 卷、《夢香園剩草》等。

《夢幻居題畫詩》二卷附於《夢幻居畫學簡明》書後，清同治五年（1866）刻本。《夢幻居畫學簡明》五卷，即《山水》、《人物》、《翎毛》、《花卉》、《獸畜》，體例清晰而明確，並有圖文顯示，分為四冊。清末據清同治五年（1866）新會鄭績刻版增刻，書名頁題畫學簡明，各卷均有續卷，附《夢幻居題畫詩》、《夢香園題詠》；卷一末鐫九曜聚賢堂刊，增為十冊，《夢幻居題畫詩》見第七冊。

25. 清·張嘉謨撰《靜娛室題畫詩》

張嘉謨（1830～1887），字鼎銘，號梅耶，廣東東莞人。喜古董，精鑒賞；善篆刻；尤精於畫，工花卉、人物，所畫花卉禽魚，深得宋、元人筆意。晚年居可園，受居廉影響極深，頗得其法，中年後專寫墨蘭，氣韻生動，名重一時。著有《墨蘭詩集》、《靜娛室集》。

26. 清·張乙僧撰《紫庭題畫詩》

張乙僧〔註 12〕，初名銘，字西友，號紫庭，江蘇嘉定人。清代中期書畫家和收藏家。早年不慕功名，棄舉子業。喜收古彝器及法書名畫，家產因此盡賣，以致晚年賣書畫以求溫飽。善畫花卉禽魚，思致雅逸，尤擅墨梅。自得天趣，不循規矩。兼擅詩詞，著有《煮石山房》、《東樂軒》、《駃雨閣》諸集。

27. 清·錢琪撰《竹齋題畫詩》

錢琪，清畫家。字竹齋，安徽青陽人。嘉慶六年（1801）進士，為國子監助教。善畫，工詩，著《竹齋題畫詩》。

28. 清·金彭撰《瞎牛題畫詩》一卷。

金彭（1841～？），字心蘭，號冷香、瞎牛、冷香居士、冷香主人、心道人、彭城子、冷香館主，長洲（今江蘇蘇州）人。工山水，師法王宸，詣臻神化；亦擅花卉，畫梅尤具特色，清雋似汪士慎。晚年病目，失視復明後，畫益疏古，墨法精湛。嘗乞顧雲畫冊補綴樹石，加以皴染，愈見蒼渾秀潤。兼擅詩文，著有《金瞎牛詩集》。

〔註12〕 清·彭蘊璨所編《歷代畫史彙傳》作「僧乙」，《中國畫家人名大辭典》、《中國歷代書畫篆刻家字號索引》從之，均誤。

此編係題自畫之作。清光緒刊本。

29. 清‧趙祖歡《古歡室題畫詩》二卷

趙祖歡，清畫家。字喜孫，號蘭時，一作字蘭士，號古歡，別號嬾頭陀、趙三十五，室名味廬、古歡室，會稽（今浙江紹興）人。以縣丞候補廣東，《廣印人傳》遂誤爲廣人。善繪事，精篆刻，工詩文，有《味廬詩稿》。

《古歡室題畫詩》二卷，雜句一卷。清光緒六年（1880）廣東嶺南刻本。

30. 清‧張崇桂撰《秋崖題畫詩》

張崇桂，清代女畫家。字秋崖，婁縣（今上海松江）人。好讀書，工小楷。善畫花卉禽蟲、枯木竹石，筆意峭秀。兼善詩文。著有《秋崖題畫詩》。

31. 清‧汪喬年撰《碧玉壺天題畫詩》

汪喬年，字修齡，號繡林，壽州（今安徽壽縣）人。工畫山水人物，尤長白描人物。兼擅草書。工詩。著有《碧玉壺天題畫詩》、《金臺紀行》、《梨花樓詩》、《繡園詩話》、《繡園尺牘》、《墨香居畫識》。

32. 清‧孔素瑛撰《蘭齋題畫詩跋》

孔素瑛，清代女畫家。字玉田，浙江桐鄉人。工山水、人物、花鳥，無不精妙。畫成自題詩句，並能作晉人小楷，時稱三絕。嘗寫楷書金經一部，端莊流麗。著《飛霞閣集》、《蘭齋題畫詩跋》。

33. 清‧李寶章撰《待盦題畫詩存》

李寶章，字谷貽，一作谷宜，一字斐園，晚號待盦老人。江蘇常州人，晚年僑寓吳縣（今江蘇蘇州）。同治十二年（1873）舉人，官至浙江候補道。善畫山水、花卉，喜庋藏名跡。晚歲家居，以詩畫寫意。著有《待盦題畫詩存》。

此編係題自畫之作，不分卷，民國 3 年（1914）木活字本，共 2 冊。

34. 清‧顧修《讀畫齋題畫詩》

顧修，字仲歐，號松泉，又號茱涯。石門（今浙江嘉興）人，後移居桐鄉。諸生，工於詩、畫，好藏書，乃清藏書家、目錄學家。有藏書樓，名「讀畫齋」。所藏彙刻有《讀畫齋叢書》，8 集 46 種，選輯了經史考據、書畫、詩話、筆記等書，其中尤以研究《文選》著作 4 種最具特色。另編《彙刻書目

初編》20 卷，是我國第一部叢書子目的專門目錄，開拓了目錄學新領域。著有《南宋群賢小集》、《讀畫齋學語草》、《百疊蘇韻詩》等。《讀畫齋題畫詩》一十九卷，清嘉慶元年（1796）東山草堂刻本，存 6 冊。

35. 清·林起峰撰《醉竹軒題畫詩》

林起峰（1853～1924），原名林恒，字少遠，福建侯官（今福州）人。清光緒十一年（1885）福建鄉試舉人。光緒二十四年（1898）晉京會試得「大挑一等，以知縣用」。光緒末年任保定知縣。林起峰出身閩中林氏旺族，一生往返京閩兩地，耕耘不輟，撰著大量遺稿留世，毛裝成冊名曰《醉竹軒叢稿》。民國間被國家圖書館收藏。《醉竹軒叢稿》110 種，分為 219 冊，是國家圖書館現存最大一部稿本叢書。主要內容有：林氏家譜類、家族撰文、詩賦、文集雜稿、書畫試帖、陰陽五形類、鄉會試題、遊記、紀年考等。以反映福建、北京歷史文化為重點，間有歷史文學、史料。《醉竹軒題畫詩》一卷，收於《叢稿》第 126 冊，清光緒至民國初（1875～1921）三山林起峰稿本。

36. 清·范金鏞撰《漚道人題畫詩》

范金鏞（1854～1914），字漚舫，號漚道人。江西新建縣人。光緒六年（1880）進士。工畫花鳥、仕女，上繼宋元遺風，下涉惲恪後塵，作品師法自然，形神兼備，嚴謹工整，以書法入畫，濃湛中生氣勃發。亦善詩，著有《漚道人題畫詩》。

37. 清·劉嘉穎撰、劉恪恭輯《畫隱軒題畫詩存》一卷

劉嘉穎（1861～1902），清畫家。字石芙，一字實甫，濰縣（今山東濰坊）人。自少精研繪事，家藏書、畫甚多，自題所居曰畫隱軒。工於臨摹，竟至廢寢忘食。花卉學惲壽平，山水宗「四王」。曾臨摹同邑金石學家陳壽卿藏畫，深得古人秘奧，技藝大進。其畫構思新穎，筆力遒勁蒼潤，鮮嫩不膩。畫上題詩，詩思超脫，情趣高雅。曾作花卉冊，由書家曹仲銘逐幅題詩，詩人郭果園題簽，署為《海濱二妙冊》，一時跋詩者有數十家之多。

《畫隱軒題畫詩存》一卷，由濰縣劉恪恭、膠東趙德三編輯，民國間鉛印本。

38. 清·葉德輝撰《消夏百一詩》二卷

葉德輝（1864～1927），字奐彬，號郋園，又號直山。湖南湘潭縣人。光

緒十八年（1892）進士。能詩文，勤著述，尤精於文字版本學。所著及校刻書百餘種。工書法，精鑒賞。就其弟默庵所藏名人畫扇，作七言絕句 101 首，光緒三十三年（1907）自序，輯成《消夏百一詩》二卷。所收起於沈周，迄於近代何維樸，惜明清兩代名人未能多收，因其所藏有限，無可求全。是集有清光緒三十四年（1908）長沙葉氏觀古堂刻本，收入葉德輝撰輯《觀古堂所著書》二集十五種，該書見第二集，第 16 冊。後收入錢葆青撰《看鏡樓初稿》，民國 20 年（1931）武昌刻本，《戊辰消夏百一詩》與《己巳消夏懷人詩》合刊。民國 24 年（1935），葉啟倬輯《郋園全書》128 種，分為 200 冊，長沙葉氏觀古堂刻本，是集見第 40 冊。之後又收於王德毅編《叢書集成續編》「藝術類」，《續編》循《叢書集成初編》之例，續選明、清、民國時期叢書百部，共收典籍三千二百餘種，分類編排，加以影印。本冊為集部「別集類」，收畫題識、書法、畫論、畫傳、音樂等相關著作二十種。臺北新文豐出版公司 1989年影印本。1994 年上海書店出版社再版，《消夏百一詩》見《續編》第 144 冊。

39. 清・顧麟士撰《鶴廬畫賸》、《鶴廬題畫錄》

　　顧麟士（1885～1930），清末民初畫家。名鶴逸，號西津漁父，元和（今江蘇蘇州）人。清末著名書畫收藏家顧文彬之孫，祖業過雲樓收藏之富，甲於吳下。承祖業築「怡園別業」，續為收藏，皆稱精美。善畫山水，涵濡功深，筆多逸氣，尤長臨古。精於鑒古，有雲林清逸遺風，乃民初宗古健將。著有《過雲樓續書畫記》等。

　　《鶴廬畫賸》、《鶴廬題畫錄》各二卷，《鶴廬畫賸》係顧氏自題，《鶴廬題畫錄》則題古今畫家之作。《鶴廬畫賸》有民國 30 年（1941）元和顧氏，刻本，後附《鶴廬題畫錄》。

40. 元・趙孟頫書、清・趙爾萃編《元趙松雪題畫詩墨跡》

　　趙孟頫（1254～1322），字子昂，號松雪，松雪道人，湖州（今浙江吳興）人。宋太祖趙匡胤十一世孫，歷宋元之變，仕隱兩兼，官至翰林學士承旨，封魏國公，諡文敏。精通音樂，善鑒定古器物，書畫成就尤高。山水取法董源、李成；人物、鞍馬師李公麟；工墨竹、花鳥，皆以筆墨圓潤蒼秀見長，以飛白法畫石，以書法用筆寫竹。「有唐人之致去其纖；有北宋人之雄去其獷」，開創元代新畫風。其書法，秀暢挺拔，清逸脫俗，隸真行草，無不冠絕古今。兼工篆刻，以「圓朱文」著稱。能詩文，風格和婉，清邃奇逸，情趣

幽遠。著有《松雪齋文集》十卷（附外集一卷）。

《元趙松雪題畫詩墨跡》乃趙孟頫書，清人趙爾萃編。趙爾萃，光緒間泰安名士。該編收於《五朝墨跡》二十二種，清宣統二年（1910）傲徠山房影印本，書見第 8 冊。

41. 清‧邊壽民撰、羅振玉輯《葦間老人題畫集》一卷

邊壽民（1684～1752），原名維祺，字壽民，以字行，更字頤公，號漸僧，又號葦間居士。江蘇山陽（今淮安）人。諸生。能書擅畫，花卉翎毛，筆法瀟灑，各得神趣，尤以潑墨蘆雁馳名江淮，有「邊蘆雁」之譽，被列為揚州八怪之一。

《葦間老人題畫集》乃羅振玉等人所輯，羅振玉（1866～1940），中國近代金石學家、文物收藏家。初字堅白，後改字叔蘊、叔言，號雪堂、貞松老人，又稱永豐鄉人、仇亭老民。是編收於民國 11 年（1922）江蘇如皋人冒廣生（1873～1959）所刊《楚州叢書》第一集，叢書收錄了自漢代以來到清代的詩文、碑碣、畫鑒、書法及專著、方志等 23 種。

42. 清‧方薰《山靜居題畫詩》

方薰（1736～1799），字蘭士，一字懶儒，號蘭坻、蘭如、蘭生、長青、樗庵，別署語兒鄉農，石門（今屬桐鄉）人。性高逸狷介，樸野如山僧。詩、書、畫並妙，寫生尤工，與奚岡齊名，稱「方奚」。一時能手，無出二人之上。其山水畫結構精妙，風度閒逸；人物花鳥草蟲，運筆賦色、別開生面，娟潔冷雋，綽有餘韻。晚年好作梅竹松石。書法師褚遂良，篆刻宗文彭、何震，且上窺秦漢。尤精於評畫，其論繪畫運筆設色之淵源，片縑巨幛之格局，無不精當。著述有《山靜居詩稿》、《山靜居詞稿》、《題畫詩》、《山靜居畫論》等。

《山靜居題畫詩》收 230 餘首題畫詩，題花鳥竹石居多，短至五言聯句，如「素豔宜臨水，清各雅稱蘭」，長至十幾韻，均為畫家自畫自題之詩。該集收於《故宮珍本叢刊》，第 591 冊，海南出版社 2000 年版。

【合作題畫詩集】

1. 清‧宋犖原唱，朱彝尊和詩《論畫絕句》一卷

宋犖（1634～1713），字牧仲，號漫堂，綿津山人。晚號西陂老人、西陂放鴨翁。河南商丘人。博學嗜古，工詩詞文，淹通掌故，有詩名。精鑒賞，

富收藏。所得名跡，朝夕研究，常請書畫名家臨門，臨摹副本。耳濡目染，遂得畫法。其畫山水，筆墨蒼秀，構圖嚴謹；水墨蘭竹，疏逸瀟灑。被列爲「康熙十大才子」之一。所著《西陂類稿》50 卷，收入大量詩文雜著。其中《論畫絕句二十六首》，概括評價了古今畫家雅俗工拙之殊、派別之異以及著名鑒藏家鑒識水平，頗爲後人稱道。並參加編纂《四庫全書》，著《綿津山人詩集》、《漫堂說詩》、《江左十五子詩選》、《緯蕭草堂詩》等書。

　　《論畫絕句》一卷不僅收了宋犖題畫詩 26 首，還有朱彝尊的和詩 12 首。宋詩中論古今畫家流派之優劣，其意似偏於北宗，後有王士禎、朱彝尊、朱長衡跋。朱詩則多言明末清初之畫，亦不滿南宗支流畫作之淺薄，後有宋犖跋。《論畫絕句》最早收於風雨樓鄧實編《美術叢書》，十集一百一種，分爲40 冊，清宣統三年（1911）上海神州國光社鉛印本，《論畫絕句》收於第五集，第 17 冊。民國 17 年（1928），上海神州國光社再版《美術叢書》，另增黃賓虹續編，共四集三十四輯，分爲 136 冊，《論畫絕句》收於第五輯，第 17 冊。後於民國 25 年（1936），上海神州國光社三版《美術叢書》，增爲四集四十輯，160 冊。《論畫絕句》亦見第五輯，第 17 冊。1998 年北京古籍出版社據 1947年神州國光社本影印《中華美術叢書》，是書見初集第五輯，叢書第三冊。

2. 清・趙曾望、馮頌媛撰《節足齋題畫》

　　趙曾望（1847～1913），字芍亭，又字蕤亭，號姜汀、綰道人，丹徒（今江蘇鎮江）人。清同治九年（1870）優貢生。學問淵博，精於小學，擅書法，尤工篆刻。能詩，善山水，有畫必題。所爲詩文、筆記、聯語，文筆甚美。著有《江南趙氏楹聯叢話》等。馮頌媛，號香葉女史，趙之妻，亦工詩畫。

　　《節足齋題畫》分上、下卷，上卷爲趙曾望撰，存詩 90 首；下卷馮頌媛撰，收絕句 103 首，雜以詞數首。二卷均題自畫之作。「題語數篇俱無甚深意」，有自序及跋，又有其子宗汴跋。〔註 13〕有清光緒刻本、民國十二年石印本以及民國 13 年（1924）丹徒趙宗抃據清光緒間稿本的影印本。

　　另外有些集子所收較雜，但存有一部分個人題畫詩，如王翬撰《清暉贈言》，作者王翬（1632～1717），清初傑出山水畫家，字石谷，號臞樵、耕煙散人、清暉主人、烏目山人、劍門樵客，江蘇常熟人。嗜畫，「集宋元之大成，合南北爲一手」，創立了所謂南宗筆墨、北宗丘壑的新面貌。與同時代畫家王

〔註13〕余紹宋編撰，書畫書錄解題〔M〕，北京：北京圖書館出版社，2003，368。

時敏、王鑒、王原祁並稱「四王」；合吳歷、惲壽平，世稱「清六家」。所撰《清暉贈言》，乃徐永宣等人編。共十卷、附錄一卷，其中八、九卷爲題畫詩。該編有康熙原刊本、乾隆己未重刊本、道光丙申（1836）重刊本。後收入鄧實輯《風雨樓叢書》本，清宣統三年（1911）鉛印本，順德鄧氏風雨樓依原刊本重鐫，神州國光社出版，該編見第47～49冊。又如完顏景賢撰《三虞堂論書畫目》，作者完顏景賢，字享父，號樸孫，一字任齋，別號小如庵，室名三虞堂〔註14〕，滿洲鑲黃旗人。精於賞鑒，字畫書籍，收藏甚富。《三虞堂書畫目》，蘇宗仁曾爲之校刊。蘇宗仁，字厚如，安徽太平人。上編爲《書畫目》，目共百四十六件。下編爲《碑帖目》、《論書畫詩》，論書畫詩各十首。民國22年鉛印本。

【近代題畫詩集】

（近代題畫詩集盡爲別集，無總集、無選本，故置於清代題畫詩別集後）

1. 徐世昌撰《歸雲樓題畫詩》、《海西草堂題畫詩》

徐世昌（1855～1939），字卜五，號菊人，又號東海、弢齋，別署水竹村人，直隸天津人。清末翰林官至東三省總督、體仁閣大學士。辛亥革命後曾任大總統。工山水，書宗蘇軾。善詩文，設晚晴簃詩社，有「總統詩人」之美稱，終身作詩不輟，1918年輯印《水竹村人詩集》十二卷，1924年刊行《歸雲樓題畫詩》六卷，至1933年刊行《揀珠錄》，共刊行8集76卷，洋洋大觀。並編印《清詩彙》。其詩「優浙而閒適，簡潔而清遠，抒寫性情，曠然無身世之累」。

《歸雲樓題畫詩》皆「隨時興到之作，七絕爲多。除題吳仲圭、董東山、鄭板橋、朱鶴年、浙江石濤及言左兩女士畫外，皆題自畫之作」。〔註15〕前有民國十三年自序。《海西草堂題畫詩》，共十卷，分爲兩冊，徐世昌退耕堂出版，民國25年（1936）刻本。

2. 李傳筠《西山題畫詩》

李傳筠，字紫紆，號西山。江蘇常熟人，生卒、仕履均不詳，1930年前

〔註14〕三虞者，唐虞永興《廟堂碑》冊、虞永興《汝南公主墓誌銘稿》卷、虞永興《破邪論》卷也。

〔註15〕余紹宋編撰，書畫書錄解題〔M〕，北京：北京圖書館出版社，2003，369。

後尚在世，善畫花鳥，師事沙馥山春而凝重過之，明豔而仍古雅。其作畫必題詩，所題貼切典雅，頗自得趣。善寫詩文聯語，著有《西山題畫詩》。溫肇桐《虞山畫學書錄》云此編「凡二卷，收錄作者歷年題畫詩，無刊刻年月。」

3. 徐鋆撰《澹廬讀畫詩》

徐鋆，字貫恂（一作觀群），號澹廬，江蘇南通人。書法融化王、顏、歐、米，又能作六朝造像體。畫無師承，好寫佛、石，亦吟詩唱和。抗戰前逝世。

《澹廬讀畫詩》共收詩 14 首，「有律、有絕、有古風，俱題舊畫之作。每題下略記畫之大概，間有評論。惟寥寥十四種無甚奇跡」〔註 16〕。該書收入《古今文藝叢書》第四集，民國 3 年（1914）上海廣益書局鉛印本。

4. 龔韻珊撰《長喜齋論畫詩》

龔韻珊，女，字玉冊，閩侯（今福州）人。花鳥、草蟲、人物、仕女無不工，尤長指畫。山水得顧若波指授。一時名流如朱古微、鄭叔問、何詩孫、吳昌碩輩，都很推重她。著有《長喜齋論畫詩》。該集有民國 26 年（1937）鉛印本。

5. 李濬《墨耕園課畫雜憶》

《墨耕園課畫雜憶》一冊，石印本。「僅七絕十六首，自為注釋，題為課畫者，據其子學畫而作也。此種小冊本，不必著錄，姑存其名於此而已」。〔註 17〕

以上所列題畫詩集頗為繁多，可見明清直至近代，題畫詩的創作都一直保持著旺盛的生命力。不僅出現了總結歷代題畫詩的巨製類書，還湧現出四十餘種題畫詩別集。這是超越唐宋的再度輝煌。深入比較，明清兩朝和唐宋兩代的題畫詩存在一些發展變化。

首先，就創作者身份而言，唐宋時期的題畫詩人往往是以詩文名世的，如李白、杜甫、白居易、黃庭堅、二蘇、王安石等等，王維雖詩畫並善，可惜不作題畫詩；蘇軾雖偶為畫，然不入畫者之主流。只有少數畫家偶作題畫詩，如李公麟曾作《小詩並畫卷奉送汾叟同年機宜奉議赴熙河幕府》，詩畫並送友人；宋徽宗趙佶的畫上題詩毋須再言，其首創之功更具劃時代意義，但

〔註 16〕余紹宋編撰，書畫書錄解題〔M〕，北京：北京圖書館出版社，2003，340。
〔註 17〕同上。

這些在唐代是沒有的，在宋代也不過是星星之火。然至明清，題畫詩的創作主體轉變成了畫家，上述題畫詩別集的撰寫者絕大部分都是以畫家名世，兼工詩文，如查士標、惲格、石濤、華喦、金農、鄭燮等等，均爲清代畫史上的著名人物。因爲此時畫上題詩的風氣正熾，詩歌與繪畫成爲密切相關、互相輝映的統一體，所以詩歌寫作是畫家必要修養之一。但他們的主要身份還是畫家。由此可見，唐宋到明清，創作者身份由詩人向畫家慢慢傾斜。當然，這兩種不同的創作群體具有一個共同特點，即兼曉詩歌、繪畫創作或鑒賞方面的藝術規律。

其次，就題畫詩與畫面形式關係而言，唐宋兩代的題畫詩在形式上基本與繪畫作品脫離，單獨存在，至多置於畫之首卷與尾部，與畫面內容是分割的。趙佶的創造改變了這種局面，但並沒有改變主流的創作方式。畫上題詩的真正流行是在元明清三朝。由此，引起題畫詩自身形式上的一些變化，唐宋兩朝題畫詩各體並行，無論長達幾十句的古體詩，還是短短四句的絕句，均有創作；而且經常出現組詩。但在明清，受畫面空間的限制，題畫詩形式便偏向於律、絕，題畫詩集中也多見律、絕，甚至僅題一兩句。

其三，就題畫詩功能而言，唐宋時期題畫詩往往流行於友人之間，互贈傳情，是詩人畫家之間交流感情的一種方式，所以更偏重於社會功能。而元明清的題畫詩則偏重於審美功能，因爲詩歌是畫面上的一部分，必須服務於畫面的構圖、意境，所以其審美價值特別突出。

總而言之，題畫詩隨著歷史文化的變遷而發展變化著，由唐宋到明清如此，由古代到近代亦如此。從近代題畫詩集的編撰數量看，此期的題畫詩創作已逐漸衰弱、低靡。而再隨著時間的推移，題畫詩創作的藝術土壤在新時代新文化的潮流衝擊中慢慢流失，現當代題畫詩創作之火近乎熄滅，但歷代題畫詩卻被封存爲過去，演化爲歷史，沉澱了下來，另一個傳播、發揚題畫詩的時代到來了。

三、現當代：題畫詩集編選的高潮期

現當代，古詩詞包括題畫詩，都被擱置在文化海洋的淺灘上，缺失了生長的土壤。但這不意味著消亡，題畫詩成爲一份珍貴的文化遺產繼續保留著。特別是上世紀 80 年代左右，出現了一次編集高潮。錢君匋說：「當前，在文藝勃興的春天裏，按理，題畫詩這朵花也該像其他的花兒一樣，開放得無比

絢麗的，但是，由於缺乏系統的整理和編選，資料雖富而散亂無章，給人們的閱讀和借鑒帶來了很大的不便。」〔註18〕正是出於文化保護和宣傳的目的，更多學者、文人致力於題畫詩的宣傳、傳播工作，湧現出一大批題畫詩類編、選本。

（一）現代

甲、選集

（1）黃頌堯輯《清人題畫詩選》

黃頌堯（1878～1934），名鈞，蘇州人。此編收集清人汪琬、姚鼐、朱彝尊、惲壽平、王士禎、王文治、孫原湘、錢杜、張問陶、費丹旭、查慎行、黃景仁、舒位、王昶等 26 家題畫詩 1200 餘首。書前有章欽亮、沈維鈞序以及編者自序。民國二十四年（1935）上海大華書局出版。

（2）王青芳、賈仙洲選編《題畫詩選》

王青芳（1900～1956），號芒碭山人，安徽蕭縣人。1924 年考入北京美術專科學校，歷任孔德學校、國立北平藝術專科學校教師。長於畫魚、馬等寫意花鳥走獸。畫風一度受徐悲鴻影響，有革新意識，寓意深刻。兼作版畫，因號萬版樓主。亦工篆刻。《題畫詩選》乃王青芳、賈仙洲選編，民國 25 年鉛印本，選輯者自刊，共 284 頁，32 開，有插圖。

（3）沈叔羊編《畫髓室題畫詩詞選》

沈叔羊（1909～1986），沈議。筆名 HK，浙江嘉興人。擅長中國畫，1930年上海美術專門學校西畫系畢業，1935 年赴日本留學，1949 年後在中央美術學院中國畫系任教。著有《談中國畫》、《百花畫譜》等。《畫髓室題畫詩詞選》，民國二十年（1931）初版時書名爲《三洗髓室題畫詩選》（第一集）。民國二十二年（1933）上海的中華書局再版時，內容有所增補，徵引書目 41 種，作者 292 人。分二集，第一集梅蘭竹菊：卷一詩詞，卷二雜體斷句。第二集四季花卉：卷一詩詞，卷二雜體斷句，卷三雜類；附畫法撮要。

乙、別集

（1）王震撰《白龍山人題畫詩》二卷

王震（1867～1938），字一亭，號白龍山人，浙江省吳興人，寄居上海。

〔註18〕洪丕謨，歷代題畫詩選注〔M〕，序言，上海：上海書畫出版社，1983。

海派代表性畫家，花果、鳥獸、人物、佛像，無所不能。早年師從任伯年學習畫法，後又與吳昌碩交往甚密，其作兼兩家之長，筆墨縱橫，雄健渾厚，天真燦漫，意趣盎然，為時人所推重。亦善詩文、書法。著作有《白龍山人詩稿》等。存有《白龍山人題畫詩》二卷，分為 2 冊，民國 16 年鉛印本。

（2）趙石撰《泥道人題畫詩》一卷

趙石（1874～1933），字石農，號古泥，別署泥道人，齋堂為拜缶廬。常熟西唐市（今屬沙洲縣）人。初師李鍾治印，後離沈汝瑾家琢硯。安吉吳昌碩器重，授印訣。後學吳而不為所囿，治印逾萬，氣雄力健，風貌樸茂厚重，斑駁中見精神，名重一時。畫善花卉，風格近李復堂。書擅行楷，宗法顏真卿，雄渾開張，神似翁同龢。工詩。著有《泥道人詩草》、《趙古泥印存》、《泥道人印存》、《拜缶廬印存》、《師米齋印譜》。《泥道人題畫詩》，一卷，民國 22 年（1933）鉛印本。

（3）楊鵬升著、鄭睦烈編《楊鵬升題畫錄》

楊鵬升（1900～1968），別名鐵翁，蓬生，字勁草先生，四川省渠縣人。早年就讀於北大，與蔡元培、陳獨秀、胡適等有師生之誼。曾幾度留學日本，先後任國民黨中央陸軍軍官學校少將高級教官，少將參議、中將高級顧問等職。楊鵬升在書法、國畫、金石、園藝各方面均有造詣。上世紀 30 年代，其作品曾多次在北京、上海和日本等地展出。章太炎先生曾為其選編過數集《楊鵬升印譜》，其印豪邁，郭沫若稱其「蜀派印聖一世雄」。鄭睦烈為其編《楊鵬升題畫錄》，四川世界書局 1943 年出版。該編收詩 200 首，為作者在成都金石書畫展覽會的作品。書前有作者自寫《鐵畫室信條》。

（4）和志敏撰《三友軒第一主人題畫詩鈔》

和志敏，字藤宇，秀才，納西族人，一生好吟詠，有《聯雪軒詩草》。1959年，和志敏逝世。《三友軒第一主人題畫詩鈔》，民國間滇西麗江和志敏稿本，1 冊，毛裝，書名據書衣題。

（5）蔣錫曾撰《違己齋題畫詩》

蔣錫曾（1888～1968），字普生。河北豐潤人。《違己齋題畫詩》，民國間鉛印本。前有《違己齋詩草》一卷，後附各家贈言。

（6）殷履元撰《題畫詩稿》

殷履元所撰《題畫詩稿》，1 冊，線裝，民國間鉛印本。

（二）當代

甲、選集

（1）洪丕謨選注《歷代題畫詩選注》、《題畫詩一百首》

《歷代題畫詩選注》，上海書畫出版社，1983 年版。

　　本書一共收入唐代到近代的題畫詩 287 題 322 首，其中唐代題畫詩 10 題 10 首，宋代題畫詩 29 題 36 首，金代題畫詩 4 題 4 首，元代題畫詩 33 題 33 首，明代題畫詩 83 題 95 首，清代題畫詩 96 題 102 首，近代題畫詩 32 題 42 首。各個詩人題畫詩前有作者介紹，後有詩歌注釋。該選本是按朝代時間順序精選歷代名家題畫的重要詩篇，沒有選擇一般題畫詩集的類分方式。對於畫者學習創作題畫詩而言，類分更方便查找、研究，因此該書的作用偏於詩歌欣賞。

　　該書是現當代最早的題畫詩選注本，是一朵「初放的新葩」（錢君匋序）。作者在卷首語中明確了編集目的及意義：「隨著我國社會主義建設物質文明和精神文明的日益發展提高，整理、繼承和發揚我國文化寶庫中題畫詩遺產，對於充實和豐富人民的精神生活，無疑是一項重要而又有意義的工作。」這基本上可以代表此期題畫詩集編撰者的心聲。

　　《題畫詩一百首》，上海書店，1999 年版。該書共收 78 位詩人的 104 首詩歌。其中唐代 10 位詩人 11 首詩歌，宋代 24 位詩人 36 首，金代僅元好問 1 首，元代 9 人 10 首，明代 10 人 15 首，清代 14 人 18 首，近代 10 人 13 首。篇目排列、由遠漸近、次序井然。

（2）孔壽山《中國題畫詩大觀》

《中國題畫詩大觀》，蘭州：敦煌文藝出版社，1985 年出版；1997 年再版。

　　第一章導論，分三節，分別論述題畫詩的定義與範疇、審美價值與地位、起源與發展。第二章到第八章按魏晉六朝、唐、宋、元、明、清、現代這七個時期收錄題畫詩，編者根據題畫詩發展情況將這七個時期概括為題畫詩的萌渡期、形成期、成熟期、發展期、繁榮期、全盛期、繼承期。第二章分兩漢、魏晉、南北朝三節編選，每節前有簡單概論，詩歌前有作者簡介，後有評析，全書同。收題畫像頌、畫贊、題畫詩 17 題 41 首。第三章選唐代題畫詩，分初、盛、中、晚四節，收初唐 4 位詩人 5 首詩歌、盛唐 14 位詩人 36

首詩歌，中唐 28 位詩人 65 題 71 首，晚唐 46 位詩人 90 題 93 首。第四章選宋代題畫詩，分北宋初、中、晚和南宋初、後期五節，第六節爲金國時代。收北宋初 7 位詩人 8 題 9 首，北宋中 21 位詩人 71 題 80 首，北宋後 14 位詩人 56 題 63 首。南宋初 24 位詩人 60 題 63 首詩歌，南宋後 14 位詩人 36 題 38 首。金國收 20 位詩人 40 題 50 首詩歌。第五章元代，分初、中、後三節，初期收 13 位詩人 57 題 61 首，中期收 14 位詩人 92 題 107 首，後期收 12 位詩人 57 題 65 首。第六章明代，分初、中、後三節，初期收 31 位詩人 89 題 91 首，中期收 30 位詩人 122 題 136 首，後期收 17 位詩人 48 題 54 首。第七章清代，分初、盛、中、晚四節，初期收 30 位詩人 112 題 131 首，盛期收 32 位詩人 168 題 192 首，中期收 17 位詩人 32 題 42 首，晚期收 16 位詩人 22 題 24 首。第八章現代，分「辛亥」之後、「五四」以來、建國以來、臺灣當代四節，第一節收 5 位詩人 14 題 20 首，第二節收 10 位詩人 51 題 57 首，第三節收 19 位詩人 70 題 85 首，第四節收 14 位詩人 25 首。後有結語《題畫詩的繼承問題》及參考文獻、後記。

該書收錄歷代詩歌較多，且非單純地羅列詩歌，選、論結合，釐清了題畫詩發展脈絡，提供了豐富的研究資料，其題畫詩研究具有重要的參考價值。

（3）丁炳啟編著《題畫詩絕句百首賞析》、《古今題畫詩賞析》、《歷代畫家題畫詩賞析》

《題畫詩絕句百首賞析》，北京：語文出版社，1985 年版。

編者選錄了思想、藝術方面比較優秀的題畫詩，並適當收入了有關藝術創作規律、方法、流派、作者的美學思想等方面具有一定特色的作品，共 111 首題畫詩。唐代只選了劉禹錫、白居易、羅隱、韋莊 4 人的 4 首題畫詩，宋代選了 13 位詩人的 26 首題畫詩，有作者介紹和詩歌說明（即賞析）、注釋，「注釋上力求通俗，而賞析則力求把詩中的意境剖析出來，並按作者的構思進行分析」（吳雲序）。

《古今題畫詩賞析》，天津人民美術出版社，1991 年版。

本書收集了自南北朝至現當代有代表性的 219 位詩畫家的 402 首題畫詩，包括詩文作者簡介、詩文、注釋、簡析，對每首詩予以詳解評說。

又，《歷代畫家題畫詩賞析》，天津科學技術出版社 2012 年版。

（4）劉繼才、柳玉增編《中國古代題畫詩釋析》

《中國古代題畫詩釋析》，蘭州：甘肅人民出版社，1986 年版。

該集所選作品上自六朝，下至清末，共 178 篇。其中東晉、南齊、隋題畫詩各 1 首，唐代 28 首，宋代 40 首，金元兩朝 40 首，明代 29 首，清代 37 首。近現代大多題畫詩選集都從唐代詩人開始，而此書將東晉桃葉《答王團扇歌》、南齊丘巨源《詠七寶扇》、隋大義公主《書屏風》這三首詩歌編入，編者並在引言中明確把「完美題畫詩」的出現年代定在六朝，這是該書特點之一。

（5）吳企明主編《中國歷代題畫詩》

《中國歷代題畫詩》，北京：語文出版社，2006 年版。

本書精選唐、宋、元、明、清歷代題畫詩一千首，突出著名詩畫家，兼顧一般詩畫家；突出絕句詩體，兼顧多種詩體；突出山水、人物、花鳥畫，兼顧其他畫科。為每首詩寫了「注釋」和「評說」，並簡要注明詞語、地名、人名、名物、典故。本書是一部中型題畫詩選本。

該書先列出所選詩篇的來源出處，詩歌來源於詩家別集、詩歌總集、歷代書畫題跋記專著、現存畫跡等。然後介紹詩人和畫家的生平概況，作畫、題詩的本事，評述畫幅和詩篇的藝術成就，詮釋全篇詩意。編排以人為綱，每位詩人各列若干題畫詩，按生平時間順序排列，生卒年不詳，附於同時代人後。為便於查檢，本書於書後附一「分類目錄」，分十四類，即山水、樹石、名勝（含古跡）、人物（含寫真、故實、仙佛、仕女）、花卉、竹石、花鳥、禽鳥、走獸、草蟲、鱗介、蔬果、雜題。該書前有 20 幅上題詩歌的繪畫作品。

該書按時代順序而編，然未明確標明時代的分割，有些介於兩朝的作者無法歸於某一朝代。根據統計，該書千首詩歌中收唐代約 51 位詩人的 93 題 95 首題畫詩，宋代約 53 位詩人的 102 題 137 首詩歌。

【斷代題畫詩選注】

（1）孔壽山編注《唐朝題畫詩注》

《唐朝題畫詩注》，成都：四川美術出版社，1988 年版。

前言中編者論唐代題畫詩，共 31 頁。全書根據唐朝時代分為初、盛、中、晚四章，每章前面都對每一時期的題畫詩發展特點作了簡單概括與論述。初唐收 4 位詩人 6 首題畫詩，盛唐收 15 人 53 首詩，中唐收 31 人 78 首詩，晚唐收 47 人 85 題 89 首詩歌。後有附錄《唐朝題畫詩分類目錄》，將所收的題畫詩按照人物道釋、山水木石、花竹翎毛、畜獸雜畫四種歸類，標注了作者

名，若能注明詩歌在書中的頁數，會更加方便讀者。

　　作為斷代題畫詩選本之一，該書在編選題畫詩的同時分析論述唐朝題畫詩演變發展的痕跡，偏重於史的角度，更具學術性，有利於唐代題畫詩的深入研究。

　　（2）劉海石選注《清人題畫詩選注》

　　《清人題畫詩選注》，瀋陽：遼海出版社，1998 年版。

　　編者從清人詩文集和有關著述及所見繪畫中選錄了 107 人的 274 首題畫詩，起自錢謙益，終於譚嗣同。按作者出生先後編排，生卒年不詳者，按其大約活動年代插編；未按類編排，意在縱觀。所選題畫詩力求代表性，名家為主。而介於明末清初的詩人，其明末之作也偶選一二。有關詩人、畫家都作簡介；少數無資料可查者標明「未詳」。

　　和 1935 年出版的黃頌堯輯《清人題畫詩選》相比，此本所選題畫詩作者有明顯增加，有其四倍多，但詩歌數量卻明顯減少，因此所選詩歌均是作家代表作數篇，適宜讀者閱讀、欣賞。黃本則更適合作為學術研究的資料。

　　（3）陳履生注《明清花鳥畫題畫詩選注》

　　《明清花鳥畫題畫詩選注》，成都：四川美術出版社，1988 年版。

　　前有溫肇桐序《淺談題畫詩》。全書收明清作家 48 位題花鳥畫詩 800 餘首，涉及各類題材 360 餘種。編排上，以作者的出生年月為序，從繪畫題材說，先花卉後禽鳥，而以梅、蘭、竹、菊冠於其首。蔬果、草蟲、魚藻、走獸等雜畫亦收入，並對所選詩作了簡單注釋。注釋並非一詩一注，而是針對某一作家，先簡介其生平，再盡列其被選詩歌，在羅列詩歌之後再列其注。該書特點在於既是斷代題畫詩集，又是專門收取某一畫科的題畫詩詩集，這是題畫詩集中較為少見的。

　　此外，有些題畫詩集是以字帖的形式編撰的，如徐子久編《歷代題畫詩小楷字帖》（北京燕山出版社，1987 年版）。該書收《金冬心畫竹題記》、《金冬心先生畫梅題記》、《柯九思題畫詩》，前兩篇為題記，最後一部方為題畫詩卷，收元人柯九思 87 題 93 首題畫詩。又如杜江主編《歷代書法名家草書集字叢帖》（天津人民美術出版社，2000 年版）第二輯中共收題畫詩一百首、書論一百則、宋詞一百首、唐詩一百首，分四冊，主要目的在於收錄我國歷代書法名家草書作品。還有《李越行書惲壽平題畫詩十七首》、《劉崢行草書題畫詩選》（北京：華夏出版社，2000 年版）、蕭菲等編《唐寅行書題畫詩》（收

於《明清書法墨跡叢帖：九眞集法帖》三，南寧：廣西美術出版社，2000 年版）、《劉炳森隸書黃知秋題畫詩》（天津楊柳青畫社，2006 年版）等。這些書雖然包含題畫詩，但因編撰目的不在題畫詩，而在字帖，故而在題畫詩編輯上著力不深。

乙、類編

（1）周積寅、史金城編《中國歷代題畫詩選》

《中國歷代題畫詩選》，杭州：西泠印社，1985 年版，1998 年再版。

該書收入 137 位詩人的 541 首詩歌，分人物、山水樹石、花卉翎毛、梅蘭竹菊四編，題人物畫詩歌收 71 首，題山水樹石的詩歌收 174 首，題花卉翎毛的詩歌 150 首，題梅蘭竹菊的詩歌 146 首。各個詩人題畫詩前有作者介紹，後有詩歌注釋。所選詩歌來源於歷代題畫詩著述和有關詩文集以及歷代繪畫作品，比較準確可靠。且因收詩較精，注釋清楚、分類編排，利於學習，所以流傳甚廣，影響頗深。

此書前有編者言，附元代王冕、明代陳洪綬、徐渭、沈周、清代鄭板橋、李魚單和近代吳昌碩寫有題畫詩的八幅圖畫；後有附錄《題畫詩著述要目》，雖難免存在一些錯漏，但提供了較爲豐富的題畫詩資料。

（2）李德壎編著《歷代題畫詩類編》

《歷代題畫詩類編》，山東教育出版社，1987 年版，分上、下兩冊。

該書卷前有凡例，共 8 條，一一說明了選詩情況、編排方式、詩歌來源、注釋及附錄情況等。本書共收自唐至近代的題畫詩共 2400 餘首，所涉詩人、畫家共 800 餘人。前有編者論文：《中國題畫詩鑒賞引論——題畫詩的發展及其藝術特色》，上冊所收題畫詩分爲山水類、天文類、地理類、名勝類、古跡類、樹石類、漁樵類、行旅類，下冊題畫詩分爲閒適類、人像類、仕女類、故實類、花卉類、蘭竹類、翎毛類、蔬果類、鱗蟲類、走獸類，共 18 類。分類是爲適應讀者查檢需要，根據詩的內容，按照國畫的沿習，酌情而分，大致以詩人所處朝代及其生年的先後爲序排列。後有附錄《詩人及畫家姓名筆劃索引》及詩人畫家小傳（1300 頁～1406 頁）。小傳收 800 個詩人、畫家的生平簡介，按朝代及生年先後排列。《索引》以筆劃爲序，同筆劃者以起筆點、橫、直、撇爲序，只取前兩字。本書以《御定歷代題畫詩類》等書爲參考，書目甚眾，未能一一列出。所收詩歌一般均選自善本，並參以不同版本校勘；

個別名畫家所題的詩採自畫上。注釋簡明扼要，間有評點賞析，對於典故、畫論以及艱深的辭語則稍詳，注釋不避重出。

（3）任世傑編寫《題畫詩類編》

《題畫詩類編》，合肥：安徽美術出版社，1989 年版。

該書前有郭因序《中國的題畫詩》。本書選編了從唐到清代的題畫詩，分爲花鳥篇、山水篇、人物篇三部分。花鳥篇中收唐代杜甫 3 首、景雲 1 首、白居易 2 首，宋代蘇軾 4 題 9 首，黃庭堅 2 首、朱熹、趙佶、陳與義各 1 首、鄭思肖 2 首。金代收元好問 1 首，元代收了 7 位詩人的 8 首詩歌，明代收 11 位詩人的 18 題 23 首詩歌，清代收 5 位詩人的 18 題 19 首。山水篇中收唐代袁恕己、王維、李白、皇甫冉、岑參、杜甫、劉商、羅隱、白居易等 13 位詩人 15 首詩歌；宋代收了 8 位詩人的 11 首詩歌，其中蘇軾 3 首、陸游 2 首、黃庭堅、李唐、張耒、范成大、樓鑰、張孝祥各 1 首；金代收 5 位詩人的 7 首詩，元代收了 11 位詩人的 16 首詩歌，明代收 9 位詩人的 14 題 18 首詩歌，清代收 4 位詩人的 11 首詩歌。人物篇中收唐代杜牧、薛媛各 1 首，宋代收梅堯臣、歐陽修、蘇軾、黃庭堅、李綱、陸游、楊萬里 7 位詩人的 11 首詩歌，收元代 6 位詩人的 7 首詩歌、明代 3 位詩人的 7 首詩歌、清代 2 位詩人的 4 首詩歌。

（4）于風選注《古代題畫詩分類選編》

《古代題畫詩分類選編》，廣州：嶺南美術出版社，1991 年版。

本書共收入自唐至清 230 位作者的詩歌 724 題 807 首，分爲山水園林、道釋人物、樹石花果、鳥獸魚蟲四類，歸爲四編。另有幾首與詩畫有關的作品，作爲附錄一「其他雜類」存於書後，收 8 題 13 首詩歌。並將「詩作者簡介・姓氏筆劃索引」作爲附錄二存於書後，方便檢索。該書所收明代以前的作品，主要選自陳邦彥的《歷代題畫詩類》；清代的作品，則分別從有關著述中選錄，重點參考了周積寅、史金城選注《中國歷代題畫詩選注》等書，與周書在選題、分類以及注釋方面存在著些許差異，並有所增補。

（5）張晨主編《中國題畫詩分類鑒賞辭典》

《中國題畫詩分類鑒賞辭典》，瀋陽：遼寧美術出版社，1992 年版。

本書收入唐代至近代 125 位詩人、畫家的 505 首題畫詩作。兼顧不同時期、不同流派、不同形式，以詩爲主體，酌收少量詞、曲。本書分四卷：題

花鳥蟲魚畫、題山水畫、題人物畫、題畫組詩。凡組詩選篇收入前三卷。前三卷，卷下又分類，共計 35 類。正文中作家排列，以生年先後爲序，歸入同一類的同一詩人作品，原則上按原選本或作品編年順序。鑒賞體例包括導語、鑒賞文章、分析等；凡標明具體類別者均置有導語，原則上一首詩一篇鑒賞文章，組詩及組詩選篇則幾首乃至幾十首合在一起分析；原作中需要解釋的字、詞、典故，一般不另加注，隨文說明。並選歷代書畫名作 120 幅。後附題畫詩作者小傳及題畫詩名句佳句索引。

（6）麻守中等編《歷代題畫類詩鑒賞寶典》

《歷代題畫類詩鑒賞寶典》，長春：時代文藝出版社，1993 年版。

該書前有編者談題畫詩。編者將題畫詩分爲花草樹木、山水田園、鳥獸蟲魚、人物及其他五類。雖內含次序，但不免雜亂。如黃庭堅《題華光爲魯公卷作水邊梅》放在「花草樹木」的第四首，但在後面又出現了專門的「梅」類，顯然有些雜亂。

因題爲「鑒賞寶典」，所以該書重在詩歌鑒賞，對詩歌的分析、賞析較爲精細。

（7）石理俊主編《中國古今題畫詩詞全璧》

《中國古今題畫詩詞全璧》，石家莊：河北教育出版社，1994 年版。

前有雷正民序。全書分爲梅蘭竹菊、花果鳥獸、山水名勝、人物風情、雜題集錦五編，分爲 2 冊。第一編又分爲梅、蘭、竹、菊及合景五種；第二編分花卉、蔬果、翎毛、走獸四種；第三編分爲風雲雨雪、海江濱瀑、峰巒丘壑、林木畫石、村舍山居、四季景觀、名勝古跡、山光水色八種；第四編分歷史故事、人像寫眞、農牧漁樵、行旅遊歷、仕女圖象、閒情逸趣、仙佛神鬼、小說戲曲、民俗風情和其他雜畫十種；第五編僅雜題集錦一種。後有附編作者簡介及索引，約有 600 餘位作家。另有結語《題畫詩的繼承問題》。該書收詩較爲全面、系統，且所選詩詞具備一定的欣賞性。

（8）馬成志編著《梅蘭竹菊題畫詩》、《牡丹芍藥題畫詩》

《梅蘭竹菊題畫詩》，天津楊柳青畫社，1997 年版，1999 年再版。

本書選集了晉、南北朝至清代多位名家題詠梅蘭竹菊的詩詞近 500 首，分類羅列各朝代的題畫詩。其中有很多詠物詩，如蕭綱《雪裏賞梅花》、庾信《詠梅花》等。

《牡丹芍藥題畫詩》，天津楊柳青畫社，2008 年版。

（9）韓豐聚，孫恒傑主編《題畫詩選釋》

《題畫詩選釋》，石家莊：河北美術出版社，2000 年版。

本書以富涵畫意、短詩為選詩的標準，選收了上迄《詩經》下至近現代詩歌（含詞、曲）共 5880 首，劃分為風景、花卉、草木、果品等十大類，分為四大冊。

其選詩標準較為特別，編者選擇富涵畫意，除原本題於畫上之詩〔註 19〕外，其他可用於題畫之詩也予收錄。範圍極其廣泛，甚至包括很多非題畫詩。如山水類前幾首詩歌為曹操《觀滄海》、顧愷之《深情詩》、蕭繹《出江陵縣還》、孔稚珪《遊太平山》、王之渙《登鸛鵲樓》等等，諸如此類詩歌不過是山水寫景的詩歌，根本談不上題畫詩。類似情況在該書中屢見不鮮，如杜甫《曲江對海》、《小寒食舟中作》、《堂成》、《曲江》等；李白《望天門山》、《早發白帝城》、《望廬山瀑布》等；王安石《江上》、《若耶溪歸興》、《登飛來峰》、《遊鍾山》等，都不是題畫詩，屬於編者所定義的「富涵畫意……可用於題畫」的詩歌，是編者為詩歌功力薄弱的當代畫家題詩需要而搜集的寫景詩，而這些詩歌卻在集中佔有很大的分量。而且，編者為此而傾向於短詩的收錄，一般在八行以內，最長者（個別有代表性的優秀詩篇）為十行上下。這也不符合題畫詩集編撰的求全原則。因此，筆者認為，此書命名為《題畫詩選釋》，不妥，該收的題畫詩因詩文偏長而不收，不該收入的寫景詩卻大量收錄。本書正文作品順序，按如下原則：一、劃分風景、花卉、草木、果品、瓜茱、禽鳥、魚蟲、畜獸、人物等十大類，依次排列。各大類中，又按作品內容分作若干小類。例如，「風景類」中又分為山水、春景、夏景、秋景、多景等若干部分。二、在每一小類內，依詩的篇幅和句式之別，先短後長。如四言、五言、七言詩及詞曲間的順序即依次而來，四言在前，詞曲最後。三、同一小類內篇幅及詩句長短相同的作品，大致按作者朝代和生平排列順序，作者不詳的在最後。

本書正文體例，首先錄出原詩，其次，對詩中疑難字、詞及典故作必要的注釋，並對生僻字和多音字注出漢語拼音。然後進行解說。解說以簡明扼

〔註 19〕編者謂「原本題於畫上之詩」，此種題法欠妥。唐宋詩歌基本上不題詩於畫上，形式的變化自趙佶始，元明清發揚之。編者此處所謂應為專門題畫的詩歌，即我們所研究的題畫詩。

要爲原則，旨在幫助讀者理解詩的大意。該書後附有《詩人小傳》，依詩人姓氏筆劃爲序。

該書雖卷帙浩大，但因選詩過泛，所以若以此書爲題畫詩研究資料，尚缺嚴謹、專業，更談不上全面、系統，不過可以作爲畫家作畫題詩時的資料參考，這也是編撰者的初衷。此集典型說明了題畫詩集編撰的一個極其重要的存在原因，即爲當代畫家題詩之用，這是題畫詩「古爲今用」的重要用途之一。

近年來還有周向濤編《歷代題畫詩雅集》（黃山書社，2010 年版）、陳洙龍編《中國歷代畫家山水題畫詩類選》（人民美術出版社，2012 年版）、葉曉山編《山水花鳥題畫詩》（天津楊柳青畫社，2011 年版）、郝良彬編《牡丹題畫詩冊》（中國書店，2011 年版）等編撰成果。

丙、別集（九十年代左右：題畫詩別集的回潮期）

（1）齊白石著；澍群選注《齊白石題畫詩選注》

齊白石（1863～1957），原名純芝，號渭青、蘭亭，後改名璜，號瀕生，別號白石、白石老人，別署杏子塢老民、星塘老屋後人、借山吟館主者、寄萍、齊大、木居全、湘上老農、三百石印富翁等，湖南湘潭人。詩、書、畫、印無不卓絕，白石自認爲篆刻第一，詩詞第二，書法第三，繪畫第四。著有《借山吟館詩草》、《白石詩草》、《白石老人自傳》等。出版有《齊白石全集》等各種畫集近百種。

《齊白石題畫詩選注》，長沙：湖南美術出版社，1987 年版。該書輯錄了白石老人的題畫詩 400 餘首，並對詩歌作了相應注釋，書末則附其畫 16 幅。

（2）張宗祥書《張宗祥題畫詩墨跡》

張宗祥（1882～1965），字閬聲，號冷僧，別署鐵如意館主，浙江海寧人。建國後任西泠印社社長、浙江圖書館館長等職。畢生致力於古籍校勘，共抄校古籍近萬卷，他主持補抄文瀾閣《四庫全書》，使之與湖山並存，厥功甚偉。他博聞強記、學識淵博，於文史、書法、繪畫、詩詞、金石、戲曲、醫學、考古、水利諸多方面均有造詣；尤精於書法，用筆起訖分明，書風倜儻俊逸，著有《臨池隨筆》、《書學源流論》、《論昔人書法》、《論書絕句》等書法論著。善繪畫，有《冷僧書畫集》。作畫題詩，《張宗祥題畫詩墨跡》即集其題畫之詩文墨跡，杭州：浙江人民美術出版社，1997 年版。

（3）郭沫若撰、郭平英編《郭沫若題畫詩存》

郭沫若（1892～1978），原名郭開貞，筆名郭鼎堂、麥克昂等。四川樂山人。現當代作家、詩人、劇作家、歷史學家、考古學家、古文字學家、社會活動家。著作等身，收入《郭沫若文集》（17 卷）和《郭沫若全集》。《郭沫若題畫詩存》，由其女郭平英整理編輯而成，太原：山西教育出版社，1997 年版。

（4）陳國釗著《陳國釗題畫詩稿》

陳國釗（1912～1995），別名逐生，湖南長沙人。擅長中國畫。1931 年畢業於上海藝專。歷任湖南華中美術學校美術教員、教務主任，省美術工作室副主任、省文化局文化處處長。湖北省博物館館長。

《陳國釗題畫詩稿》，附圖版八頁，武漢：湖北美術出版社，1997 年版。

（5）王康樂《王康樂題畫詩文墨跡本》

王康樂（1907～），浙江奉化人。1924 年考入上海商務印書館圖畫部，先後從黃賓虹、鄭午昌、張大千習山水畫。現為上海市文史研究館館員、上海美術家協會會員、黃賓虹研究會顧問、滬港大風堂書畫會副會長。著有《王康樂山水畫集》等。

《王康樂題畫詩文墨跡本》，杭州：西泠印社，1998 年版。該書收集了作者多年來隨畫隨題的詩文，多為一時感想，或自勉旁白等，均為畫外之意趣妙句。

（6）黃純堯著《黃純堯題畫詩稿》

黃純堯（1925～2007），四川成都人。師承徐悲鴻、黃君璧、謝稚柳、傅抱石、陳之佛諸先生，長期從事中國畫史教學與研究，同時進行山水畫創作。曾創作大量三峽題材繪畫，雄秀兼備，雅俗共賞，詩書畫結合，被譽為「黃三峽」。

《黃純堯題畫詩稿》，成都：四川人民出版社，2000 年版。該書包括「黃山雲海」、「登高望雲海」、「黃山松」、「黃山清涼臺觀雲」、「黃山三絕」、「雲海滔滔」、「黃山奇秀」、「黃山雲起」等近 400 篇詩作。

（7）光一編著《吳昌碩題畫詩箋評》

吳昌碩（1844～1927），浙江安吉人，初名俊，後改名俊卿，字香補、香圃，中年字蒼石、昌碩、昌石、倉碩，因得友人所贈古缶，故號缶廬、缶道人，別號有樸巢、苦鐵、破荷亭長、五湖印丐等，七十歲後又署大聾。中國近代傑出藝術家，乃當時海上畫壇、印壇領袖。其書法、繪畫、篆刻、詩詞無一不精，

繪畫以篆書筆法入畫，線條凝煉遒勁，氣度恢宏古樸，渾厚蒼莽。書法著力於《石鼓文》，深研數十年，所作石鼓文，自出新意，用筆結體，一變前人成法，力透紙背，獨具風骨。繪畫以花卉爲主，師任伯年，自稱「三十學詩，五十學畫」，以金石書法之筆法入畫，畫風震撼當時，影響巨大。著有《缶廬集》、《缶廬印存》。

　　《吳昌碩題畫詩箋評》，杭州：浙江人民出版社，2003 年版。編者光一收集整理吳詩 801 首，詞 6 首，並選其中 300 餘首予以箋評。光一，李弘偉，號自然子，浙江安吉人。前有吳長鄴、劉江序，後有編者《淺論吳昌碩詩歌》一文。

（8）啟功《啟功題畫詩墨跡選》、《啟功題畫詩》

　　啟功（1912～2005），字元白，也作元伯，滿族，愛新覺羅氏，是清世宗的第五子和親王弘晝的第八代孫。曾從賈義民、吳鏡汀習書法丹青，從戴姜福修古典文學，後受業於陳垣。中國當代著名教育家、國學大師、古典文獻學家、書畫家、文物鑒定家、詩人。著有《古代字體論稿》、《詩文聲律論稿》、《啟功叢稿》、《啟功韻語》、《啟功絮語》、《啟功贅語》、《漢語現象論叢》、《論書絕句》、《論書札記》、《說八股》、《啟功書畫留影冊》等。

　　《啟功題畫詩墨跡選》，侯剛、章景懷編，收詩 112 首，均爲啟功畫上題詩，且詩畫並呈。北京師範大學出版社，2004 年版。該出版社 2009 年又出版了《啟功題畫詩》。

（9）史敏齋主編《四王題畫詩輯注》

　　「四王」即指明末清初四位畫家：王時敏、王鑒、王翬和王原祁。「四王」皆以董其昌爲師，臨摹過大量古畫。主張師古，循規蹈矩，筆筆講求來歷、出處。其中王時敏、王鑒、王原祁爲太倉人，王翬爲常熟人。太倉亦稱婁東，故又稱「婁東畫派」。王時敏、王鑒爲董其昌畫友，王翬是他們的學生，王原祁是王時敏的孫子。他們的山水畫創作趨於傳統，法度嚴謹，底蘊深厚，得元人三昧，奉爲繪畫「正宗」，受皇帝青睞，乃清代主流畫派。

　　《四王題畫詩輯注》收於《婁東文化叢書》（杭州：西泠印社，2005 年版），乃太倉市史志辦公室組織編輯，爲宣傳當地文化計。

（10）黃君璧著《黃君璧題畫詩》

　　黃君璧（1898～1991），本名韞之，別名允瑄，號君璧。生於廣東廣州，卒

於臺灣臺北。1914 年入廣東公學,後研習中西繪畫,曾任職於廣州市立美術專科學校、中央大學藝術系、國立藝術專科學校。建國後去臺灣,任職於臺灣師範大學藝術系。擅畫山水,師承漸江、夏圭,傳統功底深厚。筆墨氤氳,蒼勁有力,氣勢雄壯。亦能作工筆仕女和花鳥,清新秀逸。著有《黃君璧書畫集》、《黃君璧的藝術生涯》等。《黃君璧題畫詩》,臺灣出版,具體的出版地及年代不詳,全書共 112 頁。

（11）李守真著、華藝廊編《題畫百詠》、《李守真題畫詩選》

李守眞（1909～2003）,字之望,廣東增城人,齋號喜雨樓。嶺南畫派代表人物。1930 年就學於嶺南藝苑,師從趙少昂,並深得名師高劍父、高奇峰的賞識。由於天資聰穎,勤奮不輟,僅兩三年時間已領悟和掌握嶺南畫派的技藝,開始活躍於藝壇,名噪一時。其題畫詩集由華藝廊編輯,《題畫百詠》、《李守眞題畫詩選》收於《華藝廊叢書》,廣州:嶺南美術出版社,2006 年版。

此後還有徐世昌、張良暹著《退園題畫詩》（台中:文聽閣圖書有限公司 2009 年版）、《楊耀題畫詩》（齊魯書社 2009 年版）、《楚默題畫詩三百首》（上海三聯書店 2010 年版）、劉景晨《貞晦題畫絕句》（香港出版社 2011 年版）、《段友生題畫詩詞選》（人民美術出版社 2012 年版）、《陶博吾詩文墨蹟:題畫詩抄》（江西美術出版社 2013 年版）等。

通過對現當代題畫詩別集的搜集,可以發現題畫詩別集編撰在建國後有這樣幾個發展特徵:一、數量上比清代大大減少,上世紀 90 年代左右算是題畫詩別集編撰的一次回潮期。三、所收詩歌數量也相應減少,無法再現清代題畫詩創作的輝煌。二、大多數是後人編集而成,而非自編。這三個方面都說明了現當代題畫詩創作無可避免的逐漸衰落之趨勢。

綜觀現當代題畫詩集的編撰情況,相對於唐宋、明清兩大時期而言,這一時期有其獨特的發展趨勢,概括起來有如下三點:一是選集注本的大量出現。孫紹遠《聲畫集》之後,歷經唐至清五朝,少有題畫詩選本,現當代尤其是上世紀八、九十年代是一個編選選本的高潮;二是著力於類編的編撰,在清代陳邦彥《御定歷代題畫詩類》之後,類編在上世紀 80 年代末開始盛行;三是別集數量的減少。從題畫詩集的編撰情況中,亦可探知題畫詩的發展脈絡。主要表現在三個方面:

其一、創作的衰頹。這有時代的原因,辛亥革命後中國進入了一個嶄新的時代,新文化的革命浪潮席卷中華大地,用於古詩文創作的語言「文言文」

被「白話文」排擠到歷史的牆角，這必然導致題畫詩創作的衰退。我們所看到的現當代題畫詩別集雖有十餘部，但別集作者生活在 19 世紀末 20 世紀初至中葉，跨近代與現當代，這一時期出生的人，自小接受傳統國學教育，詩畫兼善。此期畫家也繼承了畫上題詩的風尚，所以這一批題畫詩作家是元明清題畫詩繁榮創作的延續，如果以流水作比，唐宋題畫詩的創作狀態好比百川，元明清時期則是百川歸海，近現代則是海入百川，漸至細流，很有可能在當代面臨乾涸的險境。

其二、傳播的延續。雖然題畫詩在創作上漸趨靡弱，但題畫詩被打上歷史封印，同時成爲中華民族文化中的一份特殊寶藏，很多編者抱著傳播歷史、汲取精華的目的搜集、編選題畫詩，應運而生了眾多的題畫詩選集和類編。于希寧爲《歷代題畫詩類編》所作序言明確闡述了整理輯注題畫詩的目的：「一方面是爲了挖掘祖國文化藝術寶庫中雖是光輝燦爛，但還未完全引起大家注意的這一部分；另一方面，使大家有機會得到學習更多的題畫詩，促使所繪國畫更有詩意，境界更高，效果更佳。以開拓思路，擴大題材。這部書的問世，既可作爲藝術院校的教材和教學參考，又可供廣大國畫習作者閱讀欣賞，以便於利用這一古老的文學形式去爲四化開創新局面，獻上一束鮮花。」〔註20〕此言概括了題畫詩編撰者共同的出發點和題畫詩價值重新發揮的重要意義。

其三、研究的興起。很多題畫詩集在前言、序言中都對題畫詩作了深入研究。如周積寅《中國歷代題畫詩選》、孔壽山《中國題畫詩大觀》、李德壎《歷代題畫詩類編》、張晨《中國題畫詩分類鑒賞辭典》等集均有論及。而且這種研究不僅出現在集子中，還有一大批有關題畫詩的論文，這在緒論中已有詳談。

由此可知，題畫詩在新時代裏並非走向了衰亡，而是以一種新的傳播方式滋養著國人的精神食糧。夏冠洲曾談及題畫詩在當代的命運：「當代社會並非是題畫詩的衰亡期，紮根於民族文化心理和審美心理的題畫詩，有其繼續存在的價值和土壤，因而它仍然具有著旺盛的藝術生命力。題畫詩作爲一種中華民族的先進文化，具有強大的自我調節再生能力，因而能夠與時俱進的，他屬於綻苞怒放的藝術百花中的一朵，完全可以以新的藝術形態在新的時代

〔註20〕李德壎・歷代題畫詩類編〔M〕上冊，序言，濟南：山東教育出版社，1987，4。

裏得到健康發展。」〔註21〕雖然在文革時期異常的政治氣候中這朵花兒曾經銷聲匿跡過，但上世紀 80 年代後的宣傳高潮又再度喚起其強大的藝術生命力，相信在新世紀裏題畫詩這種詩畫交融的特殊載體能夠得到進一步關注和研究。

第二節　宋後題畫詩集選錄唐宋題畫詩情況

　　唐宋題畫詩是唐宋詩畫關係的有形載體，唐宋題畫詩的編撰與流傳直接關係著詩畫關係的發展以及後人對唐宋詩畫關係的認知程度，先總結一下唐宋題畫詩在一些宋後題畫詩集中的選錄情況：

表 5：宋後題畫詩集選錄唐宋題畫詩統計表

時代	類別	題畫詩集	所收唐代題畫詩數量	所收宋代題畫詩數量
清		陳邦彥《御定歷代題畫詩類》	158 題 161 首	792 題 1014 首
現當代	選本	洪丕謨《歷代題畫詩選注》	10 題 10 首	29 題 36 首
		孔壽山《中國題畫詩大觀》	196 題 205 首	231 題 253 首
		丁炳啓《題畫詩絕句百首賞析》	4 題 4 首	20 題 26 首
		劉繼才《中國古代題畫詩釋析》	28 題 28 首	36 題 40 首
		吳企明《中國歷代題畫詩》	93 題 95 首	102 題 137 首
		孔壽山《唐朝題畫詩注》	268 題 280 首	——
	類編	周積寅《中國歷代題畫詩選》	10 題 10 首	41 題 45 首
		李德壎《歷代題畫詩類編》	52 題 53 首	274 題 319 首
		任世傑《題畫詩類編》	23 題 23 首	33 題 38 首
		于風《古代題畫詩分類選編》	21 題 24 首	33 題 39 首
		張晨《中國題畫詩分類鑒賞辭典》	30 題 30 首	55 題 60 首

　　從上表中，可知迄今爲止陳邦彥《御定歷代題畫詩類》是收錄唐宋題畫詩最爲全面的一部詩集，考察該集對唐宋題畫詩及詩畫關係的意義十分必要。該書收了唐代 82 位詩人的 158 題 161 首詩歌，其中杜甫 14 題 16 首、方

〔註21〕夏冠洲，論題畫詩，新疆師範大學學報（哲學社會科學版）〔J〕，2003（4）：176。

干 8 題 8 首、白居易 7 題 7 首、李白和劉商各 6 題 6 首、顧況 5 題 5 首、張祜 4 題 5 首、釋齊己 4 題 4 首、元稹 3 題 5 首，岑參、高適、劉禹錫、劉長卿各 3 首，王建、伍喬、吳融、李頻、李頎、杜荀鶴、皇甫冉、施肩吾、柳公權、梁鍠、張籍、陸龜蒙、歐陽炯、鮑溶、羅隱、皎然等 19 人各 2 首，上官儀、宋之問、陳子昂、王季友、獨孤及、王昌齡、王維、韓愈、柳宗元、司空圖、朱灣、徐凝、李商隱、錢起、韋應物、韋莊、羊士諤、孫逖、儲光曦、戴叔倫、李涉、李群玉、溫庭筠、李遠、皮日休、景雲、張喬、趙璜、馬戴等 50 位詩人各 1 首。另有段成式、張希復、鄭符三人合作詩 2 首。此書收了宋代 112 詩人的 792 題 1014 首詩歌，其中蘇軾 81 題 116 首、黃庭堅 61 題 74 首、陸游 37 題 40 首、范成大 34 題 46 首、蘇轍 32 題 61 首、樓鑰 30 題 37 首、陳造 34 題 31 首、楊萬里 25 題 26 首、梅堯臣 23 題 25 首、白玉蟾 18 題 22 首、文同 18 題 18 首、韓駒 17 題 20 首、晁說之 16 題 17 首、晁補之 14 題 24 首、陳與義 13 題 18 首、王炎 11 題 14 首、陳克 2 題 14 首、王安石 13 題 13 首、王庭珪與戴復古各 12 題 13 首、劉子翬 12 題 12 首、郭祥正與孔武仲各 10 題 11 首、鄒浩 6 題 20 首、劉克莊 9 題 18 首、張耒 8 題 10 首、釋道潛 6 題 10 首，李綱 9 題 9 首、王十朋與方岳各 8 題 9 首，釋惠洪 5 題 8 首，司馬光、歐陽修、劉宰各 7 題 7 首，張栻 6 題 7 首，文天祥 5 題 7 首，秦觀 4 題 7 首，張平仲 2 題 7 首，文彥博、陳師道、魏了翁各 6 題 6 首，朱松與程俱各 5 題 6 首，呂本中、蔡襄、謝翱各 5 題 5 首，米芾與姜夔各 4 題 5 首，王昌輔、孫覿、鄭思肖各 3 題 4 首，陳傅良、賀鑄、劉叔贛（劉攽）、韓琦各 4 題 4 首，李昂英、邵雍、范純仁、黃庶、趙忭、饒節各 3 題 3 首，王安中 2 題 3 首，米友仁 1 題 3 首，王令、何夢桂、林逋、范仲淹、范濬、陳普、楊後、戴奎各 2 首，晏殊、王禹偁、王阮、朱喬年、辛棄疾、沈與求、沈文通、李膺仲、李觀、周必大、林亦之、林景清、林景熙、胡瑗、眞德秀、倪巨濟、張九成、張載、張耒、陸九淵、曾鞏、程頤、程顥、葉盛、謝邁等 39 人各 1 首。

　　這部書提供了很多在詩史上不被注意的卻在題畫詩上有豐富成就的作家及詩歌，如白玉蟾等。和《聲畫集》相比，《御定歷代題畫詩類》無論在詩歌數量還是編排方式上都有很大進步。不僅在編排原則、方法上大有改進，分門別類更加精細詳盡，凡例說明清晰周密，而且在所選詩人、詩歌數量上也有了大幅度的增加：

表6：《聲畫集》與《御定歷代題畫詩類》收錄唐宋題畫詩情況對比

題畫詩集	所收唐代詩人數量	所收唐代題畫詩數量	所收宋代詩人數量	所收宋代題畫詩數量
《聲畫集》	17人	47題49首	84人	561題776首
《御定歷代題畫詩類》	82人	158題161首	112人	792題1014首

　　唐代詩人增加了近5倍，詩歌增加了3倍多；宋代詩人增加了近30位，詩歌數量則增加了好幾百，這個數字相當驚人，陳邦彥搜羅之功顯見。在第一章中已經深入討論了《聲畫集》對於唐宋詩畫關係的價值意義，《御定歷代題畫詩類》所選的題畫詩同樣也具有「因詩而知畫」的價值。陳邦彥和孫紹遠一樣將同一題材的詩歌彙集一處，從這些不同時代同一題材的詩歌中可看出所題繪畫作品的經眼與流傳，並在比較中得知題畫詩發展演變的趨勢。如王維《輞川圖》，後人題詩8題11首：宋代文彥博《題輞川圖後》、韓琦《次韻和文潞公題王右丞輞川圖》，元代劉因《輞川圖》、王惲《王右丞輞川圖》4首、馬祖常《王維輞川引業詩圖》、貢師泰《題王維輞川圖》、鄧文原《王維高本輞川圖》、吳鎮《右丞輞川圖》，如今《輞川圖》已經失傳，這些詩歌可以幫助我們瞭解到它的畫面內容和收藏情況，並有助於把握王維詩畫藝術成就。又如《武夷九曲棹歌圖》，自宋代李綱、白玉蟾、辛棄疾、方岳，元趙友士、葉西澗、韓元吉、蕭子和，至明周斌、王燧，題的都是這一幅畫，這對於瞭解此畫的繪畫內容及收藏情況顯然大有裨益。而從不同時代同類題材的比較中也可看出繪畫發展的某些審美趨向，如與陶淵明有關的人物或山水題材，瀟湘、陽關之類的山水名勝等等，都是畫家常取題材。卷三十七故實類中題《歸去來圖》的有24首，自宋黃庭堅始，金代劉迎、王若虛、路鐸、劉迥，元代劉因、王惲、程巨夫、錢選、趙孟頫、范梈、揭傒斯、朱德潤、尚野、盧摯、張天英，到明代張以寧、陳顥，共有18人題詩，卷三十一古跡類題《桃源圖》的更多，有35首之多，作者從唐韓愈、宋王十朋、魏了翁到明王世貞，有28位詩人圍繞這一題材的繪畫作品題詩，充分說明諸類題材在歷朝歷代的受重視程度，也反映出畫家、詩人對陶淵明精神的鍾愛。

　　因此，《御定歷代題畫詩類》對於唐宋題畫詩的搜集、整理、總結，不僅帶給題畫詩研究充分、重要的資料，而且對唐宋詩畫關係具有重要的研究價值，為唐宋題畫詩的傳播和唐宋詩畫關係的認可做出貢獻。

　　在現當代題畫詩集中，孔壽山對唐宋題畫詩的收集、整理貢獻較大，編選了數量不菲的題畫詩作者及詩歌，其所編題畫詩集是現當代題畫詩集的典型。《中國題畫詩大觀》按歷史時代收集唐代題畫詩 196 題 205 首、宋代 231 題 253 首，並將唐朝定為題畫詩的形成期，宋朝定為成熟期。《唐朝題畫詩注》則是一部專門收集唐代題畫詩的選本，收 268 題 280 首題畫詩，並論述了各個時期的發展特徵。在此以該本為例，說明它對於傳播和體現唐宋詩畫關係的意義。

　　首先，該本特點在於將唐朝題畫詩分期概括，梳理題畫詩發展的脈絡。第一章初唐概況選了上官儀 1 首、宋之問 2 首、陳子昂 2 首、袁恕己 1 首，詩歌前有作者簡介，後有較為詳細的詩歌注釋和論述精到的編者解析。孔壽山認為題畫詩正式誕生於這一時期。第二章盛唐概況收了李隆基、張九齡、孫逖、王昌齡、儲光羲、徐安貞、李收、景雲等 8 位詩人各一首，王維、梁鍠各 2 首，李頎、高適、岑參各 3 首，李白 11 首，杜甫 20 題 22 首。另附有陸游詩 2 首作對比參考。孔壽山認為此期是題畫詩空前發展的時期，詩歌作者和數量均是初唐的幾倍；詩歌質量上，思想內容深刻，藝術手法高超，堪為後世題畫詩之法則，充分肯定盛唐題畫詩的地位。第三章中唐概況收劉長卿、錢起、獨孤及、郎士元、盧綸、皇甫冉、王季友、韋應物、戴叔倫、竇群、顧況、王建、劉商、朱灣、羊士諤、柳宗元、李程、李行敏、韓愈、劉禹錫、李賀、張籍、元稹、白居易、牟融、徐凝、柳公權、懷素、皎然、薛濤諸人 72 題 78 首。此期的作者人數據《全唐詩》統計為 31 人，數量上僅本集所選就有 78 首，題材較寬，吟山水、花鳥、人物均有。第四章晚唐及五代收了楊汝士、鮑溶、施肩吾、章孝標、張祜、李涉、杜牧、李商隱、趙璜、馬戴、李明、李群玉、溫庭筠、李頻、陸龜蒙、司空圖、顧雲、張喬、方干、韋莊、荊浩、羅隱、貫休、齊己等 47 人 85 題 89 首詩歌。編者在大量詩歌中精選出能夠代表某一時期特徵的題畫詩，基本上反映了唐代題畫詩的全貌。

　　其次，該本第二個特點在於詩歌具體的選、注、析和宏觀上的論相結合。從具體的選、注、析看，該書選輯了較為全面、系統的題畫詩，作者介紹較為簡略，但重視注釋工作，篇末略加評析，著力於題畫詩具體的寫法研究。從宏觀上的論看，編者對各個時期的題畫詩特徵都作了詳細論述，而且明確了題畫詩即詩畫結合的產物，認為「作為詩畫結合的題畫詩」正式誕生於初唐，歷盛、中、晚唐，逐漸發達起來。他還在中唐概況中特別指出「工畫山

水樹石的劉商親自寫了六首題畫詩，在寫法上已經不同於一般的吟畫詩，而是把詩與畫結合得更加緊密，似開畫家題詩之風」。這些都是對詩畫關係的直接論述。並且，孔壽山認同題畫詩「因詩而知畫」的美學價值，譬如他指出晚唐題畫詩在內容上能夠反映繪畫發展情況與社會變化面貌：題山水畫的詩歌有 46 首，佔了半數，說明此期山水畫創作的繁榮；題人物畫的有 15 首，反映人物畫創作雖然減少，但依舊有世俗要求；題花鳥畫也更加豐富。並專門指出此期題畫詩中出現了水墨山水、墨梅等，以此說明筆墨和繪畫發展的關係已到了一個新階段。

孫壽山的這兩部選集都較爲注重詩歌注釋和評析，深入淺出；而且在編選詩歌的同時分析論述唐宋兩朝題畫詩演變發展的痕跡，著重從史的角度定位這兩個時期在題畫詩史上的地位。選本最重要的貢獻則在於對詩畫融合觀念的總結與傳播。所以現當代包括孫壽山選本在內的題畫詩集不僅是唐宋題畫詩傳播的有力工具，而且是唐代題畫詩和詩畫關係研究的重要資料。

題畫詩是詩畫融合的有形載體，題畫詩藝術生命的延續直接關乎著詩畫關係在新時代裏的認知。從上述題畫詩集的編撰情況中，我們得知詩畫融合的理念已經深入人心。而詩畫融合正是借助題畫詩這一平臺，深深紮根於民族的文化心理與審美心理，這是一種精神的記憶，難於磨滅。唐宋詩歌是古代藝術的巔峰，唐宋題畫詩的編輯與流傳也是受眾需要的必然結果，唐宋詩畫關係的重要意義就隨著唐宋題畫詩的流傳保留了下來。

下　編

　　畫譜與題畫詩，均屬詩畫關係中可捕捉、可搜集的有形載體。當然，並非所有的畫譜都能體現詩畫關係，一般有兩種畫譜對詩畫融合起著重大作用：一種是在內容的闡述上表現出詩畫融合的美學思想；一種是在形式上完成詩畫結合的詩畫譜，詩、畫並呈。到了宋代，這兩種類型的畫譜都已誕生，前一種以《宣和畫譜》為典型，後一種以《梅花喜神譜》為代表。

第四章 宋代官刻畫譜——
《宣和畫譜》研究

　　《宣和畫譜》（圖 4-1）乃宋宣和年間（1119～1125）記錄宋徽宗朝內府所藏諸畫之書，爲我國藏畫著錄書中最早的一部巨製。全書共 20 卷，所載231 人，計 6396 軸。分爲十門：一道釋、二人物、三宮室、四蕃族、五龍魚、六山水、七鳥獸、八花木、九墨竹、十蔬果。編製體例較爲完備，有總序、敘目、小序，各門前有敘論，概論各門畫科的基本情況。與此前畫學著作相比，《宣和畫譜》卷帙浩大、收藏甚眾、分類細緻、內容豐富，前所未有。關於其版本，謝巍《中國畫學著作考錄》一書中著錄《宣和畫譜》版本 22種，〔註 1〕現存最早的本子是元大德年間吳文貴刊本。關於其作者及成書年代，學界存在爭議，有趙佶說、蔡京說、童貫說，甚至有名出金元說。不過普遍認爲是書於徽宗時期編纂而成，乃官方所修之繪畫目錄著述。這部專門著錄宮廷藏畫之書對於研究當時繪畫創作、畫學制度、美學思想，具有極高的學術價值。在此著重探討《宣和畫譜》中的詩畫觀及其對於詩畫關係發展的重大意義。

第一節　「作畫如作詩」——《宣和畫譜》中的詩化創作觀

　　《宣和畫譜》雖然是一部著錄宮廷藏畫的書，但編者在各畫科門類之前

〔註 1〕謝巍，中國畫學著作考錄〔M〕，上海：上海書畫出版社，1998，l61。

均設敘論，且對每一位畫家都做了簡單論述。在這些閃耀著繪畫思想的言論中，可捕捉到宋人對於詩畫關係的認知。《宣和畫譜》中反映出來的詩畫關係主要表現在題材、畫法的借鑒和意境的互融上，具體表現在「依詩作畫」、「詩法入畫」和「詩中有畫、畫中有詩」三點上。

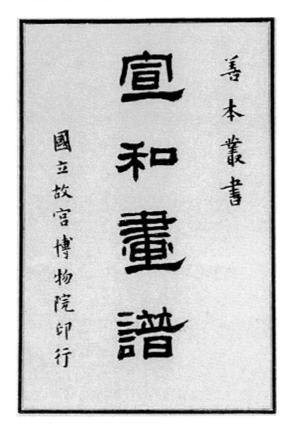

圖 4-1　《宣和畫譜》（景元大德本，線裝 3 冊）

一、題材：「依詩作畫」

依詩作畫是詩畫關係具體形式上的重要一端。據現有資料表明，依詩作畫應起源於兩漢魏晉時代。漢宣帝甘露三年（公元前 51 年），曾在麒麟閣上畫《十一功臣像》，「法其形貌，署其官爵姓名」〔註2〕，這是畫上題字的最早記載。真正依詩作畫的最早記載應是後漢劉褒根據《詩經》中的《北

〔註 2〕〔漢〕班固撰，〔唐〕顏師古注，漢書〔Z〕，卷五十四，蘇武傳，瀋陽：遼海
　　　　出版社，2000。

風詩》與《雲漢詩》所作的圖畫,「會畫雲漢圖,人見之覺然,又畫北風圖,
人見之覺涼」〔註3〕;晉明帝司馬紹有《毛詩圖》二、《豳詩七月圖》傳於
後世〔註4〕;衛協亦有《毛詩北風圖》、《毛詩黍離圖》,「巧密於情思」〔註5〕;
顧愷之「重嵇康四言詩,因為之圖」〔註6〕。到了詩、畫並盛的唐朝,依詩
作畫的範圍更加廣泛,一些畫家取同時代人的詩歌內容入畫,譬如張志和「常
漁釣於洞庭湖。初顏魯公(顏眞卿)宦吳興,知其高節,以《漁歌》贈之。
張乃為卷軸,隨句賦象,人物、舟船、鳥獸、煙波、風月,皆依其文,曲盡
其妙,為世之雅律,深得其態」〔註7〕。段贊善採鄭谷《雪詩》景物圖寫之,
「曲盡蕭灑之思」。肅宗朝宰相揆之族子李益有《征人歌》、《早行篇》,「好事
者盡圖寫為屏障。如『回樂峰前沙似雪,受降城外月如霜』之可是也」〔註8〕。
而且,唐人開始將自己的詩歌取作畫材,如王維同裴迪唱和的《輞川集》絕
句二十首,詩人作《輞川圖》附之,「岩岫盤動,雲水飛動」〔註9〕,與詩歌
相得益彰、映照生輝。雖然,唐人已有依詩作畫的意識與行動,但並沒有成
為唐人文藝活動的主要內容,文人雅士們不過是剛剛學會用這種方式去充實
自己的藝術生活,本屬無意識的個體自發行為。宋人繼承並充實之,使其成
為一種普遍性的社會性行為,具有了特殊的社會價值。最有力的證明就是畫
院出詩題取士。鄧椿《畫繼》中記載,徽宗時期「始建五嶽觀,大集天下名
手,應詔者數百人,咸使圖之,多不稱旨。自出之後,益興畫學,教育眾工,

〔註3〕 後魏孫暢之《述畫記》、西晉張華《博物志》、唐張彥遠《歷代名畫記》中均
　　　　有記載。
〔註4〕 〔唐〕張彥遠《歷代名畫記》卷五「晉明帝」條謂「明帝司馬昭,字道幾,(下
　　　　品上)。元帝長子。……(彥遠)曾見晉帝《毛詩圖》,舊目云羊欣題字,驗
　　　　其跡,乃子敬也。《豳詩七月圖》、《毛詩圖》二、……傳於代……」(吳孟復、
　　　　郭因編,張勁秋校注,中國畫論〔Z〕,卷一,合肥:安徽美術出版社,1995:
　　　　120~121。)
〔註5〕 〔唐〕張彥遠,歷代名畫記〔M〕,卷五,吳孟復、郭因編,張勁秋校注,中
　　　　國畫論〔Z〕,卷一,合肥:安徽美術出版社,1995,121。
〔註6〕 〔唐〕房玄齡等撰,晉書〔Z〕,第八冊,卷九十二,顧愷之傳〔Z〕,北京:
　　　　中華書局,1974,2405。
〔註7〕 〔唐〕朱景玄,唐朝名畫錄〔M〕,吳孟復、郭因編,張勁秋校注,中國畫論
　　　　〔Z〕,卷一,合肥:安徽美術出版社,1995,67。
〔註8〕 〔宋〕郭若虛,圖畫見聞志〔M〕,卷五,故事拾遺,吳孟復、郭因編,張勁
　　　　秋校注,中國畫論〔Z〕,卷一,合肥:安徽美術出版社,1995,366。
〔註9〕 〔宋〕郭若虛,圖畫見聞志〔M〕,卷五,故事拾遺,吳孟復、郭因編,張勁
　　　　秋校注,中國畫論〔Z〕,卷一,合肥:安徽美術出版社,1995,362。

如進士科，下題取士，復立博士，考其藝能」〔註10〕。敕令公佈課題於天下，以試畫工。相傳的詩題有「踏花歸去馬蹄香」、「野水無人渡，孤舟盡日橫」、「亂山藏古寺」、「竹鎖橋邊賣酒家」、「嫩綠枝頭紅一點，惱人春色不在多」、「蝴蝶夢中家萬里，杜鵑枝上月三更」，重在詩意的傳達，這充分說明中國繪畫功能由禮教向審美的一大轉變。依詩作畫，追求繪畫詩意化已然成為宋人一種獨特的審美標準和風尚。〔註11〕

《宣和畫譜》記載了前代及當代繪畫創作的真實情況，其中錄入了不少選取詩歌題材作畫的例子：

> 顧大中，江南人也。善畫人物、牛馬，兼工花竹。嘗於南陵巡捕司舫子臥屏上，畫杜牧詩：「南陵水面漫悠悠，風緊雲繁欲變秋。正是客心孤迥處，誰家紅袖憑江樓。」殊有思致，見者愛之，而人初不知其名，未甚加重。後為過客宿舫中，因竊去，乃更歎息。（卷七《人物三》）

> 張萱，京兆人也。善畫人物，而於貴公子與閨房之秀最工。其為花蹊竹榭，點綴皆極妍巧。以《金井梧桐秋葉黃》之句，畫《長門怨》，甚有思致。（卷五《人物一》）

> 杜楷，成都人。善工山水，極妙；作枯木斷崖，雲崦煙岫之態，思致頗遠。又圖寫昔人詩句為之，亦可以想見其胸次耳。（卷十《山水一》）

> 文臣王穀，字正叔，穎川郾城人。有吏才，於儒學之外，又寓興丹青，多取今昔人詩詞中意趣寫而為圖繪。故鋪張布置，率皆瀟灑。（卷十二《山水三》）

> 宗室士腆，善畫寒林晴浦，得雲煙明晦之狀，悅若憑高覽物，寓目於空曠有無之間，甚多思致。往時蘇舜欽有「寒雀喧喧滿竹枝，輕風淅瀝玉花飛」之句，今士腆遂畫《寒雀畏雪圖》者，類此也。（卷十六《花鳥二》）

上述所列畫家均取詩句作畫，因意境高遠，胸次廣闊瀟灑，故而作品頗有「思

〔註10〕〔宋〕鄧椿，畫繼〔M〕，卷一，聖藝，吳孟復、郭因編，張勁秋校注，中國畫論〔Z〕，卷一，合肥：安徽美術出版社，1995，782。

〔註11〕此段論點及相關論據在緒論一《論詩畫關係的發生與確立》中亦有闡述，略有重合。因本章論述需要，仍予保留。

致」。從這幾則例子中，可以總結出一條被時人認可的創作規律：以詩入畫能夠提高作品的思想境界，使之不同於凡品。因此，宋代畫家比較喜歡創作詩意圖，《宣和畫譜》多有著錄，有閻立德《沈約湖雁詩意》2 幅、周文矩《詩意繡女圖》、許道寧《秋山詩意圖》2 幅、黃筌《詩意山水圖》5 幅、《秋山詩意圖》4 幅、黃居寀《詩意山水圖》、李時敏《詩意圖》、郭熙《詩意山水圖》2 幅，共 7 位畫家 18 幅詩意圖。（圖 4-2）郭熙便是一位積極主張依詩作畫的畫家，其子郭思曾搜集其「嘗所誦道古人清篇秀句，有發於佳思而可畫者」，如唐代詩人羊士諤《望女幾山》、長孫佐輔《尋山家》、竇鞏《寄南遊》、杜甫《客至》、王維《終南別業》，宋代詩人王安石「六月杖藜來石路，午陰多處聽潺湲」、魏野「數聲離岸櫓，幾點別州山」、盧雪「渡水褰驢雙耳直，避風贏什一肩高」；郭思亦有助記，如老杜「遠水兼天淨，孤城隱霧深」、韋應物「春潮帶雨晚來急，野渡無人舟自橫」、姚合殘句「天遙來雁小，江闊去孤帆」、錢惟演「雪意未成雲著地，秋聲不斷雁連天」，總共四首七絕，十二聯五七言詩，郭熙父子的總結充分證明詩歌在當時已經成為繪畫創作的重要題材之一，畫家於筆墨之外，重思想，以形象藝術表詩中之神趣。到宋代，依詩作畫這種取材方式已是一種自覺行為，再加上皇室的倡導，迅速普遍化、大眾化，成為宋代繪畫藝術最典型的特色。而這正是宋代在中國詩畫關係發展史上的獨特貢獻之一。

圖 4-2　宋・趙葵《杜甫詩意圖》（局部）

二、畫法：「詩法入畫」

詩畫交融不僅體現在題材的借鑒上，而且在創作技法上也進行了交流，畫家開始倡導以詩法作畫。《宣和畫譜》對此多有論及。其中對宋代著名畫家李公麟的記載頗具代表性：

> 繪事尤絕，爲世所寶。博學精識，用意至到。凡目所睹，即領其要。始畫學顧陸與僧繇、道玄及前世名手佳本，至磅礴胸臆者甚富，乃集眾所善以爲己有，更自立意專爲一家，若不蹈襲前人，而實陰法其要。……大抵公麟以立意爲先，布置緣飾爲次，其成染精緻，俗工或可學焉；至率略簡易處，則終不近也。蓋深得杜甫作詩體制，而移於畫。如甫作《縛雞行》，不在雞蟲之得失，乃在於「注目寒江倚山閣」之時；公麟畫陶潛《歸去來兮圖》，不在於田園松菊，乃在於臨清流處。甫作《茅屋爲秋風所拔歎》，雖衾破物漏非所恤，而欲「大庇天下寒士俱歡顏」。公麟作《陽關圖》，以離別慘恨爲人之常情，而設釣者於水濱，忘形塊坐，哀樂不關其意。其它種種類此。唯覽者得之。故創意處如吳生，瀟灑處如王維。謂《華嚴會》人物可以對《地獄變相》，《龍眠山莊》可以對《輞川圖》是也。此皆摭前輩精絕處，會之在己，宜出塵表。……從仕三十年，未嘗一日忘山林，故所畫皆其胸中所蘊……公麟歎曰：「吾爲畫，如騷人賦詩，吟詠情性而已，奈何世人不察，徒欲供玩耶？」（第七卷《人物三》）

論者分析公麟畫的精絕處在於「深得杜甫作詩體制而移於畫」，那「杜甫作詩體制」究竟是何種詩法？怎樣運用到繪畫創作中？答案也在這段論述中，即「立意」二字。「意」作爲美學範疇的含義是深廣的，不過這裡的「意」應指創作者的思想情感與主觀精神。因爲李公麟是這樣說的：「吾爲畫，如騷人賦詩，吟詠情性而已。」他學習詩歌「吟詠情性」的抒情特質，以詩人感知自然的思維角度來構思畫面，在繪畫作品中表現個人的思想情感。

論者還舉了杜甫、李公麟的幾個具體作品作對比分析。如杜甫作《縛雞行》「小奴縛雞向市賣，雞被縛急相喧爭。家人厭雞食蟲蟻，不知雞賣還遭烹。雞蟲於人何厚薄，我令小奴解其縛。雞蟲得失無了時，注目寒江依山閣」，詩歌內容寫的是養雞則傷蟲、救蟲則傷雞的矛盾。詩人的高明處在於結語，「宕開一筆，

妙不說盡」〔註12〕，由議論而爲寫景，由平實入空靈，逸宕生姿，韻味悠長。詩歌中流溢出來的是杜甫憂國憂民而又無能爲力的苦悶心情。故言「不在雞蟲之得失，乃在於『注目寒江倚山閣』之時」。李公麟作陶潛《歸去來兮圖》，學的即是杜甫抒情寫意的做法，「不在於田園松菊，乃在於臨清流處」，「田園松菊」是自然景色，「臨清流處」才眞正是陶淵明放情置性之所，清流洗去的是世俗的塵埃，隱含的是歸隱之思。李公麟完全把握住陶淵明詩文中內斂的人格精神，所以他要畫出陶淵明的高風亮節以及難以摹畫的高遠意境。「龍眠解說無聲句，時向煙雲一傾吐。戲拈禿筆臨冰紈，寫出淵明賦歸去。林端飛鳥倦知還，陌上征夫識前路。因君勒石柴桑裏，便覺九原人可起。盧山未是長寂寥，挽著高風自君始」（僧善權《王性之得李伯時所作〈歸去來圖〉，並自書淵明詞刻石於琢玉坊，爲賦長句》）、「眼看百年夢事，足踏萬里清流。取意裁成句法，何必更下輕鷗」（《奉題性之所藏李伯時畫淵明三首》其一），題畫詩肯定了公麟對畫境的成功營造，他完成了「悠然見南山，意與秋氣高」（蘇軾《題李伯時淵明東籬圖》）的高遠境界。又如杜甫作《茅屋爲秋風所拔歎》，「雖衾破物漏非所恤，而欲『大庇天下寒士俱歡顏』」，詩人不爲外界的窘困而自憐，而是胸襟廣闊，爲天下謀，表現出杜甫的崇高品格。李公麟作《陽關圖》，取王維《送元二使安西》詩意，表達「賴是丹青無畫處」的離情慘恨，也沒有大肆鋪染離愁別緒，而是「設釣者於水濱，忘形塊坐，哀樂不關其意」，看似簡單，卻內涵深意，「李君此畫何容易，畫出漁樵有深意」（張舜民《……李君自畫陽關圖，並詩以送行，浮休居士爲繼其後》）、「斷腸聲裏無形影，畫出無聲亦斷腸」，「渭城柳色關何事，自是離人作許悲」（黃庭堅《題陽關圖二首》）、「誰遣伯時開縞素，蕭條邊思坐中作」（蘇轍《李公麟陽關二絕》其一），觀者就從水邊一漁樵的畫面景物中讀出畫家深寓其中的離愁別恨。這些畫作成功的關鍵即在於「意」。正因公麟「以立意爲先，布置緣飾爲次」，所以作品外在形式上的「成染精緻」，「俗工或可學」；而作品的內在深意，「率略簡易處，則終不近也」。因此論者以爲，學習詩法之「立意」，乃公麟創作不二法門。

　　從《宣和畫譜》的論述中，不難看出論者十分讚賞「得作詩體制」的畫作，顯然推崇以詩法作畫的方式，這基本上代表了當時的創作趨向。宋朝有不少畫家採用詩法作畫，如宗室趙叔儺，「善畫，多得意於禽魚，每下筆皆默合詩人句法。或鋪張圖繪間，景物雖少而意常多，使覽者可以因之而遐想。昔王安石有

────────────────

〔註12〕　〔清〕沈德潛選，唐詩別裁集〔M〕，上海：上海古籍出版社，1979。

絕句云：『汀洲雪漫水溶溶，睡鴨殘蘆晻靄中。歸去北人多憶此，每家圖畫有屏風。』叔儼所畫，率合於此等詩，亦高致也。」又如文臣王穀，「多取今昔人詩詞中意趣寫而爲圖繪，故鋪張布置，率皆瀟灑」。繪畫的主要功能是摹形，但在畫題取士的社會氛圍中，依詩作畫大規模興起，使得畫家主動學習詩歌做法，培養他們表達難以摹寫的抽象情感的能力。「寓興丹青」遂成爲宋代畫家不同於前代畫家的一個重要特徵。《宣和畫譜》對此類畫家及其作畫特點多有記載：

> 李成……善屬文，氣調不凡，而磊落有大志。因才命不偶，遂放意於詩酒之間，又寓興於畫，精妙初非求售，唯以自娛於其間耳。故所畫山林、藪澤、平遠、險易、縈帶、曲折、飛流、危棧、斷橋、絕澗、水石、風雨、晦明、煙雲、雪霧之狀，一皆吐其胸中而寫之筆下。如孟郊之鳴於詩，張顛之狂於草，無適而非此也。筆力因是大進。於時凡稱山水者，必以成爲古今第一，至不名而曰李營丘焉。（卷十一《山水二》）

> 徐熙，金陵人，世爲江南顯族。所尚高雅，寓興閒放，畫草木蟲魚，妙奪造化，非世之畫工形容所能及也。（卷十七《花鳥三》）

> 羅塞翁，乃錢塘令隱之子。爲吳中從事，喜丹青，善畫羊，精妙卓絕，世罕見其筆。隱以詩名於時，而塞翁獨寓意于丹青，亦詞人墨客之所致思。（卷十四《畜獸二》）

> 文臣文同，字與可，梓潼永泰人。善畫墨竹，知名於時。凡於翰墨之間，託物寓興，則見於水墨之戲。（卷二十《墨竹》）

> 文臣李時雍，字致堯……喜作詩，或寓意丹青間，皆不凡，作墨竹尤高，遂將與文同並馳。（卷十二《山水三》）

無論是工畫山水的李成、黃齊，善畫花鳥的徐熙、羅塞翁，還是以墨竹名世的文同、李時雍，他們作畫都遵循一個共同的創作規律，即「寓興於畫」。眾所周知，「感物言志」原是中國文學最具民族原生性的思維和表現模式，所謂「詩言志，歌永言，聲依永，律和聲」（《尙書·堯典》），「詩者，志之所之也，在心爲志，發言爲詩。情動於中而形於言」（《毛詩序》）。抒情雖是詩歌的基本功能，但自然物色常能引起詩人、畫家的思端情媒，畫家也慢慢學會了詩人的這種作詩方法，寓意丹青，使繪畫超越了簡單的物象描摹，成爲傳達畫者情感的重要載體。米友仁曾借用揚雄的話來闡述這一觀點：「子云以字爲心畫，非窮理者其

語不能至是。畫之爲說，亦心畫也。從古莫非一世之莫乃悉爲此，豈市井庸工所曉？」〔註13〕揚雄原句謂「故言，心聲也；書，心畫也；聲畫形，君子小人見矣」〔註14〕，所謂「心畫」，就是負載著主體心靈世界的圖卷，它是作者將感悟形之於手的結晶。小米自題《瀟湘白雲圖》跋云：「昔陶隱居（弘景）詩云：『山中何所有，嶺上多白雲。但可自怡悅，不堪持寄君。』余深愛此詩，屢用其韻跋與人。」亦云：「世人知余善畫，竟欲得之，甚少有曉余所以爲畫者，非具頂門上慧眼者，不足以識，不可以古今畫家者流求之」〔註15〕，「此畫非大貴人可得，亦非大富者可求，實一世之所共知，因戲作小詩於畫云：亂山深處是煙霞，雨暗晴暉日夕佳，要識先生曾到此，故留戲筆在君家」〔註16〕，是以得知米友仁不把繪畫作品作爲供人賞閱的玩物，而是抒寫自我、愉悅自我的載體。《宣和畫譜》同樣推崇這種精神，如李成「寓興於畫，精妙初非求售，唯以自娛於其間耳」（卷十一《山水二》）；宋道「善畫山水，閒淡簡遠，取重於時。但乘興即寓意，非求售也，其畫故傳於世者絕少」（卷十二《山水三》），趙仲僩「遇興來，見高屏素壁，隨意作畫，率有佳趣；或求則未必應也」（卷十六《花鳥二》），高克明「時人有以勢利求者，未必答；朋友間有願得者，即欣然與之」（卷十一《山水二》）。譜中卷十五《花鳥敘論》就此作了理論總結：「繪事之妙，多寓興於此，與詩人相表裏焉」，「寓興丹青」成爲宋代畫家創作要訣之一。

那麼，繪畫創作對於抒情寫意的推崇爲何沒有在宋前充分顯露？唐代是否也有這樣的作畫方法？要回答這些疑問，必然要瞭解繪畫抒情寫意的最佳表現方式，即水墨這種特殊的繪畫語言。準確地說，是王維創造了這種繪畫語言。唐代還是一個青綠山水雄霸畫壇的時期，色彩語言的成熟反而抑制了情感的自由表達，青綠山水嚴謹工細，很難藉此抒發心中激情，這自然與士大夫藉書畫愉悅心境的初衷背道而馳。王維因創此法，以點線之剛柔疾徐、欹側反正，墨色之深淺濃淡、乾濕枯潤傳達胸中的情感運動，追求任眞率性、自然渾成的情境，蘇軾因此以「詩中有畫」、「畫中有詩」美譽之。唐代畫家中除王維外還有

〔註13〕　〔明〕朱存理，珊瑚木難〔M〕卷三，米元暉畫卷，《景印文淵閣四庫全書》本，集部268，台北：臺灣商務印書館，1983，85。

〔註14〕　〔漢〕揚雄著，錢杭整理，揚子法言〔M〕，問神，濟南：山東畫報出版社，2004。

〔註15〕　〔明〕張丑，清河書畫舫〔M〕，米友仁《贈李振叔水墨雲山圖》自跋，《景印文淵閣四庫全書》本，台北：臺灣商務印書館，1983。

〔註16〕　〔明〕朱存理，珊瑚木難〔M〕卷三，米元暉畫卷，《景印文淵閣四庫全書》本，集部268，台北：臺灣商務印書館，1983，85。

一位用墨高手王洽，《宣和畫譜》卷十《山水一》載其「善能潑墨成畫，時人皆號爲王潑墨。性嗜酒疏逸，多放傲於江湖間，每欲作圖畫之時，必待沉酣之後，解衣磅礴，吟嘯鼓躍，先以墨潑圖幛之上，乃因似其形象，或爲山，或爲石，或爲林，或爲泉者，自然天成，倏若造化。已而雲霞卷舒，煙雨慘淡，不見其墨污之跡，非畫史之筆墨所能到也。宋白喜題品，嘗題洽所畫山水詩，其首章云：『疊巘層巒一潑開，細情高興互相催。』此則知洽潑墨之畫爲臻妙也」。王洽也是通過水墨創作寄寓其高情逸興。就唐代繪畫的整體情況而言，雖然出現了王維、王洽這些用墨先驅，創作出「思致高遠」、「畫中有詩」的作品，但這僅是個別現象，且局限於山水畫科，並非普遍的社會文化現象，也沒有在當時引起世人的認可和追摹。而以詩法作畫風氣的形成應在宋代，此時的水墨畫已躍居畫壇要地，所以《宣和畫譜》中著錄的水墨作品數量大幅度增加，水墨山水已經成熟，如「文臣燕肅……胸次瀟灑，每寄心於繪事，尤喜畫山水寒林，與王維相上下，獨不爲設色」（卷十一《山水二》），專事水墨，且畫藝超妙。不僅如此，水墨花鳥也發展起來，如「宗室（趙）令松，字永年，與其兄令穰俱以丹青之譽並馳。工畫花竹，無俗韻。以水墨作花果爲難工，而令松獨於此不凡」（卷十四《畜獸二》），內臣樂士宣「晚年尤工水墨，縑綃數幅，唯作水蓼三五枝，鸂鶒一雙，浮沉於滄浪之間，殆與杜甫詩意相參」（卷十九《花鳥五》），一個是宗室，一個是內臣，都是院內畫家，統治集團內部的人亦喜作水墨，且合詩意，於此可見水墨風行之一斑。《宣和畫譜》因此還專門將「墨竹」單列一門，這在前代畫學著作中均未出現過，值得注意。

《宣和畫譜》中另有一些論述是通過詩歌的創作方式及相關現象來解釋繪畫創作，這也從某種程度上說明了詩歌與繪畫之間的密切關聯。譬如「范瓊，不知何許人也，寓居成都，與陳皓、彭堅同時，俱以善畫人物、道釋、鬼神得名。……有《烏瑟摩像》設色未半而罷，筆蹤超絕，後之名手，莫能補完。是猶杜甫詩曰『身輕一鳥過』，初傳之者，偶闕一『過』字，而當時詞人墨客補之，終不能到。故知筆端造化至超絕處，則脫落筆墨畦徑矣」（卷二《道釋二》）。范瓊的人物畫《烏瑟摩像》半途而廢，因「筆蹤超絕」，無人可補。這就好比杜詩中之「過」字，無人可填。因此優秀的繪畫和詩歌一樣，筆法超絕，不落痕跡，令後人難得其高意，無能再爲。再如翟院深，「郡守宴會，方在庭執樂，忽遊目若有所寓，頓失鼓節。樂工舉其過而劾之。守詰其故。院深具以其情對曰：『性本善畫，操撾之次，忽見浮雲在空，宛若奇峰絕壁，真可以爲畫範。目不兩視，

因失鼓節。』守歎而釋之。此與賈島吟詩騎驢衝京尹何異？」（卷十一《山水二》）以賈島吟詩騎驢衝京尹的故事說明畫家翟院深對於繪畫的癡迷。又如張詢，「爲僧夢休作《早午晚三景圖》於壁間，率取吳中山水氣象，用以落筆焉。唐僖宗幸蜀見之，歎賞彌日。蓋早晚之景，今昔人皆能爲之，而午景爲難狀也。譬如詩人吟詠春與秋、冬則著述爲多，而夏則全少耳。」（卷十《山水一》）拿詩人吟詠四季之難易特點與摹畫早中晚三時景致之難易作比。此外評關仝畫「深造古淡，如詩中淵明，琴中賀若，非碌碌之畫工所能知」（卷十《山水一》），評李成「所畫山林、藪澤、平遠、險易、縈帶、曲折、飛流、危棧、斷橋、絕澗、水石、風雨、晦明、煙雲、雪霧之狀，一皆吐其胸中而寫之筆下。如孟郊之鳴於詩，張顛之狂於草，無適而非此也」（卷十一《山水二》）。《宣和畫譜》中還有拿詩壇現象作比畫壇現象的，認爲「董（伯仁）之視展（子虔），蓋亦猶詩家之李杜也」（卷一《道釋一》），又如黃筌「資諸家之善而兼有之」，「如世稱杜子美詩、韓退之文無一字無來處，所以筌畫兼有眾體之妙，故前無古人，後無來者」（卷十六《花鳥二》）。這些例子說明繪畫和詩歌，甚至與音樂、書法之間都多多少少存在著一些互通的藝術規律，可藉詩歌之理以理解繪畫的創作與發展，這是詩畫相通典型體現。

三、意境：「畫中有詩」

　　既然畫家以詩法作畫，那麼畫作所營造的意境也就自然而然具有如詩的韻味，即蘇軾所謂「畫中有詩」。《宣和畫譜》因政治原因，對元祐黨人有所避諱，雖不時引用參考蘇軾的觀點，〔註17〕但均不提其名，至多以「議者」稱之。眾所周知，「詩中有畫」、「畫中有詩」是蘇軾用來評王維的，在此將蘇軾的評論和《宣和畫譜》中對王維的記載並錄如下：

　　　　味摩詰之詩，詩中有畫；觀摩詰之畫，畫中有詩。詩曰：「藍溪
　　　　白石出，玉川紅葉稀。山路原無語，空翠濕人衣。」此摩詰之詩。或
　　　　曰非也，好事者以補摩詰之遺。（《東坡題跋》下卷《書摩詰藍田煙雨
　　　　圖》）

　　　　（王）維善畫，尤精山水。當時之畫家者流，以謂天機所到，而
　　　　所學者皆不及。後世稱重，亦云：「維所畫不下吳道玄也。」觀其思

〔註17〕　參看衣若芬《〈宣和畫譜〉與蘇軾繪畫思想》一文，羅列了二者思想一致的文
　　　　句。該文收於《赤壁漫遊與西園雅集》，線裝書局，2001 年版，第 120～122 頁。

致高遠，初未見于丹青，時時詩篇中已自有畫意。由是知維之畫出於天性，不必以畫拘，蓋生而知之者。故「落花寂寂啼山鳥，楊柳青青渡水人」，又與「行到水窮處，坐看雲起時」，及「白雲回望合，青靄入看無」之類，以其句法皆所畫也。而「送元二使安西」者，後人以至鋪張爲《陽關曲圖》。……至其卜築輞川，亦在圖畫中，是其胸次所存，無適而不瀟灑，移志之於畫，過人宜矣。重可惜者，兵火之餘，數百年間而流落無幾，後來得其彷彿者，猶可以絕俗也，正如《唐史》論杜子美謂「殘膏剩馥，沾丐後人」之意，況乃真得維之用心處耶？」

（《宣和畫譜》卷十《山水一》）

比較之下，可以發現，《宣和畫譜》雖然沒有直接引用蘇軾的論述，但其行文思路基本上是依照「詩中有畫」、「畫中有詩」安排的。先論其「思致高遠」，認爲這起初只表現在王維的詩歌當中，故其詩中「自有畫意」，舉了數句詩作例。還有《送元二使安西》亦被後人圖寫爲《陽關圖》，這些都充分證明了蘇軾評王維「詩中有畫」的觀點。不過此時的王維畫，還見不到這種「思致」，「未見于丹青」。直到他去輞川居住，過著半隱半仕的生活，胸襟廣闊，閒適瀟灑，才漸漸「移志之於畫」，寫「思致」入畫。判斷依據應是王維的《輞川圖》，此圖是爲王維同裴迪唱和的《輞川集》絕句二十首而作，「長二三丈，起自蜀川江鄉風物，靡不畢備，精妙罕見」〔註18〕。朱景玄言其「山谷鬱盤，雲飛水動。意出塵外，怪生筆端」。〔註19〕蘇軾評：「細氈淨几讀文史，落筆璀璨傳新詩。青山長江豈君事，一揮水墨光淋漓。手中五尺小橫卷，天末萬里分毫釐。」（《王維畫》）圖畫與詩歌相得益彰、映照生輝。黃庭堅解其畫之高妙源於「胸中有佳處，涇渭看同流」（《摩詰畫》），即有「思致」入畫，使得此幅山水「畫中有詩」。元人湯垕稱《輞川圖》爲「世之最著者也。蓋其胸次瀟灑，意之所至，落筆便與庸史不同」〔註20〕。《輞川圖》雖不傳，但盛名於後世，成爲後人繪畫創作的一支標杆，如《宣和畫譜》中載李公麟「《龍眠山莊》可以對《輞川圖》」（卷七《人物三》）、盧鴻「畫《草堂圖》，世傳以比王維《輞川》」（卷十《山水一》），可見後人推崇之至。即使是後人仿作，「得其彷彿」，亦能絕俗，這不得不歸功於王

〔註18〕〔唐〕王維著，趙殿成校注，王右丞集箋注〔M〕，卷之末附錄三，畫錄一百十九則，名畫記，上海古籍出版社，1998，526。

〔註19〕〔唐〕朱景玄，唐朝名畫錄〔M〕，吳孟復、郭因編，張勁秋校注，中國畫論〔Z〕，卷一，合肥：安徽美術出版社，1995，61。

〔註20〕〔元〕湯垕著，馬采標點注譯，畫鑒〔M〕，北京：人民美術出版社，1959，8。

維運詩思營造的畫境。《宣和畫譜》評王維條的結尾論述應來源於黃庭堅的觀點：「王摩詰自作《輞川圖》，筆墨可謂造微入妙。然世有兩本，一本用矮紙，一本用高紙，意皆出摩詰，不疑臨摹得人，猶可見其得意於林泉之彷彿。」〔註21〕除了《輞川圖》，《宣和畫譜》中錄王維畫目126幅，山水畫有54幅，其中以雪景居多，有20幅之多，其中存《雪江詩意圖》一幅，雪景圖很適合用水墨作，也比較有利於情感的抒發，這或許就是王維偏愛畫雪景的緣故。

除了王維，《宣和畫譜》還肯定了其他一些畫家在創作中所營造的詩意境界，認爲他們也做到了「畫中有詩」。如宗室趙仲佺：

> 宗室仲佺，字隱夫，太宗元孫。仲佺明敏無他嗜好，獨愛漢、晉人之文章。至於品藻人物，通貫義理，雖老師巨儒，皆與其進。作詩平易，放白居易體，不沉酣於綺紈犬馬，而一意於文詞翰墨間。至於寫難狀之景，則寄興于丹青，故其畫中有詩，至其作草木禽鳥，皆詩人之思致也。非畫史極巧力之所能到，其亦翩翩佳公子耶？（卷十六《花鳥二》）

趙仲佺的畫能「寫難狀之景」，這「難狀之景」即抽象的、無法摹形的思想情感，乃作者之「興」。趙仲佺將一己之「興」寄于丹青，遂令畫中生出詩之意境，使其所畫草木禽鳥都具有了「詩人之思致」，而這並非一般畫工窮盡技巧所能達到。趙仲佺之所以能做到，是因爲他「獨愛漢、晉人之文章」，且詩文並善，具有良好的文學修養。可見，詩畫並善是王維、趙仲佺等人的共同特點。文學提高了畫家的境界修養，進而提供了詩畫互通的渠道。又如文臣李公年，「善畫山水，運筆立意，風格不下於前輩。寫四時之圖，繪春爲《桃源》，夏爲《欲雨》，秋爲《歸棹》，冬爲《松雪》。而所布置者，甚有山水雲煙餘思。至於寫朝暮景趣，作《長江日出》、《疏林晚照》，眞若物象出沒於空曠有無之間，正合騷人詩客之賦詠，若『山明望松雪，寒日出霧遲』之類也」（卷十二《山水三》），將自己的情思帶入所繪的景物中，意在畫外，使人讀之便有遐思。譬如《長江日出》、《疏林晚照》這兩幅作品，物象縹緲，意韻綿長，畫中似乎有「山明望松雪，寒日出霧遲」這樣的詩歌意境，與詩人的抒情言志相吻合。

《宣和畫譜》對王維、趙仲佺等人的論述中，「思致」是其中常用的一個美學概念，「畫中有詩」即「畫中有詩人之思致」。詩人的「思致」成爲繪畫品格

〔註21〕〔唐〕王維著，趙殿成校注，王右丞集箋注〔M〕，卷之末附錄三，畫錄一百十九則，黃山谷集，上海古籍出版社，1998：526～527。

形成的重要因素之一。《宣和畫譜》十分重視這一概念，共有 22 處提及這「思致」二字，前文例中已多涉及，在此另舉數則：

> 駙馬都尉王詵，字晉卿，本太原人，今爲開封人。幼喜讀書，長能屬文，諸子百家，無不貫穿，視青紫可拾芥以取。⋯⋯詵博雅該洽，以至奕棋圖畫，無不造妙。寫煙江遠壑，柳溪漁浦，晴嵐絕澗，寒林幽谷，桃溪葦村，皆詞人墨卿難狀之景。而詵落筆思致，遂將到古人超軼處。（卷十二《山水三》）

> 內臣馮覲⋯⋯少好丹青，作江山四時、陰晴旦暮、煙雲縹緲之狀，至於林樾樓觀，頗極精妙。畫《金風萬籟圖》，怳然如聞笙竽於木末。其間思致深處，殆與《秋聲賦》爲之相參焉。（同上）

> 宗室（趙）士雷，以丹青馳譽於時。作雁鶩鷗鷺，溪塘汀渚，有詩人思致；至其絕勝佳處，往往形容之所不及。又作花竹，多在於風雪荒寒之中，蓋胸次洗盡綺紈之習，故幽尋雅趣，落筆便與畫工背馳。（卷十五《花鳥一》）

> 宗室（趙）孝穎⋯⋯翰墨之餘，雅善花鳥，每優游藩邸，脫略紈綺，寄興粉墨，頗有思致。（卷十六《花鳥二》）

> 李靄之⋯⋯妙得幽人逸士林泉之思致。故一寄於畫，則無復朝市車塵馬足、肩磨轂擊之狀，眞胸中自有丘壑者也。（卷十四《畜獸二》）

> 崔白⋯⋯嘗作《謝安登東山》、《子猷訪戴》二圖，爲世所傳。非其好古博，雅而得古人之所以思致於筆端，未必有也。（卷十八《花鳥四》）

由此可見《宣和畫譜》倡導「詩人思致」在畫中的體現，「古之畫工，率非俗士，其模寫物象，多與文人才士思致相合，以其冥搜相類耳」（卷三《道釋三》評曹仲元條），正因爲詩畫創作的某些藝術規律是相類的，都是主體的藝術創作，所以繪畫亦可學習詩歌將詩人思致與「模寫物象」結合，將主體思想和客體物象同時融入畫中。譜中的論述讓我們瞭解到「畫中有詩」是當時繪畫境界的至高追求。

《宣和畫譜》體現出來的詩化創作觀是顯明的、豐富的，題材上的依詩作畫、方法上的詩法入畫、意境上的畫中有詩，都集中指向了一點，即繪畫

的文學化。這是宋前繪畫未能形成的重要藝術特徵。毋庸置疑，宋代是一個詩畫關係突飛猛進的時代，在詩畫關係發展史上的地位舉足輕重。

第二節　「詩畫相表裏」——《宣和畫譜》中的詩畫互滲理念

在「作畫如作詩」創作觀的基礎上，詩畫關係必然朝著更加緊密的方向發展，《宣和畫譜》雖以記錄畫作目錄爲目的，但在各門敘論裏集中表述了一些理論見解，其中總結出詩歌與繪畫的相通論。

> 《易》之《乾》，龍有所謂在田、在淵、在天，以言其變化超忽，不見制畜，以比夫利見大人。《詩》之《魚藻》，有所謂頒其首，莘其尾，依其蒲，以言其遊深泳廣，相忘江湖，以比夫難致之賢者。曰龍，曰魚，作《易》刪《詩》，前聖不廢，則畫雖小道，故有可觀。其魚龍之作，亦《詩》、《易》之相爲表裏者也。（卷九《龍魚敘論》）

> 五行之精，粹於天地之間，陰陽一噓而敷榮，一吸而揫斂，則葩華秀茂，見於百卉眾木者，不可勝計。其自形自色，雖造物未嘗庸心，而粉飾大化，文明天下，亦所以觀眾目、協和氣焉。而羽蟲有三百六十，聲音顏色，飲啄態度，遠而巢居野處，眠沙泳浦，戲廣浮深；近而穿屋賀廈，知歲司晨，啼春噪晚者，亦莫知其幾何。此雖不預乎人事，然上古採以爲官稱，聖人取以配象類，或以著爲冠冕，或以畫於車服，豈無補於世哉？故詩人六義，多識於鳥獸草木之名，而律曆四時，亦記其榮枯語默之候。所以繪事之妙，多寓興於此，與詩人相表裏焉。故花之於牡丹芍藥，禽之於鸞鳳孔翠，必使之富貴。而松竹梅菊，鷗鷺雁鶩，必見之幽閒。至於鶴之軒昂，鷹隼之擊搏，楊柳梧桐之扶疏風流，喬松古柏之歲寒磊落，展張於圖繪，有以興起人之意者，率能奪造化而移精神，遐想若登臨覽物之有得也。（卷十五《花鳥敘論》）

在《龍魚敘論》中，論者引用《周易》上經乾傳卷一中有關龍在田、在淵、在天的論述，說明龍的變化超忽。九二曰：「見龍在田，利見大人」，九四曰「或躍在淵，無咎」，九五曰「飛龍在天，利見大人」，這三則均比君德。所謂「龍德而正中者也。庸言之信，庸行之謹，閒邪存其誠，善世而不伐，

德博而化。《易》曰：『見龍在田，利見大人。』君德也。」接著又引用了《詩經·小雅·魚藻》一詩，「魚在在藻，有頒其首。王在在鎬，豈樂飲酒。魚在在藻，有莘其尾。王在在鎬，飲酒樂豈。魚在在藻，依於其蒲。王在在鎬，有那其居」，這首詩歌以魚起興，歌詠魚得其所之樂，借喻百姓安居樂業的和諧氣氛，讚美君賢民樂。（圖4-3）《宣和畫譜》引用《易》、《詩》的目的則在於說明畫龍、魚亦可寄寓君主賢明、天下太平的思想，歌功頌德。在主題表現上，繪畫也不局限於龍魚之形，而應和《周易》、《詩經》一樣反映社會意識，與其「相爲表裏」，這正是繪畫與文學共通的藝術規律。

圖 4-3　宋·無款《落花游魚圖》（局部）

　　《花鳥敘論》首先論述並肯定了花鳥畫的社會功能和審美功能，「粉飾大化，文明天下」、「觀眾目、協和氣」，有益於世。接著即以詩歌作比，「詩人六義，多識於鳥獸草木之名」，詩有六義，即風、雅、頌、賦、比、興。《論語·陽貨》有云：「詩可以興，可以觀，可以群，可以怨。邇之事父，遠之事君；多識於鳥獸草木之名。」意即詩歌的社會價值可通過抒發由外界所引發的思想感情來實現，「興」即爲「先言他物以引起所詠之辭也」（朱熹語）。花鳥畫創作亦如斯。「律曆四時」的變化可「記其榮枯語默之候」，花鳥繁榮、枯萎之狀會引起作者對人生榮衰的思考。因此，畫花鳥和寫詩一樣，均可表達由鳥獸草木等外界所引發的思想感情，創作也就不僅限於景物描摹，還可表達由景物所引發的現實思考，這便是花鳥畫發展的高妙之處，學習詩歌將

畫家的思想情感與主觀精神寄寓在花草樹木、翎毛蟲魚這些描繪對象上。上節提及的「思致」、「詩法入畫」正是《敘論》總結的實踐基礎。花鳥畫的這種新特徵是從詩歌中移植過來，並嫁接在繪畫這棵大樹上結出的碩果。因此，畫面上的景物便承載了創作主體的思想情感。如畫中牡丹、芍藥，禽中鸞鳳、孔翠，標誌著富貴之氣；松竹梅菊、鷗鷺雁鶩，見出畫家的幽靜閒逸；仙鶴表畫家之軒昂氣質；鷹隼傳畫家之擊搏精神；楊柳梧桐則見作者之扶疏風流；喬松古柏則見其歲寒磊落之胸襟。這些動植物被賦予了各種各樣的情感因素，慢慢地，變成了一種約定俗成的情感表達範式。

　　這兩章敘論共同表達了一個觀點，即詩與畫之間是相通的、「相爲表裏」的。這是繪畫文學化的又一理論總結。應該說，繪畫的文學化始於王維的山水之變，宋人發展了水墨山水，使其文學化傾向更加明顯，如文臣黃齊「多寓興丹青，作《風煙欲雨圖》，非陰非霽，如梅天霧曉，霏微晻靄之狀，殊有深思。使他人想像於微茫之間，若隱若現，不能窮也。此殆與詩人騷客命意相表裏」（卷十二《山水三》）。然有趣者在於《宣和畫譜》反映出來的詩畫相通理論卻是在花鳥、龍魚這些畫科門類中得到的總結。這說明花鳥畫也形成了文學化的審美主張，而且業已成熟。如胡擢，「博學能詩，氣韻超邁，飄飄然有方外之志。嘗謂其弟曰：『吾詩思若在三峽之間聞猿聲時。』其高情逸興如此。一遇難狀之景，則寄之於畫，乃作草木禽鳥，亦詩人感物之作也」（卷十五《花鳥一》）；武臣李延之「善畫蟲魚草木，得詩人之風雅，寫生尤工，不墮近時畫史之習。狀於飛走，必取其儷，亦以賦物各遂其性之意」（卷二十《蔬果》）。這些意味著中國繪畫的文學化在宋代發展得更加完備、更加深廣、更加成熟。

　　詩畫「相爲表裏」具有雙層理論涵義：一層涵義即以繪畫爲表，以詩歌爲裏，其意義在於用詩歌的某些元素去創作繪畫，即如上述的依詩作畫、詩法入畫。另一層涵義則是以詩歌爲表，以繪畫爲裏，即繪畫的某些元素滲透到了詩歌創作及理論總結之中。前一層涵義在上一節《宣和畫譜》的詩畫創作觀中已作過討論。《宣和畫譜》畢竟是一部以畫爲主體的著作，所以我們能看到並總結出來的詩畫互滲理論，是以詩歌對繪畫所產生的影響爲實踐基礎的。那麼繪畫向詩歌的滲透如何體現的？在《宣和畫譜》中又怎樣體現？

　　「形」與「神」這對哲學範疇最早是在繪畫領域成爲重要的美學範疇，在此，即以形神之論從繪畫領域向詩歌領域的滲透爲例，來證明《宣和畫譜》

「詩畫相表裏」的第二層涵義。首先總結一下《宣和畫譜》中的形神理論。繪畫本質的審美特徵在於摹形，所以自魏晉以來，關於形神範疇的討論就較爲激烈，唐宋兩朝的討論亦不絕如縷，每個朝代的形神理論都會有些發展和變化。《宣和畫譜》由宋人編撰，必然打上時代的烙印，其中便反映出了當時對於形神論的整體認知。

　　形與神的討論集中在重神抑或重形的問題上，《宣和畫譜》如何看待這一問題，試析其人物畫之敍論：

　　　　昔人論人物則曰：白皙如瓠其爲張蒼，眉目若畫其爲馬援，神姿高徹之如王衍，閑雅甚都之如相如，容儀俊爽之如裴楷，體貌閑麗之如宋玉。至於論美女，則蛾眉皓齒，如東鄰之女；環姿豔逸，如洛浦之神。至有善爲妖態，作愁眉、啼粧、墮馬髻、折腰步、齲齒笑者，皆是形容見於議論之際而然也。若夫殷仲堪之眸子，裴楷之頰毛，精神有取於阿堵中，高逸可置之丘壑間者，又非議論之所能及，此畫者有以造不言之妙也。故畫人物最爲難工，雖得其形似則往往乏韻。故自吳、晉以來，號爲名手者，才得三十三人。其卓然可傳者，則吳之曹弗興，晉之衛協，隋之鄭法士，唐之鄭虔、周昉，五代之趙岩、杜霄，本朝之李公麟。彼雖筆端無口，而尚論古之人，至於品流之高下，一見而可以得之者也。然有畫人物得名而特不見於譜者，如張昉之雄簡，程坦之荒閑，尹質、維眞、元靄之形似，非不善也，蓋前有曹、衛，而後有李公麟，照映數子，固已奄奄，是知譜之所載，無虛譽焉。（卷五《人物敍論》）

此論繼承了顧愷之的形神觀，「顧長康畫人，或數年不點睛，人問其故。顧曰：『四體妍蚩，本無關妙處，傳神寫照，正在阿堵中』」，「顧長康畫裴叔則，頰上益三毛。人問其故，顧曰：『裴楷俊朗有識具。正此是其識具。』看畫者尋之，定覺益三毛如有神明，殊勝未安時」，「畫謝幼輿在岩石裏，人問其所以。顧曰：「謝云：『一丘一壑，自謂過之。』此子宜置丘壑中」。（《世說新語·巧藝》）論者用顧愷之的繪畫經驗及理論說明人物畫「不言之妙」，得出一個結論：「畫人物最爲難工，雖得其形似則往往乏韻。」人物畫最難，易得形似，神韻難致。故歷代人物畫名手寥寥，僅吳之曹弗興、晉朝衛協、隋朝鄭法士、唐朝鄭虔、周昉、五代趙岩、杜霄、宋朝李公麟，能傳人物神韻，創卓然成就。《宣和畫譜》「周昉」一則記載了一個故事：

　　　　郭子儀壻趙縱嘗令韓幹寫照，眾謂逼真，及令昉畫又復過之。
　　一日子儀俱列二畫於壁，竢其女歸寧，詢所畫謂誰？女曰：「趙郎也。」
　　問幹所寫，曰：「此得形似。」問昉所畫，曰：「此兼得精神姿制爾。」
　　於是優劣顯然。昉於諸像精意，至於感通夢寐，示現相儀，傳諸心
　　匠，此殆非積習所能致。故俗畫摹臨，莫克彷彿。至於傳寫婦女，
　　則爲古今之冠。（卷六《人物二》）

韓幹畫與周昉畫的優劣之別即在於形、神，一個僅「得形似」，一個形似之外
兼得精神。顯然，傳神是人物畫的制勝要訣。但這極難把握，像韓幹這樣的
畫壇巨匠亦難得人物神韻。《宣和畫譜》評常粲條亦有云：「粲善畫道釋人物，
尤得時名。喜爲上古衣冠，不墮近習。衣冠益古，則韻益勝。此非畫工專形
似之學者所能及也。」（卷二《道釋二》）畫工能學形似，神韻是模仿不了的。
因此形似和傳神成爲人物畫品評的審美標準，如史道碩一則云：「（史道碩）
初與王微並師荀勗、衛協，技能上下，二人優劣未判，而謝赫謂『王得其意，
史傳其似』。若是則微之所得者神，道碩之所寫者形耳。意與神超出乎丹青之
表，形與似未離乎筆墨蹊徑，宜用此辨之。」論者意旨很明確，意與神超越
了畫面本身，接觸到客體對象之精神，而形與似還只停留在筆墨技巧的層面
上，境界自是不同。所以《宣和畫譜》卷八《番族敘論》中並沒有把「馳譽
於時」的趙光輔、張戩與李成之輩列入譜中，原因在於「光輔以氣骨爲主而
格俗，戩、成全拘形似而乏氣骨，皆不兼其所長」，這說明《宣和畫譜》選擇
人物畫家是以傳神爲審美標準的。那麼《宣和畫譜》是否輕視形似？不然。《畫
譜》是以形似爲人物畫創作的基本要求，「傳寫必於形似」（卷七《人物三》
評郝澄條），也常以「形似」品評作品，如閻立本「尤工於形似」（卷一《道
釋一》），孫夢卿「至數丈人物本施寬闊者，縮移狹隘，則不過數寸，悉不失
其形似」（卷四《道釋四》）。由上可推知《宣和畫譜》人物畫的形神理論主張
是「以形寫神」，重神而不廢形似。

　　《宣和畫譜》還將人物畫中的形神探討推衍到其它畫科，如畜獸、花鳥
畫科，逐錄其中有關形神的論述：

　　　　趙邈齪……善畫虎，不惟得其形似，而氣韻俱妙。蓋氣全而失
　　形似，則雖有生意而往往有反類狗之狀。形似備而乏氣韻，則雖曰
　　近是，奄奄特爲九泉下物耳。夫善形似而氣韻俱妙，能使近是而有
　　生意者，唯邈齪一人而已。（卷十四《畜獸二》）

朱瑩……善畫牛馬得名，尤工人物。作《牧牛圖》極臻其妙，然飲水齕草，蓋牛之真性，非筆端深造物理而徒為形似，則人人得以專門矣。（同上）

丘慶餘……善畫，花竹翎毛等物最工，而兼長於草蟲。凡設色者已逼於動植，至其草蟲，獨以墨之淺深映發，亦極形似之妙。風韻高雅，為世所推。（卷十七《花鳥三》）

趙昌……善畫花果，名重一時。作折枝極有生意，傅色尤造其妙。兼工於草蟲……昌之畫，世所難得。且畫工特取其形耳，若昌之作，則不特取其形似，直與花傳神者也。（卷十八《花鳥四》）

由上可知，花鳥畫的形神論基本與人物畫一致，主張形似與傳神兼備，並以傳神為重，「形似備而乏氣韻」、「徒為形似」、「特取其形」均為畫工所為，不可取。如內臣李仲宣的《柘雀圖》，「其顧盼向背，一幹一禽，皆極形似，蓋當時畫工亦歎服之。其所缺者風韻蕭散，蓋亦有所未至焉」（卷十九《花鳥五》），於此可見傳神之重要。

墨竹一類的形神論則較為特殊，與當時整體的形神認識略有不同。《墨竹敘論》中對形神問題有集中討論，摘錄如下：

繪事之求形似，捨丹青朱黃鉛粉則失之，是豈知畫之貴乎？有筆不在夫丹青朱黃鉛粉之工也。故有以淡墨揮掃，整整斜斜，不專於形似而獨得於象外者，往往不出於畫史而多出於詞人墨卿之所作，蓋胸中所得固已吞雲夢之八九，而文章翰墨形容所不逮，故一寄於毫楮，則拂雲而高寒，傲雪而玉立，與夫招月吟風之狀，雖執熱使人亟挾纊也。至於布景致思，不盈咫尺，而萬里可論，則又豈俗工所能到哉？畫墨竹與夫小景，自五代至本朝才得十二人，而五代獨得李頗，本朝魏端獻王頵、士人文同輩，故知不以著色而專求形似者，世罕其人。（卷二十《墨竹敘論》）

墨竹本身是比較特殊的畫科門類，它以水墨設色，捨丹青朱黃鉛粉，「不專於形似而獨得於象外」，對形似沒有特別要求，注重畫面圖象傳達出來的「象外之象」，和司空圖的詩歌理論不謀而合，墨竹畫多出於文人之手。（圖 4-4）畫者胸中滿懷充沛的思想情感，借助詩文都無法盡情表達，故寄興丹青，正所謂「勝概直應吟不盡，憑君寄與畫圖看」（蘇軾《寄題潭州徐氏春暉亭》）、「古

人作語詠不得，我寓無聲縑楮間」（米友仁《自題山水》）。因以水墨作畫，無色，不容易達到形似的標準，「故知不以著色而專求形似者，世罕其人」，所以墨竹畫的形神觀與人物畫略有不同，它是不求形似的。譬如，宗室（趙）令庇的墨竹，「凡落筆瀟灑可愛。世之畫竹者甚多，難得疏秀，不求形似。盡娟娟奇態者，故橫斜曲直，各分向背，淺深露白，以資奇特；或作蟠屈露根，風折雨壓；雖援毫弄巧，往往太拘，所以格俗氣弱，不到自然妙。處唯士人則不然。未必能工所謂形似，但命意布致灑落，疏枝秀葉，初不在多，下筆縱橫，更無凝滯，竹之佳思，筆簡而意已足矣。俗畫務為奇巧，而意終不到，愈精愈繁。奇畫者務為疏放，而意嘗有餘，愈略愈精。此正相背馳耳」（卷二十《墨竹》），關鍵在於「命意布致」之工，而非「援毫弄巧」、奇技淫巧，有「佳思」發，方能不落俗工。文同墨竹之所以知名於天下，即在於其「胸中有渭川千畝，氣壓十萬丈夫」，並「於翰墨之間，託物寓興，則見於水墨之戲」。（同上）總的來說，受客觀條件影響，事水墨而為形似之畫，難度很大，因此墨竹這類特殊畫科的形神觀較為特殊，重創作主體內在精神之傳達，而「不專於形似」。但這並不影響宋人重神的整體審美趨向。

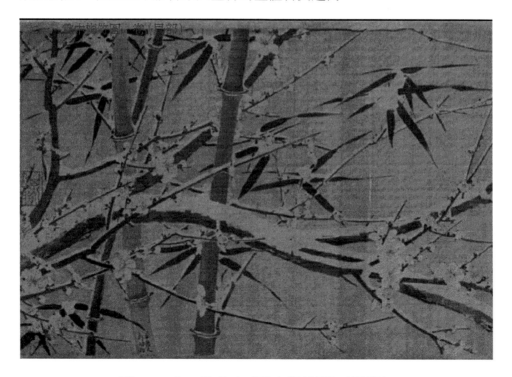

圖 4-4　宋・徐禹功《雪中梅竹圖》（局部）

　　鑒於蘇軾在詩歌與繪畫方面豐富的創作經驗、卓越的理論見識以及在詩畫關係史上的特殊地位〔註22〕，從他的形神理論中探尋出繪畫領域向詩文領域的互滲痕跡，即可證明繪畫理念對詩歌理念形成的重大影響。《宣和畫譜》雖然沒有直接引用蘇軾的觀點，但蘇軾「詩中有畫、畫中有詩」、「古來畫師非俗士，妙想實與詩同出」、「古來畫師非俗士，摹寫物象實與詩人同」等觀點無疑和《宣和畫譜》一致，甚至有很大的承繼關係。〔註23〕而且他所提出的「士人畫」這一概念的美學內涵和《宣和畫譜》中「詩畫相表裏」的第一層理論內涵頗爲契合，「觀士人畫如閱天下馬，取其意氣所到」〔註24〕，指明士人畫的特點在於「意氣」二字，注重畫作體現出來的主體精神氣質，同樣是從抒情言志的詩歌特質中移植而來。這些都是詩歌理論向繪畫理論滲透的結果。蘇軾的形神理論和《宣和畫譜》的形神觀點也基本相同，與當時社會崇尚「傳神」的整體認知相符合。蘇軾有一篇文章，名曰《傳神記》，專門談到人物畫的「傳神」問題：

> 　　傳神之難在目。顧虎頭云：「傳神寫照，都在阿堵中，其次在顴頰。」吾嘗於燈下顧自見頰影，使人就壁模之，不作眉目，見者皆失笑，知其爲吾也。目與顴頰似，餘無不似者。眉與鼻口，可以增減取似也。傳神與相一道，欲得其人之天，法當於眾中陰察之。今乃使人具衣冠坐，注視一物，彼方斂容自持，豈復見其天乎？凡人

〔註22〕蘇軾是使詩畫關係顯明化的標誌性人物。他對詩畫關係的闡釋最爲全面、把握最爲清楚，「味摩詰之詩，詩中有畫；觀摩詰之畫，畫中有詩」（《書摩詰藍田煙雨圖》），強調的是詩畫意境的通融；「少陵翰墨無形畫，韓幹畫馬不語詩」（《韓幹馬》），體現的是詩畫精神的相通；而「古來畫師非俗士，妙想實與詩同出」（《次韻吳傳正枯木歌》），「古來畫師非俗士，摹寫物象實與詩人同」（《歐陽少師令賦所蓄石屏》），發現的是詩畫在思維方式和描寫物象上的相似性。從藝術創作、審美欣賞、美學批評各個角度肯定了詩畫的一致性。而且其詩畫理論影響深遠，「詩中有畫」、「畫中有詩」成爲一種至高的審美準則與理想，「士人畫」概念則成爲後世文人畫之濫觴。

〔註23〕「詩中有畫、畫中有詩」在上節評王維條已經闡明二者關聯，「古來畫師非俗士，妙想實與詩同出」即對應卷三評曹仲元條「故古之畫工，率非俗士，其摹寫物象，多與文人才士思致相合」，「古來畫師非俗士，摹寫物象實與詩人同」對應卷一評展子虔條「是能作難寫之狀，略與詩人同者也」。更多觀點對應參看衣若芬《〈宣和畫譜〉與蘇軾繪畫思想》一文，收於《赤壁漫遊與西園雅集》，線裝書局，2001：120～122。

〔註24〕〔宋〕鄧椿，畫繼〔M〕，卷三，軒冕才賢，吳孟復、郭因編，張勁秋校注，中國畫論〔Z〕，卷一，合肥：安徽美術出版社，1995，790。

意思各有所在，或在眉目，或在鼻口。虎頭云：「頰上加三毛，覺精彩殊勝。」則此人意思蓋在鬚頰間也。優孟學孫叔敖抵掌談笑，至使人謂死者復生，此豈舉體皆似，亦得其意思所在而已。使畫者悟此理，則人人可以為顧、陸。

　　吾嘗見僧惟真畫曾魯公，初不甚似。一日往見公，歸而喜甚，曰：「吾得之矣！」乃於眉後加紋，隱約可見，俛首仰視眉揚而頰蹙者，遂大似。南都人陳懷立，眾稱其能。於傳吾神，大得其全。懷立舉止如諸生，蕭然有意於筆墨之外者也。故以吾所聞助發云。

　　（《東坡全集》卷三十八）

蘇軾以具體、生動的個人體驗說明了繪畫作品「傳神」的重要性，他在繼承顧愷之形神論的基礎上加入一己之見，認為畫家抓住了人物的個體特徵，即可傳達人物神明。因而，傳「神」的並非只有眼睛，應該「於眾中陰察之」，留心觀察人物的一言一行、一舉一動，把握最能體現人物個性的細部特徵，「得其意思所在」，即於形似中傳神。（圖4-5，4-6）這和《宣和畫譜》人物畫「以形寫神」的理論主張顯然是一致的。那蘇軾對形似到底有沒有要求？我們可從《李伯時畫李端叔真贊》一文中得到答案：

　　龍眠居士畫李端叔，東坡老人贊之曰：「鬚髮之拳然，眉宇之淵然，披胸腹之掀然，以為可得而見歟？則漠乎其無言。以為不可得而見歟？則已見畫於龍眠矣。嗚呼，其將為既琢之玉，以役其天乎？其將為不雨之雲，以抱其全乎？抑將遊戲此世，而時出於兩者之間也？」（《東坡全集》卷九十四）

蘇軾對李龍眠所畫李端叔像產生真與假兩種感受，畫像中由鬚髮、眉宇、胸腹等具體形象傳達出來的神氣讓人覺得似乎見到了李端叔本人，令人如臨其境，但畫像中的人不能言語，定非真實的李端叔。蘇文所要表達的當然是對李龍眠畫技的高度讚賞。拳然鬚髮、淵然眉宇、掀然胸腹達到的審美標準即形似，然非簡單意義上的形似，而是可傳神之形似，這才是蘇軾對形似的最終要求。〔註25〕此論和《宣和畫譜》中的形神觀不謀而合，形似是基本，傳神為目的。

〔註25〕學界關於蘇軾形神觀的討論，爭執的焦點就在於蘇軾對形似的態度上，而單純從「論畫與形似，見與兒童鄰」這一句話來斷定蘇軾對形似的否定，顯然是片面的。

圖 4-5　晉・顧愷之《洛神賦圖》（局部一）

圖 4-6　晉・顧愷之《洛神賦圖》（局部二）

　　蘇軾認爲詩畫創作的一些方面是可以互補的，「詩不能盡，溢而爲書，變而爲畫」（《與可畫墨竹屏風贊》）、「勝慨直應吟不盡，憑君寄與畫圖看」（《寄題潭州徐氏春暉亭》）、「溪光自古無人畫，憑仗新詩與寫成」（《溪光亭》）。那麼源於創作的理論也可以互相滲透，形神論就是一個典型。讀蘇軾的《書鄢陵王主簿所畫折枝二首》：

> 論畫以形似，見與兒童鄰。賦詩必此詩，定非知詩人。詩畫本一律，天工與清新。邊鸞雀寫生，趙昌花傳神。何如此兩幅，疏淡含精勻。誰言一點紅，解寄無邊春。（《東坡全集》卷十六）

在此首先需要注意的是「論畫與形似，見與兒童鄰，賦詩必此詩，定非知詩人」這四句話，蘇軾認爲品評繪畫作品僅以形似爲審美標準是幼稚的，言下之意應以神似爲重，而這種觀念影響到蘇軾對詩歌創作、鑑賞的看法，他不贊同僅僅根據詩歌題材死板地描繪，只會導致詩歌的平乏無味了。反映到詩歌批評上來，蘇軾便認爲詩人描繪景物，應在抓住事物典型特徵的同時，傳達出事物的內在神韻。他曾評詩人寫物之功：

> 詩人有寫物之功。「桑之未落，其葉沃若。」他木殆不可以當此。林逋《梅花》詩云：「疏影橫斜水清淺，暗香浮動月黃昏。」決非桃、李詩，皮日休《白蓮》詩云：「無情有恨何人見，月曉風清欲墮時。」決非紅蓮詩。此乃寫物之功。若石曼卿《紅梅》詩云：「認桃無綠葉，辨杏有青枝。」此至陋語，蓋村學究體也。（《東坡志林》卷十）

蘇軾認爲詩人和畫家一樣也要有「寫物之功」，只有抓住了事物的典型特徵，並在此基礎上把握住事物的內在精神，讓讀者也有賞李龍眠畫那樣眞假難分的感受，才能算得上是有「寫物之功」，即如皮日休、林逋等人。而石曼卿只發現紅梅與桃、杏的區別在於外形上的「青枝」與「綠葉」，顯然沒有把握住它們的神韻，寫出來的詩只能淪爲「村學究體」。蘇軾針對其詩寫下《紅梅三首》，可作對比：

> 怕愁貪睡獨開遲，自恐冰容不入時。故作小紅桃杏色，尚餘孤瘦雪霜姿。寒心未肯隨春態，酒暈無端上玉肌。詩老不知梅格在，更看綠葉與青枝。（《東坡詩集注》卷二十五《紅梅三首》其一）

詩人抓住了紅梅「孤瘦雪霜姿」的「梅格」，著力表現梅花的這種內在氣質。「故作小紅桃杏色」用擬人的手法生動再現梅花的外形特徵，也達到形似的標準。所以蘇軾詩文領域的形神觀與繪畫中的完全一致，在「形」與「神」

之間推重的是「神」，但也不忽略「形」，只不過追求的是靈動的「形似」而非刻板的「形是」。

其次，我們要注意「詩畫本一律，天工與清新」這一著名理論，與「詩中有畫」、「畫中有詩」同是蘇軾詩畫論中最爲顯著的旗幟。蘇軾認爲「天工」與「清新」是詩歌與繪畫創作所應追求的共同原則，考察這兩個審美原則的審美內涵，可從中尋覓到繪畫理論向詩文領域滲透的潛在痕跡。

第一個共同原則是天工，天工指什麼？「天者，普施氣萬物之中」（王充《論衡・自然》），「天之所能者，生萬物也」（劉禹錫《天論》），「天」即自然，萬物之源，其運化創生不假人爲，非人力所能知曉或改變，因此天工就是自然的一種行爲。故蘇軾云：「天工運神巧，漸欲作奇偉」（《巫山》），「天工點酥作梅花……天工變化誰得知」（《臘梅一首贈趙景貺》），「豈有一一天工爲，霍然一麾遍九野」（《江上值雪，效歐陽體》），「柏生何苦艱，似亦費天巧。天工巧有幾，肯盡爲汝耗」（《和子由記園中草木》其三）。而與「天工」相對的是「人工」，何爲「人工」？即準確地描摹事物外形，一般畫匠均可爲之。然神似則非一般工匠可至，唯優秀畫家方能巧奪「天工」。故天工乃神似之追求，人工僅停留於形似階段。蘇軾常以「天工」形容畫藝的高妙：「畫師爭摹雪浪勢，天工不見雷斧痕」（《次韻滕大夫三首・雪浪石》）；「天工剪刻爲誰妍，抱蕊遊蜂自作團」（《書艾宣畫四首・杏花白鷴》），在他看來，「天工」是不見斧鑿之痕、自然呈現的一種高超的藝術創作水平。蘇軾還以畫竹爲例說明追求「天工」的道理：

> 竹之始生，一寸之萌耳，而節葉具焉；自蜩腹蛇蚹以至於劍拔十尋者，生而有之也。今畫者乃節節而爲之，葉葉而累之，豈復有竹乎！故畫竹必先得成竹於胸中，執筆熟視，乃見其所欲畫者，急起從之。（《東坡全集》卷三十六《文與可篔簹谷偃竹記》）

畫竹應符合竹子自然生長的常理，他認爲「節節而爲之，葉葉而累之」的畫竹方法反而違背了竹子生長的自然規律。相傳蘇軾畫竹與眾不同，「從地一直起至頂。或問：『何不逐節分？』曰：『竹生時何嘗逐節生耶？』」〔註26〕這完全符合《宣和畫譜》中對墨竹「不求形似」的形神觀。在此暫且不論蘇軾畫竹方法的對錯與否，所能感受到的是蘇軾追求「天工」的藝術理念。

〔註26〕〔宋〕鄧椿，畫繼〔M〕，卷三，軒冕才賢，吳孟復、郭因編，張勁秋校注，中國畫論〔Z〕，卷一，合肥：安徽美術出版社，1995，787。

　　再看第二個創作原則「清新」，這個詞在蘇軾詩文集中出現過 7 次，用在繪畫批評中的就有 3 處（見於《書晁補之所藏與可畫竹》其一、《書鄢陵王主簿所畫折枝》其一與《申王畫馬圖》），如：

> 與可畫竹時，見竹不見人。豈獨不見人，嗒然遺其身。其身與竹化，無窮出清新。莊周世無有，誰知此凝神。（《東坡全集》卷十六《書晁補之所藏與可畫竹》其一）

做到「清新」的前提是「其身與竹化」，「就精神說，竹與我合而爲一，即腦、眼、手都集中在竹的形象上；就『見竹不見人』說，竹與我還是分而爲二，分是『有我有物』，合是『非我非物』，這裡指出凝神寫物的一種境界。」〔註27〕換言之，即物我兩忘，因爲大腦所想、眼裏所見的都是竹子的形象，所以忘卻了自我，「見竹不見人，嗒然遺其身」。在這種狀態下才能對自然中千姿百態、生機勃勃的竹子進行傳神的描摹，筆下的竹子方可「無窮出清新」，葆其本然面目。此處所言乃如何傳神之法，和《宣和畫譜》「蓋與可工於墨竹之畫，非天資穎異而胸中有渭川千畝，氣壓十萬丈夫，何以至於此哉」（卷二十《墨竹》）的認識是相同的。「清新」即本眞的自然，它與「天工」雖爲二則，實質亦相通，指向的均是自然之「道」。蘇軾是將藝術看作體悟大道的一種途徑，「有道而不藝，則物雖形於心，不形於手」，藝術存在的一個重要意義即體現自然之「道」，體道之作爲「天工」之作。對「道」的追求在《宣和畫譜》中多有體現，如「百工技巧，有心好之而欲深造其妙者，雖得其術於艱難之中，猶且堅壁不退，況進於道者乎？」（卷十六評鍾隱條）「故庖丁解牛，輪扁斲輪，皆以技進乎道；而張顚觀公孫大娘舞劍器，則草書入神；道子之於畫，亦若是而已。」（卷二評吳道玄條）「明皇謂思訓通神之佳手，詎非技進乎道而不爲富貴所埋沒，則何能得此荒遠閒暇之趣耶？」（卷十評李思訓條）「至其所謂『大山堂堂爲眾山之主，長松亭亭爲眾木之表』，則不特畫矣，蓋進乎道歟！」（卷十一評郭熙條）「進乎道」是一種天然去雕飾的至高藝術境界。文同的墨竹就達到了這種境界，「至於月落亭孤，檀欒飄發之姿，疑風可動，不笋而成，蓋亦進於妙者也」（卷二十評文同條）。

　　繪畫創作中追求自然之「道」的藝術理念對蘇軾詩歌創作的理論總結亦有所影響：

〔註27〕周振甫，冀勤著《錢鍾書《錢鍾書〈談藝錄〉讀本》〔M〕，前言，北京：中央編譯出版社，2013。

　　夫昔之為文者，非能為之為工，乃不能不為之為工也。山川之
有雲霧，草木之有華實，充滿勃鬱而見於外，夫雖欲無有，其可得
耶？（《東坡全集》卷三十四《〈南行前集〉敘》）

　　所示書教及詩賦雜文，觀之熟矣。大略如行雲流水，初無定質，
但常行於所當所，常止於所不可不止，文理自然，姿態橫生。（《東
坡全集》卷七十五《與謝民師推官書》）

　　吾文如萬斛泉湧，不擇地皆可出。在平地滔滔汩汩，雖一日千
里無難；及其與石山曲折，隨物賦形而不可知也。所可知者，常行
於所當行，常止於不可不止，如是而已矣。其他雖吾亦不能知也。（《東
坡全集》卷一百《論文》）

蘇軾認為「能為之為工」文章，流於平庸，惟有「不能不為之」的文章，才
達到了「不能自己而作」的境界，如雲霧之於山川、果實之於草木，都是自
然而然的結果，符合自然規律。所以寫文章和作畫一樣，應隨自然之理，如
行雲流水，「行於所當行」、「止於不可不止」，方能使「文理自然，姿態橫生」，
達到東坡詩文「隨物賦形而不可知」的境界，神蘊其中而不顯雕琢之功。這
種創作感受是從繪畫形神論中轉化而來的，追求「天工」與「清新」成為詩
畫一致追求的美學理想。據此，上引蘇軾評「詩人寫物之功」一文還可作如
此理解：體現自然之理的「寫物之功」即為「天工」，而能明顯看出雕琢痕跡
的「寫物之功」即為「人工」。蘇軾提倡詩文創作也要和繪畫一樣，盡量做到
「人工」，求其神似。由此可見，蘇軾詩文批評中的形神論與其繪畫批評中的
形神論有著莫大的關聯。

　　蘇軾的形神論及其他相關理論和《宣和畫譜》基本保持一致，本節以蘇
軾的理論觀念為例，考察其理念由繪畫領域向詩歌領域的潛移默化，由此得
以證明《宣和畫譜》「詩畫相表裏」第二層涵義的實現，即繪畫理念向詩歌理
念的滲透。

　　《宣和畫譜》中的詩畫理論是在蘇軾等人詩畫理論實踐融合的基礎上，
集合前人時賢更多的詩畫創作實踐及理論認識總結出來的，它不僅總結出當
時流行的詩化創作觀念，而且提出詩畫「相為表裏」的互滲理念，對宋代詩
畫關係做了一次較為全面的理論總結。因此它是詩畫關係發展到一定程度時
的必然產物，是詩畫關係史上的重要一環。

　　此外通過《宣和畫譜》，簡單討論一下畫譜和題畫詩之間的密切關係。《宣

和畫譜》引詩作證的地方很多，在評價畫家時常會引用題畫詩中的評論之語，如評徐熙條：「梅堯臣有詩名，亦慎許可，至詠熙所畫《夾竹桃花》等圖，其詩曰：『花留蜂蝶竹有禽，三月江南看不足。徐熙下筆能逼眞，繭素畫成才六幅。』又云：『年深粉剝見墨縱，描寫工夫始驚俗。』至卒章乃曰：『竹眞似竹桃似桃，不待生春長在目。』以此知熙畫爲工矣。」評許道寧條：「善畫山林泉石，甚工。初市藥都門，時時戲拈筆而作寒林平遠之圖以聚觀者，方時聲譽已著。而筆法蓋得於李成。晚遂脫去舊學，行筆簡易，風度益著。而張士遜一見賞詠之，因贈以歌，其略云：『李成謝世范寬死，唯有長安許道寧。』時以爲榮。」（卷十七《花鳥三》）評董羽條：「頃畫水於玉堂北壁，其洶湧瀾翻，望之若臨煙江絕島間，雖咫尺汗漫，莫知其涯涘也。宋白爲時聞人，一見擊節稱賞，因賦以詩。其警句謂：『回眸已覺三山近，滿壁潛驚五月寒。』則羽之得名豈虛矣哉！」（卷九《龍魚》）評僧居寧條：「喜飲酒，酒酣則好爲戲墨，作草蟲，筆力勁峻，不專於形似。每自題云『居寧醉筆』。梅堯臣一見賞詠其超絕，因贈以詩，其略云：『草根有纖意，醉墨得已熟。』於是居寧之名藉甚，好事者得之遂爲珍玩耳。」（卷二十《蔬果》）畫譜中引用題畫詩主要是爲了說明畫家的藝術成就與畫壇影響。

　　而對於一些生平事跡不見記載的畫家，題畫詩愈顯重要，可以提供畫風、畫法、水平等方面的資料。如評蕭悅條：「不知何許人也。時官爲協律郎，人皆以官稱其名，謂之蕭協律。唯喜畫竹，深得竹之生意，名擅當世。白居易詩名擅當世，一經題品者，價增數倍，題悅《畫竹》詩云：『舉頭忽見不似畫，低耳靜聽疑有聲。』其被推稱如此，悅之畫可想見矣。」（卷十五《花鳥一》）又如：「婦人童氏，江南人也，莫詳其世系。所學出王齊翰，畫工道釋人物。童以婦人而能丹青，故當時縉紳家婦女，往往求寫照焉。有文士題童氏畫詩曰：『林下材華雖可尙，筆端人物更清妍。如何不出深閨裏，能以丹青寫外邊。』後不知所終。」（卷六《人物二》）前人時賢的題畫詩爲畫譜提供了畫家的一些重要資料，不僅以詩歌說明蕭悅、童氏等不見經傳的畫家藝術成就及其當時地位，而且表明詩歌在某種程度上是宣傳繪畫的有力工具，名人一旦題詩，便躍居龍庭、身價百倍了。

　　《宣和畫譜》引用最多的乃是杜甫詩歌，多處征用，如評韋偃用《題偃畫馬歌》「戲拈禿筆掃驊騮，倏見騏驎出東壁」（卷十三《畜獸一》），評顧愷之用了《題瓦官寺詩》「虎頭金粟影」卷一《道釋一》；評江都王借用了《韋

諷錄事宅觀曹將軍畫馬圖》「國初已來畫鞍馬，神妙獨數江都王」，說明江都王乃「一時之所重」（卷十三《畜獸一》）；還會用一些杜甫的經典畫論評價其他畫家，如評曹仲元：「嘗於建業佛寺畫上下座壁，凡八年不就。李氏責其緩，命周文矩較之。文矩曰：『仲元繪上天本樣，非凡工所及，故遲遲如此。』越明年乃成。李氏特加恩撫焉。杜甫詩謂：『十日一水五日一石，能事不受相促迫。』信不誣也。」（卷三《道釋三》）此處引用了老杜《戲題山水圖歌》中評王宰山水之語：「十日畫一水，五日畫一石，能事不受相促迫，王宰始肯留真跡。」此乃山水畫創作規律的一種總結，顯然後人認同並沿用了杜甫題畫詩中的畫學批評。

　　題畫詩中存有較大的信息量，對於後代畫譜的編撰具有一定的參考價值和理論意義。詩歌繪畫的融合不僅是創作層面的互鑒、理論層面的互滲，而且在編集方面也存在著一定的交流。不妨說，一部《宣和畫譜》，就是一部反映詩畫關係發展的重要著作。

第五章　宋人私刻畫譜——
《梅花喜神譜》研究 [註1]

　　宋代不僅出現了官修的《宣和畫譜》，還出現了第一部私人編刻的梅花畫譜，即南宋末年宋伯仁編繪的《梅花喜神譜》（圖 5-1）。如果說《宣和畫譜》是總結詩畫關係的一部理論著作，那《梅花喜神譜》就是詩畫融合的一部實踐性的重要著作。

圖 5-1　《宋雪岩梅花喜神譜》（中華民國 17 年上海中華書局出版）

―――――――――――――――

[註 1] 本章部分內容發表於《中國書畫》2008 年第 11 期。

第一節　《梅花喜神譜》內容及其藝術價值概論

　　《梅花喜神譜》是我國目前現存最早的一部木刻版畫圖譜。清人錢大昕跋云：「譜梅花而標題繫以喜神者，宋時俗語謂寫像爲喜神也」〔註2〕，「喜神」即爲畫像，此譜是爲梅花畫譜。

　　撰者宋伯仁，字器之，號雪巖，浙江湖州人，曾舉宏詞科。理宗紹定六年（1233），監泰州拼桑鹾場。嘉熙元年（1237），寓居臨安，北遊淮揚，復卜居臨安之西馬塍。嘉熙中爲鹽運司屬官。能詩詞，「多與高九萬（高翥）、孫季蕃（孫惟信）唱和，亦江湖派中人也」（《四庫全書總目提要》卷一六四），詩集有《雪巖吟草甲卷·忘機集》一卷，今存密韻樓影印宋刊本；《雪巖吟草乙卷·西塍集》一卷〔註3〕，今存舊抄本。又有《煙波漁隱詞》二卷、《海陵稿》一卷、《西塍稿》一卷，《續稿》一卷。性嗜梅花，築圃栽培，賞花吟詩，刊《清臞集》。且善畫梅，撰繪《梅花喜神譜》，「考其自甲而芳，由榮而悴，圖寫花之狀貌，得二百餘品，久而刪其具體而微者，止留一百品，各各其所肖，並題以古律，以梅花譜目之」（宋伯仁自序）。〔註4〕

　　譜分上、下卷，繪百幅圖，形態各異，圖側繫詩，皆爲五言。（圖5-2）撰者依梅花自然生長的過程分爲蓓蕾、小蕊、大蕊、欲開、大開、爛漫、欲謝、就實八個步驟。上卷收「蓓蕾四枝」，題名爲「麥眼」、「柳眼」、「椒眼」、「蟹眼」；「小蕊十六枝」，題名爲「丁香」、「櫻桃」、「老人星」、「佛頂珠」、「古文錢」、「鮑老眉」、「兔唇」、「虎跡」、「石榴」、「茈菰」、「木瓜心」、「孩兒面」、「李」、「瓜」、「貝螺」、「科斗」；「大蕊八枝」，題名爲「琴甲」、「藥杵」、「蚌殼」、「鸛觜」、「卣」、「枳」、「邊」、「爵」；「欲開八枝」，題名爲「春甕浮香」、「寒缸吐焰」、「蝸角」、「馬耳」、「簋」、「瓚」、「金印」、「玉斗」；「大開十四枝」，題名爲「彝」、「黼」、「欹器」、「懸鍾」、「扇」、「盤」、「向日」、

〔註2〕宋伯仁，宋雪岩梅花喜神譜〔M〕，上海：中華書局，1928。

〔註3〕《四庫全書總目提要》注《西塍集》云：「是編卷首題《雪岩吟草》，下注《西塍集》。又《寓西馬塍詩》題下注云『嘉熙丁酉五月二十一日，寓京遭熱，僑居西馬塍』。其曰西塍，蓋由於是。是《雪岩吟草》乃全集之總名，《西塍》特集中之一種。厲鶚《宋詩紀事》稱伯仁有《雪岩集》、《馬塍槁》，分爲二編，已誤。又以『西塍』爲『馬塍』，益舛其實矣。」

〔註4〕宋伯仁生平事蹟參考《雪岩吟草》、《梅花喜神譜》所附自序並跋文、清同治《湖州府志》卷七四、《四庫全書總目》卷一六四、《中國文學家大辭典》（北京：中華書局，2004：416～417）。

「擎露」、「鼎」、「鋪」、「麋角」、「猿臂」、「顰眉」、「側面」。下卷收「爛漫二十八枝」，題名為「開鏡」、「覆杯」、「晃」、「冑」、「並桃」、「雙荔」、「鳳朝天」、「蛛掛網」、「漁笠」、「熊掌」、「飛蟲刺花」、「孤鴻叫月」、「龜足」、「龍爪」、「林雞拍羽」、「松鶴唳天」、「新荷瀝雨」、「老菊披霜」、「瑟」、「鼓」、「蜂腰」、「燕尾」、「驚鷗振翼」、「野鵲翻身」、「顧步」、「掩粧」、「晴空掛月」、「遙山抹雲」；「欲謝十六枝」，題名為「會星弁」、「漉酒巾」、「抱葉蟬」、「穿花蝶」、「暮雀投林」、「寒鳥倚樹」、「舞袖」、「弄鬚」、「鶯擲柳」、「鴉乘風」、「頂雪」、「欹風」、「蜻蜓欲立」、「螳螂怒飛」、「喜鵲搖枝」、「遊魚吹水」；「就實六枝」，題名為「桔中四皓」、「吳江三高」、「二疎」、「獨釣」、「孟嘉落帽」、「商鼎催羹」。分類極其精細，令人驚歎不已。該譜卷前有原刻宋伯仁自序及雙桂堂景定辛酉重錄序各一篇，卷後附「容堂向士璧君玉甫跋」及「靖逸葉紹翁敬跋」各一篇。

《梅花喜神譜》初刻於宋嘉熙二年（1238），原刻本已不見傳世，後景定二年（1261）由金華雙桂堂重刻。雙桂堂乃民間刻書坊，刻工不詳。清初錢曾《讀書敏求記》曾著錄此譜。〔註5〕該書卷三藝術類收入《宋伯仁梅花喜神譜》二卷，並評曰：「是書頗能傳梅之遠神，惜乎潛溪未及見之為一評定也。予昔有詩云：『笛聲吹斷羅浮目，管領梅花到鬢邊。』今觀此圖，如酒闌夢覺，月落參橫，翠鳥啾嘈，只餘惆悵而已。」之後，清乾嘉間大藏書家鮑廷博曾將宋刊本《梅花喜神譜》二卷編入《知不足齋叢書》第二十六集，該《叢書》所收皆為首尾完整的足本，多為流傳稀少的抄本。是譜流傳有緒，通過譜上各家藏書印及題字（圖5-2，圖5-3，圖5-8）即可知其遞藏脈絡，曾歷黃丕烈、昌遂（漢卿）、金順甫、潘祖蔭、潘仲午、吳湖帆潘樹春夫婦等人之手，現藏上海博物館。民國17年（1928），上海中華書局影印，名為《宋雪巖梅花喜神譜》，分上、下兩卷。（圖5-1）民國27年（1938），上海商務印書館又影印，一冊一函，名為《宋本梅花喜神譜》，收入《續古逸叢書》第四十六。1982年，文物出版社亦影印出版，合二卷為一冊，版框、印

〔註5〕錢曾是當時著名藏書家、版本學家，編有三部藏書目錄，即《述古堂書目》、《也是園書目》和《讀書敏求記》。其中《讀書敏求記》是一部解題式的善本書目，繼承了前人尤其是宋人的書目傳統，解題內容重於版本鑒定，故所錄諸書均有詳細考訂，兼及作品評論。「見聞既博，辨別尤精」（《欽定四庫全書總目》卷八十七）。

章悉照原式,版面適當放大,以便欣賞研究。〔註6〕2000 年收入《中國古畫譜集成》第 1 卷,山東美術出版社。

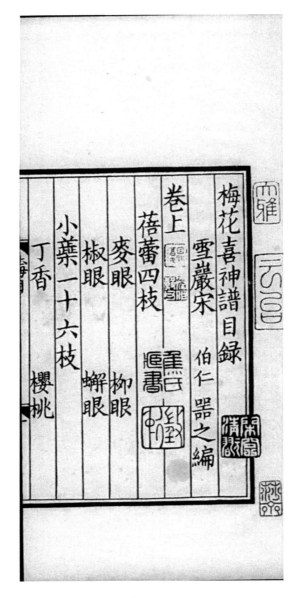

圖 5-2

〔註 6〕關於《梅花喜神譜》的版本及流傳的詳細情況,參看朱仲岳,宋刊孤本《梅花喜神譜》〔J〕,中國歷史文物,2002(5):77~79。復旦大學華蕾碩士論文《〈梅花喜神譜〉版本考》(2010 年 5 月)。

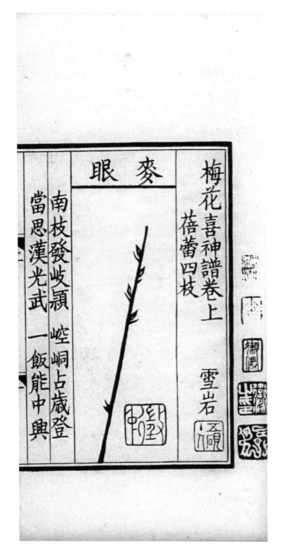

圖 5-3

　　《梅花喜神譜》將畫、題、詩融爲一體，實爲首創。它是一部具有獨特藝術特點和研究價值的畫譜，爲歷代畫家、版本鑒藏家所珍賞。在此探討一下該譜在題名上的藝術成就以及在木刻、畫譜、詩歌諸多方面的藝術價值。

（一）題名藝術

　　前面已羅列《梅花喜神譜》所刻梅花的題名，題名形象生動、別具一格。宋伯仁以百種意象形容梅花百般形態，可知作者非凡藝術想像力之一斑。筆

者根據這些意象的自然屬性和人文特徵歸納為如下幾類：

一、以植物形狀比梅之形，如「麥眼」、「柳眼」、「椒眼」、「丁香」、「櫻桃」、「石榴」、「茈菰」、「木瓜心」、「李」、「瓜」、「並桃」、「雙荔」、「新荷濺雨」、「老菊披霜」；上述意象均與梅花某一階段的形態相似，以「麥眼」（圖5-3）為例，形容剛剛抽芽的梅花猶如剛剛抽穗的抽粒。

二、以動物形象或動作比梅之形，如「蟹眼」、「兔唇」、「虎跡」、「貝螺」、「科斗」、「蚌殼」、「鶴觜」、「蝸角」、「馬耳」、「麋角」、「猿臂」、「熊掌」、「龜足」、「龍爪」、「蜂腰」、「燕尾」，以「猿臂」（圖5-4）為例，一角花瓣延伸出去，恰如一隻伸出去的猿臂，形象貼切。

圖 5-4

　　上述題名是以動物的外在形象比畫之狀態，而「鳳朝天」、「蛛掛網」、「林雞拍羽」、「松鶴唳天」、「驚鷗振翼」、「野鶻翻身」、「抱葉蟬」、「穿花蝶」、「暮雀投林」、「寒烏倚樹」、「蜻蜓欲立」、「螳螂怒飛」、「喜鵲搖枝」、「遊魚吹水」之類則是以動物動作來形容，如「蛛掛網」（圖 5-5），活像一隻蜘蛛掛在樹枝之上；「林雞拍羽」（圖 5-6）則似一隻正在拍翅膀的林雞，栩栩如生。

圖 5-5　　　　　　　　　　　　　　　　　圖 5-6

　　三、以生活器具比梅之形，如「琴甲」、「藥杵」、「古文錢」、「卣」、「梡」、「籩」、「爵」、「簋」、「瓚」、「金印」、「玉斗」、「彝」、「黼」、「欹器」、「懸鍾」、「扇」、「盤」、「鼎」、「鏞」、「開鏡」、「覆杯」、「冕」、「胄」、「漁笠」、「瑟」、

「鼗」〔註7〕，其中有樂器用具、醫藥用具、祭祀用具、日常用品等等，範圍很廣。作者也是以這些器具的外在形態比花之形貌，以「覆杯」（圖 5-7）、「開鏡」（圖 5-8）爲例，將盛開花朵的背面比作一隻倒的杯子，將迎面盛開的花朵比作一個正面而照的鏡子，均有形似之妙。

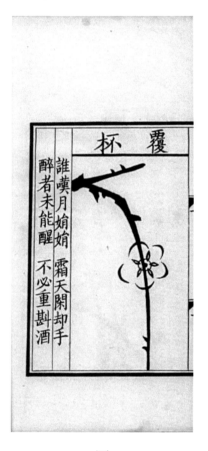 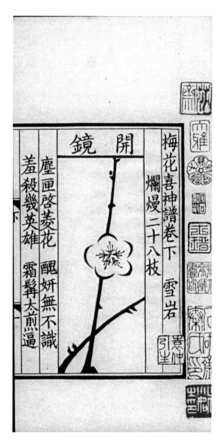

圖 5-7　　　　　　　　　圖 5-8

　　四、以人物及其行爲比梅之形，如「老人星」、「孩兒面」、「鮑老眉」、「矗眉」、「側面」、「顧步」、「掩粧」、「舞袖」、「弄鬚」、「獨釣」。題爲「孩兒面」

〔註7〕「卣」是古代禮器，中型酒樽；「籩」是古代祭祀時盛食品的竹編器皿；「爵」是古代一種酒器；「簋」是古代盛食物的器皿；宋陸游《紹興府修學記》有云：「鼎、俎、尊、彝、豆、籩、簠、簋之屬，自始奠至受胙，各以其所宜用，無一不如禮式。」「瓚」亦古代禮器，祼祭所用盛灌酒之勺，有鼻口，酒從中流出。「黼」乃古代禮服上繡的黑白相間的斧形花紋；「欹器」即傾斜著的食器；「鏞」是樂器大鐘。「冕」爲大夫以上的冠；「冑」爲頭盔。

（圖 5-9）的梅花形狀恰似一個小孩的臉面，眉、眼、嘴、鼻俱備，煞是有趣。

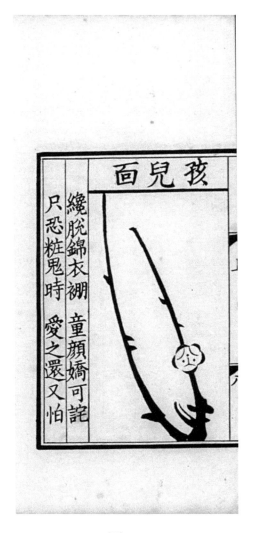

圖 5-9

　　五、以歷史人物及典故傳達的精神比梅之神，此類較爲特殊，作者著力形容的是梅的內在品格與精神。如「漉酒巾」（圖 5-10），用陶淵明「脫巾漉酒」〔註8〕的事跡，以其超凡脫俗的高風亮節作比梅花品質之清高，故題詩云：

〔註8〕〔南朝梁〕蕭統《陶淵明傳》：陶淵明嗜酒，「郡將嘗候之，值其釀熟，取頭上葛巾漉酒，漉畢，還復著之」。後人多有題詠，如唐盧綸《無題》：「高歌猶愛思歸引，醉語惟誇漉酒巾。」宋朱松《春晚書懷》：「脫巾漉酒從人笑，拄笏看山顧自奇。」

「爛醉是生涯，折腰良可嘅。欲酒對黃華，烏紗奚足愛。」借詩歌表現梅花的超逸品性，畫、題、詩相得益彰。「桔中四皓」用了商山四皓的典故，亦以人物的高尚品格作比梅花之精神。「吳江三高」（圖 5-11）〔註9〕則以越范蠡、晉張翰、唐陸龜蒙的高尚品格作比。「孟嘉落帽」（圖 5-12）〔註10〕則以東晉孟嘉的風雅灑脫作比。此類題名有一個共同特點，即所徵引之人都是歷史上以高風亮節、瀟灑脫俗著稱於世的人物。

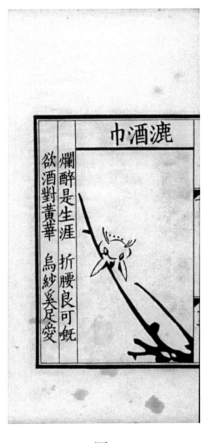

圖 5-10

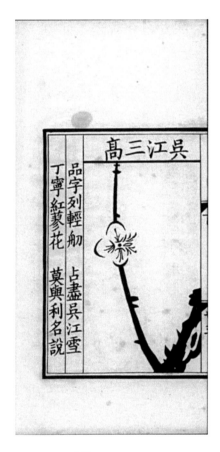

圖 5-11

〔註 9〕〔明〕瞿祐《歸田詩話》卷中：「吳江三高亭，祠越范蠡、晉張翰、唐陸龜蒙，或題一詩於上云：人誚吳癡信不虛，追崇越相果何如？千年家國無窮恨，只合江邊祀子胥。自後過者閣筆。」

〔註 10〕《晉書·桓溫傳》：「九月九日，（桓）溫燕龍山，僚佐畢集。時佐吏並著戎服。有風至，吹嘉帽墮落，嘉不之覺。溫使左右勿言，欲觀其舉止。嘉良久如廁，溫令取還之，命孫盛作文嘲嘉，著嘉坐處。嘉還見，即答之，其文甚美，四坐嗟歎。」

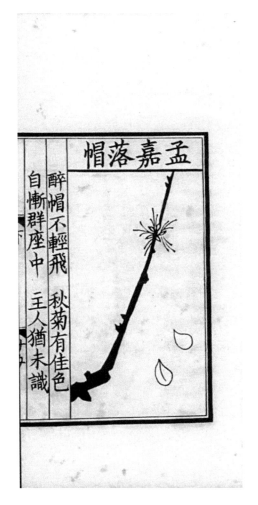

圖 5-12

　　總體而言,《梅花喜神譜》的題名兼具形似與神似兩種思維方式,在形象表現梅花外在形態的同時,把握住了梅花的內在品質與精神,畫題不僅具有生動的形象性、趣味性,還有豐富的寓意性、表現性。從這本梅花畫譜中,不僅可以學習梅花畫法,還能感受到編者深刻的用意,以梅花的清高品質喚醒世人的精神追求。

(二)版刻價值

　　《梅花喜神譜》是現存第一部木刻版畫圖籍。我國是世界上最早發明雕版印刷術的國家,而在雕版印刷術廣為採用之前,木刻畫即已出現。隋唐時已有版畫,成都出土卞家印的經咒佛像和敦煌發現的咸通九年金剛經扉畫,

說明唐代木刻藝術已經漸趨成熟。到了宋代，木刻版畫從宗教畫發展到應用於各種書籍的插圖，文學、醫學以至百科全書諸多領域，幾乎都有版畫插圖，更不用說畫譜了。插圖的廣泛應用必然爲木刻畫的推廣開拓了廣闊的前途。但「插圖是爲幫助說明文字的內容，故構圖設計應服從於文字。《梅花喜神譜》整本書是一百幅不同形態的梅花，完全用木刻畫來表達，在這點上是一個重大的突破。」〔註11〕

該譜筆法粗壯，雕版極精。刀法古樸明快，刻印均具相當水平。而且在明萬曆前的版畫作品中，除了《梅花喜神譜》之外，尚未發現專門以畫家身份參與版畫創作的繪圖者，身懷高超雕版技藝的刻工亦不多見，版畫彩印技術也不成熟。而明萬曆以前的版畫藝術整體水平不高，遠不及萬曆時期的輝煌。南宋末出現的《梅花喜神譜》堪稱明萬曆前的版畫精品，在版畫史上佔有一席之地。宋伯仁則是版畫史上的早期畫稿名家。

（三）畫譜價值

《梅花喜神譜》是第一部以梅花爲主題的專題性畫譜。就畫譜這種特殊藝術體裁而言，它主要有兩種內容形式，一種以記載繪畫創作情況爲主，帶有圖錄性質，《宣和畫譜》即此類中現存最早的一部。「畫譜」之名亦本於此。另一種即具體繪畫創作的畫法圖解，供繪畫者學習研究之用。或是圖文並茂的詩畫譜，或是專業講解畫法的畫譜。《梅花喜神譜》既有梅花蓓蕾到凋落的畫法圖解，又有題畫詩，是後一種畫譜中的典型。更可貴的是，該譜是第一部細緻講解畫法的詩畫譜，具首創之功，奠定了後世畫譜的基本模式。明清以來畫譜大都不出以上兩種，前一種有《佩文齋書畫譜》；後一種詩畫譜有《唐詩畫譜》、《十竹齋畫譜》等，畫法圖解則有《高松竹譜》、《雪湖梅譜》、《芥子園畫傳》等。

就《梅花喜神譜》畫梅藝術而言，技藝相當高超，「能模寫其花神之似眞」（金華雙桂堂景定辛酉重鋟跋），「（雪嚴）得梅於心胸於神，故弗劓而成詩，弗藝而能筆，描摸萬奇，造化爲瘦。因哀所筆爲譜。譜有盡而生意無窮噫。雪嚴之梅，周之蝶歟？昔人謂一梅花具一乾坤，是又擺脫梅好而嗜理者，雪嚴尙勉進於斯」（容堂向士璧君玉甫跋《梅花譜後序》），此二跋高度評價了宋伯仁的畫梅藝術，寫眞傳神，造化奇工，能寫象外之象，生意無窮，甚

〔註11〕見文物出版社1981年版《宋刻梅花喜神譜》前頁上海博物館所撰說明。

至以莊周夢蝶之境界相譬喻。而且認爲畫家能夠不受嗜好梅花的感情因素左右，客觀眞實地寫出梅之常理，實屬難得。儘管跋語有過譽之嫌，但宋伯仁之梅確有不少可取之處。他筆下的梅花眞實中不乏超逸，細膩處不乏灑脫，既能以粗獷之筆寫梅之枝幹，又能以飄逸之筆寫梅之蓓蕾、欲開、爛漫、欲謝，線條疏朗簡潔、清秀脫俗，筆法多樣，盡繪不同時期梅花之形神，淋漓盡致。作爲現存第一部梅花畫譜，《梅花喜神譜》所傳授的梅花畫法以及繪畫模式，一直影響到後代梅花畫譜，如明劉世儒《雪湖梅譜》、清王寅《冶梅梅譜》等。

（四）詩歌價值

《梅花喜神譜》雖然是一部畫譜，但很特別，因爲撰者宋伯仁專門爲每一幅梅花題了一首詩歌。金華雙桂堂重錄跋中盛讚其詩：「詠梅者多矣，粗得其態度，未究其精髓。近收此本，既能模寫其花神之似眞，又能形容其它人之所未盡，玩之如噉蔗然，詩人之冠冕是也。」認爲宋伯仁的詩歌「能形容其它人之所未盡」，不僅能得梅花之外在形態，又能得其內在精髓。明人潘是仁亦稱其詩「天然流邁，不事錘鑿」（《宋元詩集存・雪巖詩集序》），雖然序跋之中難免溢美之辭，但宋伯仁就是一位專業詩人，他創作了不少詩歌，並積集多部，其詩歌自有其藝術特點。

《四庫全書總目提要》稱「其詩有流麗之處，亦有淺率之處，大致不出四靈餘派」，「稱意揮灑，本乏研練之功，然綴映媚，時亦小小有致，蓋思清而才弱者也」（卷一百六十四《西塍集》提要），此評較公允，伯仁詩思致頗爲精巧，然才氣稍弱。宋伯仁本人對此深有感受，他曾在《西塍集》自序中談到自己的創作體驗：「隨口應聲，高下精粗，狂無節制。低昂疾徐，因勢而出，雖欲強之而不可。」創作激情澎湃，一發而不可止，但這是一把雙刃劍，導致其詩缺乏錘鍊，難免有些平泛。不過從《梅花喜神譜》中的題畫詩來看，宋伯仁由畫上題名而發詩思，緊繞主題，意致頗豐，如「蛛掛網」題詩：「經緯出天機，畫簷斜掛算。可惜巧於蠶，無補人世間。」清黃丕烈在譜後跋中稱其「語多慷慨，然能出之以和厲，自然流邁而無叫囂之氣」，頗爲公允。譜中亦有平庸之作，如並桃：「漢帝欲成仙，王母從天下。結實動千年，三偷尤可詫。」《四庫全書總目》中還對宋伯仁的《煙波漁隱詞》二卷作了如下評價：「又有瀟湘八景，春夏四時景，亦繫以詞。謂皆《水調歌頭》也。後附《煙

波漁具圖》，凡舟、笛、蓑、笠之屬，各繫以七絕一首。絕句小有意致，詞殊淺俗。」卷中既有題畫詞，也有題畫詩，其七絕詩亦「小有意致」。總體而言，《梅花喜神譜》中的題畫詩詞雖有不足之處，但還是有其獨特的藝術特點，具有一定的藝術價值。

由上可知，《梅花喜神譜》是我國古代第一部木刻畫譜、第一部梅花畫譜，其畫上題名及題畫詩詞均具獨特的藝術特點及價值。此外，《梅花喜神譜》還有一個重大價值，它是中國詩畫關係史上第一部詩畫並呈的著作。下一節即集中探討詩畫融合在該譜中的具體表現。

第二節　《梅花喜神譜》中詩畫融合的重大實踐

眾所周知，畫上題詩的首創者是宋徽宗趙佶，但畫上題詩並未在宋代盛行，很多題畫詩都是脫離於繪畫作品而獨立存在的。南宋末年出現的《梅花喜神譜》，卻實現了詩畫形式和內容上的全面融合。

首先，《梅花喜神譜》詩畫形式上的結合是顯而易見的，一圖配一詩，百圖繫以百詩，詩歌是對繪畫作品精神的闡發和延伸。一般會將畫面上直接題詩的首創之功歸於趙佶，《芙蓉錦雞圖》右上空白處曾題詩云：「秋勁拒霜盛，峨冠錦羽雞，已知全五德，安逸勝鳧鷖」，題詩的出發點主要是為了保持畫面的均衡，使瘦勁秀挺的瘦金書與工細的花鳥畫相得益彰。從而使詩歌這一文學樣式轉變成繪畫的一種新穎表現手法。趙佶首開以詩意命題作畫之例、首創畫上題詩之作為，標誌著詩畫藝術由內容到形式融合的徹底完成。但趙佶的藝術形式創新屬於個人的偶然性行為，雖說皇帝的喜好常能引領時代審美風潮，但畫上題詩未能在北宋刮起流行之風。不過畫上題詩啟發了後人的藝術創作，宋人逐漸接受了這種藝術新形式。南宋末《梅花喜神譜》的出現則是畫上題詩深入人心的最好證明。趙佶對於該譜詩畫並呈的形式具有潛移默化的啟發作用。拿《梅花喜神譜》和趙佶詩畫形式結合的藝術實踐相比，宋伯仁的最大突破在於他將詩畫結合的形式應用在畫譜之中，畫譜是專供廣大愛好繪畫者觀摩學習之用的，具有極其廣泛的宣傳意義。而且刻本的大量發行并不遜色於皇帝的名人效應，尤其對普通民眾而言，其滲透力要快得多。因此從某種程度上講，《梅花喜神譜》的意義已經超越了趙佶畫上題詩的個別行為，使得詩畫形式結合的實踐成果廣為傳播。其一詩一圖之制，為歷代畫

譜所沿用，如《唐詩畫譜》、《詩餘畫譜》、《百詠圖譜》、《十竹齋書畫譜》等，都是詩畫形式結合實踐的延續。

　　《梅花喜神譜》如何實現了詩畫內容層面上的融合？在上一章的論述中，《宣和畫譜》是主張以詩法入畫的，作畫「如騷人賦詩，吟詠情性」，「寓興於畫」。而《梅花喜神譜》中的梅花體現的就是這種典型的詩畫融合特徵。因爲宋伯仁在百種梅花中寄寓了他複雜的情感，在此且將其梅中寓興歸納爲以下諸種：

（一）天下之憂

　　南宋偏安一隅、內憂外患的社會現實使得「憂天下」成爲此期文人士大夫的普遍情感，宋伯仁滿懷著憂國憂民的心情，並將這種情感寄寓到他的詩畫創作中，《梅花喜神譜》中體現得尤爲突出。宋伯仁在該譜《自序》中便表明了這種情感：

> 　客有笑者曰：「是花也，藏白收香，黃傳紅綻，可以止三軍渴，可以調金鼎羹。此書之作，豈不能動愛君憂國之士。出欲將，入欲相，垂紳正笏，措天下於泰山之安。今著意於『雪後園林才半樹，水邊籬落忽橫枝』，止爲凍冷之計，何其舍本而就末。」余起而謝云：「譜尾有云『商鼎催羹』，亦茲意也。」客抵掌而喜曰：「如是，則譜不徒作。」

伯仁以主客問答的形式闡述他的創作目的，問答圍繞著該譜能否「動愛君憂國之士」展開，究竟是「止爲凍冷之計」，還是有用於世？宋伯仁以「商鼎催羹」回答了這個問題，並題詩曰：「脫白弄青玉，風味猶辛酸。指日夢惟肖，羹調天下安。」上古時期佐料甚少，就用梅做成醬，名醯，味酸似醋，備調味之用。《商書》有云「若和羹汝作鹽梅」，後人解其意：「得鼎有實之義，如人之德業充實於內也。」〔註12〕以梅比君子之德。伯仁「商鼎催羹」的意思即寄希望於有德之人，調天下之安定。所以他經常夢到英傑輩出、治國太平的日子。明代鄭眞《梅堂記》中有這樣一段話：「東南多奇葩異卉，求其鐵心石腸、凌厲於風霜雪月間，莫梅若也。是以君子比德焉。書稱『若作和羹用汝作鹽梅』，其取譬精矣。後世名臣貞士，若何遜、宋玉、林逋之流，模寫而

〔註12〕〔元〕陳應潤，周易爻變易縕〔M〕，卷七，上海：上海古籍出版社，1990。

形容之，非誇大其詞以炫耀流俗也，蓋其心意所適有至理存焉。」〔註13〕伯仁託於梅中之「理」，即「商鼎催羹」表現出來的對天下太平的渴求。上面這首題畫詩充分闡釋了作者在梅花中所蘊含的刻骨銘心的天下之憂。宋伯仁也以此說明自己的畫譜並非是一味地風花雪月，而是內蘊用世之深意。

宋伯仁之前，已有一位畫家於梅花中寄寓此種情感，即以畫梅著名於世的揚補之。他有一首詞：「目斷南枝。幾回吟繞，長怨開遲。雨浥風欺，雪侵霜妒，卻恨離披。欲調商鼎如期。可奈向、騷人自悲。賴有毫端，幻成冰彩，長似芳時。」（《柳梢青》其八）揚補之曾以此詞題其梅圖〔註14〕。宋伯仁很推崇揚補之，也深受其影響，《自序》中就提到了揚補之，「茲非爲墨梅設，墨梅自有花光仁老、揚補之家，法非余所能。」認爲自己這本畫譜不是專爲墨梅畫法而作，因爲論畫法，揚補之成就遠遠高於自己，宋伯仁顯存自謙之意。他和揚補之都生活在南宋，都有嗜梅之好，相信宋伯仁是引揚補之爲同道中人的，所以他們能將共同的天下憂慮寫入畫中。

除了「商鼎催羹」，譜中還有不少梅花被賦予憂國憂天下的情感。如「麥眼」題詩云：「南枝發岐穎，崆峒占歲登，當思漢光武，一飯能中興。」「鼎」題詩云：「郟鄏至汾陰，重名垂不朽。天下望調羹，有誰能著手。」這兩首詩歌表達的是對振興天下之英才的殷切期盼。「龍爪」題詩「蒼生望雲霓，難作池中物。孔明臥隆中，天子勢亦屈」表達的是人才緊缺、天子因此勢弱的社會現狀，作者憂慮之情溢於言表。「蝸角」題詩「蠻觸國誰雄，戰爭猶未息。由此奪虛名，費盡人間力」傳達的則是作者對於勞命傷財、綿綿不休的戰爭的反感，希望統治者不要爲了爭奪虛名而「費盡人間力」，含諷諫意。由此可見，宋伯仁的憂國之情是濃厚的，他也希望通過這本畫譜感發更多的「愛君憂國之士」。

（二）超逸之性

宋伯仁在《梅花喜神譜》中還寄寓了一種與憂國憂天下截然不同的情感，即超逸之性。他在《自序》中說：

> 余有梅癖，闢圃以栽，築亭以對，刊《清臞集》以詠，每於梅猶有未能盡花之趣爲謙。得非廣平公以鐵石心腸賦未盡梅花事，而

〔註13〕〔明〕鄭眞，滎陽外史集〔M〕，卷七，上海：上海古籍出版社，1990。
〔註14〕見〔明〕趙琦美，趙氏鐵網珊瑚〔M〕，卷十一，揚補之《四梅卷》，《景印文淵閣四庫全書》本，台北：臺灣商務印書館，1983。

> 拳拳屬意於云仍者乎。余於花放之時，滿肝清霜，滿肩寒月，不厭
> 細徘徊於竹籬茅屋邊，嗅蕊吹英，接香嚼粉，諦玩梅花之低昂、俯
> 仰、分合、卷舒，其態度冷冷然，清奇俊古，紅塵事無一點相著。
> 何異孤竹二子、商山四皓、竹溪六逸、飲中八仙、洛陽九老、瀛洲
> 十八學士，放浪形骸之外。

雪巖嗜梅近於癡，他喜歡在寒冬「滿肝清霜，滿肩寒月」之時，徘徊於梅花叢中，「嗅蕊吹英，接香嚼粉」，賞其各色形態，喜其清奇俊古、脫於凡俗，「紅塵事無一點相著」，與孤竹二子、商山四皓等高隱之士無異。雪巖愛梅，即愛其超逸脫俗的品質。他的精神追求也在於此，放浪形骸之外，不食人間煙火。他將這種追求頻頻寓興於梅花創作之中。譬如「桔中四皓」，畫的是「就實」時的梅花，已經脫落了一朵花瓣，剩餘四瓣，因以「四皓」相稱，「桔中四皓」應是正在對弈的四位高士。雪巖認為商山四皓有著梅花般的高尚情操，故以梅比之，並題詩云「羽翼漢家了，忘形天地間。個中有眞樂，奚比拘商山」，商山四皓放浪形骸於天地之間，自由自在地生活，故得其「眞樂」。作者欣賞這種清高超逸的處世方式，更進一步說，何必拘於商山之上呢？只要精神超脫，在任何地方都可以「忘形天地」、自有「眞樂」。言下之意應是不必隱居山林，只要心中有超凡脫俗的精神理想，無論鬧市，還是山林，均能尋得眞正的身心解脫。這裡體現出宋伯仁對於似梅般超逸灑脫的精神追求。

又如「吳江三高」（圖 5-11），亦取梅花「就實」之際脫落花瓣形狀，餘三瓣，故以「吳江三高」作比，題詩云：「品字列輕舠，占盡吳江雪。丁寧紅蓼花，莫與利名說。」作者先形容了梅花的形狀，三瓣花朵形似「品」字，立於如小船形狀般的枝幹上，吳江雪灑花瓣，花兒依舊紅豔，最後一聯點出深意，將「紅蓼花」擬人化，叮嚀她「莫與利名說」，不要和梅花這種超逸之物談名利之類的世俗之事。「吳江三高」即范蠡、張翰、陸龜蒙，和商山四皓一樣都是功成而身隱的高士。梅花就好比這「吳江三高」，不重名利，獨立於清寒之中，靜靜綻放，無所求、無所往，清逸灑脫。宋伯仁還常在題畫詩中聯想到高士陶淵明，譬如「漉酒巾」（圖 5-10）：「爛醉是生涯，折腰良可嘅。欲酒對黃華，烏紗奚足愛」，拿淵明「不為五斗米折腰」的精神、「脫巾漉酒」的超凡舉止、「採菊東籬下」的超然心境襯托梅花的高潔品格。又如「老菊披霜」（圖 5-13）：「世久無淵明，黃花為誰好。青女自淩威，寒香未容考。」表達世無淵明的感慨，並寄予了對陶淵明之類高士的崇敬嚮往。

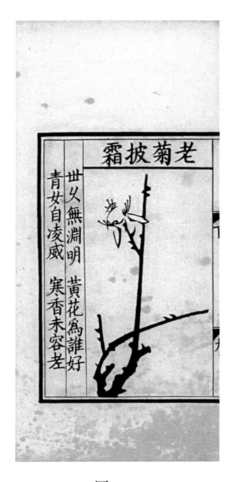

圖 5-13

　　上述例子有一個共同點，即宋伯仁均以四皓、三高、淵明這些高隱之士比之梅花，實際上都是在梅花中寄寓自己超脫凡世的理想追求。由此，作者對於世俗之人努力追求的名利看得極淡，似有看破紅塵、不食人間煙火的境界。如「懸鍾」，題詩云：「五更山外鳴，斗低殘月小。喚起利名人，僕僕渾無了。」儼然一副看透人生的姿態，體現的正是《自序》中所述梅花「紅塵事無一點相著」的品質，並希望梅花能夠喚醒那些追求名利之人。又如「瓜」，題詩云：「東陵人已仙，黯然斜陽春。可慚名利心，孜孜問葵戌。」同「懸鍾」中的思想一致，拋卻名利之心。所以在「古文錢」題詩中又說：「阿堵本何物，貫朽殊堪羞。空囊留得一，千古欽清流。」錢財如糞土，汲汲於名利是件令人羞恥的事，還是潔身自好，「清流」唯高。

（三）閒雅之興

　　與作者超逸灑脫的精神追求相輔相生的另一種情感則是閒雅之興。《梅花喜神譜》自序云：

> 余欲與好梅之士共之，偕刊諸梓，以閒工夫作閒事業，於世道何補，徒重覆瓶之譏。雖然，豈無同心君子，於梅未花時，閒一披閱，則孤山橫斜，揚州寂寞，可彷彿於胸襟，庶無一日不見梅花，亦終身不忘梅花之意。

「以閒工夫作閒事業」一語道出作者的創作心境。為什麼作者會有如此心境？和他憂國憂天下的心情顯然不符。這和他創作該譜時的生活遭際有關。清代黃丕烈曾在《梅花喜神譜》後作了一篇宋伯仁的傳略，詳考了此譜的創作年代，並對作者心境的產生背景做了解釋：「嘉熙戊戌、己亥《馬塍稿稿中歲旦》一首注云：『己亥嘉熙三年，則嘉熙二年為戊戌，此譜之作當在僑居西馬塍後，以閒工夫作閒事業，意蓋有所感爾。』」此時宋伯仁僑居西馬塍，感到自己的力量微薄，無濟於世，故有此慨。所以在《梅花喜神譜》「蛛掛網」題詩中就借物表達了自己的這種無奈：「經緯出天機，畫簷斜掛算。可惜巧於蠹，無補人世間。」中國古代士大夫向來有獨善其身、兼濟天下之志，宋伯仁自覺無力兼濟天下，便選擇了編撰畫譜，畫梅寫詩，寄其性情。因作者此時已有參透人生、超逸灑脫的精神境界，所以編撰畫譜就成為作者傳達閒情逸志的一個有效途徑。

　　在此舉例說明畫中所蘊含的閒雅之興，如「科斗」，拿梅花形狀比蝌蚪，題名本身就很有趣，再看題詩：「清波漾蛙子，古書形似之。可惜書廢久，時人無能知。」說古代的蝌蚪文，可惜沒有流傳下來，以致無人知曉。這是典型的閒事趣說。又如「新荷濺雨」，題名本身蘊含優美意境，題詩云「新綠小池沼，田田浮翠錢。雨中珠萬顆，巧婦其能穿」，營造一幅生機盎然的畫面，新春雨後稚嫩的荷葉在池沼中形成一抹新綠，新荷上掛著的點點雨珠像透明的珍珠一樣，流動輕盈，不知巧婦可否穿起這靈動的珠兒。此處體現的是萬物之趣，完全符合梅花「爛漫」時的冉冉生機。又如「孩兒面」（圖 5-7），將梅花和可愛的孩子聯繫在一起，「才脫錦衣褓，童顏嬌可查。只恐粧鬼時，愛之還又怕」，既以孩童臉面的嬌嫩比梅花「小蕊」時的幼嫩，又寫出了孩子對化妝的鬼臉愛而又怕的可愛，充滿人間溫情。又如「琴甲」：「高山流水音，泠泠生指下。無與俗人彈，伯牙恐嘲罵」，寫彈琴之雅事，高山流水之樂無法

讓下里巴人去欣賞，猶如對牛彈琴，故意以伯牙的不滿表現自己的美學理想。以上所述都是一些閒雅之事，不關社會、不關民生，確是作者「閒工夫」所作「閒事」耳。

宋伯仁既有憂國憂天下的種種感觸，又有超脫於世外、閒事梅花作畫作詩的心境，故而《梅花喜神譜》同時寄寓了他的天下之憂和閒逸之興。這表面上有些矛盾，但並不難解釋，恰恰在矛盾中反映出作者面臨山河殘破、姦佞當道時的無限憂慮以及自己力薄難違的無奈心態，他只能在個人創作的小天地裏抒發、排解自己的萬般愁緒與不安，對超逸的精神追求和對閒雅事的興趣便滋生了出來。這是南宋文人的普遍現象，也是王朝末世的文人士大夫們常有的矛盾情感。宋伯仁並沒有忘記作譜的主要目的，所以他在自序中說「雖然，豈無同心君子，於梅未花時，開一披閱，則孤山橫斜，揚州寂寞，可彷彿於胸襟，庶無一日不見梅花，亦終身不忘梅花之意」，可見作者抱著審慎嚴肅的態度，希望畫譜在供同好君子閒時披閱、怡情之際，能讓這些人從這梅花中得到一些啓發，深慮社會、反思自我。

（四）不遇之感

由上面的分析可知，宋伯仁是一個關心時政、渴望兼濟天下的文人士大夫，他必然懷有滿腔的抱負和激情。黃丕烈曾在譜後整理宋伯仁傳略，云：

> 宋伯仁……舉宏詞科，歷監淮揚鹽課。器之銳意功名，有擊楫之慨，而祿位不顯，事已難爲，故語多慷慨。然能出之以和屬，自然流邁而無叫囂之氣。自謂隨口應聲，如敗葉翻風，枯荷鬧雨，低昂疾徐，因勢而出，蓋實錄云。

可見早年的雪巖雄心勃勃，望匡扶天下。這在其《梅花喜神譜》中表現得很明顯，如「鳳朝天」題詩：「覽輝千仞高，君子思在治。朝陽如不鳴，敢言當自愧。」君子就應有治國之思，不鳴者當自愧，理正辭嚴，寫得是豪氣萬丈，凌雲壯志溢於言表。又如「寒缸吐焰」題詩「燈火迫新涼，志士功名重。十年窗下愁，會見金蓮寵」、「向日」題詩「舉頭見長安，志士欣有託，葵藿一生志，豈容天負卻」、「遊魚吹水」題詩「春透水波明，江湖從落魄。三十六鱗成，禹門看一躍」、「林雞拍羽」題詩「三拍羽翮寒，風雨不改度。起舞何人斯，男兒當自寤」、「漁笠」題詩「艤艇白鷗邊，寒雨敲青箬。駭浪不回頭，方識江湖樂」，有忠君報國的人生志向、有奮鬥不懈的自我勉勵、有不撞南牆

不回頭的執著，在在表現出作者的人生抱負。而譜中體現出來的這些抱負，其實已經脫離了梅花的本性，完全是作者情懷的流露。

只可惜時運不濟、祿位不顯，事已難為，作者的遠大抱負付諸東流。所以強烈的不遇之感向作者襲來。「春甕浮香」寫的是梅花欲開之時，本應是欣欣向榮之態，但作者卻於此抒發了淒涼失落的情感，「斗醉石亦醉，無量不及亂。獨醒誰得知，憔悴滄江畔」，借酒起事，表現眾人皆醉我獨醒的彷徨與失落，兀自一人憔悴江畔，極其落寞。又如「孟嘉落帽」，是以「落帽」這種狀態比擬花落之容。孟嘉乃東晉名士，《晉書‧桓溫傳》載：「九月九日，（桓）溫燕龍山，僚佐畢集。時佐吏並著戎服。有風至，吹嘉帽墮落，嘉不之覺。溫使左右勿言，欲觀其舉止。嘉良久如廁，溫令取還之，命孫盛作文嘲嘉，著嘉坐處。嘉還見，即答之，其文甚美，四坐嗟歎。」〔註15〕於此可見孟嘉之風雅灑脫、才思敏捷。宋伯仁在此運用這個典故，有自比之意：「醉帽不輕飛，秋菊有佳色。自慚群座中，主人猶未識。」認為自己沒有機會表現滿腹才華，以致無人賞識，只能作無奈的不遇之歎。又如「鶚乘風」題詩：「怒翮摩青天，秋風真得意。可憐烏鵲儔，一枝聊自寄。」這裡是以鳥兒自比，認為自己有鴻鵠之志，卻只能與烏鵲作伴，故以梅花一枝聊寄不遇之感。

（五）處世之道

宋伯仁的人生並非一帆風順，有苦有樂，有酸有甜，正如作者在「晴空掛月」題詩中所言：「萬里收纖雲，一鈎懸碧落。缺月無定時，人間幾愁樂。」人生的變數就像月亮的圓缺，變幻無常、不可預料。然而正是在人生的歷練中他感悟到了一些處世之道，並將他的這些感悟寫入詩畫之中。

試看「攲器」這幅梅花，「攲」是傾斜的意思，「攲器」即傾斜著的器皿，梅花的形狀就恰似一個傾斜著的器皿。作者從中體悟到什麼？其詩云：「溢滿而覆虛，盈虧俱有病。萬事得於中，烏乎云不正。」他以相對論來說明滿與虛、盈與虧都是不好的，萬事應「得於中」，太淺或太深都不恰當，處事應不溫不火，這是儒家典型的中庸之道，反映的是宋伯仁的處世哲學。就像作者在「蚌殼」中所寓之意：「休與鷸相持，自有山川隔。祝君無孕珠，恐非保身策。」孕育珍珠是件好事，但從另一方面講，等珍珠長成之後，蚌殼也就面

〔註15〕〔唐〕房玄齡等撰，晉書〔Z〕，第八冊，卷九十八，桓溫傳〔Z〕，北京：中華書局，1974，2581。

臨著被擒的命運，無法保身了。這裡蘊含的深意不正是福禍相倚的人生道理嗎？所以作者認爲做任何事都要眼光長遠些，他在「顧步」中就表達了這種處世原則：「世道多巇□，進趨思退卻。一步一回頭，庶幾輕失腳。」人生道路坎坷艱險，應該未雨綢繆，行進之際就要想好退路，不能走一步看一步，以免失足悔恨。作者因此有了明哲保身的想法，他在「側面」題詩中即言：「相見是非多，但旁觀便了。庶幾人共知，鼻孔長多少。」主張置身事外，不入是非，旁觀即可。他在「鷺鷗振翼」題詩中也表達了這種想法：「雪羽臥晴沙，漁人無可慮。機事亦難忘，不如且飛去。」碰到無法解決的事情，不如像鳥兒一樣飛走。宋伯仁處世不主張算盡心計，「暮雀投林」題詩即云「倦翼已知返，投林謀夜宿。弋宿無容心，機深未爲福」，處心積慮未必是福，還是順其自然的好。所以在「顰眉」中就說了「西施無限愁，後人何必傚。只好笑呵呵，不損紅粧貌」，沒有必要去仿傚他人，只要過好自己的生活就好，「笑呵呵」地面對人生。

（六）詠史諷時

宋伯仁有時也借梅花抒發一些詠史諷時之語，以史鑒今，刺時諷今。譬如「金印」題詩云：「蘇秦鞭疋馬，六國飽風煙。累累懸肘下，郭外慚無田。」譏諷蘇秦的汲汲名利。「玉斗」所題「鴻門罷樽酒，舞劍事還差。范增徒怒撞，漢業成劉家」，詠項羽、劉邦的鴻門之宴。「雙荔」題詩「繒殼爛緗枝，夏菓收新綠。玉眞望甘鮮，不管郵兵哭」，則借荔枝感慨統治階層不顧兵民勞苦，只爲一己之歡。「孤鴻叫月」題詩云「足下一封書，子卿歸自虜。雖曰誑單于，孤忠傳萬古」，歌頌了蘇武的孤膽忠心。其實，在這些詠史之作中，作者的本意絕不僅僅限於對歷史的感慨，詠史的眞正目的在於鑒今，這些詩中反映出來的是作者對邊疆多事的恐懼和對天下太平的渴望，是作者對當今統治者爲一己私欲勞命傷財的諷刺，是作者對忠心報國的人才輩出的期盼。作者雖借梅花詠史，但表達的卻是他拳拳的愛國之情。

作者也對當今一些貪利嗜名、趨炎附勢之徒進行了直面的抨擊，如「飛蟲刺花」，題詩云：「花者專引蝶，非蝶亦飛來。顧影不知恥，良爲貪者哀。」把無利不趨的貪婪之輩比作不知廉恥的飛蟲，寄寓了作者深深的不屑。又如「野鶻翻身」，題詩云：「狠禽忘所儔，翻身拏鳥雀。羽毛同所天，何苦強淩弱」，諷刺那些欺軟怕硬的小人，把他們比作狠禽，恃強淩弱，攻擊同類。

很難想像，宋伯仁在一部梅花畫譜裏寄寓了如許多的複雜情感，借著梅花的外在形態和內在精神，抒發自己的葵藿之情、理想抱負、精神追求、人生頓悟，這早已超越了繪畫本來的審美功能，完全是將詩歌「吟詠情性」的特質移植到繪畫中來。而伯仁之所以如此成功地將諸多複雜情感寄寓於梅花之中，也歸功於題畫詩的運用，如果單純只是梅花的畫，觀者也不可能完全領會作者複雜多變的感情。因此，一畫繫一詩的《梅花喜神譜》真正實現了詩畫關係由形式到內容的全面融合。

第三節　《梅花喜神譜》產生的原因及契機探析

創作實踐上的詩畫關係，或表現在形式融合上的題畫詩、依詩作畫、畫上題詩，或表現在內容交融上的以詩法入畫，南宋前尚無兼及內容與形式的全面融合。《梅花喜神譜》的特殊意義則在於實現了詩畫內容和形式的全面融合。是譜之前，在詩畫融合的實踐領域中，尚無一人、一部著作同時完成了內容、形式的全面融合。即便是做到「詩中有畫」、「畫中有詩」的王維，也只是在意境上融合了詩畫。那麼，《梅花喜神譜》為何能夠完成形式、內容的全面融合，進而書寫了詩畫關係史上的重要一筆呢？

任何事物的產生都有其必然性和偶然性，《梅花喜神譜》的產生也是時代使然。繪畫和詩歌在宋代的繁榮發展是最基本的要素之一，尤其是花鳥畫的蓬勃興起。可以說沒有詩歌、繪畫大發展的溫床，也就不可能存在詩畫藝術之間互鑒的探討。《梅花喜神譜》體現了宋畫、宋詩的很多典型特徵。先看繪畫，宋伯仁的梅花體現了宋畫的兩大特點：

一、尚理。《梅花譜後序》有云：「昔人謂一梅花具一乾坤，是又擺脫梅好而嗜理者，雪巖尚勉進於斯。」（容堂向士璧君玉甫跋）「嗜理」二字點明雪巖畫的藝術特徵。「梅好」是一種絕對主觀的情感，宋人不主張將這種不經提煉的情感直接植入藝術，而經過理性沉澱之後的創作方為高明的藝術，正所謂「痛定思痛」。因此跋中稱其能「擺脫梅好而嗜理」。這完全符合宋畫尚理的審美趨尚。

張懷在韓拙《山水純全集》後序中云：「造乎理者，能畫物之妙，昧乎理則失物之真，何哉？蓋天性之機也。性者天所賦之體，機者人神之用。機之發，萬變生焉。惟畫造其理者，能因性之自然，究物之微妙，心會神融，默契動靜，

揮於一毫。投乎萬象，則形質動蕩、氣韻飄然矣。故昧乎理者，心爲緒使，性
爲物遷。汨於塵坌，猶於利役，徒爲筆墨之所使耳，安足以語天下之眞哉！」
〔註16〕此段論述足以證明宋人對於「理」的崇尙與追求。由於宋人向來不肯以
古法自厄，認爲「古人圖畫，無非勸誡」〔註17〕，因此致力於繪畫語言新境界
的探索，「理」的追求即是其創新發展、力求解放的一種體現。鄭午昌先生曾
作如此總結：「宋人善畫，要以一『理』字爲主。是殆受理學之暗示。惟其講
理，故尙眞；惟其尙眞，故重活；而氣韻生動、機趣活潑之說，遂視爲圖畫之
玉律。卒以形成宋代講神趣而仍不失物理之畫風。」〔註18〕欲達「理」，必須
「尙眞」，畫出描摹對象的「氣韻生動、機趣活潑」。

　　《梅花喜神譜》中的梅花就做到了這點。由於宋伯仁嗜梅成性，以致辟
圃栽梅，築亭以對，嗅蕊吹英，接香嚼粉，不厭諦玩。在日夜相對的觀摩中，
雪巖對梅花進行了細緻的、深入的、長期的、系統的研究，把握了梅之生理、
生態，將梅花的生命歷程分爲蓓蕾、小蕊、大蕊、欲開、大開、爛慢、欲謝、
就實八個階段，並且不厭精微，又將每一階段按梅花逐步的生長變化分爲若
干種不同形態，竟至百種。這一幅幅圖就是梅花由蓓蕾到凋謝全過程眞實的
寫生圖象。這種尙眞的繪畫精神無疑是對五代末興起的花鳥畫寫生求實傳統
的繼承，象生意端，形造筆下。畫梅、竹乃宋人特產，因梅蘭竹菊爲花中逸
品，素有「四君子」之稱，文人墨客性喜之，故《宣和畫譜》專列「墨竹」
一門。梅在宋代亦盛行，不假丹青，貴乎有筆。宋伯仁的梅花別出心裁，變
化多端，不徒形似，筆墨生趣，體制清贍，自有特色。不僅如此，宋伯仁憑
著畫家充分的藝術想像力，將客觀現實與主觀情思結合起來，賦予每一種梅
花極富「理趣」的題名和頗有思致的題畫詩，寫其物理之際又傳其神趣。

　　二、尙意。繪畫中的「意」即畫家寄寓的思想情感。繪畫本來的功能在
於摹形寫實，寫意的功能是從詩歌中借鑒過來的。宋代繪畫的文學化趨向十
分顯著，尙意成爲當時繪畫尤其是文人水墨畫的美學追求。正如鄧椿所謂：「畫
者，文之極也。故古今之人，頗多著意。……『其爲人也多文，雖有不曉畫

〔註16〕　〔宋〕韓拙，山水純全集〔M〕，張懷後序，《景印文淵閣四庫全書》本，台
　　　　　北：臺灣商務印書館，1983。
〔註17〕　〔宋〕米芾，畫史〔M〕，吳孟復、郭因編，張勁秋校注，中國畫論〔Z〕，卷
　　　　　一，合肥：安徽美術出版社，1995，408。
〔註18〕　鄭午昌，中國畫學全史〔M〕，上海：上海書畫出版社，1985，269。

者寡矣；其爲人也無文，雖有曉畫者寡矣。』」〔註19〕當時凡畫工所作，無主體思想、無氣韻者皆被稱爲畫工，即使筆墨精良、形象逼眞，也不能爲士大夫所賞。蘇軾評王維、吳道子畫的賞鑒標準即能證明這種趨尚：「吳生雖妙絕，猶以畫工論。摩詰得之於象外，有如仙翮謝籠樊。吾觀二子皆神俊，又於維也斂衽無間言。」（《王維吳道子畫》）吳道子畫雖然妙絕，但也只是畫工，問題在於他沒有在繪畫中鎔鑄個人的思想。王維畫則能讓人品味到畫面以外的作者情感，「得之於象外」，勝處即在於此。宋畫尚意，是宋人繼承前人成果並開拓出來的一條繪畫新途徑。宋伯仁的梅花創作也遵循著這一創作法則，以詩法作畫，吟詠情性。他在梅花之中寄寓了非常複雜、豐富的情感，這在上一節中已作了充分的討論。

　　因此，宋伯仁的梅花兼具宋畫尚理與尚意兩大美學特徵，既注重梅花的逼眞寫實，又借助題畫詩給畫中梅花注入創作主體的思想情感與內在氣質，逼眞再現梅花形態之際抒發其主觀情思，將詩人「思致」寫入畫中，實踐了《宣和畫譜》所總結的詩化創作觀。

　　再看詩歌，譜中題畫詩也體現出宋詩的某些主要特徵。如題材的日常生活化，由於唐詩藝術已至巓峰，宋人面對這座難以企及的高峰努力進行多方面的創新嘗試，題材範圍的拓展便是一種成功的嘗試，生活中隨處而有的詩意被挖掘出來，生日、修養、省親、書畫、筆墨、硯、琴、劍、器用、燈燭、食物、藥物等等日常生活題材，都常常被用於詩歌題材，和唐代詩歌題材相比，範圍大有拓展。宋詩分類也愈加精細，如蒲積中《古今歲時雜詠》在歲時節氣方面的分類，幾乎無微不到。《梅花喜神譜》對於梅花的題名也是五花八門，各種各樣的動物、植物、器皿，人物行爲、歷史典故等等，這些都被作爲題畫詩歌詠的題材，特別是日常生活方面用到的器物，如「琴甲」、「藥杵」、「扇」、「盤」、「開鏡」、「覆杯」等等，數量比重較大。這充分體現宋詩題材變化的特徵。此外，由於宋伯仁「亦江湖派中人也」（《四庫全書總目》卷一六四），所以其詩歌具有南宋末年江湖詩派的典型風格：清麗尖新。包括宋伯仁在內的江湖詩人大多是從士大夫中游離出來的下層文人，沒有機會兼濟天下，只好帶著憂慮和惆悵退居江湖，放情於詩文書畫，追求高情逸趣的詩意生活。這些詩人努力擺脫江西詩風流弊的陰霾，試圖以清麗精巧的晚唐

〔註19〕　〔宋〕鄧椿，畫繼〔M〕，卷九，雜說，論遠，吳孟復、郭因編，張勁秋校注，中國畫論〔Z〕，卷一，合肥：安徽美術出版社，1995，822。

詩風與之對抗。宋伯仁就是其中的一員，他的詩歌和他畫的梅花一樣，清麗雅致，且思致巧妙，細膩精緻，體現出典型的江西詩風。

可見，《梅花喜神譜》帶有宋代詩、畫藝術的典型特徵，由此推斷該譜是宋畫、宋詩並臻繁榮的產物。但爲何宋末之前沒有出現類似的著作，而由宋伯仁來完成，這就存在很多契機了。

第一個契機是詩畫關係自身的發展，已經積累了一定的實踐及理論。雖然在《梅花喜神譜》之前沒有人在創作實踐中同時融合了詩歌、繪畫的內容和形式，但此前，宋代的詩畫融合已經完成了題材互鑒、境界互通、理論總結三方面的飛躍。其一，詩畫表面內容上的結合從個人行爲一躍成爲一種普遍的社會性行爲。在依詩作畫上，出現了畫院出詩題取士這種特別的文化現象。而且在題畫詩方面，宋代在唐代題畫詩的基礎上有了更大的發展，出現了第一部題畫詩總集和別集：孫紹遠《聲畫集》和劉攽《題畫集》。其二，詩畫融合開始了精神層面上的交流。這種交流主要體現在「意」、「境」的溝通上，追求的是「詩中有畫」、「畫中有詩」的完美結合。王維之前的詩人多是在無意識中實現了「詩中有畫」，但尚無「畫中有詩」的出現。王維詩畫兼工，事實上已將畫與詩融合，但他和前人一樣沒有意識到詩畫藝術已經得到了某種融合，而這直至蘇軾才在意識上表現得清楚明白。〔註 20〕其三，詩畫關係的成熟進而引起宋人進一步的理論總結。宋代詩畫關係理論散佈在畫論、詩話乃至詩歌當中，具有普遍性與深刻性兩大特點。就普遍性而言，「有聲畫」、「無聲詩」、「詩中畫」、「畫中詩」是宋代詩壇畫苑的常用語，這些概念的流行證明詩畫相通是宋代普遍的一種美學思想，甚至成爲一種創作法度，郭熙即言：「前人言：『詩是無形畫，畫是有形詩。』哲人多談此言，吾人所師。」〔註 21〕就深刻性而言，宋人對詩畫關係的認識主要有三種：一、主張詩畫相通，顯明的旗幟即「詩是無形畫，畫是有形詩」，孫紹遠之所以將題畫詩集命名爲《聲畫集》也正是「用有聲畫、無聲詩之意」；二、提倡詩畫相異，「畫筆善狀物，長於運丹青。丹青入巧思，萬物無遁形。詩筆善狀物，長於運丹誠。丹誠入秀句，萬物無遁情」〔註 22〕，明確指出詩與畫各有所長。然而在

〔註20〕 徐復觀，中國藝術精神〔M〕，上海：華東師範大學出版社，2001，290。
〔註21〕 〔宋〕郭熙著，郭思編，林泉高致〔M〕，山水訓，吳孟復、郭因編，張勁秋校注，中國畫論〔Z〕，卷一，合肥：安徽美術出版社，1995，467。
〔註22〕 〔宋〕邵雍，伊川擊壤集〔M〕，卷十八，詩畫吟，上海：商務印書館再版《四部叢刊》初編影印本，1922。

某些方面二者還是難以超越界限。因此從不同的著眼點出發宋人得出不同的
看法，王安石認爲「意態由來畫不成」（《明妃曲》），「丹青難寫是精神」（《讀
史》）；米友仁卻說「古人作語詠不得，我寓無聲縑楮間」（《自題山水》）。因
互有短長，便有了第三種認識：詩畫互補。蔡絛在歐陽修、邵雍等人觀點的
基礎上作進一步發揮，「丹青吟詠，妙處相資。昔人謂詩中有畫，畫中有詩者，
蓋畫手能狀，詩人能言之。……且畫工意初未必然，而詩人廣大之。乃知作
詩者徒言其景，不若盡其情，茲題品之津梁也」〔註23〕。這三種認識是宋人
從詩畫融合的具體實踐中總結出來的，可惜較零散。《宣和畫譜》中的詩畫理
論較集中，這在第四章已經談到，此不贅述。正是在這樣的實踐基礎、理論
指導下，才有可能出現《梅花喜神譜》之類的書籍。

　　那麼詩畫關係史上的重要一筆怎麼會輪到名不甚高的宋伯仁來書寫呢？
要討論的第二個契機就是宋伯仁本人了，其文化修養、個人稟性以及生活遭
際使他具備了創造歷史的基本條件。前面已經討論過宋伯仁的繪畫、詩歌藝
術的價值，雖然其畫不如華光、揚無咎，詩不如蘇軾、黃庭堅，但都有一定
的藝術特色。以詩畫並善稱之，並不爲過。唐宋詩畫並善的文人不在少數，
著名的王維、蘇軾不僅詩畫並善，而且對詩畫意境的交融、理論的總結都有
重大貢獻，爲何他們沒有寫就詩畫並呈的書籍？這就有很多客觀因素了，其
中圖畫版刻便是一個重大原因。唐代和北宋初期的木刻版畫還沒有完全從宗
教畫應用到書籍的插圖，所以刻印圖文並茂的書籍不太可能。而南宋末年，
這一條件已經具備。宋伯仁嗜梅的個性也促成這部書的誕生，查有關宋伯仁
的資料，流傳詩集較多，繪畫作品則極少，畫史亦無載，唯《四庫全書總目
提要》載其《煙波漁隱詞》二卷云：「又有瀟湘八景，春夏四時景，亦繫以詞。
謂皆《水調歌頭》也。後附《煙波漁具圖》，凡舟、笛、蓑、笠之屬，各繫以
七絕一首。」可見宋伯仁不是專業畫家，但他善畫，除梅花外，他還喜畫山
水。宋伯仁承認自己畫梅技藝遠不如揚無咎，相反，對詩歌創作更有信心。
所以如果不是出於對梅花的癡迷，宋伯仁也不會撰繪一部畫梅、詠梅的梅花
畫譜。此外，宋伯仁的生活遭遇也起到關鍵性作用。如果宋伯仁一直是個「銳
意功名，有擊楫之慨」的有志之士，並在仕途上一帆風順，祿位顯貴，那麼
他也就沒有機會流宕江湖，操「閒事業」了。正因爲經受了懷才不遇的打擊，
動搖了他「兼濟天下」的堅定信念，宋伯仁才將政治理想和個人功業的失望

〔註23〕　〔宋〕蔡絛，西清詩話〔M〕，宋詩話全編〔M〕，南京：江蘇古籍出版社，1998。

轉化爲一種高情逸趣，用詩文書畫的創作來充實失落的心靈。宋伯仁的這些個人特點構成了《梅花喜神譜》產生的偶然性因素。

正是在主客觀因素、種種契機的作用之下，宋伯仁創製了中國第一部詩畫並呈的《梅花喜神譜》。而如今對宋伯仁的瞭解和研究甚少，即使有研究，也多著眼於畫譜，而忽略了該譜在詩畫關係史上的重大意義。和《宣和畫譜》的理論貢獻不同，《梅花喜神譜》是在詩畫理論指導下更深一步的融合實踐，它爲後人詩畫融合的創作實踐提供了眞實可見、法而習之的模本。

第六章　宋後詩畫譜的編纂與流傳

　　《宣和畫譜》和《梅花喜神譜》這兩部性質、功能迥異的畫譜，既首創以畫譜總結詩畫理論的藝術行為，又開啟了詩畫並呈的畫譜編撰之風氣。宋後至清，湧現出很多畫譜，然而在此所要總結的並非廣義上供習畫者學習、模仿的畫譜，而是狹義上的詩畫譜，即以體現詩畫關係為選錄標準。以明代黃鳳池所輯《集雅齋畫譜》為例，該書為一部八種畫譜的合集，分為《唐詩五言畫譜》、《唐詩七言畫譜》、《唐詩六言畫譜》、《梅竹蘭菊四譜》、《木本花鳥譜》、《草木花詩譜》、《唐解元倣古今畫譜》、《張白雲選名公扇譜》八卷。為滿足社會不同層次的讀者需要，譜本樣式較為豐富，八部畫譜面貌各異。《唐詩畫譜》三種各取唐詩五十首，依詩意繪成圖畫，自然是詩畫結合的典範。《梅竹蘭菊四譜》、《木本花鳥譜》、《草木花詩譜》、《唐解元倣古今畫譜》略及詩歌，《張白雲選名公扇譜》選繪的則是各大家的畫扇技法，無關詩文。根據編撰情況，筆者重點分析《唐詩畫譜》三種，略及《梅竹蘭菊四譜》，不錄《張白雲選名公扇譜》。因此，本章目的在於從詩畫譜的編纂流傳看詩畫關係的發展，並重點討論唐宋詩畫融合對於後代的深遠影響。

第一節　宋後詩（詞）畫譜編纂情況

一、明代：詩畫譜編撰的最高峰

　　明中後期的版畫印刷高潮迭起、異彩紛呈，在這種氛圍中，明代詩畫譜沿承《梅花喜神譜》詩畫並呈之制，創造了一個巔峰，迄今無人可追。無論

是版畫雕刻技術，還是編撰的數量、質量，均臻一流，爲後人留下了寶貴的藝術遺產，以至歷經五百載，翻刻、流傳仍廣。

1. 明·黃鳳池《唐詩畫譜》(《集雅齋畫譜》)

明代詩畫譜中最爲典型的是《唐詩畫譜》，雖然該譜不是《梅花喜神譜》之後出現的第一部詩畫譜，但對於研究來說，頗具代表性。

《唐詩畫譜》，黃鳳池編，包括《唐詩五言畫譜》、《唐詩七言畫譜》、《唐詩六言畫譜》三種，乃《集雅齋畫譜》八種之三。但因《唐詩畫譜》影響最爲深遠，遂又以《唐詩畫譜》總稱八部畫譜。

黃鳳池（生卒年不詳），安徽新安人，曾在杭州花市經營刻書，自號集雅齋主人。黃氏於萬曆年間相繼輯刻了《唐詩五言畫譜》、《唐詩七言畫譜》、《唐詩六言畫譜》（又稱《唐詩畫譜》），天啓年間又刊行了《梅竹蘭菊四譜》、《木本花鳥譜》、《草木花詩譜》，後來又收輯《唐解元倣古今畫譜》、《張白雲選名公扇譜》，彙八冊成一輯。

《唐詩畫譜》，各取唐人五言、六言、七言絕句佳作五十首，依詩而繪，每頁前幅繪圖，後幅題詩。書求名公董其昌、陳繼儒、焦斌等爲之揮毫，畫請名筆蔡沖寰、唐世貞爲之染翰，刻版則屬明代徽派名工劉次泉等，堪稱「四絕」。時人盛譽「詩詩錦繡，字字珠璣，畫畫神奇」。畫譜多以山水人物形式題寫唐人詩意，也有少量梅竹和花卉。刻畫剛健沈穩，刀鋒不露，繪刻精美，頗具圓潤之致。而且對配景山水的皴法，變陽刻爲陰刻，頗曉趣味，明版中並不多見。畫中人物身姿形態韻味悠長，山川草石花木精微入妙，畫譜有景、有情、有聲、有色，時人故稱賞其中詩畫「如步月林皋，不盡幽賞之懷」。（見圖6-1）《唐詩五言畫譜》錢唐王迪吉敘盛讚之：「鳳池黃公久有悟焉，遴選唐詩百首，廣求名公書之，顓請名筆畫之，各極神精，並紓巧妙，契合於繩墨規矩之中，悟會於豐神色澤之外，即九方皋之相馬，牝牡驪黃，均不得而泥之。茲譜所鑴，殆宇內之奇觀哉！吾料東西南北之士，交賞而共鑒之，寶若隋珠和璧，人之增價懇求，履將錯於戶外，視夫他坊雜刻，汗牛充棟，束之高閣者，弗啻天淵矣。」在該譜之前，有杭州顧炳《歷代名公畫譜》和《詩餘畫譜》，《唐詩畫譜》「後來居上」，洵爲一時佳製。

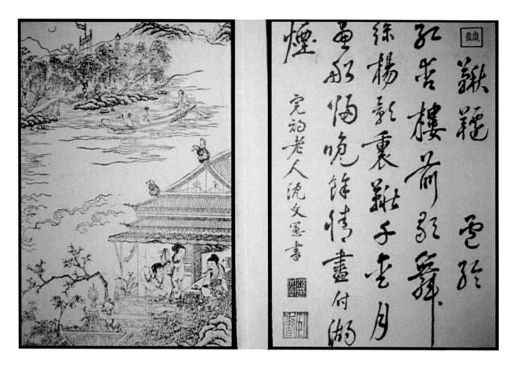

圖 6-1　《唐詩畫譜》內頁之一

　　此譜出版先後不一，五言先出，此為七言，六言最後編印。《唐詩五言畫譜》前有錢唐王迪吉敘，後有新都俞見龍跋。《唐詩七言畫譜》前有錢塘林之盛敘，沈鼎新書之；後亦有林之盛跋。《唐詩六言畫譜》前有新都程涓序，後有新都俞見龍所撰之跋，武林張一選書之。《唐詩六言畫譜》目錄與詩畫不合，詩圖兩全者唯四十頁。四十至五十頁有詩而無圖，多出唐詩八首，圖中不見繪刻人題款，或仍係蔡、劉等人所為。〔註1〕

　　該譜印行之後，受到普遍歡迎，多次翻版，或分冊出版，或合集出版，有明季坊本、內府藏本、浙江范懋柱家天一閣藏本等。康熙四十九年（1710），日本中川茂兵衛曾翻刻重印，1918 年日本文永堂書肆又按中川茂兵衛翻刻本腐蝕為銅板，縮印成巾箱本行世。1925 年日本圖本叢刊會主持人大村西崖氏，採取明刻原本，由伊藤忠次郎臨摹重刻，本橋貞次郎刷印。二百餘年間，三次翻刻，可見此譜在海外受歡迎程度。我國自清初以來，未再刻印，流傳日稀。唯光緒十四年（1888）點石齋從日本購得藏本分類翻刻，名曰《詩畫舫》。

────────────

〔註 1〕參看文物出版社和上海古籍出版社 1982 年出版《唐詩畫譜》時的「出版說明」
　　　　及王伯敏序。

1982 年文物出版社和上海古籍出版社影印出版。上世紀末至本世紀初，又以多種形式屢次出版。1994 年收入《中國古代版畫叢刊》二編，上海古籍出版社，第七輯。1995 年，齊魯書社據日本寬文 12 年（1672）覆刻明刻本翻印收入《四庫全書存目叢書》子部藝術類，第 72 冊〔註2〕。1997 年收入《中國歷代畫譜彙編》，天津古籍出版社。1998 年收入《中國歷代畫譜八大家》，中國世界語出版社，第一冊。1998 年北京古籍出版社單獨出版。2000 年收入《中國古畫譜集成》第 6 卷，山東美術出版社。2001 年海南出版社刊《黃氏畫譜》。亦有編選者，如《名家繪唐詩畫譜三百首》，李保民編選，上海古籍出版社 2001年版；河南大學出版社 2004 年出版的《唐詩畫譜》即選其中詩畫八十篇幅。不久又出現了校注本，如 2004 年山東畫報出版社出版、2005 年齊魯書社出版《唐詩畫譜說解》、嶽麓書社出版《圖畫唐詩》、2006 年京華出版社出版《詩情畫意》均在原作整理校注的基礎上作了一些簡明注釋、評析。於此可見該譜在當代流播甚廣，原因正在於大眾對於該譜的喜聞樂見。

　　除《唐詩畫譜》三種外，《集雅齋畫譜》其他幾種亦略作簡述。

　　《梅竹蘭菊四譜》刻印於泰昌元年（1620），杭州孫繼先繪，畫梅竹蘭菊各二十餘幅。對照圖畫論述梅竹蘭菊的各種畫法，構圖俯仰正倒，各具神態。梅菊部分畫出梅菊的萬千姿態，變化多端；竹蘭部分突出對枝、葉、花的結構描繪，並對各種姿態加以圖釋，「令人一披閱而意在筆先，神遊法外」，方法簡明易學，成爲學畫者入門範本。該譜畫上附有詩句，但數量不多，且不同於《唐詩畫譜》的依詩作畫。

　　《木本花鳥譜》與《草木花詩譜》，天啓元年（1621）集雅齋原刊本。二譜皆爲黃鳳池對景寫生之作。圖爲單面，前圖後文，文章主要用以說明花卉種類形態和栽培方法。卷後有詠花詩，與畫面相互輝映。《木本花鳥譜》圖與目錄有不合處，實收四十四種。《草木花詩譜》收牡丹及雞冠花七十二種。別有汪士珩鐫圖本，與原本小有出入，雕鏤亦甚精工。

　　《唐解元倣古今畫譜》（又名《唐六如畫譜》），萬曆間武林金氏清繪齋原刻。傳爲唐寅摹畫，實出曹羲（有光）、陳裸、宋旭等人手筆，計四十八圖。

〔註2〕《欽定四庫全書總目》卷一百十四子部二十四藝術類存目載：「《唐詩畫譜》五卷，明黃鳳池撰，鳳池徽州人。是書刊於天啓中，取唐人五六七言絕句詩各五十首，繪爲圖譜。而以原詩書於左方凡三卷，末二卷爲花鳥譜，但有圖而無詩，則鳳池自集其畫附詩譜以行也。」因此此卷僅收《唐詩畫譜》五種。

諸凡人物、山水、花卉、禽獸各類俱全，畫後有名人題詩，書畫咸備。全譜細摹精刻，對前人畫風、技法，可以窺其大略。

2. 明·高松《高松菊譜》

《高松菊譜》，明代高松繪編，嘉靖間木刻本。在現存畫譜中，乃《梅花喜神譜》之後出版最早的一部詩畫譜。

高松，字守之，號南崖子，又號我山，河北文安人，善書畫。該譜卷首有嘉靖 29 年（1550）作者自序，曾云：「參詩意味，分別花頭百品於譜。」該譜「前立規模以獻寫菊之原，但表意思而已。後圖菊花一百種，詩一百首。」其中黃色菊四十一種，詩四十一首，如「金孔雀（深黃赤心千葉）」題云「金毛翠羽忽飛來，化作秋花燦爛開。南服容儀依舊在，臨風動處似毶毵」；「黃西施（嫩黃多葉）」題云「洗卻鉛華出館娃，化身猶自託秋花。厭隨紅紫同九品，色比黃花更可誇」；「瓊英黃（鵝黃千葉）」題云「鵝黃誰染玉英妍，雨過東籬應更鮮。端的對花堪賞玩，新圖宜寫碧雲箋」。白色菊二十種，詩二十首，如「鶴翎白（白千葉，葉皆有尖下垂）」題云「仙禽昨日到東籬，梳下翎毛滿菊枝。秋夜月明無認處，花尖片片自俗垂」；「金盞銀臺（白千葉中心黃）」題云「造化原能巧樣裁，黃金為盞白銀臺。不知當日陶元亮，曾向花前醉幾回」。

紅色菊三十種，詩三十首，如「鶴頂紅（粉紅千葉大紅心）」題云「澄海歸來不計年，年年花叢最鮮妍。至今一片丹砂頂，歷盡風霜色不蔫」；「荔枝紅（紅黃千葉）」題云「秋菊繁開色正濃，枝頭渾似荔枝紅。可憐曾動當年笑，一陣塵飛事已去」；「錦繡毬（花似紅繡球，如錦鱗菊）」題云「昨宵織女會牽牛，拋下雲間錦繡毬。落在東籬收不得，化成花朵更無儔」。紫色菊九種，詩九首，如「紫袍金帶（如墨菊微紫中有黃心）」題云「秋來圃內徙奇葩，獨倚西風伴歲華。金蕊傲霜中作帶，紫袍映日絢晴霞」；「紫羅傘（紫千葉）」題云「名品看來果自奇，紫羅高蓋翠屏帷。好攜樽酒花前去，且趁清陰坐賦詩」。作者自言詩「俱比賦興」也，可見其題詩含作者託寓之心。以「太真紅（千葉嬌紅花）」為例，題曰「華清浴罷錦衣鮮，舞袖酡顏色共妍。可見三郎懽憂切，至今陶徑不堪憐」，以菊花比貴妃，詠古鑒今。該譜圖文並呈一頁，詩歌多在畫面左下角或右下角，是名符其實的畫上詩。繪刻作風大膽潑辣，勁健有力，多用墨色塊面，以陰線表現葉脈莖節枝枒之處，黑白對比，互襯效果明顯。高松另有《翎毛譜》、《竹譜》，均為北方畫譜中的傑出作品。（圖 6-2）

圖 6-2　《高松菊譜》內頁之一

　　建國後有中國古典藝術出版社影印本，惜版片有損傷斷裂，摹印本有失原作風致。1959 年，北京中國書店據明嘉靖間刻本影印，與《高松翎毛譜》合印，1996 再版。後收入《中國歷代畫譜彙編》（天津古籍出版社，1997 年版）、《中國古畫譜集成》第 1 卷（山東美術出版社，2000 年版）。

3. 顧正誼《百詠圖譜》

　　顧正誼《百詠圖譜》二卷，附散曲集《筆花樓新聲》一卷，顧仲方撰並自繪插圖，明萬曆二十四年（1596）刊。該譜前圖後詩，插圖或單面方式或多面連式，現藏國家圖書館。

　　顧正誼（？～1597 後），字仲方，號亭林。華亭（今上海松江）人。父中立，官至參知政事。正誼以父蔭，萬曆（1573～1620）時由太學生官中書舍

人。晚年於江畔築小亭園，終老其間，故號亭林，但與號亭林的顧炎武非一人。工畫，早年即以詩畫馳名江南，後遊長安，名聲大噪。董其昌曾云：「吾郡畫家，顧仲方中舍最著。其遊長安，四方士大夫求者填委，幾欲作鐵門限以卻之，得者如獲拱璧。」「吾郡顧仲方、莫雲卿二君，皆工山水畫，仲方專門名家，蓋已有歲年。」〔註3〕其山水初學馬琬，後出入於吳鎮、黃公望，畫山多作方頂，層巒疊峰，少蓄林樹，自然深秀。董其昌曾得其指授。與同郡莫是龍、董其昌、陳繼儒等人被稱爲「松江派」。傳世作品有《溪山秋爽圖》（萬曆三年〈1575〉作，圖錄於《故宮書畫集》），《天池石壁圖》（萬曆二十四年〈1596〉作，著錄於《石渠寶笈》）等。亦善詩文，著有《亭林集》、《蘭雪齋稿》。

該譜前有陳繼儒序曰：「先生以乙未（1595）奉簡書餉邊，出入諸將軍戰壘及胡沙宿莽中，黃雲凍月，落落馬上，爲一聽蘆篥，醉葡萄而歸。歸買舴艋，順河流南下。途次寂寞，因於叩舷之暇，賦詩以消客況。不一月而得百篇。」「詠物、閨情，各抒才韻，繪擬所至，生氣湊合，可以奪化工之權，結思人之涕。」馮大受甚至將其比作王維、顧愷之，稱此譜「眞是詩中畫，畫中詩。兼右丞之二有，擅虎頭之三絕。」黃冕仲在《詩餘畫譜跋》中亦稱顧仲方所編畫譜「雕鏤刻畫，窮工極巧，精細莫可名狀，把玩足當臥遊。」在一部畫譜的序跋中稱讚另一部畫譜，由此可知顧仲方的畫譜深受當時文人的喜愛。

《百詠圖譜》詠物範圍甚廣，有「秋波」、「舞腰」、「美人垂釣」、「春景閨情」、「夏景閨情」、「冬景閨情」等，人物情態生動鮮明，思致構圖精巧，整體氣勢頗高。該譜鐫刻者不詳，刻工雖有點簡率，但氣勢不凡，鄭振鐸盛讚此譜「一洗過去的簡陋，而爲蘇州版的木刻畫開啓了光明燦爛的先路，奠定了它的進一步發展的基礎」（《中國古代版畫史略》）。〔註4〕

4.《詩餘畫譜》（又名《宋詞畫譜》）

《詩餘畫譜》，宛陵（今安徽宣城）汪氏輯印，初刻於萬曆四十年（1612）。編者生平不詳。

〔註3〕〔明〕董其昌著，屠友祥校注，畫禪室隨筆〔M〕，跋仲方雲卿畫，南京：江蘇教育出版社，2005。

〔註4〕參考薛冰著，中國版本文化叢書・插圖本〔M〕，南京：江蘇古籍出版社，2002：151～152。

　　《詩餘畫譜》初名《草堂詩餘意》，據宋人所輯《草堂詩餘》，因其名義，萃選其中詞作，仿其編次而成。每篇作一圖，其中小令43首，中調17首，長調37首，所選詞家則以秦觀、蘇軾、黃庭堅、柳永四家為最多。畫譜前有杭州吳汝綰序，宣城湯賓尹題詞，後面有雲間（江蘇松江府）黃冕仲題跋。該譜一詞一圖，相映成趣。其中以人物、山水為主，有人物畫51幅，山水畫47幅。臨仿李昭道、郭熙、劉松年、揚補之、沈周、丁雲鵬、仇英等20餘家畫作98幅。繪事刻工，精妙流動，在章法、場景、線紋等處理上，都盡可能保持了名家原畫的神韻，同時注意木刻版面動靜、虛實、剛柔的對比變化，在刀法上隨類賦形，體現出徽派版畫的豐富妍麗。還採用了灰板套印，令畫面於黑白二色之外別有一層灰色，色彩層次要豐富些。而且，編刻者為了表現詞的意境，曾對原畫略事改易，用心良苦，然有得有失。圖畫再配以「秋閨」、「春景」、「春恨」、「冬景」、「春閨」、「漁父」、「送春」、「孤鴻」、「初夏」、「秋意」、「感舊」等畫題，題署名家詞作，並以董其昌、陳繼儒、許光祚、何偉龍、趙鳴之等書畫名家的字體摹印。（圖6-3）

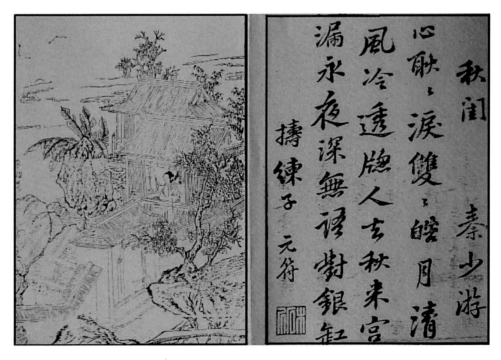

圖6-3　《詩餘畫譜》內頁之一

　　《詩餘畫譜》是第一部詞畫譜，黃冕仲跋曰：「夫詩餘，固詩之變也，詩餘而爲畫譜，又變之變也。然則詩果可以爲畫哉？良由詩餘之詞婉然如畫，天寶以來，一時柳屯田輩徒能即事即情，葉鏗鏘於音調，未能即景即詞，敷璀璨于丹青。故可使知者會心，不能使觀者悅目。汪君獨抒己見，不惜厚貲聘名公繪之而爲譜。且篇篇皆古人筆意，字字俱名賢眞跡。摩天倪之趣，極人工之妙，不多遜顧、楊〔註5〕兩君。余是以之詩餘之變，變自汪君也。深慨向者之變，變於詩；今日之變，變於畫。則公車制義之變，稗官野史之變，又何足論乎？」充分肯定了汪氏的變化之功。鄭振鐸從木刻角度也給予該譜高度的評價：「一詞一圖，相映成趣。正像汝珆序裏所說的『案頭展玩，流連光景，益浸浸乎情不自己』。詞中固有畫，畫中亦有詞。宋詞多綿遠窈渺之音，最難傳以形象。像『無可奈何花落去，似曾相識燕歸來』之類怎樣見於畫幅呢？但我們的徽派木刻畫家們卻能深深地體會或悟會出作者的情意來，而把它們幻化爲清雋幽雅，神韻鮮朗的木刻畫，使之能耐人吟味不已。非有大修養、大功力的畫家是決達不到這樣的境界的。更難能的是每一幅畫都是完美之作。以一百幅巨帙的木刻畫集，而幅幅精妙，這樣的藝術家是頭等的，是不惜付出全副的艱深的創作力量出來的。這書的編者是新安汪某（未悉其名）其木刻畫的作者們則不能知道了。但置之徽派作品裏，這無疑地是最上乘之一。」〔註6〕而且，該譜直接啓發了黃鳳池《唐詩畫譜》諸種的編刻。

　　《詩餘畫譜》經明清兩朝，流傳甚少，今存潞河王立承鳴晦廬舊藏殘本、鄭振鐸舊藏二殘本和傅惜華舊藏殘本。惟王氏藏本紙墨精良，刀法更近繪意，是爲原刊初印，惜殘佚較甚；鄭氏和傅氏本均爲覆刻，且多異趣。鄭氏曾據所藏二本配合，得九十七圖，付珂羅版影印。王氏藏本序和書口全毀，不知是否即《草堂詩畫意》；鄭氏藏本中書口間有「草堂詩畫意」字樣，且有爲求版口規則劃一而裁截畫面，以致格去「草堂」之「草」字者，由此可知《詩餘畫譜》沿革之緒。鄭氏藏本各畫葉鈐有「玉錧」、「佐山堂」朱印，嘗有以此爲編者名號，即姓汪名錧。然不見於原刊初印本，或爲翻

〔註5〕即顧正誼、楊爾曾，二人各編《百詠圖譜》（明萬曆刻本）、《海內奇觀》（明萬曆 37 年〈1609〉夷白堂刻本），均是當時著名圖譜，在《詩餘畫譜》之前出版。

〔註6〕鄭振鐸，中國古代木刻畫史略〔M〕，上海：上海書店出版社，2006。

刻者別署。〔註7〕後於民國 31 年（1942），上海的中國版畫史社影印，收於
《中國版畫史圖錄》，共 2 冊。1988 年，上海古籍出版社據北京圖書館藏鳴
晦廬舊藏本和鄭振鐸舊藏本擇優配補影印。1994 年收入該社《中國古代版
畫叢刊二編》。1998 年，北京古籍出版社出版《宋詞畫譜》2 冊。後又收入
《中國古畫譜集成》第 2 卷（山東美術出版社 2000 年版）。張宏宇選其中
詞畫八十篇幅，重編於世，河南大學出版社，2004 年版。次年，嶽麓書社
據上海古籍出版社 1994 年影印本編輯而成《圖畫宋詞》。

5. 明・胡正言《十竹齋書畫譜》

　　《十竹齋書畫譜》，胡正言輯集刊刻，分《十竹齋書畫譜》、《十竹齋墨
華譜》、《十竹齋果譜》、《十竹齋翎毛譜》、《十竹齋蘭譜》、《十竹齋竹譜》、
《十竹齋梅譜》、《十竹齋石譜》八卷。每卷 20 幅圖左右，圖後配有書法造
詣頗高的題詩或詞。除「蘭譜」外，在圖版的對開上，都有名人題句。共
有 180 幅畫、140 幅題字。譜中既有胡氏自刻自畫，亦不乏書法大家、畫壇
巨匠之作，如元代著名畫家趙孟頫，明代前中葉書畫家唐寅、沈周、文徵
明、陸治、陳道復，當代書畫家吳彬、倪瑛、米萬鍾、文震亨等等。題詩
中既有古詩詞，如胡正言自書唐代釋無可詩《詠蘭》，也有當代諸人所題，
如明隆慶元年（1567）丁卯科舉人金元初《詠梅》。是譜為餖版套印〔註8〕，
線條細膩精緻，套印精密，設色豔雅，濃淡有致，繪圖生動，刀法挺秀，
達到了前所未有的藝術高度，是中國古代最有價值的彩印本畫譜之一。

　　胡正言（1584～1674），明代末年書畫家、出版家。字曰從，別號十竹
主人、默庵老人，安徽休寧人。經歷明萬曆、泰昌、天啓、崇禎和清順治、
康熙六代，南明弘光時曾官至中書舍人，入清後不仕。寄居金陵（今南京）
雞籠山側，庭院中種翠竹十餘竿，因名「十竹齋」。博學多才，精擅六書，
精通繪畫、書法、篆刻，且能製紙墨，喜藏書、刻書。著有《印存初集》、
《印存玄覽》、《胡氏篆草》、《詞林紀事》等；輯有《六書正偽》、《千文六

〔註7〕參看上海古籍出版社 1988 年版《詩餘畫譜》出版說明。
〔註8〕餖版是 17 世紀上半葉出現的一種彩印方法。雕版印刷在宋元時期已成熟，胡
　　　正言將其改良成餖版拱花印法，把版面不同彩色部分，先雕成塊狀小版，堆
　　　砌拼湊，有如餖飣，依次套印。一幅圖往往要刻三四十塊板子，先後重印六
　　　七十次。用這種方法印刷，一朵花或一片葉可以分出顏色的深淺，陰陽向背，
　　　這種印刷品最能保持中國繪畫的本色和精神，具有民族藝術的特色。餖版彩
　　　印是中國印刷史上的一次大飛躍。

書統要》、《牌統孚玉》、《古今詩餘醉》、《詩譚》等 20 餘種。最具代表性的即爲《十竹齋書畫譜》、《十竹齋箋譜》，開創了中國乃至世界印刷史上的新紀元。爲完成《十竹齋書畫譜》，胡正言嘔心瀝血。程家珏《門外偶錄》載：十竹齋常雇刻工十數人，胡正言「不以工匠相稱」。其中有名汪楷者，胡與之「朝夕研討，十年如一日」，「諸良工技藝，亦日益加精」。他創造「餖版拱花」之法，把套版印刷技術推向高峰。楊文驄在該譜小引中稱其「濃濃淡淡，篇篇神采；疏疏密密，幅幅亂眞」，絕非溢美之辭。（圖 6-4）該譜與《十竹齋箋譜》均爲胡正言代表作品，出版不久，便有翻刻本。二譜對後來的木版水印技藝和版畫藝術製作，影響頗大，《芥子園畫傳》餖版套印即仿之。因此胡正言在我國版畫史上的地位舉足輕重。

圖 6-4　《十竹齋書畫譜》內頁之一

　　該譜大約在萬曆四十七年（1619）輯集鏤版，《翎毛譜》卷首有天啓七年（1627）楊文驄〔註9〕序，《書畫譜》前有崇禎六年（1633）醒天居士題小引，

〔註 9〕楊文驄（1579〜1649），明代畫家，字龍友。貴陽人，萬曆舉人，流寓金陵（今

由此推知，此譜八卷是分批刊出的，天啓七年刊成，崇禎六年又彙集成冊。該譜自問世以來，各地競相翻刻，然原版初印爲開化紙印製，傳世稀少，國家圖書館收藏了明崇禎刻初印本《十竹齋書畫譜》，原爲鄭振鐸先生舊藏。現行世的《十竹齋書畫譜》多爲清人翻刻，常見者有清嘉慶二十二年（1817）秀水王概芥子園本，分爲 16 冊；清光緒五年（1879）吳縣朱記榮校經山房本，分爲 8 冊。校經山房本序曰：「《十竹齋書畫譜》盛行海內，誠後學之津梁也。原板歲久模糊，向惟芥子園主人曾經翻刻，流傳至今，板復漫漶，神韻盡失，深爲惜之。茲幸購得原譜，重加考訂，付諸剞劂，以公同好，非敢謂突過前人，俾仍存盧山眞面目云而時維。」1981 年，上海書畫出版社以國家圖書館珍藏鄭振鐸殘本 2 種、遼寧省博物館李文信舊藏殘本一種爲主要底本，參以北京圖書館顧頡剛、王孝慈舊藏殘本各一種，加上周邨所藏殘本中的一幅，配成足本，於 1985 年 9 月出版。

除了上述這些詩詞畫譜外，還有一些畫譜也是圖文並茂的，但所題並非詩詞，而是題跋文或題詠。著名者如《歷代名公畫譜》、《素園石譜》等。

《歷代名公畫譜》又名《顧氏畫譜》，明顧炳編，明徐叔回校刊，明劉光信鐫。萬曆三十一年（1603）虎林（今杭州）雙桂堂刻本。顧炳，字黯然，號懷泉，武林（今杭州）人。善畫，花鳥宗周之冕，因結識茅吳山，山水畫日益精進。該譜前有余玄洲、朱之蕃等序，並顧炳譜例六則。編者以時代爲序，輯錄由晉至明的著名畫家作品，如顧愷之、張僧繇、閻立本、吳道子、趙孟頫、唐寅、董其昌，計 106 家，共 106 幅圖。山水、人物、花鳥俱全。作品縮小尺幅，彷彿筆意而成，細摹精刻，頗費經營。故而形態生動，自然傳神，線條流利，工致精麗。

刻法精堅，刀鋒犀利，粗拙有筆，細巧有力。每幅畫後，都有名人書傳題跋，題跋多是畫家簡介及其藝術成就。此書刻本甚多，流傳甚廣。之後的《詩餘畫譜》、《唐詩畫譜》均受其沾溉，爲後人提供不少編刻經驗。（圖 6-5，6-6）

南京）。崇禎時任江寧知縣，官至兵部郎。博學好古，能詩善畫，擅畫山水。董其昌評其畫曰：「龍友生於貴族，獨破天荒，所作《臺蕩》等圖，有宋人之骨力而去其結，有遠人之風雅而去其佻。余詒以爲出入巨然、惠崇之間，觀止矣。」

圖 6-5　《歷代名公畫譜》內頁之一

圖 6-6　《歷代名公畫譜》內頁之二

　　《素園石譜》四卷，明林有麟撰，譜中列名石種或名石 102 種，收錄奇石達 246 方，是迄今傳世最早、篇幅最宏的一本畫石譜錄。林有麟（1578～1647），字仁甫，號衷齋，松江府華亭縣人。因父蔭授南京通政司經歷，歷任南京都察院都事、太僕寺丞、刑部郎中等職，官至四川龍安府知府，頗得民望，人稱「林青天」。貴而能謙，富而好禮，有「翩翩佳公子」之譽。博古通識，喜好品玩奇石字畫。萬曆四十一年（1613），35 歲的林有麟寫就《素園石譜》一書〔註10〕，「是編乃有麟於所居素園闢元池館以聚奇石。因採宣和以後石之見於往籍者凡百種，具繪為圖，綴以前人題詠。始蜀中永寧石，終於松江普照寺達摩石。大抵以意摹寫，未必一一肖其真也。」（《四庫全書總目提要》卷一百十六）畫上寫前人題詠較多，偶題詩歌。凡例即云：「是編檢閱古今圖籍奇峰怪石有會於心者輒寫其形，題詠綴後。」該譜有浙江汪啟淑家藏本，1924 年上海美術工藝製版社刊印此譜線裝書，一函四冊，後多有影印出版。

　　由上可知，明代尤其是萬曆年間，詩畫譜的編刻活動是相當頻繁的。這和當時木刻畫技術的發達關係密切。「中國木刻畫發展到明的萬曆時代（1573～1620），可以說是登峰造極，光芒萬丈。其創作的成就，既甚高雅，有甚通俗。不僅是文士們案頭之物，且也深入人民大眾之中，為他們所喜愛。數量是多的，質量是高的。差不多無書不插圖，無圖不精工。……在木刻畫史上，萬曆時代無疑地是一個黃金時代。凡過去七八百年來累積起來的技術與經驗，在這時候都取精用弘地施展開來，而且有了新的創造，新的成就。彩色印刷的木刻畫，就是其中最顯著的創作之一。」〔註11〕明代詩畫譜的版畫藝術創造了一個巔峰，《唐詩畫譜》、《詩餘畫譜》、《百詠圖譜》、《十竹齋書畫譜》、《歷代名公畫譜》、《素園石譜》諸種，都是在萬曆年間刊刻。不僅如此，這些畫譜的作者、書家常互相遊戲筆墨於各本之間，如編印《百詠圖譜》的顧正誼、編印《海內奇觀》的楊爾曾、跋《詩餘畫譜》的黃冕仲、序《歷代名公畫譜》的朱之蕃等等，以至於董其昌、陳繼儒等大家手跡，紛呈沓現。也正是在這種名家之間、名家與藝人之間以及當時新安、金陵、建安三大版畫流派之間廣泛深入的交流，才逐漸開闢出中國版畫的「黃金時代」。這是詩畫譜繁榮的一個極其重要的、不可或缺的因素。正是版畫技術、時代文化

〔註10〕生平參考林曉明主編，松江文物志〔M〕，上海：上海人民美術出版社，2001。
〔註11〕鄭振鐸，中國古代木刻畫史略〔M〕，上海：上海書店出版社，2006。

的發展與積澱，締造了明代詩畫譜的輝煌。明代詩畫譜刻本如同中國古代詩歌中的盛唐詩，無可複製。

二、清代：詩畫譜編刻的再延續

在明代畫譜的深入影響下，清代延續了畫譜編刻傳統。清初，由於明末刻工藝匠大多健在，所以順康時期的版畫承襲了明朝遺風，多有精品佳作，如聶璜的《海錯畫譜》，工筆描繪海洋水生物，並配以文字介紹，不僅具有一定的觀賞價值，而且是研究清代東南海域水生物的重要圖文資料。入清後，版畫藝術沒有出現突破性的新發展，反而逐步走向衰落。不過畢竟是從明代這一巔峰向下回落，所以清人在繼承明朝雕版印刷工藝的基礎上也編刻了一些值得稱讚的畫譜，如著名的《芥子園畫譜》，清初名士李漁等人編刻。又名《芥子園畫傳》〔註12〕。全書四集，非一次印成，李漁「急命付梓」的僅爲初集四卷，刊成於康熙十八年（1679），亦即王安節〔註13〕據李流芳所繪增益而成的本子。初集卷一爲文字，分畫學淺說與設色各法兩部分，卷二爲樹譜，卷三爲山石譜，卷四爲人物屋宇譜。該譜是清代木版彩色套印版畫中最傑出的作品，也是清刊畫譜中惟一堪與明刊《十竹齋書畫譜》相媲美的佳構。該譜更偏重於中國畫基本技法的介紹，所以它並非詩畫譜，僅少量圖畫有些許題詩，如「嫩蕊迎風最有情，靈根元畹（？）舊功名，芳洲多少垂青者，入室審徒夏氣清」（沌陽盼雲仙子寫於淮上）；且常用前人名句，如「疏影橫斜水清淺，暗香浮動月黃昏」（林逋《山園小梅》）、「潮平兩岸闊，風正一帆懸」（王灣《次北固山下》）。在清代，一圖一詩的詩畫譜的編刻較少，多是對前朝詩畫譜的翻刻。下面列述幾種較爲典型的詩畫譜。

（一）《冶梅石譜》

《冶梅石譜》二卷，清王寅在日本編繪，並最早刊行於日本。

王寅，字冶梅，以字行，金陵（今南京）人。因其父「性耽繪事，尤

〔註12〕 芥子園築於南京，是清初戲曲作家李漁的一座小型私家園林。李漁的女婿沈心友藏有明末著名吳派畫家李長蘅課徒畫稿四十三頁，他請當時的山水畫名家王安節對此進行整理和增編，「迄今三易寒暑，始竣其事」。李漁閱之，「不禁擊節有觀止之歎」，以爲「有是不可磨滅之奇書，而不以公世，豈非天地間一大缺陷事哉！急命付梓，俾世間愛山水者，皆有山水之樂，不必居畫師之名而已得虎頭之實」。此即《芥子園畫譜》刻板行世緣起及得名之由來。

〔註13〕 王安節（1645～1707），清初山水畫大家龔賢的弟子，江寧（今南京）人。

愛寫蘭竹石」（《冶梅蘭譜》王寅自序），王冶梅自小耳染目濡，亦善繪事，「其畫如人物、山水、木石、花卉、蟲魚、鳥獸等事無一不獨出冠時」（《冶梅石譜》汪松坪序）。咸豐三年（1853），太平軍攻佔南京，王冶梅避居六合，便事繪畫以養生計。六合淪陷後，去上海，後赴日本。王寅赴日的具體時間不詳，據其爲晚清寓日文人陳鴻浩《味梅華館詩鈔》所作之序稱：「己卯塗月，余客東海」，知其光緒五年（己卯，1879）十二月（塗月）已赴日。又據李筱圃《日本記遊》光緒六年（1880）四月四日條有載：「同寓有江寧人王冶梅，鄰寓有嘉興陳曼壽，皆以工書善畫客遊於此。中國人之寓日本西京者，只此馮、王、陳三人而已。」〔註14〕王冶梅在日期間編輯了《冶梅石譜》、《冶梅畫譜》、《冶梅畫譜人物冊》三部畫譜。其畫譜在日本大受歡迎，「日本人見而奇之，於是爭相購索，聲震一時矣。日本爲同文之國，其於書畫賞鑒尤精，大有相見恨晚之慨。尋以重聘請遊彼國，盤桓數稔而歸。先生之寓日本也，前後著蘭、竹、石、人物等譜數帙，所得潤資不下三四千金」〔註15〕。

《冶梅石譜》是王寅在大阪時，整理其前仿《宣和石譜》的 65 幅繪石作品而成，所畫之石「或夭矯如舞蛟，或潛伏如臥虎，或偃蹇如朽木，或凝重如夏雲，怪怪奇奇，變化百出」（《冶梅石譜》葉松石序）。一石一詩文，如「蒼翠奇突兀，曾作秋水骨。炎涼俱不知，甘居煙雲窟」（摹湧雲石並題二十字）。該譜前有作者自序，陳曼壽、葉煒（松石）、汪松坪、藤澤恒、王寅序，卷中有江馬欽、福原公亮、乃享翁（陳曼壽）題詞，卷末有九富鼎跋，中日文人均有序跋，是其特點之一。

該譜最早有清光緒六年（1880）日本金陵王氏刻本和合肥李氏刻本，後於日本明治十四年（光緒七年，1881）九富鼎刊於大阪。清光緒至宣統間，上海朝記書莊有影印本。後收入《中國歷代畫譜彙編》第 14 冊（天津古籍出版社，1997 年版）、《中國歷代畫譜八大家》第 3 冊（中國世界語出版社，1998 年版）、《中國古畫譜集成》第 7 卷（山東美術出版社，2000 年版）。

此外，《冶梅畫譜》二卷，日本明治十五年（光緒八年，1882）加島信成刊於大阪。卷一爲蘭譜，卷二系竹譜，前面概括了畫蘭寫竹的基本要點，並對每幅畫稿都作了簡明扼要的說明，前有陳曼壽題簽，李頤、王寅作序。

〔註14〕李筱圃，日本記遊〔M〕，走向世界叢書〔M〕，嶽麓書社，1985，167。
〔註15〕《冶梅王先生小傳》，載王寅《冶梅梅譜》，1892 年上海五彩公司石印。

《冶梅畫譜人物冊》，不分卷，明治十五年（光緒八年，1882）加島信成刊於大阪。全書分「東坡先生賞心十六事」、「冶梅賞心隨筆」兩部分。前一部分依次繪「午倦一方藤枕」、「清晨半炷名香」、「飛來佳禽自語」、「撫琴聽者知音」、「乞得名花盛開」、「雨後登樓看山」、「花塢樽前微笑」、「接客不著衣冠」、「隔溪山寺聞鐘」、「柳蔭堤畔閒行」、「暑至臨流濯足」、「月下東鄰吹簫」、「清溪淺水徐舟」、「涼魚竹窗夜話」16件東坡賞心之事。日本江馬正人曾在前一年（1881）出版《賞心贊錄》，該書亦錄此16幅畫，且配了中文詩歌。所以該譜可能是在此書基礎上增補而成。後面一部分又分兩大塊，先繪王寅賞心愜意之事，如「攜朋扶杖入名山」、「長日惟消一局棋」、「泉聲松韻洗塵襟」、「長竿在手只空垂」、「一江風雨送歸舟」、「消夏桐蔭書一卷」、「豆花攔下話桑麻」、「歐陽子方夜讀書」、「古道尋詩策杖行」、「圍爐獨酌索枯腸」、「寒岩倚石聽流泉」、「詩思灞橋驢背上」，共12幅；後錄19幅人物畫。編者以頗具詩情畫意的文人雅趣生活作為收集、創作的切入點，使這部畫譜的意義超越了畫譜的基本功能，讓觀者在學習繪畫的同時陶冶性情。也正因為畫譜中的「賞心」事體現了文人士大夫內心之嚮往，所以這部畫譜深受中日文人畫家的喜愛。〔註16〕

（二）《詩畫舫》

《詩畫舫》，共六冊：《山水》、《人物》、《花鳥》、《草蟲》、《梅蘭竹菊》、《扇譜》，光緒十四年（1888）點石齋輯。書前王文濡序云：「各詆繪自前明為隆萬名公巨卿手筆，曾有唐六如（唐寅）、陳眉公（陳繼儒）原序，推許嗣因鼎革，板付劫灰，中華蕩柝無存。今秋友人薄遊東瀛，見有珍藏是帙者，購歸齋中，又復博採名家手筆，校讐付印，雅致精工，細針密縷，分門別類，爽若列眉。」稱原書訪自日本。根據所收內容對照，發現從日本帶回來的書籍即黃鳳池的《集雅齋畫譜》八種，只是打亂原書編排順序，以類歸之。《山水》、《人物》、《花鳥》、《草蟲》主要取自《唐詩畫譜》三種和《唐六如畫譜》（又名《唐解元倣古今畫譜》）、《草本花詩譜》、《木本花鳥譜》，《梅蘭竹菊》取自《梅竹蘭菊四譜》，《扇譜》取自《張白雲選名公扇譜》。（如圖6-7即為《詩畫舫》所輯《唐六如畫譜》中詩畫各一幅）

〔註16〕王寅及其畫譜的相關介紹參考魏麗莎，晚清赴日書畫家初探〔J〕，東方博物，2003。

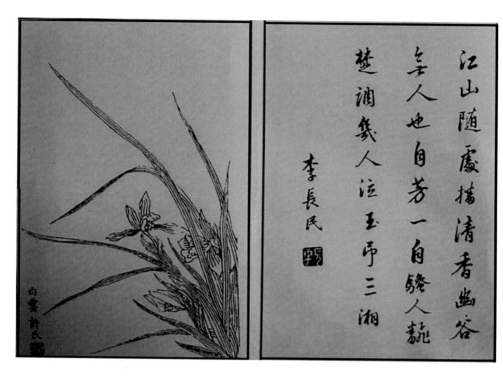

圖 6-7　《詩畫舫》輯《唐六如畫譜》中詩畫各一幅

　　書前錄入了《唐六如畫譜》唐寅序文；《人物畫譜序》則挪用了錢塘林之盛爲《唐詩七言畫譜》所撰序文；吳翰臣題《花鳥詩畫譜敘》，汪躍鯉題《草蟲詩畫譜敘》，敘中均言譜爲黃鳳池作。《唐六如畫譜》傳唐寅仿摹，與《唐詩畫譜》體制、畫風上均有較大差異，該譜中詩文多爲本朝人所寫，如《山水》冊首頁錄唐寅文「蕭蕭數株木依時，石石阯闕如寥落。人濫得傳君子，冰霜日夕岩，根蒂稿欲死，終不羨桃李歲晚，何如耳」；楊九皋詩「十年不到石頭城，楊子鍾山只恁橫。安得重尋伯然宅，萬床風雨話長檠」、金應科詩「百疊春山百疊溪，人家分住水東西。賣魚鼓響日未落，一個譚玄著鬼迷」等，一般沒有詩名。也有其它朝代的，如梁元帝《紫騮馬》「長安美少年，金絡錦連錢。宛轉青絲鞚，照耀珊瑚鞭」（必達書）。前圖後文，與《唐詩畫譜》前文後圖相反，在《詩畫舫》中則統一體制，改爲前文後圖。

　　《詩畫舫》的分門別類也不甚合理，譬如《山水》冊中題王維《幽居》圖和《人物》冊中題王維《竹里館》圖，二圖中的人物均在山水之中，大小比例相當，意境也極其相似，不知編者據何原則將二圖分在二冊。這種區別不分明的圖畫常被編者歸置到不同畫冊中。

　　總的來說，《詩畫舫》並非清人自刻，而是對明代畫譜的翻刻，只不過將其分門別類，換了一個名稱。書名也與《集雅齋畫譜》有關，光緒九年（1883）金陵王氏曾影印出版黃鳳池《梅竹蘭菊四譜》，名《四君子詩畫舫》，此譜名稱即由此而來。但該譜卷帙較多，流傳甚廣，具有一定影響力，故錄於此。

　　該譜有光緒十四年（1888）上海點石齋石印本，光緒三十年（1904）再印。後有北京市中國書店 1983 年影印本、1995 再版，共 2 冊。收入《中國傳世畫譜》（中國戲劇出版社，1999 年版）；《中國古畫譜集成》（山東美術出版社，2000 年版。據光緒十四年《詩畫舫》影印，前五冊收入第 10 卷，《扇譜》收入第 11 卷）；《清末民初報刊圖畫集成》第三、四冊，亦據光緒十四年《詩畫舫》影印。

（三）《御定佩文齋書畫譜》

　　該譜雖不是詩畫譜，但因御製，集畫學著作與書法論著於一處，爲書畫史論集大成之作，具有很高的資料和研究價值，特此一錄。

　　《佩文齋書畫譜》，共百卷，清王原祁、孫岳頒等編纂。編輯工作始於康熙四十四年，從清內府所藏和民間搜得的 1844 種文獻古籍中收集資料，歷時 3 年。書前有康熙四十四年（1705）2 月御製序，其後爲凡例和總目，正文前列有所錄書籍的目錄和書畫譜總目，並開列康熙四十四年、四十六年（1707）奉旨纂輯此書的官員職名，分 64 冊 8 函。

　　該書內容廣而博，始自五帝，迄於元明。按照論書、論畫、歷代帝王書、歷代帝王畫、書家傳、畫家傳、歷代無名氏書、歷代無名氏畫、御製書畫跋、歷代帝王書跋、歷代帝王畫跋、歷代名人書跋、歷代名人畫跋、書辯證、畫辯證、歷代鑒藏書類、歷代鑒藏畫類的先後順序編錄，先列歷代帝王，其餘則以時代相次。一些書跡畫幅，偶傳有作者姓名字號，然無書可憑據者則不載入。所徵資料皆注明出處。全書體例精密，引據詳實，頗便稽考。但該書亦有不足之處，如僞書不經鑒定，一併收錄，且對歷代書畫書籍未另立「著錄」一門，以便說明存佚。但總的來說，該書卷帙浩繁，資料完備，對後世畫學、書學的研究具有重要的參考價值，是書畫研究者不可或缺的參考書籍。

　　該書有康熙四十七年（1708）內府刻本、乾隆年間摛藻堂《欽定四庫全書薈要》本、光緒九年（1883）上海同文書局石印本、1919 年線裝影印「掃葉山房本」、民國 9 年（1920）上海同文圖書館石印本。1983 年臺灣商務印書

館出版《景印文淵閣四庫全書》，見子部藝術類，第 819～823 冊。1984 年北京市中國書店影印本。1991 年上海古籍出版社據《四庫全書》文淵閣本影印。

比之明代，清代詩畫譜的編撰已經漸少，到了近現當代，更是日薄西山。雖然一般的畫譜仍舊盛行，但詩畫譜的編刻工作基本停止了，多是對宋明清尤其是明代經典詩畫譜的再版，或是畫譜的總集編纂。詩畫譜再版的繁盛期主要在上世紀八十年代和上世紀末本世紀初，和題畫詩在現當代的編撰高潮差不多一致。明代詩畫譜因此成爲迄今難以飛越的一座高峰，傳播久遠。下面即以明代詩畫譜爲例，討論唐宋詩畫關係在後代的延續。

第二節　明畫譜選唐詩宋詞原因探析

明清詩畫譜中較多選擇唐詩宋詞作畫上配詩，典型者即《唐詩畫譜》和《詩餘畫譜》，其他如《十竹齋畫譜》、《詩畫舫》等譜，亦有部分畫圖題唐宋詩。這種現象的存在反映了唐宋詩畫關係在後世的延續。（圖 6-8、6-9）在此以明代詩畫譜爲例，集中探討一下畫譜選唐宋詩詞的主要原因。

圖 6-8　明代彩繪本《千家詩》中的杜詩一

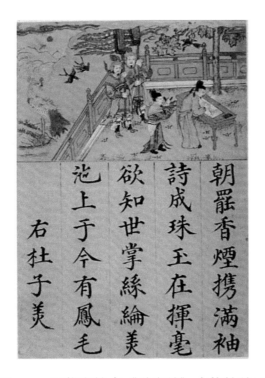

圖 6-9　明代彩繪本《千家詩》中的杜詩二

一、詩詞自身魅力

　　第一個原因便是唐詩宋詞自身的藝術魅力，唐詩宋詞高超的藝術成就為世人公認。這在《唐詩畫譜》和《詩餘畫譜》序跋中均有詳細論述：

> 詩以盛唐為工，而詩中有畫，又唐詩之尤工者也。蓋志在於心，發而為詩，不緣假借，不藉藻繢，矢口而成，自極旨趣。煙波浩渺，叢聚目前，孰非畫哉？此道既微，操觚染翰者皆強操刀索，以雕琢鏤刻為工，故有「吟成五字、費盡一心」之誚。甚者僵臥床榻、蒙閉頭面，家人屏遣，雞犬逐跡，嬰兒幼女，抱寄鄰室，圖其清靜。而竭精獘神，猥云詩趣，詎知勞心焦思，索然無味，詩安有畫哉？人惟勿束於見聞，勿汩於聲利，以我心靈，參彼境界。天天栩照，在在員通，葩華璀璨，劌目鉥心，無之而非畫矣。此道惟盛唐大家得之。（《唐詩五言畫譜》錢唐王迪吉敘）

> 《詩》非聖人不能刪也，何也？詩者，情也。邪正異情，一彙於性。使今之刪者，若桑間濮上，必致一概吐棄，烏論存而不議乎？

故窮性情之變，才得性情之依歸。噫，難言哉！然其爲言，微而婉
曲而多中。作者喻志，聞者感通。變而爲騷，雕鏤矣；變而爲漢魏，
浸淫也；再變而爲貞觀開元之律，法雖嚴而情則滯矣！故復通之以
詩餘。詩餘者，昉樂府而以趣收者也。其詞祖李青蓮。青蓮韻漸勝
於淳熙、元豐間，濫觴至勝國，降而爲歌曲。情愈衍愈無極，雖風
氣使然，而雅道盡矣！我明騷雅大備，隨吐一言，輒矜仿體。蓋欲
力追大雅，以還作者之初。而詞曲蔓蕪，較元尤甚；正始之音，不
其杳然。然感奮固自有情，微詞遣韻即未盡合，要以動愚夫婦之創
懲入人自易也，庶幾可以言詩餘而刪者或可存乎？舊刻有《草堂》
一集，俱唐宋名流聲吻，肖物付情，會景協韻，稱詞之宗。好事者
刪其繁、摘其尤，繪之爲圖，且微名橡點畫。彼案頭展玩，流連光
景，益浸浸乎情不自己，豈不可興、可觀乎？第不知於吾夫子所刪
者何苦也，吾又焉敢以揣議。（《詩餘畫譜》虎林聞複道人符卿吳汝
綰序）

第一則序跋直接談到盛唐詩是「詩中有畫」的典型。進而談到如何創作「詩
中有畫」的詩歌，如若刻意追求，雕琢鏤刻，甚至於故意營造詩歌創作的氛
圍、心態，竭精弊神，只會「勞心焦思，索然無味，詩安有畫」，根本達不到
「詩中有畫」的境界。必須「勿束於見聞，勿汩於聲利，以我心靈，參彼境
界。天天栩照，在在員通，葩華璀璨，劇目銚心」，即言擯棄世俗欲念，用心
靈去體會大自然，才會寫出「詩中有畫」的作品，「無之而非畫」。敘者認爲
這創作奧妙「惟盛唐大家得之」。第二則序先談到詩向詞的演變過程，突出了
詩餘（詞）獨特的抒情優長。作者以刪詩爲切入點，認爲詩歌的基本功能之
一即爲抒情。這個「情」包括很多複雜情感，有葵藿之情、林泉之志、思鄉
之情，也包括男女愛情等等，但在古代，男女私情是難登大雅之堂的，所以
「今之刪詩者」常常將抒發愛情的詩歌刪去，像涉及「桑間濮上」〔註17〕這
類男歡女愛的作品，如《鄭風》、《衛風》中收錄的古代民歌，都會被刪去。
但作者認爲這是不應該的，因此「《詩》非聖人不能刪也」。先秦騷體賦雕琢
鏤刻、漢魏詩歌綺靡淫巧，唐代律詩法度雖嚴，然情有所滯，可以充分表現
男女情感的詩餘應運而生。詞始於晚唐，漸盛於宋代。但到了明代，由於情

〔註17〕 《漢書・地理志》：「衛地有桑間濮上之阻，男女亦亟聚會，聲色生焉，故俗
　　　　稱鄭衛之音。」「桑間濮上」即指男女幽會之所。

感越來越放縱，無所克制，以致敗壞正道。所以「騷雅大備」，自誇「仿體」。詞曲創作情感蔓蕪，偏離正始之音。但「感奮固自有情」，能夠感動那些「愚夫婦」知懲戒，所以具有一定的社會功能。而《草堂詩餘》中收錄的唐宋詞，既「肖物付情」，又「會景協韻」，乃「詞之宗」。依詞中畫境作畫，詞畫俱有意趣，令人「浸浸乎情不自己」，達到「可興、可觀」的效果。

　　從這兩則畫譜序跋中可知後人對於唐詩宋詞的推崇，這代表了當時的普遍觀點，即「文必秦漢，詩必盛唐」的復古時尚。那爲何不選擇秦漢文配畫？原因即在於他們認同「詩中有畫」、「畫中有詩」的觀點，詩畫融合的理念已深入人心。前面已經說過，詩畫融合發展到宋代已經成熟，後人繼承了詩畫融合的認知，認爲詩詞之中自有畫意。湯賓尹題《詩餘畫譜》云：「嘗以至情無言，眞景無形，情流斯言吐，形散則景爛若。然山川大地已屬影子，況復漚吐不已嗣以摹畫，不幾影中覓影乎？以非影子，情景從何著落？謂詩中畫，即是無形之圖繪；謂畫中詩，即是無言之詠歌，何妨情流形散哉！從徑山批此圖，了然解情景者，遂書此以往。」直接繼承了宋人「詩中有畫」、「畫中有詩」、「詩是無形畫，畫是無言詩」的經典詩畫觀。而且宋代畫院取士所出題目也以唐宋詩爲主，相傳詩題有唐代寇準詩「野水無人渡，孤舟盡日橫」、崔塗詩「蝴蝶夢中家萬里，杜鵑枝上月三更」等。郭思在《林泉思致》中搜集其父郭熙「嘗所誦道古人清篇秀句，有發於佳思而可畫者」，均爲唐宋詩歌，有唐代詩人羊士諤、長孫佐輔、竇鞏、杜甫、王維的詩，有宋代詩人王安石、魏野、盧雪的詩，郭思助記所錄亦唐代杜甫、韋應物、姚合及宋代錢惟演等人詩句，〔註18〕郭氏總結的這些唐宋詩句均富含畫意，可依之作畫，再現詩中意境。前人形成的這種「詩中有畫」的審美思維顯然影響到後人。而且詩詞的盛世是在唐宋，後人難以逾越。那麼創作者自然會「取法乎上」，選擇唐詩宋詞作爲繪畫題材。

　　因此，《唐詩畫譜》與《詩餘畫譜》選錄詩詞的原則有兩種：一、以唐宋時期的名家名作爲主要的選錄對象。《唐詩畫譜》中的五絕選了李世民《賜房玄齡》、虞世南《春夜》、李白《示家人》、杜甫《絕句》、姚合《老馬》、皮日休《閒夜酒醒》、司空圖《偶題》、杜牧《送人遊湖南》、駱賓王《在軍登城樓》、盧照鄰《浴浪鳥》、王績《夜還東溪》、王勃《早春野望》、王維《竹里館》、劉禹錫《庭竹》、白居易《友人夜訪》、孟浩然《春曉》、韓愈《北樓》、劉長

〔註18〕詩句內容詳見本書第四章第一節第一部分「題材：依詩作畫」。

卿《逢雪宿芙蓉山》、韋應物《詠春雪》、柳宗元《登柳州峨山》等50位詩人50首詩。七絕選了李适《九日》、王昌齡《觀獵》、李白《峨眉山月歌》、杜甫《江畔獨步尋花》、顧況《葉道士山房》、王維《少年行》、白居易《晚秋閑居》、劉禹錫《夜泊湘川》、李賀《昌谷新竹》、徐凝《廬山瀑布》、王昌齡《西宮秋怨》、韋應物《寄諸弟》、元稹《菊花》等50首詩，但其中有一首宋人楊萬里的《蘭花》，屬誤收。六絕如盧綸《秋轎》、王建《江南三臺詞》、錢起《舟興》、王維《田園樂》、皇甫冉《問李二司直所居雲山》、李白《村居》、《醉興》、《雪梅》、《蓮花》、王昌齡《途詠》、柳宗元《遣懷》、白居易《自述》、《長門怨》、《溪村》、柳宗元《寒食》、杜甫《村樂》、羅隱《憶雁山》、高適《元日》等，因六絕創作較少，詩人較少，李白、王維、白居易之類著名詩人的詩歌選錄較多。六言編選上比五、七言更費功夫：「唐詩畫譜五言、七言，大行宇內，膾炙人口，無庸稱述，乃六言詩家獨步，何耶？蓋詩以詠性情，員融則易遣興，直方則難措辭。是以古今俱鮮，近時事事好奇，而詩追宗六言，遍索罕見，是無缺典，黃鳳池集雅士也。旁搜博探，僅得五十首，仍求名筆書畫勒之以公四方。是役也一舉三得，可稱三絕，非直射利，其有功於詩學，豈曰小補之哉？」（新都俞見龍撰《六言唐詩畫譜》跋）充分肯定了畫譜的詩學價值，但也存有一些偽作。《詩餘畫譜》則從《草堂詩餘》擷出，均為名家之作。其中收秦觀、蘇軾、黃庭堅、柳永、歐陽修詞作最多，分別為20首、18首、10首、6首、3首，其餘錄李白、晏殊、李清照、如晦、趙令畤、蔡伸、仲殊、辛棄疾、宋祁、沈蔚、晁補之、王安石、范仲淹、謝逸、胡浩然、王詵、康與之、晁沖之、葉夢得、李邴、張孝祥、張元幹、張耒、趙善扛、無名氏等人詞作各一、二首。其中蘇軾《卜算子》（缺月掛疏桐）、《滿庭芳》（蝸角虛名）、《水調歌頭》（明月幾時有）、《水龍吟》（似花還似非花）、《八聲甘州》（有情風萬里卷潮來）、晏殊《浣溪沙》（一曲新詞酒一杯）、秦觀《望海潮》（梅英疏淡）、柳永《雨霖鈴》（寒蟬淒切）、王安石《桂枝香》（登臨送目）、范仲淹《漁家傲》（塞下秋來風景異）等等均是膾炙人口、流傳久遠的佳篇。

第二個選錄原則即「詩（詞）中有畫」，即選錄富有畫意的詩詞。譬如《唐詩六言畫譜》中所選盧綸《秋轎》一詩：「紅杏樓前歌舞，綠楊影裏秋轎。愛月畫船歸晚，餘情盡赴湖煙。」這首詩展現的是一幅歌舞昇平的畫面，那麼編繪者便描繪出詩中的畫境。近處有紅杏、竹林掩映著的雕花亭閣，閣內繪歌舞伎二人，巧笑於一文人面前，此處寫「紅杏樓前歌舞」這一句。其中三

人構圖呈不等邊三角，亭閣人物則佔據了畫面的右下角。畫幅左上角則綠楊叢叢，樹中有小橋、岩石，樹後則有圓月一輪、山峰隱約。這寫的是「綠楊影裏秋韆」，但繪者處理得有實有虛，並沒有將詩歌意象全部付與筆端，畫了「綠楊影」，卻沒有畫秋韆，繪者如何通過畫面景象傳達出蕩秋韆這個主題？他巧妙地在綠楊堤外的蕩漾綠水中畫一葉扁舟，舟上有三人，一位艄公，兩位遊客，其中一位遊客手指綠楊堤上，這就傳達了一個信息，他們聽到了綠楊影中蕩秋韆少女的笑聲，故指與同遊者談論之。其實這遊客可能就有詩人盧綸的影子，詩人泛舟月下，聽得笑聲，滿懷情趣，賦詩而作。這是畫者匠心獨運之處。畫面中間部分則以線上勾碧水、下摹流雲，表現「湖煙」之景，與詩歌甚貼切。中間留白甚多，從畫面構圖來說，是必須的，造成虛實相間、有無相生的藝術效果，這是中國畫的典型特點，留白即爲留意，營造出情趣盎然的意境來。因此該圖非常完整、貼切地完成了詩歌意象及其意境。正因爲詩歌意象的圖畫性較強，本身就飽含著畫意，所以繪者也較容易把握。（圖6-10）《詩餘畫譜》黃冕仲跋曰：「然則詩果可以爲畫哉？良由詩餘之詞婉然如畫。」切中肯綮。

圖 6-10　《唐詩六言畫譜》內頁之一

二、編製出版原因

　　作爲編書者來說，編刻書籍的目的是讓知識傳播廣泛且久遠，他們會絞盡腦汁地設計構想一些方法，吸引更多的讀者。內容形式上的多樣化是一個探索途徑，明代的版刻技術發達，在此基礎上，利用技術進行一些圖書的改良是必須的，也是必然的。畫譜的改良就從內容形式上開始了，特別是在《梅花喜神譜》成功經驗的啓發下，明代編刻者想到將最好的畫、最好的詩、最好的書法彙集一堂，製作大眾喜聞樂見的書籍。這在《唐詩畫譜》序跋中屢有論述：

　　　　世稱三不朽，謂文也、詩也、畫也。蓋必天精天粹，盡倫盡制，斯爲不刊之典，稍有未善，束之高閣而已，故以文論，上之六經四書，次之《左》、《國》、班馬，再次之李杜、王孟、韓柳、歐蘇、周程、張朱，此可以云不朽。以字論，上之李蔡、鍾王，次之歐虞、褚薛、顏柳、張李，再次之蘇黃、米蔡、趙宋、文祝，始可以云不朽。以畫論，如晉之顧愷之、宋之陸探微、梁之張僧繇、唐之閻李、王韓、宋之李鄭、蘇米，元之趙戴、沈呂，我明之唐周、文莫，此可以云不朽。其餘論所未及者，大都散在天壤間，未能會而爲一，時而諷詠，則乏臨摹；時而臨摹，又乏繪畫，將安取衷哉？新安鳳池黃生，夙抱集雅之志，乃詩選唐律，以爲吟哦之資；字求名筆，以爲臨池之助，畫則獨任沖寰蔡生，博集諸家之巧妙，以佐繪士之馳騁。即其富而宏，精而粹，宛若晬盤示兒，百物俱在，錚錚刮目；又若御府珍藏，彝鼎瑚璉，物物可愛；又若上苑天葩，千紅萬紫，色色動人。好古之士，任意遊衍，殆一舉而三得乎！二生之用心，可謂勤而精矣。余與雲程有傾蓋之雅、因其就正，特爲之敘，以識不朽云。（《唐詩七言畫譜》錢塘林之盛敘）

　　　　大都世所稱不朽者有三：詩也，字也，畫也。三者盡美盡善，時而吟詠，時而臨摹，時而覽勝，洋洋灑灑，得之心而應之手，恍若庖丁解牛，超然筆墨蹊徑之外，而彼置爲家藏也，豈徒垂之一世哉？將世世珍之矣。（《唐詩五言畫譜》錢唐王迪吉敘）

　　　　天地自然之文，惟詩能究其神，惟字能模其機，惟畫能肖其巧。夫詩也，字也，畫也，文之跡也；神也，機也，巧也，文之精也。

精非跡，何以載？跡非精，何以運？當其心會趣溢、機動神流，舉
造化之生意，人物之變態，風雲溪壑之吞吐，草木禽魚之發越。惟
詩、字、畫足以包羅之。三者兼備，千載輝煌，獨惜分而爲三，不
能合而爲一，此文所以散而無統，傳而易湮也。《易》曰：「風行水
上，渙。」天下之文，味斯言也，可以知文矣。新安鳳池黃生權衡
於胸臆，目選唐詩六言，求名公以書之，又求名筆以畫之。俾覽者
閱詩以探文之神，摹字以索文之機，繪畫以窺文之巧，一舉而三善
備矣。彼世之梓唐詩者，非不紛然，而字非名公之筆，機奚以模？
鐫字帖者，非不侈然，而帖非盛唐之詩，神奚以探。刊圖畫者，非
不纍然，而畫非唐詩之意，巧奚以肖。覽者顧此失彼、瞻前乏後，
不無有遺憾焉。求其一唱三歎，擊節詠賞，未有若此譜之美善兼該
也。(《唐詩六言畫譜》新都程涓序)

這三段序跋很明確地稱詩書畫爲「三不朽」，「詩能究其神，字能模其機，畫
能肖其巧」，充分肯定各自的藝術價值。林之盛敘中分別舉出三大藝術門類
中堪稱「不朽」的經典作家作品，但「其餘論所未及者，大都散在天壤間，
未能會而爲一，時而諷詠，則乏臨摹；時而臨摹，又乏繪畫」，詩詞只能用
於吟詠，不能臨摹，「可使知者會心，不能使觀者悅目」(《詩餘畫譜》黃冕
仲跋)。這樣就使得書籍「散而無統」，以致束之高閣、傳而易湮。但如果詩
書畫三者兼備，則可以「時而吟詠，時而臨摹，時而覽勝，洋洋灑灑，得之
心而應之手，恍若庖丁解牛，超然筆墨蹊徑之外」，閱詩可以探文之神，摹
字可以索文之機，繪畫可以窺文之巧，使讀者可興可觀，獲得全面的藝術享
受，在受眾的支持下，即可千載輝煌、傳世不衰。當然，這些序跋之語難免
誇大了詩書畫合璧的價值，過於貶低形式單一的詩文書籍的傳播力度。但不
可否認圖文並茂、詩書畫俱全的書籍更容易受到廣大文藝愛好者的青睞，「大
行宇內，膾炙人口，無庸稱述」(《唐詩六言畫譜》新都俞見龍跋)。

　　雖然詩書畫並呈，但畫譜的重點畢竟是繪畫，所以畫譜中的畫作必須要
延請名家製作，如《唐詩畫譜》的繪畫者蔡元勳，曾以繪製《丹桂記》、《玉
簪記》插圖和《圖繪宗彝》聞名。他在這部畫譜中的繪畫既描繪了士大夫的
生活情趣，又顧及了市民階層的審美要求，譬如據羊士諤《郡中即事》、張
喬《夜漁》、張朝《採蓮詞》等詩所繪之畫，均充分體現這一特點。又如繪
李邕《題畫》，寫一老人正在案頭凝思遐想，老人無異是作者的自我寫照；

畫李華《春行寄興》、章孝標《歸燕獻主司》二詩，以畫寫詩境，使得畫和
詩傳達出相同的藝術感染力，異曲而同工；畫李約《江南春》、王維《竹里
館》、皮日休《閒夜酒醒》，亦極盡寫神之能事。而孔德昭《詠葉》用筆勁挺，
法度謹嚴。畫譜中的六言詩，有部分作品為唐世貞所畫，如《夏日》、《漁樵》、
《遊宕山》等，體法雅媚，布置奇巧，不遜於蔡元勳。〔註19〕

　　畫譜對於書法的重視是從明人開始的，《梅花喜神譜》並未過多在意書
法。明人為了使得詩畫譜更加賞心悅目，在書法上也下足功夫。譬如《唐詩
畫譜》中的書法，請杭州、松江、蘇州及歙縣諸地的書畫家寫之，如董其昌、
陳繼儒、焦斌等人。其中有篆有楷，晚明文人流行的各體行草居多，各家書
法既有二王餘韻，也有顏、柳、蘇、黃及趙松雪的風味，均可作「臨池之助」。

　　所以說詩、書、畫三者合一是明代畫譜編撰者的革新所在，無論哪一種
藝術形式，都精益求精，取其精華，求名筆寫唐詩宋詞，請畫家圖唐詩宋詞，
將三者的美學功能彙集，凝聚更加強大的藝術感染力、吸引力。而內容形式
上的豐富無疑讓詩畫譜贏得了更多的讀者。

　　明清詩畫譜選擇唐宋詩詞配畫是一個普遍的文化現象，這一現象證明了
唐宋詩畫融合觀念的滲透和詩畫並呈創作實踐的延續，足以說明唐宋詩畫關
係對於後代的深遠影響。詩畫結合的新藝術形式是中國古代詩畫藝術特色的
集中體現，也只有中國的詩畫藝術如此徹底地走向了融合，給後人留下眾多
可資觀摩的藝術精品，滿足著不同時代不同人士的文化需求。畫譜在上世紀
80 年代和本世紀初出現了再版高潮，古老的藝術生命與精神在當代得以延
續，並為後人所稱賞。（圖 6-11，6-12）

〔註19〕參考〔明〕黃鳳池，唐詩畫譜〔M〕，王伯敏序，上海：上海古籍出版社，1982：
　　　　1～2。

圖 6-11　當代揚州雕版紅印本《唐詩三百首》裡的杜詩筆意圖

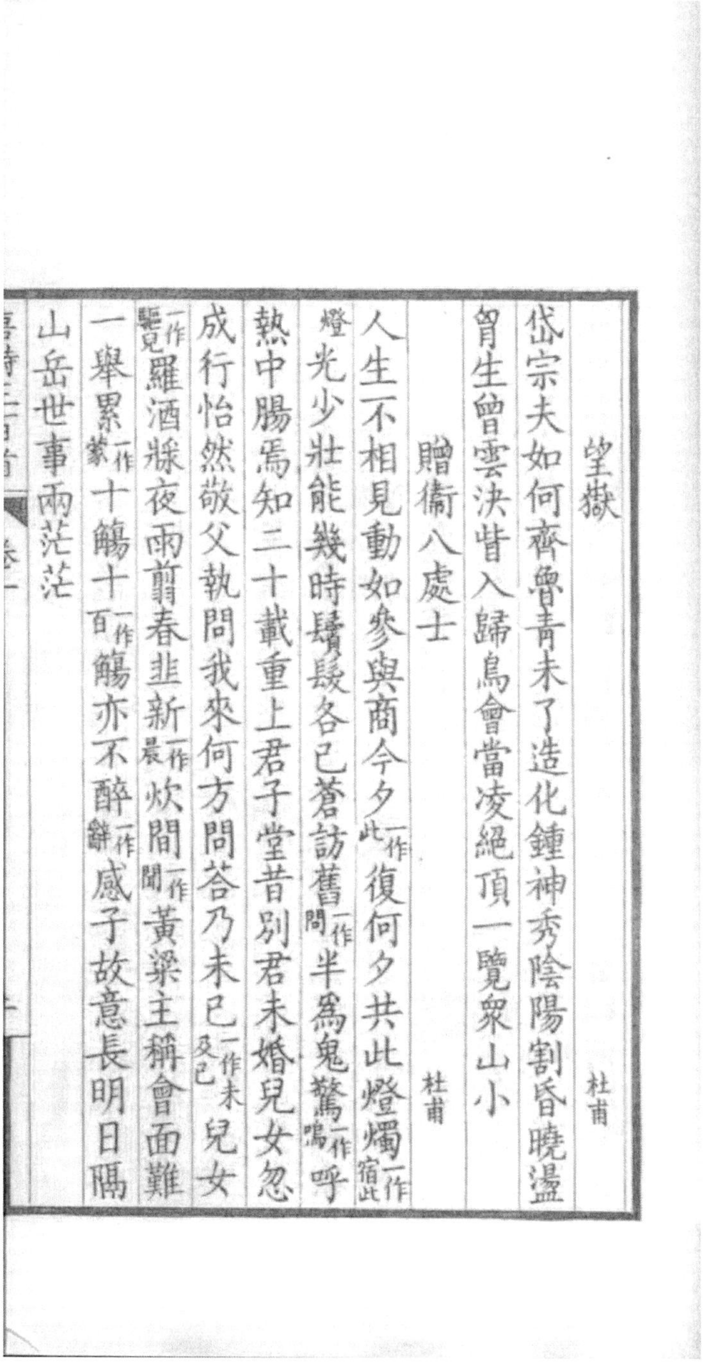
望嶽　杜甫

岱宗夫如何齊魯青未了造化鍾神秀陰陽割昏曉盪
胷生曾雲決眥入歸鳥會當凌絕頂一覽衆山小

贈衛八處士　杜甫

人生不相見動如參與商今夕一作此復何夕共此燈燭一作宿此
燈光少壯能幾時鬢髮各已蒼訪舊一作問半爲鬼驚一作鳴呼
熱中腸焉知二十載重上君子堂昔別君未婚兒女忽
成行怡然敬父執問我來何方問荅乃未已一作未及已兒女
一作驅兒羅酒漿夜雨翦春韭新一作最炊間一作聞黃粱主稱會面難
一舉累一作纍十觴十一作百觴亦不醉一作辭感子故意長明日隔
山岳世事兩茫茫

唐詩三百首　卷一

圖 6-12　當代揚州雕版紅印本《唐詩三百首》裡的杜詩

結　語

　　中國詩歌與繪畫之間的融合是中華民族所特有的，這種關係自漢魏萌芽始，至唐宋而確立、成熟，元明清則再發展。其過程包孕著辯證的藝術互動與深厚的文化底蘊，呈現出龐大而無體系、綿延卻不緊湊、存在又難具象的特殊形態。這一方面是因詩歌與繪畫不同的藝術領域及發展軌道造成的，各行己路，融合便一直處於無規則、不平衡的發展狀態；另一方面則是由詩畫間相互作用的力度及深度決定的。不同藝術種類的互滲是有難度的，需要打破藝術自身的很多限制，所以融合過程必然是緩慢的、潛移默化的。詩畫關係的發展軌跡常常隱藏在文化現象的背後，不易捕捉。即便如此，詩畫關係這種特殊文藝現象仍備受關注，尤其是上世紀 80 年代以來，諸多學者對詩畫關係各個層面進行了研究，主要集中在詩畫結合的載體研究和詩畫關係的理論研究兩大塊，成果頗豐。但在這塊看似已被充分耕耘過的研究領域中，存在一些缺漏、空白。譬如題畫詩集和畫譜這兩種詩畫關係的有形載體，它們的編纂情況、編者思想、所錄詩畫的形式內容、美學思想等等，均未能得到充分的總結和歸納。本書即以此為切入口，重點研究宋代題畫詩集和畫譜，考察、論證唐宋詩畫關係，以期通過新材料、新視角發現新問題、得出新結論。

　　本書圍繞唐宋詩畫關係這一中心論點，以宋代出現的中國古代第一部題畫詩總集和別集、第一部官方畫譜和私刻畫譜為主要研究對象。因為從宋代結集的題畫詩集與畫譜中最能準確捕捉唐宋時期詩畫關係的發展形態。而研究宋後題畫詩集與畫譜的編纂與流傳情況，將有助於梳理流傳脈絡，從中把握詩畫關係的延續，得知唐宋詩畫融合的接受情況。

　　全書分題畫詩和畫譜研究兩大部分。上編重點分析宋代題畫詩總集《聲畫集》和別集《題畫集》，且對宋後題畫詩集的編纂情況略作闡述。下編著力研究宋代官刻畫譜《宣和畫譜》和私刻畫譜《梅花喜神譜》，並對明清詩（詞）畫譜的編刻情況及選詩（詞）原因稍作論析。

　　《聲畫集》是我國第一部題畫詩總集，筆者致力於集中詩畫關係的挖掘與探討。首先介紹編者孫紹遠的生平概況，並從編者的角度重點分析題畫詩總集誕生的偶然因素，總結其編選題畫詩總集的四個重要條件。孫紹遠具有內蘊深厚的文學修養、頗通水墨的繪畫素養、詩畫相通的美學思想和積極主動的編集意識，他正是在文學、繪畫修養的基礎上，以詩畫相通理論爲指導，並在編集意識的驅使下，開始《聲畫集》的構想與編撰。接著分析了《聲畫集》的編排特點，該集以畫科門類劃分詩歌、依繪畫史線安排順序，便於後人研究；並依據詩歌題材靈活分類、排序，這種編排方式爲後人所沿用；而且能夠均衡選擇詩人詩歌、兼顧大家小家。但所選詩人用字不用名，也給後人研究帶來諸多不便。

　　同時集中討論了《聲畫集》中題畫詩與唐宋繪畫之間的關係。筆者擴展、延伸了孫紹遠「因詩而知畫」的價值涵義，分爲四層。第一層價值是通過題畫詩基本文獻材料中透露出來的繪畫信息實現的，從題畫詩的題目、序言、內容等具體細緻的地方入手，瞭解畫家生活，補充畫史疏漏，再現舊畫原貌，補充畫跡著錄存量。第二層價值是通過對照同一時代題同一題材的題畫詩實現的，以題《歸去來圖》和《陽關圖》的詩歌爲例，於參照中再現畫作意象及意境，揣摩不同文人從畫作中品味出來的「意外聲」，知曉當時文人的繪畫審美趨向。第三層價值是在不同時代同類題材的比較中挖掘出來的，比較《聲畫集》中唐、宋題山水畫的詩歌，可以發現山水畫創作形式、內容及風格的重大變化，譬如四時畫、組圖和小景山水的出現，高遠、深遠到平遠山水的發展變化，青綠到水墨、寫實到寫意、北宗到南宗的畫風演變。第四層則是從宏觀角度來看題畫詩對於繪畫及詩畫關係研究的價值，可從《聲畫集》中題詩的總體情況得知唐宋繪畫各畫科間相對均衡的發展狀況及其他變化。這四層價值從微觀到宏觀、由個體至整體充實了孫紹遠「因詩而知畫」的美學涵義。由此，《聲畫集》證明了唐宋詩歌和繪畫之間互相生發、密不可分的關係。

　　中國第一部題畫詩別集即《兩宋名賢小集》中收錄的《題畫集》，宋人劉

叔贛撰。《聲畫集》、《兩宋名賢小集》、《御定歷代題畫詩類》、《宋詩紀事》等重要典籍都曾收錄「劉叔贛」的題畫詩，但有關劉叔贛的記載卻很少。厲鶚曾對作者身份產生疑問，懷疑劉叔贛即劉攽；全祖望、錢鍾書進行過一些考證。但劉叔贛的誤讀仍在繼續。筆者在前人認識的基礎上，又補充了幾則力證，肯定劉叔贛即劉攽這一結論，並推斷後人誤傳的客觀原因在於《聲畫集》詩人名一概用字的編撰習慣。接著，探討了《聲畫集》與《題畫集》之間的關係。因劉攽題畫詩在《題畫集》、《聲畫集》和清四庫館臣據《永樂大典》重輯《彭城集》之中，互有出入，並有部分詩歌收入《御定歷代題畫詩類》、《宋詩紀事》，故列表分析劉攽題畫詩的收錄情況。於中發現《題畫集》與《聲畫集》之間可能存在一種直接繼承關係。遂又對照《兩宋名賢小集》中王履道和陳子高的詩集與《聲畫集》的收詩情況，進一步確定《兩宋名賢小集》與《聲畫集》之間的承繼關係。同時發現《兩宋名賢小集》的編輯工作缺乏嚴謹、錯謬百出，編集原則極其簡單，即在數本詩集的基礎上篡抄而成，就《聲畫集》而言，乃從孫紹遠的類分中找出同一個詩人的詩，然後稍作整理，再加上詩集名稱和作者生平，《題畫集》的編錄如法炮製。由於編者陳思不知劉叔贛即劉攽，所參考的資料僅《聲畫集》中的 20 首詩，因此詩集名無法用已有詩集的名稱，又因詩歌均題畫之作，遂生《題畫集》此名。之後，重點分析了劉攽題畫詩的思想內容與理論價值，根據其詩歌題材分成四個部分：題人物畫詩歌、題山水畫詩歌、題花鳥畫詩歌、題書法詩歌，分別加以研究。通過對其詩歌細緻具體的分析，總結出劉攽題畫詩創作的藝術特點及其詩畫創作觀、鑒賞觀。總而言之，《題畫集》具有重要價值，既首開題畫詩別集編撰之先路，又為題畫詩研究提供了互見材料。作者劉攽在創作上繼承、發展了前人題畫詩的創作思路，並於詩中表達了他的審美思想，對宋代詩歌、繪畫的研究有一定價值。但《題畫集》存在一些明顯的不足之處，在詩歌編錄上搜羅不備、不加詳考，以致錯漏較多；而且影響力小，無人問津，亟需關注與進一步研究。

上編末章搜集並總結了宋後題畫詩集的編纂與流傳情況。明代是題畫詩別集編撰的漸盛時期，出現了李日華《竹嬾畫媵》、《續畫媵》、毛晉輯《題畫詩》、張丑《鑒古百一詩》、文徵明《文徵明題畫詩》、范迁《題畫詩》諸種題畫詩集，或編前人時賢題畫詩，或自編自畫自題詩，但存詩數量較少。清代是題畫集編撰的全盛期，既出現了總結歷代題畫詩的巨製類書：《御定歷代題

畫詩類》，也湧現出惲格《題畫詩》、石濤《大滌子題畫詩跋》等四十餘種題
畫詩別集，盛況空前。明清兩朝和唐宋兩代的題畫詩集存在一些變化：首先
創作者身份由詩人向畫家慢慢轉變；其次，題畫詩形式由各體並行、長短皆
可轉變為律、絕等短小體裁；其三，題畫詩創作由注重社會功能偏向審美功
能。現當代是題畫詩集編選的高潮，本文按選集、別集、類編盡量收錄了此
段時期的題畫詩集，現代選集如《清人題畫詩選》等，別集如《白龍山人題
畫詩》、《泥道人題畫詩》等。當代選集如《歷代題畫詩選注》、《中國題畫詩
大觀》等，斷代題畫詩選注則有《唐朝題畫詩注》等，類編如《歷代題畫詩
類編》等。20世紀90年代左右是題畫詩別集的回潮期，湧現出《齊白石題畫
詩選注》、《郭沫若題畫詩存》等十餘部別集，大多為後人編集而成，而非自
編。在搜集整理現當代題畫詩集的基礎上，筆者總結了這一時期的發展趨勢：
一、選集注本的大量出現；二、著力於類編的編撰；三、別集數量的減少。
進一步，綜合全部題畫詩集的編撰情況，得知題畫詩的發展脈絡。題畫詩創
作雖然缺失了藝術土壤，走向了衰頹；但傳播在延續、研究正興起。因此，
題畫詩在新時代裏並非走向了衰亡，而是以一種新的傳播方式滋養著國人的
精神食糧。本章最後對題畫詩集選唐宋詩歌的情況作了列表分析，證明了詩
畫關係的延續發展以及後人對唐宋詩畫關係的認知程度。

　　下編是從畫譜的編集、流傳看唐宋詩畫關係，該編重點研究宋代官刻畫
譜《宣和畫譜》和私刻畫譜《梅花喜神譜》。首先探討了《宣和畫譜》中體現
出來的詩化創作觀和詩畫互滲理念。《宣和畫譜》雖是一部著錄宮廷藏畫的
書，但編者在各畫科門類之前均設敘論，集中表述了一些理論見解，並對每
一畫家都有一些相關論述。正是在這些閃耀著繪畫思想的言論中，筆者試圖
捕捉宋人對於詩畫關係的認知。《宣和畫譜》反映出來的詩化創作觀主要表現
在題材、畫法的借鑒和意境的互融上。通過歸納總結譜中相關材料，得出三
個體現詩畫關係的創作主張：題材上的「依詩作畫」、畫法上的「詩法入畫」、
意境上的「詩中有畫、畫中有詩」。在「作畫如作詩」創作觀的基礎上，詩畫
關係朝著更加緊密的方向發展，《宣和畫譜》從中總結出詩歌與繪畫間的相通
理論。通過分析譜中《龍魚敘論》、《花鳥敘論》得知詩畫「相為表裏」的理
論，這是繪畫文學化的又一理論總結。詩畫「相為表裏」具有雙層理論涵義：
一層涵義即以繪畫為表，以詩歌為裏，其意義在於用詩歌的某些元素去創作
繪畫，如依詩作畫、詩法入畫。另一層涵義則是以詩歌為表，以繪畫為裏，

即繪畫的某些元素滲透到了詩歌創作及理論總結之中。第一層涵義在《宣和畫譜》中多有體現，因爲該書的圖錄性質決定其詩畫論必然以詩歌對繪畫的影響爲實踐基礎。第二層涵義是繪畫理念向詩歌理念的滲透，可借助於形神觀念的滲透來理解。因此探析《宣和畫譜》中的形神理論，該譜人物、畜獸、花鳥各畫科的形神主張類似，均提倡「以形寫神」，重神而不廢形似。唯墨竹一類的形神論較爲特殊，重創作主體內在精神之傳達，而「不專於形似」。因蘇軾的形神論與《宣和畫譜》一致，故以蘇軾爲例，考察其形神理念由繪畫領域向詩歌領域的潛移默化，由此證明「詩畫相表裏」的第二層涵義。最後通過《宣和畫譜》，簡單討論畫譜和題畫詩之間的密切關係。由此可見，詩歌繪畫的融合不僅是創作層面的互鑒、理論層面的互滲，而且在編集方面也存在著一定的交流。一部《宣和畫譜》，就是一部反映詩畫關係發展的重要著作。

　　宋伯仁編刻《梅花喜神譜》是我國目前僅見最早的一部木刻版畫圖譜，它具有獨特藝術特點和研究價值，在題名、木刻、畫譜、詩歌諸方面均有成就。《梅花喜神譜》的題名兼具形似與神似兩種思維方式，在形象表現梅花外在形態之際把握住梅花的內在品質與精神，畫題不僅具有生動的形象性、趣味性，還有豐富的寓意性、表現性。《梅花喜神譜》是現存第一部木刻版畫圖籍，筆法粗壯，雕版極精。刀法古樸明快，刻印均具相當水平。該譜也是第一部以梅花爲主題的專題性畫譜。他筆下的梅花眞實中不乏超逸，細膩處不乏灑脫，既能以粗獷之筆寫梅之枝幹，又能以飄逸之筆寫梅之蓓蕾、欲開、爛漫、欲謝，線條疏朗簡潔、清秀脫俗，筆法多樣，盡繪不同時期梅花之形神，淋漓盡致。《梅花喜神譜》雖是一部畫譜，但宋伯仁專門爲每一幅梅花題了一首詩歌。其詩具有鮮明藝術特點，由畫上題名而發詩思，緊繞主題，思致精巧，然才氣稍弱，稱意揮灑，稍乏研練之功。除此之外，《梅花喜神譜》還是詩畫關係史上第一部詩畫並呈的著作，形式上的一詩一圖之制，使得詩畫形式結合的實踐成果廣爲傳播，並爲歷代畫譜所沿用。該譜同時實現了詩畫內容層面上的融合，宋伯仁畫梅「如騷人賦詩，吟詠情性」，在百種梅花中寄寓了他複雜的情感。他借著梅花的外在形態和內在精神，抒發自己的葵藿之情、理想抱負、精神追求、人生頓悟，通過梅花的題畫詩傳達天下之憂、超逸之性、閒雅之興、不遇之感、處世之道、詠史諷時諸多情感，這早已超越了繪畫本來的審美功能，將詩歌「吟詠情性」的特質移植到繪畫中來。最終完成了詩歌與繪畫形式與內容上的全面融合。之後探討了《梅花喜神譜》

產生的主客觀原因。首先是時代使然，該譜是宋畫、宋詩並臻繁榮的產物。宋伯仁梅花兼具宋代繪畫尚理與尚意兩大美學特徵，其題畫詩亦具宋詩典型特徵。而該譜在南宋末年由宋伯仁完成，便有其特有的契機。一是詩畫關係自身的發展，到南宋末已經積累了一定的實踐及理論。二是宋伯仁的文化修養、個人稟性及其生活遭際使其具備了編刻詩畫譜的基本條件。正是在主客觀因素、種種契機的作用之下，宋伯仁創製了第一部詩畫並呈的《梅花喜神譜》。

最後一章對宋後詩畫譜的編纂與流傳情況略作總結，並重點討論唐宋詩畫關係對於後代的深遠影響。明代是詩畫譜編刻的最高峰。由於明中期後的版畫印刷高潮迭起，萬曆年間刊刻了一系列的詩畫譜，如《唐詩畫譜》、《詩餘畫譜》、《高松菊譜》、《百詠圖譜》、《十竹齋書畫譜》、《歷代名公畫譜》、《素園石譜》諸種，這些畫譜沿承《梅花喜神譜》詩畫並呈之制，並改進技術、改善內容，創造了版畫史上的一個巔峰，迄今無人可追。無論是版畫雕刻技術，還是編撰的數量、質量，均臻一流，締造了畫譜史的黃金時代。明代詩畫譜刻本如同中國古代詩歌中的盛唐詩，無可複製。清代延續了詩畫譜編刻傳統，雖然沒有突破性的新發展，但也創作了一些較為優秀的詩畫譜，如《冶梅石譜》。詩畫譜的自編自刻愈來愈少，多是對前朝詩畫譜的翻刻，如《詩畫舫》。不過出現了一部書畫史論集大成之作：《御定佩文齋書畫譜》。清代詩畫譜的編撰見少，到了近現當代，更是日薄西山。但傳播沒有停止，或是翻刻、再版宋明清尤是明代的經典詩畫譜，或是畫譜的總集編纂，上世紀80年代和上世紀末本世紀初是詩畫譜再版的繁盛期。接著，以藝術成就最高、傳播最為久遠的明代詩畫譜為例，討論詩畫譜選唐詩宋詞的主要原因。從現存明清詩畫譜中，發現編者多選唐詩宋詞配畫，一方面是因為唐宋詩詞自身魅力，《唐詩畫譜》和《詩餘畫譜》的序跋中即可得知後人對於唐詩宋詞的無限景仰。另一方面則是編製出版的需要，因為編書者希望圖書傳播廣泛、久遠，他們為吸引讀者，必然追求內容形式上的多樣化。詩書畫三者合一是明代畫譜編撰者的革新所在，無論哪一種藝術形式，都精益求精，取其菁華，求名筆寫唐詩宋詞，請畫家圖唐詩宋詞，彙集三者的審美功能，凝聚更加強大的藝術感染力。詩畫譜流行海內外的事實證明了詩書畫合一這個創意的成功。而對唐詩宋詞的選擇反映出唐宋詩畫融合觀念的滲透和詩畫並呈創作實踐的承繼，讓我們看到唐宋詩畫關係在後世的延續與發展。

　　詩畫融合是中國藝術土壤滋養出來的奇葩一朵，題畫詩和畫譜是其枝葉。詩畫融合這一文藝現象雖然不易捕捉，但題畫詩和畫譜卻是能看得到、摸得著的有形載體，題畫詩集和畫譜的編纂則是將繁茂的枝枝葉葉匯總，搭建一個可供後人欣賞、學習、接受、再傳播的藝術平臺。本書通過對《聲畫集》、《題畫集》和《宣和畫譜》、《梅花喜神譜》多層面的綜合研究，細緻探討各本的編者情況、編纂特點、思想內容、詩畫理論等方面，側重考察唐宋詩歌與繪畫在各個層面發生的互滲互融，充分挖掘題畫詩和畫譜對於詩畫關係的重大價值，進而肯定唐宋兩朝在詩畫關係史上的重要地位。最後概述了宋後題畫詩集和畫譜編纂及流傳情況，從中一窺宋後詩畫關係發展狀況，並探討唐宋詩畫關係在後世的認可程度，再次肯定唐宋詩畫關係的重大意義。

　　詩畫融合的過程是一部悠久的歷史，龐大而綿延。這決定詩畫關係必然成爲一個廣袤的研究領域，既包含詩畫結合的載體研究，也囊括詩畫關係的理論研究。從題畫詩集和畫譜的編纂、流傳研究詩畫關係只不過是載體研究中的一個小切口，有待於進一步全面、系統、深刻的研究。從古代詩學批評、畫學批評探討詩畫關係，詩畫融合與其他文化現象之間的相互影響，將是筆者下一步的研究計劃。

參考文獻

一、詩文集注類

（一）一般詩文集

1. 逯欽立輯校《先秦漢魏晉南北朝詩》，北京：中華書局，1995 年版。

2. 〔清〕彭定求等編《全唐詩》，北京：中華書局，1960 年版。

3. 北京大學古文獻研究所編《全宋詩》，北京：北京大學出版社，1991 年版。

4. 錢鍾書選注《宋詩選注》，北京：人民文學出版社，1985 年版。

5. 金性堯選注《宋詩三百首》，上海：上海古籍出版社，1995 年版。

6. 〔宋〕梅堯臣著 朱東潤校注《梅堯臣集編年校注》，上海：上海古籍出版社，1980 年版。

7. 〔宋〕歐陽修著 李逸安點校《歐陽修全集》，北京：中華書局，2001 年版。

8. 〔宋〕王安石著〔宋〕李壁注 李之亮標點補箋《王荊公詩注補箋》，成都：巴蜀書社，2002 年版。

9. 〔宋〕蘇軾著 孔凡禮點校《蘇軾詩集》，北京：中華書局，1996 年版。

10. 〔宋〕蘇軾著 孔凡禮點校《蘇軾文集》，北京：中華書局，1996 年版。

11. 〔宋〕黃庭堅著 劉琳等校點《黃庭堅全集》，成都：四川大學出版社，2001 年版。

12. 〔宋〕文同著 胡問濤、羅琴校注《文同全集編年校注》，成都：巴蜀書社，1999 年版。

13. 〔元〕方回選評李慶甲集評校點《瀛奎律髓匯評》，上海：上海古籍出版社，2005 年版。

14. 〔清〕陳衍評點《宋詩精華錄》，成都：巴蜀書社，1992 年版。

（二）題畫詩集

1. 〔宋〕孫紹遠編《聲畫集》，《景印文淵閣四庫全書》，台北：臺灣商務印書館，1983 年版。

2. 〔宋〕劉叔贛著《題畫集》，收入《兩宋名賢小集》，《景印文淵閣四庫全書》，台北：臺灣商務印書館，1983 年版。

3. 〔元〕倪瓚著〔明〕毛晉輯《題畫詩》，明末毛氏綠君亭刻本。

4. 〔明〕李日華著《竹嬾畫賸》、《續畫賸》，《四庫全書存目叢書》本。

5. 〔清〕陳邦彥等編《御定歷代題畫詩類》，《景印文淵閣四庫全書》，台北：臺灣商務印書館，1983 年版。

6. 〔清〕陳邦彥選編《康熙御定歷代題畫詩》，北京：北京古籍出版社，1996 年版。

7. 〔清〕石濤著、〔清〕汪繹辰輯《大滌子題畫詩跋》，上海：上海美術出版社，1987 年版。

8. 黃頌堯編《清人題畫詩選》，上海：大華書局，1935 年版。

9. 王青芳 賈仙洲選編《題畫詩選》，北平：選刊者自輯，1936 年版。

10. 洪丕謨選注《歷代題畫詩選注》，上海：上海書畫出版社，1983 年版。

11. 丁炳啓編著《題畫詩絕句百首賞析》，北京：語文出版社，1985 年版。

12. 劉繼才 柳玉增《中國古代題畫詩釋析》，蘭州：甘肅人民出版社，1986 年版。

13. 李德壎編著《歷代題畫詩類編》，濟南：山東教育出版社，1987 年版。

14. 齊白石著 謝群選注《齊白石題畫詩選注》，長沙：湖南美術出版社，1987 年版。

15. 陳履生編注《明清花鳥畫題畫詩選注》，成都：四川美術出版社，1988 年版。

16. 孔壽山編注《唐朝題畫詩注》，成都：四川美術出版社，1988 年版。

17. 任世傑編寫《題畫詩類編》，合肥：安徽美術出版社，1989 年版。

18. 于風選注《古代題畫詩分類選編》，廣州：嶺南美術出版社，1991 年版。

19. 張晨編《中國題畫詩分類鑒賞辭典》，瀋陽：遼寧美術出版社，1992 年版。

20. 麻守中等編《歷代題畫類詩鑒賞寶典》，長春：時代文藝出版社，1993 年版。

21. 石理俊主編《中國古今題畫詩詞全璧》，石家莊：河北教育出版社，1994 年版。

22. 孔壽山編《中國題畫詩大觀》，蘭州：敦煌文藝出版社，1997 年版。

23. 張宗祥書《張宗祥題畫詩墨跡》，杭州：浙江人民美術出版社，1997 年版。

24. 郭沫若著 郭平英編《郭沫若題畫詩存》，太原：山西教育出版社，1997 年版。

25. 陳國釗著《陳國釗題畫詩稿》，武漢：湖北美術出版社，1997 年版。

26. 馬成志編著《梅蘭竹菊題畫詩》，天津：天津楊柳青畫社，1997 年版。

27. 周積寅編著《中國歷代題畫詩選注》，杭州：西泠印社，1998 年版。

28. 劉海石選注《清人題畫詩選注》，瀋陽：遼海出版社，1998 年版。

29. 韓豐聚 孫恒傑主編《題畫詩選釋》，石家莊：河北美術出版社，2000 年版。

30. 黃純堯著《黃純堯題畫詩稿》，成都：四川人民出版社，2000 年版。

31. 光一編《吳昌碩題畫詩箋評》，杭州：浙江人民出版社，2003 年版。

32. 侯剛 章景懷編《啓功題畫詩墨跡選》，北京：北京師範大學出版社，2004 年版。

33. 史敏齋主編《四王題畫詩輯注》，杭州：西泠印社，2005 年版。

34. 華藝廊編《李守眞題畫詩選》，廣州：嶺南美術出版社，2006 年版。

（三）詩話類

1. 〔宋〕胡仔輯《苕溪漁隱叢話》，北京：人民文學出版社，1981 年版。

2. 〔宋〕魏慶之編《詩人玉屑》，上海：上海古籍出版社，1982 年版。

3. 〔宋〕阮閱編著《詩話總龜》，北京：人民文學出版社，1998 年版。

4. 〔宋〕羅大經著《鶴林玉露》，北京：中華書局，1983 年版。

5. 〔宋〕沈括著 胡道靜校證《夢溪筆談校證》，上海：上海古籍出版社，1987 年版。

6. 〔明〕胡應麟編《詩藪》，上海：上海古籍出版社，1985 年版。

7. 〔明〕楊慎著 王仲鏞筆證《升菴詩話箋證》，上海：上海古籍出版社，1987 年版。

8. 〔明〕董其昌著《畫禪室隨筆》，南京：江蘇教育出版社，2005 年版。

9. 〔清〕方東樹著《昭昧詹言》，北京：人民文學出版社，1961 年版。

10. 〔清〕何文煥編《歷代詩話》，北京：中華書局，1981 年版。

11. 〔清〕王夫之等著《清詩話》，上海：上海古籍出版社，1978 年版。

12. 郭紹虞著《宋詩話考》，北京：中華書局，1979 年版。

13. 郭紹虞輯《宋詩話輯佚》，北京：中華書局，1980 年版。

14. 丁福保編《歷代詩話續編》，北京：中華書局，1983 年版。

15. 肖占鵬主編《隋唐五代文藝理論彙編評注》，天津：南開大學出版社，2003 年版。

16. 吳文治主編《宋詩話全編》，南京：江蘇古籍出版社，1998 年版。

17. 吳文治主編《明詩話全編》，南京：江蘇古籍出版社，1997 年版。

18. 郭紹虞編 富壽蓀校點《清詩話續編》，上海：上海古籍出版社，1983 年版。

二、研究專著

（一）題畫藝術、詩畫關係、美學類

1. 戴麗珠著《詩與畫》，臺北：聯經出版事業公司，1976 年版。

2. 〔德〕萊辛著 朱光潛譯《拉奧孔》，北京：人民文學出版社，1979 年版。

3. 王伯敏《李白杜甫論畫詩散記》，杭州：西泠印社，1983 年版。

4. 朱光潛、黃藥眠、常任俠著《美學與中國美術史》，北京：知識出版社，1984 年版。

5. 許海欽著《中國藝術文化史——題跋學》，臺北：豪峰出版社，1985 年版。

6. 葉朗著《中國美學史大綱》，上海：上海人民出版社，1985 年版。

7. 林木著《論文人畫》，上海：上海人民美術出版社，1987 年版。

8. 斯爾螽著《題畫詩話》，成都：四川美術出版社，1987 年版。

9. 張懋鎔著《繪畫與中國文化》，海口：海南人民出版社，1988 年版。

10. 鄭朝 藍鐵著《中國畫的藝術與技巧》，北京：中國青年出版社，1989 年版。

11. 潘天壽著《潘天壽論畫筆錄》，上海：上海人民美術出版社，1991 年版。

12. 陳華昌著《唐代詩與畫的相關性研究》，西安：陝西人民美術出版社，1993 年版。

13. 周桂峰著《題畫詩說》，桂林：灕江出版社，1993 年版。

14. 張晨著《中國詩畫與中國文化》，瀋陽：遼寧教育出版社，1993 年版。

15. 李棲著《題畫詩散論》，臺北：華正書局，1993 年版。

16. 李棲著《兩宋題畫詩論》，台北：學生書局，1994 年版。

17. 曾景初著《中國詩畫》，北京：國際文化出版公司，1994 年版。

18. 朱光潛著《朱光潛全集》，合肥：安徽教育出版社，1997 年版。

19. 李文初等著《中國山水文化》，廣州：廣東人民出版社，1998 年版。

20. 衣若芬著《蘇軾題畫文學研究》，台北：文津出版社，1999 年版。

21. 衣若芬著《赤壁漫遊與西園雅集——蘇軾研究論集》，北京：線裝書局，2001 年版。

22. 宗白華著《美學散步》，上海：上海人民出版社，1998 年版。

23. 宗白華著《藝境》，北京：北京大學出版社，2000 年版。

24. 徐復觀著《中國藝術精神》，上海：華東師範大學出版社，2001 年版。

25. 錢鍾書著《七綴集》，上海：上海古籍出版社，1995 年版。

26. 朱良志著《扁舟一葉》，合肥：安徽教育出版社，1996 年版。

27. 陶文鵬著《唐詩與繪畫》，桂林：灕江出版社，1996 年版。

28. 陶文鵬著《唐宋詩美學與藝術論》，天津：南開大學出版社，2003 年版。

29. 陶文鵬著《蘇軾詩詞藝術論》，上海：上海古籍出版社，2001 年版。

30. 謝稚柳著《中國古代書畫研究十論》，上海：復旦大學出版社，2004 年版。

31. 李亮著《詩畫同源與山水文化》，北京：中華書局，2004 年版。

32. 王韶華《元代題畫詩研究》，北京：中國傳媒大學出版社，2010 年版。

33. 王韶華《中國古代「詩畫一律」論》，北京：中國文史出版社，2013 年版。

（二）文史類

1. 〔唐〕房玄齡等著《晉書》，北京：中華書局，1974 年版。

2. 〔日〕吉川幸次郎著 鄭清茂譯《宋詩概說》，臺北：聯經出版事業公司，1977 年版。

3. 程千帆 吳新雷著《兩宋文學史》，上海：上海古籍出版社，1991 年版。

4. 孫望 常國武主編《宋代文學史》，北京：人民文學出版社，1996 年版。

5. 葉維廉著《中國詩學》，北京：生活・讀書・新知三聯書店，1996 年版。

6. 周裕鍇著《宋代詩學通論》，成都：巴蜀書社，1997 年版。

7. 程千帆著《程千帆全集》，石家庄：河北教育出版社，2001 年版。

8. 〔日〕淺見洋二著《距離與想像——中國詩學的唐宋轉型》，上海：上海古籍出版社，2005 年版。

9. 錢鍾書著《宋詩記事補正》，瀋陽：遼寧人民出版社、遼海出版社，2003 年版。

10. 鄭振鋒著《中國古代木刻畫史略》，上海：上海書店出版社，2006 年版。

11. 卞東波著《宋代詩話與詩學文獻研究》，北京：中華書局，2013 年版。

三、繪畫類史料、工具書及論著

1. 〔南朝齊〕謝赫著《古畫品錄》，吳孟復、郭因編，張勁秋校注《中國畫論》，合肥：安徽美術出版社，1995年版。

2. 〔五代〕荊浩（傳）《筆法記》，吳孟復、郭因編，張勁秋校注《中國畫論》，合肥：安徽美術出版社，1995年版。

3. 〔唐〕裴孝源著《貞觀公私畫史》，吳孟復、郭因編，張勁秋校注《中國畫論》，合肥：安徽美術出版社，1995年版。

4. 〔唐〕朱景玄著《唐朝名畫錄》，吳孟復、郭因編，張勁秋校注《中國畫論》，合肥：安徽美術出版社，1995年版。

5. 〔唐〕張彥遠著《歷代名畫記》，吳孟復、郭因編，張勁秋校注《中國畫論》，合肥：安徽美術出版社，1995年版。

6. 〔宋〕黃休復著《益州名畫錄》，吳孟復、郭因編，張勁秋校注《中國畫論》，合肥：安徽美術出版社，1995年版。

7. 〔宋〕劉道醇著《聖朝名畫評》，吳孟復、郭因編，張勁秋校注《中國畫論》，合肥：安徽美術出版社，1995年版。

8. 〔宋〕劉道醇著《五代名畫補遺》，吳孟復、郭因編，張勁秋校注《中國畫論》，合肥：安徽美術出版社，1995年版。

9. 〔宋〕郭若虛著《圖畫見聞志》，吳孟復、郭因編，張勁秋校注《中國畫論》，合肥：安徽美術出版社，1995年版。

10. 〔宋〕米芾著《畫史》，吳孟復、郭因編，張勁秋校注《中國畫論》，合肥：安徽美術出版社，1995年版。

11. 〔宋〕李廌著《德隅齋畫品》，吳孟復、郭因編，張勁秋校注《中國畫論》，合肥：安徽美術出版社，1995年版。

12. 〔宋〕郭熙著《林泉高致》，吳孟復、郭因編，張勁秋校注《中國畫論》，合肥：安徽美術出版社，1995年版。

13. 〔宋〕撰人不詳《宣和畫譜》，《景印文淵閣四庫全書》，台北：臺灣商務印書館，1983年版。

14. 〔宋〕韓拙著《山水純全集》，《景印文淵閣四庫全書》，台北：臺灣商務印書館，1983年版。

15. 〔宋〕鄧椿著《畫繼》，吳孟復、郭因編，張勁秋校注《中國畫論》，合肥：安徽美術出版社，1995年版。

16. 〔宋〕董逌著《廣川畫跋》，《景印文淵閣四庫全書》，台北：臺灣商務印書館，1983年版。

17. 〔明〕朱存理著《珊瑚木難》，《景印文淵閣四庫全書》，台北：臺灣商務印書館，1983年版。

18. 〔明〕張丑著《清河書畫舫》，《景印文淵閣四庫全書》，台北：臺灣商務印書館，1983 年版。

19. 〔明〕趙琦美著《鐵網珊瑚》，《景印文淵閣四庫全書》，台北：臺灣商務印書館，1983 年版。

20. 〔元〕夏文彥編纂《圖繪寶鑒》，《叢書集成初編》本，北京：中華書局，1985 年版。

21. 〔元〕湯垕著 馬采標點注譯《畫鑒》，北京：人民美術出版社，1959 年版。

22. 〔宋〕宋伯仁編刻《宋雪岩梅花喜神譜》，上海：中華書局，1928 年版。

23. 〔宋〕陳振孫編《直齋書錄解題》，上海：上海古籍出版社，1987 年版。

24. 〔明〕黃鳳池繪編《唐詩畫譜》，上海：上海古籍出版社，1982 年版。

25. 〔明〕汪氏輯印《詩餘畫譜》，上海：上海古籍出版社，1988 年版。

26. 〔明〕胡正言編《十竹齋書畫譜》，上海：上海書畫出版社，1981 年版。

27. 〔明〕顧炳輯《歷代名公畫譜》，桂林：廣西師範大學出版社，2001 年版。

28. 〔明〕林有麟著《素園石譜》，上海：上海美術工藝製版社，1924 年版。

29. 〔清〕點石齋輯《詩畫舫》，北京：中國書店，1983 年版。

30. 〔清〕王原祁等編纂《御定佩文齋書畫譜》，北京：中國書店，1984 年版。

31. 《故宮珍本叢刊》，海口：海南出版社，2000 年版。

32. 俞劍華著《中國繪畫史》，北京：商務印書館，1954 年版。

33. 潘天壽著《中國繪畫史》，上海：上海人民美術出版社，1983 年版。

34. 林樹中等編著《中國歷代繪畫圖錄》，天津：天津人民美術出版社，1981 年版。

35. 王伯敏主編《中國美術通史》，濟南：山東教育出版社，1987 年版。

36. 王伯敏主編《中國繪畫通史》，北京：生活·讀書·新知三聯書店，2000 年版。

37. 徐邦達編《中國繪畫史圖錄》，上海：上海人民美術出版社，1989 年版。

38. 鄧實編 黃賓虹續編《中華美術叢書》，北京：北京古籍出版社，1998 年版。

39. 陳高華編《隋唐畫家史料》，北京：文物出版社，1987 年版。

40. 陳高華編《宋遼金畫家史料》，北京：文物出版社，1984 年版。

41. 陳傳席著《中國山水畫史》，南京：江蘇美術出版社，1998 年版。

42. 徐英槐著《中國山水畫史略》，杭州：浙江大學出版社，2003 年版。

43. 郭因著《中國繪畫美學史稿》，北京：人民美術出版社，1981 年版。

44. 鄭午昌編著《中國畫學全史》，上海：上海書畫出版社，1985 年版。

45. 俞劍華著《中國畫論類編》，北京：人民美術出版社，1991 年版。

46. 吳孟復主編 張勁秋校注《中國畫論》，安徽：安徽美術出版社，1995 年版。

47. 周積寅編著《中國畫論輯要》，南京：江蘇美術出版社，1998 年版。

48. 周積寅主編《中國畫論大辭典》，南京：東南大學出版社，2011 年版。

49. 陳兆復著《中國畫研究》，昆明：雲南人民出版社，1982 年版。

50. 伍蠡甫著《中國畫論研究》，北京：北京大學出版社，1983 年版。

51. 溫肇桐著《中國繪畫批評史略》，天津：天津人民美術出版社，1982 年版。

52. 童書業著《童書業說畫》，上海：上海古籍出版社，1997 年版。

53. 阮璞著《畫學叢證》，上海：上海書畫出版社，1998 年版。

54. 周積寅著《周積寅美術文集》，江西：江西美術出版社，1998 年版。

55. 謝巍著《中國畫學著作考錄》，上海：上海書畫出版社，1998 年版。

56. 王世襄著《中國畫論研究》，桂林：廣西師範大學出版社，2010 年版。

57. 《中國古畫譜集成》編輯委員會編《中國古畫譜集成》，濟南：山東美術出版社，2000 年版。

58. 余紹宋編撰《書畫書錄解題》，北京：北京圖書館出版社，2003 年版。

四、期刊論文（部分論文）

（一）題畫詩類

〔大陸〕

1. 韓成武《談杜甫詠畫題畫詩》（《河北大學學報》1980 年第 4 期）。

2. 古遠清《談題畫詩》（《延安大學學報》1981 年第 2 期）。

3. 季壽榮《從杜甫的題畫詩看唐代幾位畫家的創作風貌》（《美術研究》1981 年第 2 期）。

4. 劉繼才《論元代的題畫詩》（《遼寧師範學院學報》1982 年第 3 期）。

5. 劉繼才《杜甫不是題畫詩的首創者》（《遼寧大學學報》1982 年第 2 期）。

6. 劉繼才《中國古代題畫詩論略》（《社會科學輯刊》1986 年第 5 期）。

7. 劉繼才《唐代題畫詩》（《遼寧教育學院學報（社科版）》1988 年第 1 期）。

8. 李暉《題畫詩的發展及其藝術特色》（《齊魯藝苑》1984 年第 3 期）。

9. 王啓興《論杜甫題畫詩的美學思想》（《武漢大學學報》1984 年第 1 期）。

10. 張忠全《蘇軾的題畫詩》(《四川師範大學學報（社會科學版)》1984 年第 4 期)。

11. 林從龍、范炯《略論蘇軾題畫詩》(《江海學刊》1985 年第 1 期)。

12. 殷傑《中國題畫詩及其始創者》(《美育》1985 年第 4 期)。

13. 傅秋爽《試論黃庭堅題畫詩的藝術特色》(《河北學刊》1986 年第 3 期)。

14. 任秉義《中國畫題畫詩的內蘊》(《美苑（魯迅美術學院學報)》1987 年第 2 期)。

15. 湯炳能《論蘇軾題畫詩的豐富想像》(《學術論壇》1987 年第 2 期)。

16. 祝振玉《發明妙慧，筆補造化：黃庭堅題畫詩略論》(《上海師範大學學報》1988 年第 1 期)。

17. 祝振玉《略論宋代題畫詩興盛的幾個原因》(《文學遺產》1988 年第 2 期)。

18. 韓曉光《試論鄭板橋的題畫詩》(《濰坊教育學院學報》1989 年第 1 期)。

19. 李儒光《題畫詩簡論》(《湖南師範大學（社會科學學報)》1990 年第 5 期)。

20. 張福勳《將空間藝術轉化爲時間藝術——題畫詩藝摭談》(《內蒙古師範大學學報（哲社版)》1992 年第 2 期)。

21. 洛少波《詩含畫意 畫寓詩情——鄭板橋題畫詩談片》(《藝術探索》1992 年第 2 期)。

22. 石麟《歷史斷層裂變的低谷回聲——元人題畫詩論略》(《湖北師範學院學報（哲學社會科學版)》1993 年第 2 期)。

23. 鍾聖生《黃山谷與他的題畫詩》(《江西師範大學學報（哲學社會科學版)》1994 年第 1 期)。

24. 文成英《畫意入詩 詩情入畫——論「題畫詩」的藝術特色》(《黔南民族師專學報（哲社版)》1994 年第 3 期)。

25. 李祥林《杜甫對韓幹畫馬的批評之我見》(《杜甫研究學刊》1994 年第 4 期)。

26. 孔壽山《論中國的題畫詩》(《文藝理論與批評》1994 年第 6 期)。

27. 孔壽山《簡論題畫詩》(《文藝研究》1995 年第 4 期)。

28. 吳企明《論趙佶題畫詩的美學價值和藝術淵源》(《蘇州大學學報》1995 年第 2 期)。

29. 江根源《適性率眞風流千古——淺論鄭板橋題畫之美學價值》(《浙江師大學報（社會科學版)》1995 年第 2 期)。

30. 林同《鄭板橋的題畫詩》(《新疆大學學報》（哲學社會科學版）1996 年第 1 期)。

31. 吳晟《黃庭堅〈題竹石牧牛並序〉讀解》(《文史知識》1996 年第 2 期)。

32. 王定璋《論李白題畫詩文》(《西南師範大學學報（哲學社會科學版）》1996
年第 3 期)。

33. 周瑾《杜甫題畫詩的法與意》(《杜甫研究學刊》1996 年第 4 期)。

34. 王玉梅《得意忘象 形神兼備——淺談蘇軾題畫詩的審美超越》(《遼寧教
育學院學報》1996 年第 4 期)。

35. 楊北 雲峰《我國題畫詩源於何時》(《洛陽師專學報》1996 年第 4 期)。

36. 張英《杜甫題畫詩管窺》(《雲南社會科學》1996 年第 6 期)。

37. 楊力《略論杜甫題畫詩的繪畫美學思想》(《中國韻文學刊》1997 年第 2
期)。

38. 馬興榮《論題畫詞》(《撫州師專學報》1997 年 4 期)。

39. 張晶《杜甫題畫詩的審美標準》(《內蒙古師大學報（哲學社會科學版）》
1999 年第 6 期)。

40. 周錫□《論「畫贊」即題畫詩》(《文學遺產》2000 年第 3 期)。

41. 周絢隆《實用性原則的遵循與背叛——陳維崧題畫詞的文本解讀》(《首
都師範大學學報（社科版）》2000 年第 6 期)。

42. 王素美《論元人吳澄題畫詩的特點》(《河北師範大學學報（哲學社會科
學版）》2000 年第 4 期)。

43. 宋生貴《題畫詩的文化底蘊與審美特質》(《廣播電視大學學報（哲學社
會科學版）》2000 年第 4 期)。

44. 韓曉光《丹青題詠妙處相資～題畫詩藝術表現手法淺論》(《景德鎮高專
學報》2001 年第 1 期)。

45. 施建中《由唐人題畫詩觀唐畫寫眞之論》(《南京師大學報（社會科學版）》
2001 年第 3 期)。

46. 楊學是《杜甫題畫詩芻論》(《綿陽師範高等專科學校學報》2002 年第 1
期)。

47. 楊學是《李白題畫詩管窺》(《綿陽師範高等專科學校學報》2002 年第 4
期)。

48. 楊學是《空廊屋漏畫僧盡 梁上猶書天寶年》(《宜賓學院學報》2002 年 5
期)。

49. 楊學是《再論杜甫題畫詩》(《西南民族大學學報（人文社科版）》2003
年第 9 期)。

50. 徐明《杜甫題畫詩的傳播學觀照》(《河北大學學報（哲學社會科學版）》
2002 年第 4 期)。

51. 王秀春《論杜甫的題畫詩對後代題畫詩及文人畫的影響》(《杜甫研究學
刊》2002 年第 4 期)。

52. 王五一《淺談題畫詩的藝術神韻》(《河南社會科學》2002 年第 4 期)。

53. 薛穎《元祐文人集團汴京題畫詩唱和》(《陰山學刊》2003 年第 4 期)。

54. 於占德《徐渭題畫詩及其藝術個性表現淺論》(《齊魯藝苑》2004 年第 1 期)。

55. 吳畏《漫談黃庭堅題畫詩的文藝評論特點》(《貴州工業大學學報(社科版)》2004 第 1 期)。

56. 王述堯《劉後村題畫詩論略》(《鹽城師範學院(人文社會科學版)》2004 年第 2 期)。

57. 苗貴松《宋代題畫詞簡論》(《常州師範專科學校學報》2004 年第 2 期)。

58. 劉亮《論唐五代題畫詩與同期山水畫審美精神的發展》(《南京藝術學院學報》(美術與設計版) 2004 年第 5 期)。

59. 陳才智《蘇軾題畫詩述論》(《樂山師範學院學報》2004 年第 6 期)。

60. 孫小力《元明題畫詩文初探》(《上海大學學報(社會科學版)》2005 年第 1 期)。

61. 張若蘭《元代題畫詞初探》(《中國社會科學院研究生院學報》2009 年第 3 期)。

62. 陳冠男《試論杜甫題畫詩之情懷及其重要性》(《杜甫研究學刊》2012 年第 2 期)。

63. 陳婧文《杜甫山水題畫詩特色探析》(《名作欣賞》2014 年第 35 期)。

64. 呂海春《從題畫詩與詩意圖看元代詩歌與文人畫之關係》(復旦大學,博士論文,2001 年 11 月)。

65. 趙曉濤《游於藝途——宋代詩與畫的相關性研究》(復旦大學,博士論文,2003 年 5 月)。

66. 翁曉瑜《黃庭堅題畫詩研究》(四川大學藝術學院,碩士論文,2003 年 4 月)。

67. 陳熙熙《唐代題畫詩略論》(陝西師範大學,碩士論文,2004 年 4 月)。

68. 賀文榮《唐代題畫詩研究》(廣西師範大學,碩士論文,2004 年 4 月)。

69. 吳文治《宋代題畫詞論說》(河北大學,碩士論文,2005 年 6 月)。

70. 王煒《元代題畫詞研究》(華東師範大學,碩士論文,2007 年 5 月)。

71. 廖偉《蘇軾題畫詩考論》(福建師範大學,碩士論文,2008 年 4 月)。

72. 原軍慧《黃庭堅題畫詩中的美學思想研究》(西南大學,碩士論文,2008 年 4 月)。

73. 葉林艷《宋代題畫詩研究》(中南民族大學,碩士論文,2013 年 4 月)。

〔臺灣〕

1. 吳仁懋《杜甫題畫詩之研究》(《詩學集刊》臺灣師範大學國文系，1969 年 5 月)。

2. 包根弟《論元代題畫詩》(收入《古典文學》第二集，臺灣學生書局 1980 年 12 月)。

3. 許麗玲《唐人題畫詩研究》(東吳大學，碩士論文，1991 年 6 月)。

4. 廖慧美《唐代題畫詩研究》(東海大學，碩士論文，1991 年 4 月)。

5. 衣若芬《也談宋代題畫詩興盛的幾個原因》(《宋代文學研究叢刊》 第 2 期，1996 年 9 月)。

6. 衣若芬《宋代題畫詩的創作現象與書寫特質——以蘇轍〈韓幹三馬〉及 東坡等人之次韻詩為例》(此文係四川眉山：中國蘇軾研究學會，眉山三 蘇博物館於 1997 年 9 月 16 日至 18 日主辦的第九屆全國蘇軾學術研討會 提交論文)。

7. 衣若芬《北宋題仕女畫詩析論》(此文係美國史丹佛大學：中國哲學與文 化研究基金會，中央研究院中國文哲研究所籌備處，史丹福大學中華語 言文化研究中心於 1999 年 8 月 19 日至 22 日主辦的中國哲學與文化的現 代詮釋學術研討會提交論文)。

8. 衣若芬《晚唐五代題畫詩的審美特質》(收於《世變與創化——漢唐、唐 宋轉換期的文藝現象》，中央研究院中國文哲研究所，2000 年 6 月)。

9. 衣若芬《北宋題人像畫詩析論》(《中國文哲研究集刊》第 13 期，1998 年 9 月)。

10. 衣若芬《宋代題〈詩意圖〉詩析論》(《中國文哲研究集刊》第 16 期，2000 年 3 月)。

11. 衣若芬《寫真與寫意：從唐至北宋題畫詩的發展論宋人審美意識的形成》 (《中國文哲研究集刊》第 18 期，2001 年 3 月)。

12. 衣若芬《漂流與回歸：宋代題〈瀟湘〉山水畫詩之抒情底蘊》(《中國文 哲研究集刊》第 21 期，2002 年 9 月)。

13. 衣若芬《「江山如畫」與「畫裏江山」：宋元題〈瀟湘〉山水畫詩之比較》 (《中國文哲研究集刊》第 23 期，2003 年 9 月)。

14. 許麗玲《唐人題畫詩之論畫美學研究》(《中正嶺學術研究集刊》 1997 年 12 月)。

(二) 畫譜類

1. 徐小蠻《集詩、書、畫、刻四美於一輯：評黃鳳池輯〈唐詩畫譜〉》(《世 界圖書》1984 年第 3 期)。

2. 倪根法《〈宣和畫譜〉的成書年代及與米芾的關係》(《華東師範大學學報 (哲社版)》1985 年第 3 期)。

3. 譚英林《宋雪巖〈梅花喜神譜〉的研究》(《齊魯藝苑》1992 年第 2 期)。

4. 王達弗《胡正言和他的「三譜」：印譜、畫譜、箋譜》(《東南文化》1993 年第 6 期)。

5. 洪再新《明清畫譜所示繪畫教學關係的若干類型》(《新美術》1995 年第 4 期)。

6. 段玲《〈宣和畫譜〉探微》(《美術研究》1996 年第 4 期)。

7. 姜澄清《〈石濤畫譜〉疑偽》(《美術研究》1997 年第 1 期)。

8. 張爾賓《中國畫譜與繪畫》(《東南文化》1999 年第 1 期)。

9. 章叔標　丘挺《倪麟〈畫譜〉評介》(《新美術》2000 年第 4 期)。

10. 周汝昌《說「一畫」——石濤〈畫譜〉解義》(《文匯報》2000～05～23.11)。

11. 李永林《明代版刻與畫譜》(《美術觀察》2000 年第 9 期)。

12. 衣若芬《〈宣和畫譜〉與蘇軾繪畫思想》(《赤壁漫遊與西園雅集——蘇軾研究論集》(北京：線裝書局 2001 年版)。

13. 朱仲岳《宋刊孤本〈梅花喜神譜〉》(《中國歷史文物》2002 年第 5 期)。

14. 李桂金《漫談畫譜》(《美術觀察》2003 年第 4 期)。

15. 張完碩《試論〈宣和畫譜〉的美學思想》(《華中科技大學學報（社會科學版）》2004 年第 6 期)。

16. 朱良志《〈畫譜〉證偽》(《北京大學學報（哲學社會科學版）》2004 年第 5 期)。

17. 周進生《明清畫譜畫訣初步研究》(中國藝術研究院，碩士論文，2004 年 5 月)。

18. 吳新榮《〈宣和畫譜〉繪畫美學思想研究》(上海師範大學，碩士論文，2009 年 4 月)。

19. 劉越《20 世紀以來明清畫譜研究綜述》(《文藝爭鳴》2011 年第 17 期)。

20. 張東華《格致與花鳥畫——以南宋宋伯仁〈梅花喜神譜〉爲例》(中國美術學院，博士論文，2012 年 6 月)。

21. 薛帥《〈宣和畫譜〉政宣功能研究》(華東師範大學，碩士論文，2014 年 5 月)。

(三) 詩畫關係類

1. 薄松年《詩畫合璧》(《美術》1959 年第 2 期)。

2. 朱狄《不負子建琳琅筆　善攝詩情付丹青——〈洛神賦〉詩畫比較》(《美術》1962 年第 1 期)。

3. 洪毅然《關於文人畫》(《美術研究》1979 年第 4 期)。

4. 王振德　趙沛霖《李白論畫詩中的藝術見解》(《美術研究》1981 年第 2

期）。

5. 白祖詩《我國傳統詩畫的審美情趣》（《雲南社會科學》1982 年第 1 期）。

6. 馮立詩《中有畫、畫中有詩的王維》（《人文雜誌》1982 年第 1 期）。

7. 張白山《宋詩散論——談宋人以文為詩、愛國詩及詩與畫的關係》（《文藝研究》1982 年第 4 期）。

8. 黃南南《時、空藝術的交融——王維「詩中有畫」成因新探》（《江西社會科學》1982 年第 6 期）。

9. 吳緒久《「詩中有畫」論析》（《江漢論壇》1984 年第 5 期）。

10. 何開四《「詩畫分界」析——關於萊辛〈拉奧孔〉和錢鍾書〈舊文四篇〉的比較研究》（《當代文壇》1986 年第 1 期）。

11. 呂永《略論蘇軾的「詩畫異同」說》（《武漢大學學報（人文科學版）》1986 第 3 期）。

12. 陳池瑜《中西詩畫中的時空意識之比較》（《美術》1986 年第 6 期）。

13. 王蓓《「詩家極俊語，卻入畫三昧」～淺談王維「詩中有畫」的意境美》（《首都師範大學學報（社科版）》1987 年第 4 期）。

14. 張晨光《詩畫意境與丹青韻致——「詩中有畫」一得》（《河北學刊》1987 年第 5 期）。

15. 張天曦《宋代美學思想的基本特徵初探》（《山西師大學報（社會科學版）》1988 年第 4 期）。

16. 袁國華 江文亮《詩畫本一律　天工與清新——試論王維詩情中的畫意》（《求索》1989 年第 6 期）。

17. 徐良略《說蘇軾的美學思想》（《青海師範大學學報（哲學社會科學版）》1989 年第 3 期）。

18. 李林《詩情畫意與意境美》（《中國韻文學刊》1990 年第 2 期）。

19. 鄧喬彬《詩的「收空於時」與畫的「寓時於空」》（《文藝理論研究》1991 年第 2 期）。

20. 朱奇志《論中國古代詩畫對藝術媒介的超越》（《吉首大學學報（社會科學版）》1992 年第 2 期）。

21. 韓經太《透視空間的發現——中古詩畫美學的藝術探詢》（《江海學刊》1992 年第 2 期）。

22. 李亮《中和審美說與詩畫同源論》（《文藝研究》1992 年第 3 期）。

23. 韓經太《論宋人詩畫參融的藝術觀》（《天津社會科學》1993 年第 4 期）。

24. 周桂峰《論詩畫融合的美學依據》（《汕頭大學學報（人文科學版）》1994 年第 1 期）。

25. 林衡勳《試探「詩畫同源」》（《湛江師範學院學報（社會科學版）》1994

年第 3 期）。

26. 陶文鵬《傳神肖貌詩畫交融——論唐詩對唐代人物畫的借鑒吸收》（《文學評論》1994 年第 6 期）。

27. 陳曉春《「言情」與「稱性」——傳統詩畫不同的審美特質》（《文史雜誌》1996 年第 1 期）。

28. 朱震《情景交融 詩畫一體——王維山水田園詩欣賞》（《西南民族學院學報（哲學社會科學版）》1996 年第 6 期）。

29. 王爲群《詩的題材與畫的題材——從〈拉奧孔〉看萊辛的詩畫異質論》（《西北師大學報（社科版)》1997 年第 4 期）。

30. 王爲群《詩畫的「一頃刻」與詩的廣闊性—再論萊辛的詩畫異質論》（《西北師大學報（社科版）》1999 年第 3 期）。

31. 黃金鵬等《「以少總多，情貌無遺」——中國詩畫的尚簡精神》（《文史雜誌》1997 年第 6 期）。

32. 黃金鵬《中國詩畫的尚樸精神》（《文藝理論研究》1998 第 3 期）。

33. 吳懷東《王維詩畫禪意相通論》（《文史哲》1998 年第 4 期）。

34. 李錦勝《從詩畫融合的歷史發展看中國畫創作》（《美術》1999 年第 1 期）。

35. 徐亞傑《中西詩畫中的視點問題》（《瀋陽師範學院學報（社會科學版)》2000 年第 3 期）。

36. 朱田田 郭曉蘭《漫談詩畫因緣》（《江淮論壇》2000 年第 3 期）。

37. 蔣寅《對王維「詩中有畫」的質疑》（《文學評論》2000 年第 4 期）。

38. 游火旺《中國山水畫的詩畫情結》（《福建藝術》2000 年第 5 期）。

39. 張思齊《從北宋看中西詩畫關係學說之異同》（《中州學刊》2000 年第 6 期）。

40. 王韶華《蘇軾「詩畫一律」的内涵》（《文藝理論研究》2001 年第 1 期）。

41. 陳斌《「詩畫同律」與「詩畫異質」——蘇軾和萊辛詩畫觀文化内涵比較》（《廣西民族學院學報（哲社版）》2001 年第 2 期）。

42. 嚴敏《關於蘇軾、萊辛之詩畫時空觀的思考》（《新疆教育學院學報》2001 年第 2 期）。

43. 陳育德《「詩中有畫」是「藝術論的認識迷誤」嗎？》（《安徽師範大學學報（人文社會科學版)》2001 年第 4 期）。

44. 劉曄《「詩畫分離」與「詩畫一律」——中西詩畫關係的差異》（《南京藝術學院學報（美術及設計版)》2001 年第 4 期）。

45. 尹滄海《從王維到蘇軾——論詩畫交融及文人畫的歷史實現》（《天津大學學報（社會科學版）》2003 年第 2 期）。

46. 章繼光《詩畫一體的觀念與宋人尚意的美學追求》（《中國文學研究》2003

年第 3 期）。

47. 王振泰《蘇軾的「詩畫同異論」》（《陰山學刊》2003 年第 4 期）。

48. 黃啟根《「詩畫融合」的拓展》（《福建藝術》2004 年第 2 期）。

49. 盧寧《詩畫的交融與詩境的遷變——以韓詩爲中心考察》（《求索》2004 年第 4 期）。

50. 劉曄《鴻蒙初闢結因緣》（《南京藝術學院學報（美術與設計版）》2004 年第 4 期）。

51. 閻海燕《以蘇軾爲例：中國哲學語境中的詩畫理論》（《南京師大學報（社會科學版）》2004 年第 1 期）。

52. 王培娟《「詩畫異質」與「詩畫一律」》（《理論學刊》2004 年第 3 期）。

53. 趙曉卓《淺議詩畫同源》（《理論觀察》2005 年第 1 期）。

54. 木齋《論王維詩「有畫意象」與蘇軾「比喻意象」的嬗變》（《新疆大學學報（哲學人文社會科學版）》2005 年第 1 期）。

55. 楊浩峰《淺談中國山水畫的詩畫合一》（《藝術研究》2005 年第 2 期）。

56. 李倍雷《「詩畫一律」：「理一分殊」的背景理路》（《美術研究》2005 年第 2 期）。

57. 常存文《論中國古代詩畫關係》（《內蒙古師範大學學報（哲社版）》2005 年第 4 期）。

58. 邵連《中國畫中的詩畫關係》（《藝術百家》2005 年第 4 期）。

59. 劉曄《中國傳統詩畫同質論》（《南京藝術學院學報（美術與設計版）》2005 年第 4 期）。

60. 傅明根《「出位之思」：中西視閾下的詩畫美學觀》（《廣西社會科學》2005 年第 6 期）。

61. 徐雪梅《再看王維詩畫相通的聯結點》（《內蒙古社會科學》2005 年第 6 期）。

62. 楊志翠《宋代文人集團及其題畫詩對山水畫審美發展的影響》（《樂山師範學院學報》2005 年第 8 期）。

63. 趙惠霞《中國古代詩畫標準的相異與文人的兩大文化情結》（《哲學研究》2005 年第 10 期）。

64. 陳池瑜《詩畫特徵之中西美學比較》（《藝術百家》2006 年第 1 期）。

65. 楊向榮《「詩畫」視域中的圖文關係探究》（《求原》2014 年第 10 期）。

66. 王曉驪《「詩畫一律」與中國古代圖文關係的重構》（《甘肅社會科學》2014 年第 3 期）。

67. 張榮國《詩畫互文：從蘇軾、王洗唱和詩新解王洗水墨卷〈煙江疊嶂圖〉》（《南京藝術學院學報（美術與設計）》2015 年第 1 期）。

68. 黃金鵬《中國詩學與畫論的融通》（四川聯合大學，博士論文，1996 年 5 月）。

69. 王韶華《宋代「詩畫一律」論》（華東師範大學，博士論文，2000 年 5 月）。

70. 周雨《文人畫的審美品格》（武漢大學，博士論文，2003 年 4 月）。

71. 蘇薈敏《〈二十四詩品〉與宋代山水畫及其畫論》（雲南大學，碩士論文，2003 年 6 月）。

72. 劉暐《中國傳統詩畫關係探究》（南京藝術學院，博士論文，2004 年 7 月）。

73. 汪滌《吳門畫派的詩畫結合研究》（華東師範大學，博士論文，2005 年 4 月）。

74. 徐水平《中國詩畫的比類思維》（中國藝術研究院，博士論文，2012 年 6 月。）